U0950193

神話植于山海　草木字字春秋

绵绵祖考

中国东南地区的墓葬与礼俗

何　彬　著

學苑出版社

图书在版编目（CIP）数据

绵绵祖考 ： 中国东南地区的墓葬与礼俗 / 何彬著 .
北京 ： 学苑出版社， 2025. 6. -- ISBN 978-7-5077
-7022-3

Ⅰ. D632.9

中国国家版本馆 CIP 数据核字第 2024Q7D877 号

责任编辑：陈　佳
助理编辑：余兴亚
出版发行：学苑出版社
社　　址：北京市丰台区南方庄 2 号院 1 号楼
邮政编码：100079
网　　址：www.book001.com
电子邮箱：xueyuanpress@163.com
联系电话：010-67601101（营销部）、010-67603091（总编室）
印 刷 厂：鸿博昊天科技有限公司
开本尺寸：710 mm × 1000 mm　1/16
印　　张：32
字　　数：472 千字
版　　次：2025 年 6 月第 1 版
印　　次：2025 年 6 月第 1 次印刷
定　　价：98.00 元

序 言

事死如事生：中国人精神世界的另一面向

何彬教授的《绵绵祖考——中国东南地区的墓葬与礼俗》以中国东南地区的民间墓葬和礼俗作为考察重点，不仅系统地揭示了葬礼类型、葬法分类、祭祀仪式、墓地形态等，还深入地阐释了中华民族内心深处的祖先观念、生死观念，是中国民间墓葬文化研究的一部重要著作。

这本书的主体内容包括三编：第一编“葬礼和葬法之解读”通过记述国葬、公葬以至民间的民葬的大量事例，归纳其行为的深层蕴含要素，以显示中华文化的精髓所在以及帝王文化和庶民文化特征之不同。第二编“死后祭祀与祖先观”，运用对相邻文化的广角比照，指出汉族民间祭祖行为隐含的要素特点，并指明成为“祖先”需要具备的必要条件，祖先又分有若干“级别”。说明中元节具有复合性，并非是单一的“祭祖节”或“鬼节”。第三编“坟墓与墓地之深层”，细致借鉴考古学和历史学资料，结合她长期田野调查取得的大量照片和手绘墓图等资料，指出墓地具有文化符号功能，墓地形制折射出汉族民间的他界观念，并进一步分析、推衍了汉族他界观念的基本结构。

本书研究的立意在于挖掘、记录和阐释近现代中国民间的墓制形态及其文化意义。作者在日本留学期间翻阅35卷本的《世界大百科事典》时，发现尽管该书对中国的丧葬制度有比较详细的介绍，但是这些记述有两个严重缺陷：一是大多取自古代文献，对于现实中国的情况记录极少；二是对于民间视域下的丧葬习俗观照非常不足。该书的中国墓制条的编者也承认，该词条只是凭借古籍综合记述，中国“迄今真正实施着什么样的墓制，对此的研究和记录甚少，因此，很难论述中国的墓制”。这样的论述，让本书作者对于我们中国墓葬文化的挖掘有了使命感。此后，作者将墓葬作为研究方向，硕士留学期间考察日本两墓制，回国读博士期间考察温州地区的椅子坟，博士毕业后又长年在福建省调研丧葬事例等，诸多经历使她一步步走出了执着于中国近现代民间丧葬研究，并着重从考古、坟墓形制等物的角度阐释传统文化，深层研究传统和地方习俗的传承与变容的研究路子。作为大学教师就职后，她在寒暑假期也都要去实地调查。多年持续下来，细密的田野调研的案例积累和古籍钩沉、整理，呈现给读者的是一幅丰富而翔实的现代中国东南地区汉族生活景象。可以说，这本书是作者多年研究墓葬文化的一个集大成之作。

作者为了获得第一手的墓葬文化资料，做了非常细致、深入的田野调查工作。这么多年来，她一直行走在祖国南北各地，深度耕耘着这个题目比较特殊的田野。不仅多次前往江苏、浙江、安徽、福建、上海等东南地区考察，也在河南、河北、山西、云南等地做过调查，调研区域非常广泛。而且，作者的这项工作始于1989年，时间跨度长达20多年。20余年当中，中国社会发生了翻天覆地的变化，有些习俗已经变迁或消亡，所以说，作者的田野调查是对中国丧葬文化非常重要的“历史存照”。在作者做的一系列调查中，既有长达15个月的深入调查，也有很多次利用寒暑假和出差机会进行的短期考察。常年锲而不舍地追求文化真髓所在，20多年的坚持，最终完成这么大的工程，实在是了不起！值得一提的是，作者还对同一村落或地区在不同时期进行过反复调研，这不仅是对地方丧葬文化的“深描”，同时也是对当地变迁过程的持续性的真实写照，它对于揭示丧葬文化的发展流变提供了非常好的例证，也是忙碌的现代人如何去做长期田野调查的一个有效尝试。

本书另一特点是，从考古学的视角，从有形的坟墓角度切入，来研究无形的民俗。该作观察问题的视角不同于一般的民俗学研究，根据各地的墓型分布特点，论述各地丧葬文化的传承特性，特别是书中收录的田野实景照片和手绘型墓图，更是为我们有关死亡、有关祖先的丧葬文化历史留下了非常珍贵的资料。无论是调研的时间跨度还是调研方法的尝试，以及文字记述之外的照片和手绘图的多样性表现，都很有新鲜感。虽然读到的是丧礼、改葬、祭祖、拜墓这样的内容，却不感觉沉重和压抑，这是因为作者带着情感走近田野，带着温度讲述祖国、讲述汉族的丧葬文化，这是她倾注心血的研究，是珍贵的文化记录。

生与死都是人生大事，它映射了一个民族的历史传统、精神世界，也反映着有关人生意义的根本性的看法和态度。在中国人的传统观念里，死亡可能不是真正意义上生命的终点，如果我们认为死亡就意味着一切都“清零”了，那么就不会有这么多繁复、庄重的祭祀仪式，也就不会有什么“永垂不朽”“万古长存”之类的说法了。丧葬习俗是中国文化传统的一个组成部分。过去，对孩子们进行启蒙教育，要讲“丧尽礼，祭尽诚。事死者，如事生”，这是中华民族孝道文化的具体体现。不管是各种祭祀先人的节日和纪念日，还是各种各样纷繁复杂的丧葬文化表达，传递的都是生者对逝者的追念、后人对祖先的感恩，它为我们提供着历史的连续感和认同感，也培育着我们绵延不绝的民族意识和民族情感。

丧葬，不仅是有关于死的文化，也是关系到生的文化。正是一代又一代前辈的付出和贡献，由一代又一代后继者的守正传承与奋力再创造，才有了一个民族的生生不息、繁荣强大。我想，这也是何彬教授这本丧葬文化研究著作所要传达的一条主旨吧！

谨为序。

刘魁立

2024 年 12 月 10 日于北京

代　序

何彬博士的研究之旅

1990年3月，中国和日本的民俗学研究者齐聚在上海，对即将在江南地区全面开展的民俗调查感到忐忑而又兴奋。这个团队总共有20多人，其中不乏年轻的研究者，有的当时还是研究生，北京师范大学在读研究生何彬就是其中之一。她的专业是民俗学，但她的本科专业是日语，由于她优秀的日语能力，老师们期待她成为中日研究者的交流桥梁。在这项江南地区民俗调查活动里，她不负期待地完成了这一重任，同时跟随团队调查了她自己的研究课题。

她当时关注的课题是坟墓的形制问题。在江苏南部至浙江北部的调查区域内，坟墓外形与北京以及北方大多地区并无二致，基本都是土堆形状，但随着在浙江省南部的深入，坟墓的外观逐步发生变化，坟墓整体比北方的土堆坟要大得多。在今天的丽水市一带，土坟堆周边被半圆状的围垅围起，正面设有刻有铭文的石板墓碑和祭坛。何彬关注到这种坟墓形状从北方到南方的变化，并了解到至今尚没有人对此进行过深入研究，很多细节都还是谜，于是她就将此作为自己的研究课题，日后还多次单独到浙江各地进行调查。1990年秋调查团去日本冲绳调查，她在冲绳看到很多被称为龟甲墓的大墓，受到很大启发，扩宽了对坟墓研究的认知。她将参加江南民俗调查的收获写成《浙江省丽水地区丧葬习俗》一文，收录在福田亚细男编《中国江南的民俗文化》（1992年）一书里。从这里起步，她开始全面深入研究墓葬、丧葬民俗和祖先观念。

此后，她持续在浙江省各地进行调查、研究，又将调查研究的范围扩大到福建省，对坟墓形制、墓地、墓葬制度、丧葬仪式和祭祖仪式等进行了广泛研究，相继完成了硕士论文和博士论文，最终获得博士学位。她的研究基地转移到日本后，进一步扩展了比较研究视野，对江南地区的墓葬制度、葬礼习俗和祖先祭祀仪式做了研究。她将这些成果汇集成一部日语博士学位论文，获得日本历史和民俗文献学专业博士学位。她的研究成果于1995年首次以中文出版，名为《江浙汉族丧葬文化——民俗文化地域性的一种实证探讨》，2013年她将日语博士论文整理成一部日文著作出版，书名为《中国东南地域的民俗志研究：汉族葬礼和死后祭祀仪式和墓地》（中国東南地域の民俗誌的研究—漢族の葬儀·死後祭祀と墓地—，日本侨报社）。现在的这部《绵绵祖考——中国东南地区的墓葬与礼俗》是一本展示她研究成果的集大成之书，可以说是她研究的一个里程碑。

丧葬仪式和祭祖仪式一直是诸多民俗学者感兴趣的研究课题。这个课题的研究需要通过参与式调研和深入田野的观察与访谈来获得资料，也当然要参与葬礼和祭祖仪式。何彬通过置身田野，对丧葬和祭祖仪式进行了详细的观察描述，既有细节把握也有深度分析。她对丧葬仪式、祭祖仪式的具体记述以及透过那些行为展现出的祖先观之分析是一项珍贵的研究成果。而更大的成就，在于她对墓葬形态和坟墓形制的详细记述，以及通过民俗学的视角去捕捉坟墓形制背后的深层蕴意，通过把握墓葬外在形制去认知丧葬仪式及祖先祭祀的本质，特别是详细介绍了被称为改葬、捡骨再葬或复葬的对死者遗体、遗骨的处理方式与坟墓、墓地之间的关系。去过浙江省或福建省的人，会记得在旅途中从列车窗外看到的散布在山坡上的大型圆形墓葬吧，但只是看到过这些坟墓，并不知道这意味着什么。即使想要弄明白，也发现没有什么文献可以给我们提供线索。可以说，是何彬首次结合了观察和访谈两方面的研究成果，对坟墓、墓地的物质状态与丧葬仪式和祭祖仪式行为之间的关系进行了分析。今后对江南地区独特的坟墓和墓地做研究，应该从阅读何彬的这部重要著作开始。

中国幅员辽阔，中国文化对东亚地区产生了巨大的影响。浙江和福建的墓葬、丧礼和祭祖仪式，都是存在于特定地区，并不是在整个中国普遍存在。何彬很早就对民俗地图产生了浓厚兴趣，对民俗的分布及其所代表的传承地域进行了理论研究。我以为，即便是关于墓葬、墓地、丧礼、祭祖，不仅要从中国，还要从周边地区的角度来阐明其地域范围和地域之间的差异，将其放在东亚地区的视域下来讨论。作为一名日本的研究者，我很期待后续的成果。

福田亚细男

2024 年 12 月

目　录

第二编　死后祭祀与祖先观

第三编　坟墓与墓地之深层

绪　论

第一节　课题提起

一、各种风景

（一）清明时节的风景

每年公历 4 月 5 日前后，是中国的清明节。文献记载，历史上的清明时节除了去墓前祭拜祖先、修整墓地之外，也是人们春游的日子。至唐代，清明节作为节日开始形成，并融合了寒食节的习俗，至宋元时期，形成一个以祭祖扫墓为中心的传统节日。清明节逐渐变成专门扫墓、思念故人的时间段。

每年清明，北京、上海和广州等所有大中城市的陵园、公墓，都会挤满车辆、人群。在安葬着火葬后遗骨的小型地下墓穴式的墓前，人们会给逝者摆放点心、瓜果、酒、香烟以及花束、花篮等。在地方城市，除了供花、蜡烛和香之外，焚烧阴间专用的纸钱、冥币也是不可缺少的。许多公墓为了既尊重这一习俗，又谨慎预防发生火灾，专门设置砖瓦或水泥建造的“烧金处”或“化金炉”。在各地的公墓之外，还有大量的夫妇墓、小型家族墓分布在各地丛山之中。人们在祭拜分散在乡村山地的家族祖坟和先人的个人坟墓时，除了上香、点烛、祭摆酒食供品外，还保留着放鞭炮致敬祖先的习惯。

（二）中元节和普度风景

农历七月十五日俗称“七月半”，在北方多称为“鬼节”。而在南方地区，除了叫作中元节，还被称为公妈节或祭祖节，当地人说不能直接说鬼节，那是不尊敬死者魂灵的。在福建省南部的泉州、厦门和东部的福州等地，几乎在农历七月十五日的中元节当日招待祖先回家过节的同时，人们还要举行另一种祭祀活动——祭祀普度爷（当地人解说普度爷是孤魂野鬼的总称）的“普度”。在福建地区，从参与人数、祭祀供品等方面，普度的规模和知名度都比中元节更大。

从文献上和当地居民的讲述里获知，历史上东南地区的普度在清代已形成规模，每年定期举行，后来一度中止。20世纪80年代后半期开始，中元节和普度再度复兴。福建泉州和福州的中元节是在农历七月十五当天中午12点之前迎接祖先魂灵回家，在屋里摆好饭桌供奉饭菜、好酒款待之后焚烧纸钱为祖先送行。为了迎接祖先，参与家家户户的祭祖仪式，人们会提前结束当天上午的工作赶回家。

普度，当地人解说是祭祀孤魂野鬼的仪式。泉州和厦门的“普度”仪式持续的时间段较长，在大约两个多月的时间里分数次举办各家的祭拜仪式。其间的村镇各处都可以看到村民在自家门口摆放的祭祀饭桌上堆满食物之景象。同时，焚烧纸钱向阴间的家人“汇款”的烟雾弥漫在村落各处。欢送亡灵离开的爆竹声响彻云天，向亡灵们宣告今年的祭祀仪式结束了。泉州地区的祭祀普度爷的规模比中元节持续半天的祭祖活动要盛大、隆重得多。

在福建东部福州郊外义序村，五个自然村在同一天的上午和傍晚两次摆放食物举行祭祀。人们在自家的不同地方（上午：家中祖先牌位前，下午：自家院门外）分别祭祀祖先和祖先之外的灵魂，这天的上下午拜祭，当地叫作“做半段”。老人们说这是“一直就有”的，20世纪曾经一度中止，90年代之后每年都举办。在外人看来，与上午只请回家招待吃一顿饭的祭祀祖先行为相比，人们对下午或傍晚在院门外面进行的祭祀其他灵魂的招待重视得多。

（三）埋葬、火葬和二次葬

我国的福建、浙江等地区有土葬数年后挖墓开棺，取出遗骨放入骨瓮后再次择地埋葬的习惯，考古学称之为捡骨葬、迁葬、二次葬，人类学称之为复葬、二次葬。20世纪50年代，国家提倡火葬后，城市居民把火化后的骨灰或放入公墓的地下式个人墓穴、或放入骨灰墙的立体格子内。2000年前后在东南地区乡村小镇见到的很多案例，是在家里举办葬礼后将死者送往火葬场，把取回的骨灰盒放入棺材，再以传统的方式送葬、安葬在坟墓里。

2008年夏季的一天上午，笔者在福建省福州市的现代陵园参观并调研公墓与现代城市的遗骨安置方式，看到为节约土地不埋葬而将骨灰盒放入壁柜式存放空间的骨灰存放法以及可自然分解的回归自然的“花草葬”和“树木葬”，向陵园工作人员了解到2000年以后，人们逐渐接受各种新式遗骨安置形式。那天下午，笔者回到市郊区调研的村子，正巧遇见一支队伍抬着戴着红色棺罩的灵柩，用传统的中式乐器演奏着传统葬礼的旋律，缓缓行进在村里的大道上，灵柩送到村口，一辆大卡车等候在那里，问询后得知灵柩被送往火葬场。遗骨被接回来之后，骨灰盒装在棺材里埋在了远山。在同一个城市的同一天，处理人死后遗骨的方法如此对比鲜明，给笔者留下深刻印象。现代民间社会一边迈向现代化进程，一边依然还留有许多历史性传承。

（四）墓地风景

说到汉族的坟墓，人们想到的多是那种地表隆起的大土堆形的土葬墓。20世纪80年代后半期，个人经营或家族式的小企业经营方式“温州模式”成为中国市场经济发展的一种新模式。络绎不绝地到浙江省温州市参观、考察新经济模式的人们，首先会被映入眼帘的道路两侧的山坡上那白茫茫的高大半圆形或马蹄形的石灰水泥建造的坟墓震惊。与“温州模式”相比，“温州墓式”给社会带来的冲击更大，一时成为全国热议的话题。让人们知道那里有修建在地表的高大砖石墓、水泥墓，捡骨二次葬、迁葬行为曾经普遍存在。从而，重新认识汉族死亡习俗和文化，成为当时学术研究的引人关注的新课题。

90年代初，大型椅子坟将坟墓和周边地表粉刷成白色，被报纸批判为与绿化青山完全相悖的“青山白化”。在那之后，地方政府进行了大规模墓地整改。几年后，在浙江特别是温州地区，一个个巨大的半圆形白色坟墓从国道两侧和人们视线所及的山坡上消失了。椅子坟报道引发的坟墓热也逐渐平息，巨大的地表墓被人们渐渐遗忘。时隔20多年的2010年3月，笔者在温州地区的大山深处发现人们仍然在修建太师椅形状的坟墓，远近的山坡处也依然能看到很多修建多年的椅子坟。当地人说，他们一般习惯修这种墓，而这些高耸于地表的横穴墓，在北方是难得一见的。另据有关人士介绍，在福建南部的陵园公墓，有鲜明地模仿乌龟壳纹样的“龟壳墓”，大多修建在风水好的山坡斜面，面向海外华人销路很好。浙南地区习惯修建太师椅形墓，福建地区的人们偏爱龟壳形墓，这些墓地景观在向人们讲述着什么？

二、问题提起

分布在中国广大地域的汉族，南北方之间习俗差异很大，在墓葬制方面也是如此。迄今为止，对汉族的葬墓制进行的研究，基本认为汉族的丧葬制度和习俗是土葬、一次葬、土丘坟。而根据上面的记述，20世纪80年代末，作为经济改革的一种范式而成名的浙江温州地区，一直存在着在地表修建砖石或水泥制大型墓，俗称椅子墓和实行捡骨葬（集骨再葬）的习惯。过去在德赫罗特（高延）[1]等人的著作中，指出清末时期的福建省就有捡拾遗骨重新安葬的案例，凌纯生在20世纪50年代撰写的《东南亚之洗骨葬及其环太平洋的分布》[2]一文里，陈述了中国大陆9省31个捡骨再葬案例，指出捡骨再葬、洗骨葬俗是东南亚文化的特征之一。笔者以及其他人的调查证明，在今日的福建省、浙江省，火葬后根据“风水”的好坏（时常以家里有没有发生异常事件为判断标

1 荷兰的中国学研究者德赫罗特（Jan Jakob Maria de Groot），中文名高延，于清末的1877年旅居中国厦门，亲眼看到当地的葬礼并记述下来。请见后面详述。

2 凌纯声：《东南亚之洗骨葬及其环太平洋的分布》，《中国民族学报》1955年第1期。

准）迁移先人的尸骨、改变墓地位置的迁葬习惯也仍有发生。这在很大程度上冲击了汉族的葬制只是土葬、一次性葬，坟墓只有土堆型坟墓的泛说。

国外研究中国历史、中国社会的学者很关注从墓制、丧俗角度研究中国。但是他们根据古文献记述的中国丧葬资料，大多只是依据古文献记载转述，缺乏对现实社会状况的记述和分析，未免有失偏颇或脱离中国实际社会状况。笔者留学期间，想学习、了解前人对中国葬俗和坟墓等的研究，翻看到一套35卷本的《世界大百科事典》[1]，其中对中国的丧葬制度有着相对详细的文献介绍，在坟墓、墓、陵墓、葬制等多项词条里，都单独设中国部分加以阐述。但这些记述都不外根据中国浩瀚的古代文献记载来介绍，极少有基于对近现代中国社会做实际社会调查之后的记述。在中国的墓制条里，编者承认："……以上记述是根据（中国）古代书籍的记载而来的，而现实中有过怎样的墓制，目前实施着什么样的墓制，对此的研究甚少，因此，很难论述中国的墓制。"[2]的确，中国丧俗、葬墓制的记载和介绍，几乎都是来自中国古代文献有关葬礼、造墓、祭祀等的礼制规定。关于中国南方，特别是记述浙江省温州地区和福建省的墓制、二次甚至多次捡骨迁坟行为的古文献却几乎没有。

在中国社会做长期的田野调查，以及基于对自己国家文化的理解，对中国某一地区（或者有能力者对整个中华民族）民间的丧葬行为的分析、认识并介绍给海外，是我们应该承担的工作。本书的缘起，正是出自这个想法。

人们在清明节扫墓时，会在墓前放置食物和酒作为献给死者的祭品。但是，人已经死了，为什么还要给他烧"钱"？中元节一般被认为是祭祀祖先的日子，为什么福建多地的中元节当日或祭祀期间要举行祭祀其他亡灵的仪式？都是祭祀死者灵魂，又为何两次祭祀的场所不在一处？包括浙江省和福建省在内的中国东南地区，那些高耸于地表的椅子坟、龟壳墓等，在讲述人们对逝

1 ［日］平凡社编：《世界大百科事典》（总35卷本），平凡社，1988年初版。

2 ［日］西胁常记："墓制"，《世界大百科事典》（改订新版），平凡社，2009年，第16卷，第289—291页。

去先人怎样的思念、对死后世界怎样的想象？既然东南地区广泛存在集骨再葬的习俗，那么我们应该如何重新认识、诠释汉族葬墓习俗？……对汉族研究者和葬墓制研究者来说，深入探讨和诠释20世纪90年代以后东南地区的浙江省、福建省等地的墓葬、葬制、葬法，成为新的课题。

本书从东南地区汉族的中元节祭祀、温州的椅子坟、福建的龟壳墓、东南地区土葬和捡骨复葬行为等表象切入，尝试认识、分析中国东南地区汉族围绕死亡现象形成的一系列行为，具体观察并解读行为深层的祖先观念、灵魂意识结构和对死后世界的认知。

20世纪八九十年代，经济发展先于其他地区，在国内提前进入富裕水平的温州地区和福建省南部沿海等地，人们收入增加之后，按照传统的思维，要去感谢庇佑自己的祖先，于是大规模投入资金用于修缮祖先坟墓。有条件的大家族则集结海内外族人的力量，重建家族祠堂，编修族谱和恢复祖先祭祀仪式等，隆重祭祀祖墓也是其中一项。笔者在泉州地区调查时，遇到了一对经商的年轻夫妇，他们为了做生意在全国各地飞来飞去，但也会为了好好地参加“普度”而每年专门排出日程回家乡，平时在泉州时也会定期祭拜祠堂和寺庙。在福建，如果因为有事需要离开村子的日子正好是祭祖或祭祀亡灵的日子时，他们会提前在家里举行祭祀仪式之后再出门。在中元节这天中午，人们甚至为了参加家里款待祖先的仪式而提前结束工作，赶在12点之前回到家，他们说，祖先过了中午12点就走了，所以要早一点赶回家，烧钱送他们。

这里的人们用行动讲述着，在其背负的文化中，参加祭祖或祭祀亡灵的仪式是生活中很自然存在的一部分内容。对这些发生在现代社会的与死亡、祭祀有关的行为的解释，是重新认识汉族传统礼俗转化为日常生活行为的一个很好的切入点。

汉族对人死亡之后的处置，大致分为葬礼、遗体处理、死后祭祀三个阶段。把握人与死亡相关的行为，是理解汉族传统文化的重要视角。J. L. 华琛等人引用20世纪80年代前的案例资料指出，在中国文化中，与死亡相关的仪式行为、习惯、信仰表现出文化均质性，汉族的葬礼一方面具有礼仪规格统一的倾向，而葬仪之后的葬法则具有多样性。[1]本书以20世纪80年代以来东南地区的葬礼行为和死后祭祀行为的实际案例为研究对象，重新审视汉族丧葬仪式特性里的“文化均质性”。

扫墓行为及墓地选址、坟墓形状和人们的死后观念也将纳入本书讨论范围，从可见的行为、无形的观念和有形的墓地等软件（行为、信仰）和硬件（祭祀品和坟墓形状、墓地形态）两方面审视问题所在。一个地区葬俗、墓制形成的背后，存在着历史、现实、文化观念等多方面的原因。本书在分析各种现代社会现象的基础上，力求解读椅子坟、龟壳墓等坟墓形制形成的原因，与北方不同的复葬、迁葬行为存在的原因，死后仪礼和祭祀较为隆重盛大的原因，祖先和他人的灵魂分开祭祀的原因等文化表象的深层。

来自北方的笔者，曾为温州巨大的坟墓所震惊，留学后与日本社会的墓葬制度和习俗[2]做对比分析，回国后继续去往江浙大地寻找墓葬的特征，把来自田野的认知写成第一篇博士学位论文。当时的研究结果指出汉族的灵魂观是“灵体一致、灵骨一致”，汉族的死后世界的“阴间”位置在地下，论述了椅子坟等地面墓形成的地理原因，但几乎没有讨论汉族的祖先概念和葬礼之后各种祭祀行为（包括短期和长期的祭祀、定时和不定时的祭祀、个人和集体祭祀等）的长期存在等，也没有展开讨论笔者关注到的当地特殊形状坟墓、选择墓地和迁葬起因与人们风水意识的关系。博士毕业后，笔者有机会进出福建省调研。于是此后十几年的寒暑假，笔者断断续续地前往福建的城镇、乡村（包括山区和渔村）进行调查和研究。围绕墓地、墓型、一系列的死后祭祀以及鬼、灵、祖先的概念等方面进行调研，拓宽了视野，获得许多新认知。

笔者以十多年间在浙江省、福建省的实地调查获得的资料为基础，通过对现代社会民俗表象的分析，了解与葬仪葬法相关的礼俗及其民俗化演变，死后

---

1 ［美］James L. Watson，Evelyn S. Rawski（华琛、罗友枝）主编，［日］西胁常记等译：《晚清和现代中国的葬礼》，平凡社，1994年。

2 笔者在日硕士留学期间，在福田亚细男先生指导下写作的学位论文：《从墓制看日本人的他界观——以两墓制事例为主》（1988年）、《论日本民俗学的地域研究》（1988年）。

祭祀与人们把灵魂分类的实际状况，重新验证和分析东南地区汉族意识深层里对祖先、灵魂、阴间等诸观念的认知形态和构造，依据研究数据挑战自己过去的研究，进一步深化对礼俗转换为民众日常生活行为的认知。

第二节　先行研究

这里首先回顾围绕此书的先行研究。受留学的环境限制，文献阐述有局限性[1]。

一、有关死亡的诸论说

围绕“死亡”，社会科学、人文科学各领域都有论述。

2001 年，《死亡社会学》一书出版。该书作者自称“在日本社会学领域，冠以此标题的书籍出版尚属首次”[2]。可见正面论述死亡，乃是社会学出发较晚的领域。该书指出，死亡首先是一种社会性行为。死亡应被放在与文化、社会集团、社会制度乃至与整个社会所关联的角度进行研究，因此，死亡应该是社会学的研究对象。“日本文化有死亡方式、送死者方式的行为规范，还有象征死亡的语言表现、艺术表现，这些可统称为死亡文化。”“阴间观念、坟墓样式等是死亡的象征物。”“在死亡文化中，可以发现浓厚的民族的、传统的元

1　本书是在笔者 2011 年日本神奈川大学历史民俗资料学博士学位论文基础上增修完成，因此书中先行研究等多引用日本文献，中文文献部分难免有所疏漏。鉴于该节内容对介绍日本社会死亡文化相关论述有窗口性作用，故保留原貌。

2　［日］副田义也：《死亡社会学》，“序言”，岩波书店，2002 年，第 5 页 。

素。”[1]作者发现了死亡文化在日本社会中的意义，并指出由于医疗技术的飞速进步，为死亡文化赋予很大程度的通文化性质。此外，器官移植的普及、“脑死亡”观念的诞生与传统死亡文化形成鲜明的对立。该书选取了与心跳停止、呼吸停止等传统死亡观念相悖的现代案例，并以癌症死亡、地震灾害死亡、儿童夭折等为主要对象展开论述。

《死亡的比较宗教学》[2]作者指出，人的死亡是社会性死亡，不能仅用生理性死亡来认识。分成“自己之死”“你之死”“社会成员之死”三章，比较宗教学式地解说死亡问题。作者指出葬礼的社会性，即使被宣告生理性死亡，其社会性死亡要晚于生理性死亡。逝者会在相关人员的心中，以及各种各样的场合出现，待死者的社会性角色全部交给后继者，在逐步恢复正常运转的社会功能的过程中逐渐被遗忘，这便是人的社会性死亡。

1985年，石川荣吉、岩田庆治、佐佐木高明编著的《生与死的人类学》以论文集形式问世，从人类学角度对死亡进行多方面探讨。书中，岩田庆治在《生与死的构图》一文里把这个世界称为“白色空间”，把另一个死者的世界称为“蓝色空间”。“观察每一个转折点的人生仪礼，或是为了克服危机的通过仪礼，构成这些仪礼乃至表演高潮的，毫无疑问是两个世界的交流。”[3]书中另一位作者山野正彦将具有“成为日常生活世界以外的世界回路，与神灵、魔性、灾厄等进行间接或直接交流的象征性功能”的特殊场地命名为“交界点”，提出“交界点”并不总是村落交界之处的观点。[4]田边繁治在《死亡，观念上之死亡》一文中，这样定义葬仪：“整个葬礼并不是目的和效果直接联系在一起

1 ［日］副田义也：《死亡社会学》，岩波书店，2002年，“序言”，第6页。

2 ［日］胁本平也：《死亡的比较宗教学》，岩波书店，1997年。

3 ［日］岩田庆治：《生与死的构图》，［日］石川荣吉、岩田庆治、佐佐木高明编：《生与死的人类学》，讲谈社，1985年，第16页。

4 ［日］山野正彦：《日常景观里的恐怖场所——墓地与阎王殿》，［日］石川荣吉、岩田庆治、佐佐木高明编：《生与死的人类学》，讲谈社，1985年，第29页。

的功能环节，而是从相互矛盾的表象和实践中提炼观念之过程。”[1]

关于日本的祖先祭祀，石川利夫、藤井雅夫、森冈清美的《祖先祭祀·生者与死者——系列家族史①》中指出，研究祖先祭祀，需要解决死者与祖先的区别、祖先与祖宗的区别、整理各种祖先观念等问题，讨论了祖先祭祀的功能和佛龛、坟墓等祖先祭祀的地点以及支撑祖先祭祀的社会基础的变化和祭祀方式等。“非洲的农耕、畜牧民族，以及东南亚到大洋洲的农耕民族，都相信死后会继续生活，崇拜祖先。在广义上，为生者对死者的一系列行动总称为葬制，祖先崇拜被定为于葬制中，才能凸显其特征和意义。相互矛盾的两种感情的均衡关系，可以说是产生各种各样的葬法、葬礼、习俗的主要原因。”“葬法的多重复合结构反映着人们想象着亡者去处的阴界观。考虑到这一点，我们今天意识深层中潜藏着的阴界观、生死观不是单一结构，而是多种文化的复合性产物。”[2]

《死亡人类学》[3]一书是同为人类学者的内堀基光和山下晋司两人共同执笔撰写的。1986年由弘文堂初版发行，2006年11月再版发行。这本书是以作者调查研究的东南亚岛屿婆罗洲岛和苏拉威西岛的两个民族——伊班族和托拉查族为叙述内容。伊班族和托拉查族虽然在语言、文化等基层部分相通，但在生活、生态、社会组织方面有很多不同之处。此书聚焦于两个民族社会面对死亡的方式，即“通过文化解决死亡”，对两者之间的差异和共通性展开了讨论。对死亡之研究横跨多个领域，但人类学与历史学的不同之处在于，人类学研究死亡超越个别文化的共通性或不变项，去发现多样性深层结构的共性，探索产生差异的人性之基础。[4]

---

1 ［日］田边繁治:《死亡，观念上之死亡》，石川荣吉、岩田庆治、佐佐木高明编:《生与死的人类学》，讲谈社，1985年，第79页。

2 ［日］石川利夫、藤井雅夫、森冈清美编:《祖先祭祀·生者与死者——系列家族史①》，三省堂，1988年，第292页。

3 ［日］内堀基光、山下晋司:《死亡人类学》，弘文堂，1986年初版，2006年11月再版。

4 ［日］石川荣吉、岩田庆治、佐佐木高明编:《生与死的人类学》，讲谈社，1985年，第29页。

1992年由东京大学出版社出版的《东京大学公开讲座55·生与死》中有一篇题为《作为文化体系之死》的文章。作者山下晋司这样描述这篇文章之目的："本讲义主要想讲三件事。第一，我们认为是普遍存在的死亡，在人类空间性和时间性文化偏差中被相对化；第二，死亡向作为意义和象征体系的文化寻求解决的问题，相反，文化以各种形式提供了解决死亡的机会；第三，不是将死亡视为某种终结，而是将其视为重生、再生的契机。"[1]此外，他还阐述了人类学研究葬仪的意义："死亡与其说是自然赋予的结果，不如说是作为在文化中被提示并需要解决的一个问题而出现的。……比起作为生物性死亡、自然死亡的微弱性意义，作为文化之死的丰饶性才是人类死亡之特征。"[2]

1996年引介到日本的《死亡仪式——丧葬习俗之人类学研究》[3]，是以埃尔茨1907年的论文《对死亡的集合表象研究之考察》为出发点，对葬礼仪式展开研究的著作。该书作者，通过关注遗体的命运，尝试阐明葬礼仪式具有的观念学和社会学意义。

同年，日本出版了《生命的文化人类学》一书。此书作者、日本文化人类学会会长波平惠美子教授指出，围绕死亡，两个文化领域即"观念领域"和"礼仪领域"得到发展。"观念领域是指'死亡是什么''人死后是否以某种形式存在''生与死的关系是怎样的'等思维通过语言或绘画等方式系统地表现出来的领域。但是，这种表现并不采取哲学式的贯穿着逻辑性的语言形式，而多以神话、歌谣、寓言、传说等形式来表现。"[4]与观念领域相比，礼仪领域表现为遗体处理方法、很长一段时间内向死者献供品、进行礼拜等的形式，这个领域极度发达。"任何一种文化都有两个领域：观念领域和礼仪领域。它们

---

1 ［日］山下晋司：《作为文化体系之死》，《东京大学公开讲座55·生与死》，东京大学出版社，1992年，第187页。

2 同上书，189页。

3 Peter Metcalf & Richard Huntington著，［日］池上良正、池上富美子译：《死亡仪式——丧葬习俗之人类学研究》（*Celebrations of Death: the Anthropology of Mortuary Ritual*），未来社，1985年。

4 ［日］波平惠美子：《生命的文化人类学》，新潮社，1996年，第162页。

互相影响，但是不同文化中，两个领域发达程度不一——常常一个非常发达，另一个不甚发达。”[1]波平惠美子指出因文化不同，对死亡的表现方法和认知方法各异，观念和礼仪两个领域的发展状态也不同。

近藤功行、小松和彦编著的《死亡仪法：从自宅死亡看丧葬礼仪和生死观》[2]包含四部分内容：从传统制度看生死观；葬礼的变迁；现代日本社会生死观；社会舆论追究什么。此书以社会学和人类学的观点和笔法，对照传统生死观研究现代社会人们的生死观。

二、关于中国葬墓习俗的记述

这里叙述中外学者有关中国葬礼、葬法、坟墓、墓地以及诸观念的研究和论述。

（一）中国学者的相关研究

在葬礼方面，长于详细记述的古籍资料比较丰富，有助于人们了解葬礼的历代规定和细节变化等。清代徐乾学编纂的《读礼通考》总结并详细记录了中国历代有关“丧”的礼法规制。这部多达一百二十卷的大作，立纲目凡八，分作丧期、丧服、丧仪、葬考、丧具、变礼、丧制、庙制八大类别。其中关于丧仪的篇幅占了四十四卷。此书归纳了庞大而烦琐的死亡相关的系列化行为规制，说明古代从统治阶层到庶民阶层都相当重视与“死”相关的礼仪行为。

著名社会学家、民族学家李安宅在《〈仪礼〉与〈礼记〉之社会学的研究》一书中，分析了《仪礼》与《礼记》的相互关联和基本内容差异，以及中国社会“礼”的理论结构、“礼”的基本功能及其本质，分析了中国封建社会规定的各种行为之“礼的标准”。“中国的‘礼’字，好像包括‘民风’

1 ［日］波平惠美子：《生命的文化人类学》，新潮社，1996年，第163页。

2 ［日］近藤功行、小松和彦编著：《死亡仪法：从自宅死亡看丧葬礼仪和生死观》，ミネルヴァ书房，2008年。

（folkways）、‘民仪’（mores）、‘制度’（institution）、‘仪式’和‘政令’等等，所以在社会学的范畴里，‘礼’是没能相当名称的：大而等于‘文化’，小而不过是区区的‘礼节’。它的含义既这么广，所以用它的时候，有时是其全体，有时是某一方面或某几方面。”[1]

李安宅明确指出从民风到民仪再到形成制度，即民俗上升为制度化的礼俗之过程：“一切民风都起源于人群应付生活条件的努力。某种应付方法显得有效即被大伙所自然无意识地采用着，变成群众现象，那就是变成民风。等到民风得到群众的自觉，以为那是有关全体之福利的时候，它就变成民仪。直到民仪这东西再被加上具体的结构或肩架，它就变成制度。”[2]“成为群众现象的礼，特别是能够传到后世的礼，绝对不是某个人某机关所可指定而有效的；倘欲有效，非有生活条件以为根据不可。”[3]

张亮采所著《中国风俗史》[4]，将黄帝以前到明代的漫长历史分为四个时期（黄帝以前至周、春秋时期至汉代、魏晋至五代、宋代至明代），阐述各个时期的特征并论及不同时期之习俗。在各个时期的风俗记录中，都将“丧葬”独立出来，再分类详细记述，后人可以借此概略地把握从远古到17世纪的丧葬习俗发展趋势。陈怀祯的《中国婚丧风俗之分析》[5]，从地方志记载整理清代的风俗，将中国分为黄河、长江、珠江、关外四个地理区域，在记述各区域风俗的基础上进行相互比较，指出不同区域汉族内部习俗之异同，开汉族丧葬习俗共时性（横向）研究之先河。杨树达的《汉代婚丧礼俗考》[6]，从庞大的历史记载中整理出婚姻和丧葬习俗相关资料，逐一找出《汉书》《后汉书》中的相关内容，按“礼”的细目排列，进而研究阐述作为制度的“礼”中结婚和丧葬等仪

---

1 李安宅：《〈仪礼〉与〈礼记〉之社会学的研究》，上海人民出版社，2005年，第3页。

2 同上。

3 同上。

4 张亮采：《中国风俗史》，1911年初版，后多家出版社先后再版发行。

5 陈怀祯：《中国婚丧风俗之分析》，燕京大学社会学系编辑《社会学界》第八卷，商务印书馆，1934年。

6 杨树达：《汉代婚丧礼俗考》，上海古籍出版社，2013年。

式的各项规定。这部从史料中研究总结汉代结婚和丧葬习俗的著作，被评价为研究近代中国婚丧礼俗的必读之作，也被日后的中国民俗学界视为汉代婚丧民俗研究的珍贵资料。这一时期学界还涌现了一系列有关丧葬的研究文章，标志着在现代科学思想的影响下，中国学者有意识地、系统地整理中国丧葬习俗时代的开始。

继历史学、民族学者的研究之后，20世纪中叶，中国考古发掘十分活跃，发表了许多运用考古资料研究古代丧葬制度、埋葬习俗、坟墓形制等的成果。各地考古发掘报告从考古学的角度为我们认识历代丧葬习俗、墓葬制度等提供了大量实物资料和考古数据。古代史研究者杨宽所著《中国古代陵寝制度史研究》[1]，全书分上中下三编，分别探讨春秋战国时期陵墓起源及唐宋明清陵寝制度变迁、古代若干陵寝制度专题和古代陵寝和陵园布局。此书是杨宽先生对古代陵寝制度研究的集大成之作。著名考古学家王仲殊的《中国墓葬略说》[2]阐述中国坟丘墓的产生、发展、演变及特征，提出诸多新的见解。凌纯声《东南亚之洗骨葬及其环太平洋的分布》[3]从中国大陆和台湾地区的改葬，到日本冲绳的洗骨葬，再到日本的两墓制、南太平洋诸岛的洗骨葬，选取民族学、历史学的大量案例，分析洗骨葬习俗的性质和起源。凌氏在中国大陆案例中，列举了31个案例，指出洗骨葬是东亚文化的特征，他的这一观点，至今仍被认为是研究二次葬、日本两墓制和冲绳洗骨改葬的主要依据。

20世纪八九十年代，关于坟墓与葬俗的研究迎来了新的局面。李玉洁《先秦丧葬制度考》[4]，罗开玉《中国丧葬与文化》[5]，周苏平《中国古代丧葬习俗》[6]，徐吉军、贺云翱《中国丧葬礼俗》[7]，夏之乾《中国少数民族的丧葬》[8]，宋德

1 杨宽:《中国古代陵寝制度史研究》，上海古籍出版社，1985年。
2 王仲殊:《中国墓葬略说》,《考古》1981年第5期。
3 凌纯声:《东南亚之洗骨葬及其环太平洋的分布》，台北:《中国民族学报》1955年第1期。
4 李玉洁:《先秦丧葬制度考》，四川大学博士学位论文，1988年。
5 罗开玉:《中国丧葬与文化》，海南人民出版社，1988年。
6 周苏平:《中国古代丧葬习俗》，陕西人民出版社，1991年。
7 徐吉军、贺云翱:《中国丧葬礼俗》，浙江人民出版社，1991年。
8 夏之乾:《中国少数民族的丧葬》，中国华侨出版公司，1991年。

胤《丧葬仪观》[1]等论著对丧葬习俗进行了研究阐述。叶骁军的《中国墓葬发展史》[2]，从考古学的角度详细阐述了从新石器时期到明清时期的墓葬和丧葬习俗的特征，是一部资料价值很高的著作，而民国以后的墓葬记载，则只停留在对孙中山陵墓中山陵和袁世凯葬地袁林的记述，没有20世纪以来的墓地和葬俗记载。进入21世纪，又有大量丧葬文化研究著作出版。

《长江流域的丧葬》[3]是运用考古学和民俗资料记述某一地域的著述。书中记述涉及长江流域的四川省、湖南省、湖北省、江苏省和浙江省到民国时期为止的葬礼、埋葬、死后祭祀等方面内容，包括南宋时杭州曾有过不葬柩而放置的“停殡”“浮厝”习俗之成因，以及地表墓葬即平面埋葬的葬法、火葬之盛行，汉代起横穴式墓葬的流行，墓穴模仿现实生活的房屋等古代墓葬制度的变化。另外，书中还记述了古代贵族公墓和庶民共同使用的古代公墓制度，是珍贵的历史资料。

《丧葬史》和《吴越丧葬文化》都是陈华文的论著。[4]前者是以记述考古学和历史资料为主的著作，论述了古代丧葬仪式的制度化和阶层化。指出“厚葬”（盛大而奢侈地埋葬）这一行为曾经的内涵是在坟墓建造上花费大量金钱，而后重心则转移到盛大而奢侈地举行葬礼和祭祀仪式上，明器发生了从过去的使用实物到使用实物模型、纸制品的变迁。作者还指出，春秋时期以后，江南地区在地面上填土造墓的习俗为中原地区贵族所接受，地表填土修造高大的坟墓被看作死者生前权力和财富的象征。而对坟墓的规模以制度规定加以制约从而制度化，因个人身份高低规定坟之高度和墓地规模，纳入“礼制”管理。后者以地域丧葬习俗特殊性为视野，记述了特殊的丧葬习俗和墓葬。作者在调查时拍摄的现代浙江省地表墓等，是非常稀少和珍贵的现代社会的墓葬资料。此

---

1 宋德胤:《丧葬仪观》，中国青年出版社，1991年。

2 叶骁军:《中国墓葬发展史》，甘肃文化出版社，1994年。

3 徐吉军:《长江流域的丧葬》，湖北教育出版社，2004年。

4 陈华文:《丧葬史》，上海文艺出版社，2007年；陈华文、陈淑君:《吴越丧葬文化》，华文出版社，2008年。

后，墓葬类题目的研究书籍陆续问世，每本书都有特色，资料价值也较高。但是，凌氏以外的论著，几乎没有涉及从外国研究者的视角研究中国的葬礼、墓地等的内容，这是该方面研究的一个倾向。

2000年以后，在日本留学的民俗学、人类学专业的中国留学生的博士论文中，出现数本关于东南地区宗族、祖先和墓葬习俗的研究著述。如《现代中国东南地区的汉族社会——闽南农村的宗族组织及其演变》[1]《中国江南农村的神、鬼、祖先——浙江省尼姑庵的人类学研究》[2]《洗骨迁葬的比较民俗学研究》等。[3]

（二）外国学者的相关研究

20世纪50年代后，海内外研究者开始关注中国历代墓葬研究，但研究的对象主要集中在埋葬历代帝王的巨大土丘坟和贵族陵墓。日本关野雄《中国坟丘之起源》和斋藤忠《东亚葬、墓制研究》也是以帝王及上层阶级的坟墓为中心的研究。[4]

《中国的幽灵》[5]借助文学作品和考古资料，分析中国古代的魂、魄、幽灵、鬼，借用藤堂明保之说，指出所谓“魂魄”，精神化的部分为魂，有形部分为魄，即人之身体本身就是魄。这是很意味深长的提示，启发我们要开拓对魂与魄的认知。

铃木满男《环东中国海的古代仪礼》[6]运用在福建省和浙江省金华地区调查到

---

1 潘宏立:《现代中国东南地区的汉族社会——闽南农村宗族组织及其演变》，风响社，2002年。

2 钱丹霞:《中国江南农村的神、鬼、祖先——浙江省尼姑庵的人类学研究》，风响社，2007年。

3 蔡文高:《洗骨迁葬的比较民俗学研究》，风响社，2004年。

4 ［日］关野雄:《中国坟丘之起源》，《中国考古学研究》1956年；［日］斋藤忠:《东亚葬、墓制研究》，第一书房，1987年。

5 ［日］竹田晃:《中国的幽灵》，东京大学出版会，1980年，第6—9页。

6 ［日］铃木满男:《环东中国海的古代仪礼》，第一书房，1994年。

的案例，指出所谓均质的汉族社会并不存在，均一性和看似不变的外表只是假象。他的这一结论，成为与迄今为止的欧美学者崇尚的研究中国汉族的一贯结论即汉族文化具有均一性、一致性的学说截然对立的反论，值得引起我们的关注。

在《亚细亚坟墓考》[1]中，小岛丽逸使用了“坟墓学”这一特定术语，“遗体安置场所与特殊的生死观念纠结在一起，难以移动，难以处置”，认为可以从坟墓研究中窥见当地人的生死观念。书中还收录了关于20世纪50年代后中国由土葬改为火葬时期情形的论述，以及中国香港墓地和埋葬习惯演变的文章，从中可以窥见现代中国的埋葬及葬法情况。

《魂之所在——中国古代的灵魂观》[2]在解释“墓中的魂”时，作者利用考古学资料指出，汉族认为人死后灵魂会升天，但也会回到墓中的棺里，这是相互矛盾的思维。他强调说，横穴式墓室在发展中替代了纵穴式墓室，可以看作古代人灵魂“生活”的空间变大了，暗示了汉族灵魂观存在的不一致性。

在考古学和历史学研究取得进展的同时，在浙江省和福建省的丧葬习俗、墓地和墓葬的民俗学、人类学田野调查和研究也有了一个契机。

1989年开始，在钟敬文、张紫晨先生的支持下，中国文联全力协助实施了中日民俗学者联合进行的6期团队式江南乡村调查。这场持续20年的中日江南农耕民俗文化联合调查，以中日民俗学者组队进入乡村、个人分担不同项目的形式，在江苏、浙江和上海郊区县等多开展田野调查，调查团队走进了诸多研究者未曾涉足的村落。取得大量宝贵的一手资料。江南调查每期三年，调查题目基本覆盖村落民俗志的主要方面，记录下江浙地区数个村庄20世纪中叶以来的生活、生产、家族、家庭状况。每期调查的报告编成一册，共有6册。调查时期、具体调查地点和调查报告书的完成时间如下：

1989—1991年调查，江苏、浙江，《中国江南民俗文化——中日农耕文化比较》，1992年

1 ［日］小岛丽逸编著：《亚细亚坟墓考》，劲草书房，1994年。

2 ［日］大形徹：《魂之所在——中国古代的灵魂观》，角川书店，2000年，第61—64页。

1992—1993 年调查，浙江，《中国浙江民俗文化——环东海农耕文化民俗学研究》，1995 年

1996—1998 年调查，浙南，《中国浙南民俗文化——环东海农耕文化民俗学研究》，1999 年

1999—2000 年调查，上海，《中国江南村落民俗志研究——上海近郊村落民俗研究》，2001 年

2002—2005 年调查，浙江，《中国江南沿海村落民俗志——浙江省象山县东门岛和温岭市箬山》，2006 年

2007—2010 年调查，浙江，《中国江南山区民俗文化及变迁——浙江省江山市廿八都和龙游县三门源》，2011 年

这些调查报告完成后都未曾正式出版，只是编印好之后分发给参与调查的人员。2024 年 2 月，历时三年多编校，这套江南农耕民俗调查报告辑（计 270 多万字）才由学苑出版社以重新编排刻印本的形式出版发行。[1]这是一批珍贵的 1989—2010 年江浙地区民俗生活的规模性调查资料。笔者有幸参与了第一次调查，对浙江的丧葬习俗和坟墓形制、习俗有了直观印象。这 6 册报告书中有关宗族、祖先、丧葬的记述，是笔者研究的重要资料来源。

《东亚萨满教文化结构与演变的文化人类学研究》[2]，是又一个课题团队（笔者是团队成员之一）于 1996—1999 年在福建省调查的成果，以及《关于亚洲汉文化地区民俗宗教的宗教人类学研究》[3]、2001—2003 年实施的《中国福建省福州及泉州与冲绳文化、社会的比较研究》[4]的调查报告等，既有以民俗志形式记述一

---

1 ［日］福田亚细男主编：《中日联合江南地区民俗调查报告辑》（全 6 册），学苑出版社，2024 年。

2 ［日］佐佐木宏幹：《东亚萨满教文化结构与演变的文化人类学研究》，文部科学省科研费补助金研究成果报告书，1999 年 3 月。

3 ［日］佐佐木宏幹：《关于亚洲汉文化地区民俗宗教的宗教人类学研究》，文部科学省科研费补助金基盘研究（A）研究成果报告书，2001 年。

4 ［日］小熊诚：《中国福建省福州及泉州与冲绳文化、社会的比较研究》，文部科学省科研费补助金基盘研究（B）研究成果报告书，2003 年。

个村庄的民众生活的，也有分项目调查、记述一个地区祭祀活动和人生礼仪的。其中关于葬礼、墓地以及与死者灵魂交流的萨满活动的调查报告，记录了20世纪50年代以来不为外界所知的各地域民众的现实生活，是了解那个时代的中国东南地区的重要资料。此外，多位学者还以《亚洲的灵魂观》《韩中日灵魂观的差异》《东亚死者的埋葬方式与葬礼》[1]等为题撰文，从与邻国比较的视角出发，探讨和分析中国的葬礼结构和灵魂认知。

志贺市子的《“神”与“鬼”之间：中国东南部无缘死者的埋葬与祭祀》[2]是一部以广东为主要调研对象，用累计十年之久的翔实案例写就的优秀著述。扎实的田野作业基础和朴实而又理性的记述，补充了日本学界在这个地域和课题方面的研究空缺，堪称是一部日本青年学者调研中国近现代社会民间信仰、民间习俗的优秀之作。

弗里德曼的《中国东南的宗族组织》[3]关于宗族与地域社会、宗族与国家等的论说，对各国学者的中国汉族社会组织和亲属研究，特别是南方中国研究产生了极大影响。虽然后来有学者对宗族的功能和汉族社会的家族概念提出了修正和批判，但此书对于理解中国东南地区社会仍然具有重要意义。弗里德曼指出，当地人把财富和后代的富裕生活寄托在坟墓上的行为，是风水信念所致。摆放在家庭里的牌位和供奉在祠堂的牌位在意义、尺寸和待遇上都有不同，个人灵魂与牌位相连，随着牌位安放位置的变化，祖先的身份和功能也会有所不同。笔者的调查案例也多次验证了这一观点。

根据笔者的调查数据，中国传统的葬礼，除去要认真地把死者遗体运出他曾经生活过的居住空间（从他的房屋、从他归属的村落）加以处理（埋葬、停

---

1 ［日］诹访春雄、川村凑编：《亚洲的灵魂观》，雄山阁，1995年；特集《韩中日灵魂观的差异》，《亚洲游学101号》，勉诚社，2007年；特集《东亚死者的埋葬方式与葬礼》，《亚洲游学124号》，勉诚社，2009年。

2 ［日］志贺市子：《“神”与“鬼”之间：中国东南部无缘死者的埋葬与祭祀》，风响社，2021年。

3 ［英］莫里斯·弗里德曼：《中国东南的宗教组织》，刘晓春译，上海人民出版社，2000年。

厝、入圹）之外，葬礼还有更深层的内涵、更重要的教育和启示意义。处理遗体的仪式，从死后当天和第三天、第七天以及七七四十九天的仪式、葬礼的仪式、出殡的仪式、出殡途中路祭仪式、下葬前的各种仪式、埋葬后回程和进入家门前的仪式、进入家门后的仪式、葬礼当天和接连三天的送火种仪式等一系列的仪式（详细参见本书葬礼案例记述），还有各个仪式时的不同祭品、棺柩安葬的方式、服丧的时间、丧服的种类、服丧期间的门联等大大小小的所谓的"规矩"，恰恰反映的是中国古代社会伦理和上层阶级对下层、对全社会的礼的行为要求以及民间葬礼对此的回应。民俗层次的葬礼，与古代中国经典中的礼制相对照，民众的习俗与儒教的礼俗紧密联结。

中国人长期以来对死亡的重视和执着是海外研究中国文化的焦点之一。西方学术界始终相当关注中国的葬礼、丧俗方面。《晚清和现代中国的葬礼》是华琛、罗友枝据1985年在美国召开的中国研究会议发表论文编辑而成的一部论文集。"由于对中国人葬礼的浓厚兴趣，我们选择了死亡礼仪研究。"这本书成为解中国丧葬文化的基本且重要的文献，认为中国人对死亡以及围绕死者的一系列行为具有丰富的区域特征，承载着浓厚的传统文化内涵。

华琛在论文《中国丧葬仪式的结构——基本形态、仪式程序、动作的首要性》里提道，"本文集并不只是一本关于死亡和丧葬仪式的书，亦是一个对文化同质化过程的研究，这些过程都在与死亡相关的动作、习惯和信仰上显现出来"[1]。华琛列举他归纳的中国传统葬礼的九个环节：（1）哭丧，（2）易服戴孝，（3）沐浴更衣，（4）设奠荐祭，（5）设神主，（6）礼聘仪式专家，（7）奏乐安魂，（8）大殓，（9）出殡。紧接着华琛提出了他的一个重要的、影响后世汉学研究的命题："中华帝国晚期丧葬仪式的均质性结构"（笔者根据日文版本把一致性结构翻译成"均质性"），同时指出，"均质性"的葬礼之后的遗体处置方式则有相当大的不同。华琛提出的汉族葬礼具有均质性和葬法具有多样性

1 ［美］华琛：《中国丧葬仪式的结构——基本形态、仪式程序、动作的首要性》，《历史人类学学刊》2003年第2期，第99页。

的见解，成为影响后来汉学研究中国丧葬仪式的定论。

荷兰的汉学研究者德赫罗特（J. J. M. de Groot，中文名高延），于1877年旅居在中国厦门。他经历了一场当地传统的葬礼并将其详细观察、记述下来。他将自己所看到的宗教礼仪和习俗一一记录，然后追溯古典文献，阐述其意义。高延的著作展现了距今150余年前福建、台湾地区的习俗，以及其中蕴含的民间仪式和民众意识。

外国研究者在研究中国时，大量参照、使用中国历史资料的人并不多。高延重新发现延续了几千年的中国史料对研究今日文化的重要性，他认为“古代文书可以解释现实生活中的礼仪，通过对现代风俗的观察可以解读古代文书”[1]，他的著作《中国的宗教系统》被高度评价为结合了中国的文字传统与实证科学。高延的主要著述《中国的宗教体系》是西方学界最早一批研究中国宗教信仰的著述，受到其后西方中国学研究者的高度重视和评价。他的著述有多种被翻译成日文，其中一部是《中国的风水思想——古代地相术叙事曲》[2]。在这本书中，他讲述了风水思想的基本构成和形成历史，记述了130年前中国民间寻找风水吉地作墓地的情形以及为求风水吉地而多年不葬父母的案例，然后大量引用《史记》《左传》《易经》《礼记》《汉书》《周礼》等古代资料论说现实社会的案例。在《中国的坟墓》一书中，高延引证文献资料分析他亲眼看到、亲身经历的厦门丧葬案例，指出自古以来坟墓就是死者肉体和灵魂的栖身之所，灵魂与死后的肉体一起存在，并指出坟墓建造模仿了人类的房屋等。

英国著名人类学家弗里德曼（Maurice Freedman）的中国宗族理论被评价为是其对中国社会的人类学研究的代表性成果。华琛认为弗里德曼的贡献在于他提出了一种“范式”，即中国的宗族范式（the lineage paradigm）。有学者研究指出，弗里德曼定义中的“宗族”产生于宋代以后。祖先崇拜、家族继嗣、家族公田等，是在明代之后才定型为民间社会宗族组织模式要素的。一些学者

1 ［荷］高延:《中国的坟墓》,［日］西胁常记译，龙云舍，1976年，第113页。

2 ［荷］高延:《中国的风水思想——古代地相术叙事曲》，牧尾良海译，第一书房，1986年。

在福建和广东地区的社会史调查也证实，宗族组织直至明清时期才在该地出现[1]，弗里德曼论述的中国宗族与宋以后社会情势转变和明清时期的社会变迁有密切关系。

本书关注的东南地区村落里的祭祖、葬礼等也自然包括宗族为单位的这类仪式，鉴于中国宗族研究尤其是作为主要分布地的东南地区的宗族研究是一个全球汉学研究者们热衷的主题，论述颇多，若要阐明宗族在葬礼、死后祭祀等一系列与死亡有关的仪式上的作用、特征等，则需另作专著。因此本书主要目的在于探明东南地区民间的葬礼、祭祀诸仪式之现状以及仪式行为深层的民间观念。调研走过的村庄，既有宗族聚居的单姓村，也有多个姓氏混居、各有祖庙祠堂的多个小宗族混居村，还有某一姓为大姓，居住人口占比极大并有宗族祠堂，其他小姓只有三五户或十几户人家，有些有祖屋有些没有祖屋，没有专设祖祠的多姓宗族村。本书避开深入探讨宗族与葬礼、宗族与祭祀仪式，从东南地区的民间这个视角切入，观察当地散居民众的葬礼、死后祭祀等仪式，通过观察散居在这个地域的村民和城镇居民的行为并倾听他们的讲述，力求把握住存在于当地的、真正民间的围绕死亡进行的一系列行为和行为深处的观念。

以上叙述了中外研究者有关死亡、葬礼和死后处理等内容的主要著作。围绕死亡的其他学科的论述，可以拓宽看问题的视野。中国古代死亡礼仪以及有关的规定、政令的记述，有助于认识今日的葬礼和葬法之传承性、变异性。有关现代中国的记述和论说，为本书的研究提供了新鲜的当地资料以及相关的传统与变迁的信息。从人类学、民俗学视角出发的上述论著，为本书提供了诸多启示，成为本书研究的依据和基础。

以这些研究结果为基础和前提，本书根据笔者的调查案例及检索、阅读的文献史料，重新审视东南地区汉族的死亡行为、构建行为的系统性并从中提炼出生与死、祖先与鬼魂、阳间与阴间等围绕死亡的深层意识。

---

1 参照郑振满：《明清福建家族组织与社会变迁》，中国人民大学出版社，2009 年；陈支平：《近 500 年来福建的家族社会与文化》，上海三联书店，1991 年；陈支平：《福建族谱》，福建人民出版社，1996 年。

第三节 研究对象和研究方法

一、研究对象

本书以中国东南地区汉族的葬礼、葬法和死后祭祀为研究对象。以民俗器物和民俗社会实际存在的案例为具体对象展开研究。本书第一编分记述封建社会传统的葬礼程序和封建社会解体以后的20世纪三四十年代出现的三类现代葬礼，即“国葬”“公葬”和“民葬”，本书的调查案例是“民葬”，主要研究对象也是“民葬”。同时，与葬礼相关的棺、椁、墓、墓地也是本书的探讨对象。

与民俗观念相关的有形之物，如民俗器具、工具和民居、服饰、生活用品等，大量存在于人们的生活世界中。学术界将其作为各类生活、生产工具即划归入类于“民具”来研究。民具研究里关于墓葬和棺木的研究很少，特别是从物质文化角度分析墓葬。而认知墓葬、从坟墓和坟墓里看到的古人的生活、解读一个时代文化风貌的工作，几乎都被纳入考古学范畴内。在生活用品中潜藏着使用这些用品的人们所拥有的地域和民族集团的文化信息。物质文化作为体现社会思想、文化和民俗观念的载体，在日常生活的世界中以多样的姿态存在着。时代要素和民族集团、地域社会的特征等都包含在有形或无形的文化要素中。以这样的认识为前提，本书除了将葬礼、葬法以及死后祭祀等民俗行为作为研究对象外，也将棺椁、坟墓、墓地作为可见有形的民俗资料一同纳入研究范围。

种种生活行为和礼仪行为，都是民俗观念的表象。观念本身是看不见的，所以这里称之为“无形的民俗观念”，无形的民俗观念依托各种物化表现显示出来。有什么样的观念，就会有显示其观念的物质，衣食住行的各种物体都如此。含有民俗要素、体现民俗观念的民具类因为是可见的，所以称为“有形的民俗器物”。迄今为止，有关棺与椁、墓制与墓的研究，都是以考古学而非民俗学为中心进行的。本书尝试将考古学视点导入民俗学的坟墓、丧葬研究之中，从民俗学的角度关注有形的民俗器物——在本书中具体指坟墓、棺、椁——尝试找出其蕴含的民俗文化元素和民俗文化意义，以及使用这些民俗器物的人们的民俗意识。在了解有形的民俗器物的历史及其构成的基础上，通过分析与其相连的民俗行为，最终达到把握无形的民俗观念并阐明其观念结构的目的，这是本书的最终目标。

以认知上述民俗器物为开端，分析相关的民俗行为，从中找出并认知民俗观念，这个研究过程和顺序可以用下列公式来表现：

有形民俗器物 → 民俗行为 → 民俗观念

具体到本书研究，则是先对坟墓和墓地进行实地调查、案例分析，然后通过解读研究对象来阐释汉族的民俗观念，从而重构汉族关于死亡的认识。上述研究过程可以归纳为以下公式：

坟墓→他界观、祖先观、灵魂观→汉民族对死亡的认识重构

本书改变了一般丧葬习俗研究的角度和流程，对墓葬结构及墓葬外形、棺柩和停厝的棺房、墓室形状、墓地形态等可见的器物做了较多研究，超出一般民俗学、人类学的研究模式。以有形民俗器物为研究对象，分析、挖掘其承载着的该地区人民所具有的民俗意识，进而把握地域文化特征并尝试重构汉族整体死亡认识，这是一种尝试和挑战。

二、地理范围

笔者对坟墓问题的关注，缘起浙江省温州地区和浙南地区，此后将视野扩大至中国的东南地区，重点是福建省和浙江省，也将提及江苏省、安徽省部分

地区的案例。与北方广大地区相比，东南地区所显示的文化表象鲜明地表现出地域特征。

中国以秦岭和淮河一线为天然分界，国土大致分为南方和北方。相对于北方广阔的平原，南方多河流和溪流，绵延着山和丘陵。文化特征表现在方言、生活习惯上都呈多样性，墓葬方面亦如此。汉族的墓葬，在东北、华北广大地区以土丘墓、土葬为基本形式。而笔者在20世纪90年代从杭州乘坐夜班长途汽车前往温州调查时（当时温州没有铁路和机场），眺望道路两侧，发现坟墓的形状种类极多，并且随着公路不断向浙南延展，可以看到从圆形的土堆、三角形或长三角形的土坟或石坟，又到有半圆形矮墙围护的坟墓和前方后圆形的大坟。进入福建，看到的更多是外形上画出龟甲图案的墓或者明显的乌龟背形状的墓顶，边缘呈现龟壳裙边形。走进村庄调查，才知道这里有一次葬的墓，也有重新纳骨的复葬墓，其形状和名称各不相同。深深感到这里是对认识汉族的文化深层具有很高研究价值的地区，从广阔的视野研究东南地区的地域文化特征，有可能探究出东南地区和以北方为中心的汉文化表象异同的原因，对重新审视汉族整体研究或许具有重要意义。

本书以东南地区关于死亡的观念和礼仪为研究对象，在重新审视国内外学者对汉族社会的理解和解说的基础上，通过对东南地区汉族围绕死亡之行为与观念的调查研究，力图重新建构对汉族文化的认识。

三、研究方法

本书使用历史文献和田野调查资料作为资料来源，对实地案例展开分析和阐述。中国历史悠久，距今约6000年前就已出现文字，很多官方的历史书籍都被编纂传承下来。在研究中国的论著中，诹访春雄写道："要想了解中国的民俗，不仅要考虑现在的领域，还要在已知历史状况的范围内有效使用文字资料，这是不可缺少的。""中国人从什么时候开始有了灵魂意识，关于灵魂的想法是如何改变的，要了解这些问题，中国人吊唁死者的方式和祭祀活动的方式给我们极好的启示。”[1]为了把握民俗观念，观察实际进行的民俗礼仪和人们的具体行动也是不可缺少的。笔者自1989年开始第一篇博士论文的田野调查，到本书初稿完成前的2010年，21年间断断续续地在以福建省、浙江省为主的多个省份做田野调查以累积案例，这是本书最基本的方法。

前面讲到波平惠美子在《生命的文化人类学》一书中论述，死亡发展了观念领域和礼仪领域。波平教授在书中指出，在日本的文化中，至少从近世末到现在，礼仪领域很发达，但是，通过语言表达和传达死亡观念的领域，则相对较弱。因此，了解日本人对他人的死亡是如何思考的，最主要的手段就是观察并分析日本人的礼仪行为。[2]汉族传统死亡文化里也同样存在观念领域和礼仪（仪式·法事）领域，历史上长期发达并保持、记述、承袭下来的是礼仪领域，缺乏对死亡观念领域的研究与阐述。

汉族是重视死亡礼仪、隆重给死者送行并祭奠的民族，同时又是极度避免直接口头谈论死亡之事、尽量委婉表达的民族。传统上，帝王之死称为“崩”，大夫之死称为“卒”，平民之死称为单纯的“死”。[3]在现代社会，人们避免直接谈论死亡，在日常对话中提到死亡时，通常使用“走了”“过去了”“不在了”“没了”等语言来委婉表达。如果自己家有人刚去世，则注意不要随意去别人家串门或避免出席喜宴、庆贺仪式。这种忌讳直接涉及“死”，显示汉族忌讳死亡的文化观念。汉族的葬礼和死后祭祀的一系列仪式，多是主持者在念念有词之后发出各种行动的指示，人们按照简单词句的指示，或上香、或跪拜、或献祭品等，仪式流程里没有多余的流程说明和仪式内容的讲解。要把握这种行动上隆重对待死，口头上严格忌讳死的汉族葬仪，就离不开实地调查、参与实际的葬仪及观察祭祀礼仪。过去，举行3—7日（也有持续到

1 ［日］諏访春雄：《中国的灵魂观》，［日］諏访春雄、川村凑编：《亚洲的灵魂观》，雄山阁，1995年，第9、10页。

2 ［日］波平惠美子：《生命的文化人类学》，新潮社，1996年，第163页。

3 吴树平等点校：《礼记·曲礼下》，《十三经》（全文标点本），北京燕山出版社，1991年，第689页。

七七四十九天的案例）葬礼之后再以盛大的队伍出殡送葬，被认为是显示一族财力、显示本族人口之众以及在当地人脉关系的机会，这也属于汉族一个以行为代替言语的特征。

本书以实地调查获得的第一手资料为主要依据，参照文献展开讨论。本书所使用的资料由历代正史记录、考古发掘报告和前人的研究成果以及本人或调查团队实际调查的案例数据组成。文字案例资料的时间自明清始，截至21世纪初。

作为一名海外高校正式任职人员，每年承担的工作任务不允许长期离开工作岗位，也就难以展开长期、固定的观察、调查、记录村民们一年到头的生产生活状况的民俗志计划，这是一个身处现代社会有职业拘束而又需要参加长期田野工作之人的困境。幸运的是笔者先后接受几位民俗学、人类学界先辈的邀请，参加了数个中国研究项目，因此每年都可以利用寒暑假返回国内调查。虽然停留时间有限，但几乎每年都能走进东南地区某个村子调查。下面将笔者的调查经历概括如下：

1989—1991年　江苏省常熟地区，浙江省丽水地区、金华地区。

1990年2月—1991年（15个月左右，笔者在北京师范大学研究生院攻读博士学位）　浙江省温州地区的五县四市（温州市、瑞安县、乐清县、缙云县、龙泉县、玉环县、金华市、兰溪市、丽水市），江苏省常熟地区，安徽省歙县等地。

1995年夏　云南省丽江纳西族地区。

1996年　浙江省温州地区，福建省福州市、南平市、厦门市。

1997年　福建省泉州市、厦门市。

1998年　福建省南平市、樟湖镇、武夷山市、建阳县。

1999年8月　上海市、河南省、河北省、山西省。

2000年3月　福建西部的永定县、长汀县。

2000年11月　福建西部的永定县、长汀县、宁化县。

2001 年 9 月　　福建省泉州市、福州市。

2002 年 8 月　　福建省泉州市及郊区村庄。

2003 年 2 月　　福建省泉州市。

2006—2008 年　　福建省泉州市、福州市。

2007 年 8 月　　上海市。

2010 年 3 月　　浙江省温州地区的瑞安市。

遗憾的是，除了从 1990 年开始的为期 15 个月的调查之外，其他调查均为短期调查，持续数星期或一个半月左右。但是，通过连续数年对同一个村镇或同一个地区不同村庄的多轮回访，弥补了不能长期逗留的不足，使笔者逐渐掌握一个地区和村庄的情况。走回头路式的陆陆续续的反复调查，发现村落的历时性变化，也是一种新的收获。

本书还有另外一种尝试，是广域民俗志式的田野调查记述和研究。本书的论述对象并不局限于某一个村庄，而是辗转于东南地区的浙江、福建、江苏等省的村镇、城市进行田野调查。走在辽阔的浙江、福建大地，走进浙南和闽南、闽北和闽西的多个村落，从收获的大量案例资料里逐渐看到“东南”这一区域性文化的特征，笔者感受到“综合观察”、俯瞰式的多村落调查亦是认知某个地域文化的有效手段。

四、器物角度和基本术语

如前所述，本书从观察、认识有形器物入手，去发现无形的观念，再从具体可见的行为中提炼深层观念并加以分析和阐释。

人们把各种观念付诸行为，又使用各种器物或修建物体以达到行为之目的，满足观念所期待，葬礼和祭祀也是如此。传统的葬礼和死后祭祀的全过程由一系列相关联的行为构成，这个针对死者的整体行为系统，大致分为葬礼、葬法、死后祭祀三个部分。观察这个行为系统，可以发现其中包含着三个要素：观念、行为、器物。三者的组合形成汉族死后葬礼和祭祀的系统，是死亡文化系统的重要元素。但在葬礼、遗体处置、死后祭祀的各阶段，三个要素的组合程度和占有的比重各不同。

葬礼阶段，主要是对死亡和生死两世界的认知，即观念和从观念出发的连续性礼仪行为的组合。在遗体处置即葬法的阶段，处置死者遗体的行为依靠许多器物来实行或实现，包括坟墓、棺椁、祭祀物品等。与葬礼阶段相比，葬法阶段增加了物的要素比重。在死后祭祀阶段，仪式性行为占主流，但是需要借助一些器物和物品表现人的观念，来实现阴阳连结、人与魂灵的沟通，因此物品、器物比重比葬礼阶段稍多，少于葬法阶段。

墓，属于观念、行为、器物三要素里的“器物”类。墓地不仅仅是收纳遗体和遗骨的场所，更是有关死亡的信仰、习俗的物的表现，汉族以修建的地表墓这一方式长期、集中地表达人们对死亡和另一个世界的认识。

关于本书中的常用术语，做定义和说明如下：

1. 葬。指以一定的方法将死者安置在某个固定的场所。这也包括送死者离开家的葬礼。安置死者的“一定的方法”，指的是葬法。“土葬”“火葬”“水葬”“树葬”“洞窟葬”等都是安置死者遗体的方法。第一次土葬后的“迁葬”“改葬”“捡骨再葬”也是处理遗体的方法，在东南地区较为常见。

2. 坟和墓。汉语中的“坟”和“墓”指代有所不同。

《礼记·檀弓上》：古也墓而不坟。郑玄注：土之高者曰坟。

《说文》土部：坟，墓也。郑玄注：此混言之也。析言之则墓为平处，坟为高处。

《字汇》土部：坟，坟墓。茔域曰墓，封土为垅曰坟。

可知古代人把收容逝者的特定地下空间曰墓或坟。但是，“墓”指的是挖坑放入棺柩覆盖泥土的部分，没有高于地面。在埋葬地修起高于地表的土堆或人工建筑物的才称为坟。

《广雅·释邱》：墓，冢也。王念孙疏证：盖自秦以前，皆谓葬而无坟者为墓，汉则坟墓通称。随着时代变迁，语言使用和规范也在变化。现代词语的语境下，埋葬地点表面高起的建筑和葬有逝者的地点或称坟或称墓，坟和墓被通称、混用。本书的调查案例多见混用实态：福建省的龟壳墓，虽然名为“墓”，却是在地表上填土修建而成，上面还绘有漂亮的龟壳图案。浙江省发掘的古代“土墩墓”也是高高堆在地表的大土坟。而广泛分布在浙江南部的地表的高大的椅子坟、交椅坟，则是忠实地按照古代语义命名的。

“墓而不坟”是指即使埋葬棺柩，堆土也基本不堆高的掩埋状态。但在现代，把建在地表上的建筑也称为“墓”，似乎和原有的汉字指代意思有偏差。坟与墓从汉代起就有通用倾向，同时民间按照方言或当地语言称呼的习惯，将一些在地面高高立起的收容死者遗体的建筑都称作墓。为了尊重当地的表达方式，在文中直接使用当地称呼。在东南地区有复葬习惯的地区，第一次埋葬的地方称为“墓”或坟，第二次埋葬的地方也称为“墓”。这种没有特别区别的现象，是否可以推测为限定坟和墓含义时尚未出现或尚不知晓二次葬、复葬的特殊习俗。

此外，近代以后诸暨的交椅坟、瑞安地区的平坟和温州地区俗称的交椅坟以及闽南南安的龟形墓、长方形墓和厦门的龟壳墓等，都不是埋棺，而多是把棺木放在地面上，再用砖石泥土围住、覆盖，或者事先在地面上修建横穴式墓穴，把棺材推进横穴墓室里。并且，地表隆起的部分不是由北方常见的泥土堆砌而成，而是用砖石、水泥等精心建造成“太师椅”（有椅背和扶手的椅子）形状或模仿乌龟趴伏形状。

3. 棺。用以盛放、收容遗体的容器，汉族自古至今“以棺殓尸”。汉族一般用厚木板制成长方的箱形。出殡等场合按习惯使用“棺”字，书中指尚未装入遗体状态下的棺。

4. 柩。常称为“棺柩”，很多情况下已经不大区分。严格地说，“柩”是已装有遗体的棺材，“灵柩”就是这个意思。书中根据遗体是否放入，分别使用“棺”“柩”来表示。

5. 民葬。与历史上确实存在过的国葬、公葬案例相对，本书将平民的葬礼、民间葬礼称为“民葬”，属于特殊造词。

6. 二次葬。在东南地区，普遍存在遗体初次安葬或暂置灵柩后，拾骨换地再次安葬的习俗。经调查获知，当地人们把捡骨行为叫作“捡金”“转金”“转身”“黄金”等。在学术界通常称作“迁葬”“二次葬”“复葬”。

从调查数据来看，在东南地区，有只埋葬一次的情况，也有把骨灰重新埋葬的情况，但是改变骨灰埋葬地点的情况，一般是出于特别理由，并不是常见行为。本书用“二次葬”这个词来统称这种行为，也包括两次以上处置遗体、遗骨的行为。

7. 祖先。在汉语中，一般把去世的上代且年代较为久远的人都称为祖先。本书使用的祖先一词，是指在当地的民俗意识中具有成为祖先资格的死者之灵。正如本书第一编和第二编所阐明的那样，死者的灵魂会被分类。要成为一个家族或宗族的祖先，必须具有一定的资格。

另外，关于个体性祖先和集团性祖先的讨论，会在绪论之后展开。个体祖先也就是本书中指出的近祖，集团性祖先则是指远祖。

本书采用以上的角度和方法，在上述地理范围内，对葬礼、葬法葬地和祭祀分三部分依次考察并展开论述。

东南地区的汉族认为人死后灵魂会继续存在。根据一定的标准，将死后灵魂分为三种，根据不同的分类，葬礼和死后祭祀的规格也不同。本书的研究阐明了这种灵魂的判定标准。此外，关于死后灵魂观，在第一编中对众所周知的“魂魄说”展开了民葬层面的探讨，观察北方中心的上层阶级文化观念与东南地区平民阶层意识之间有无偏差，阐述对魂魄说进行再研究之后的结果。

汉族具有尊重祖先、祭祀祖先的传统。一般人认为如果有生物学上的父母，那么父母死后就是自己一家的祖先，父母的父母也是，再往上的每一辈都理应是如此。但是在汉族民间，实际上成为文化上的祖先需要一定的资格，也有死后不能成为家族祖先的人。本书第二编论述祖先资格和获得资格的基本条件、实际存在于乡村的对各类死亡者赋予祖先资格的“救济措施”，以及祖先的内部构造和祖先观的构造，重新诠释东南地区的祖先崇拜。

本书第三编以案例解说民众对死后灵魂去处的认知，解读汉族对死后世界即他界的认知，探讨汉族的他界观。他界，又称作阴界、阴间，是汉族民间认知的人死后要去的另一个地方。阴间在哪里、阴间具体是什么形态和社会结构，人和去那里的死者怎么交流，往来于阴间阳间的媒介之存在，揭示民众相信另一个世界的存在和灵魂的存在，民众笃信诚心祭拜祖先，子孙就能切实得到保佑。第三编还将讨论地表墓的源流与变迁、墓形与风水观念的关联、墓地与另一个世界的关联，探究墓地对民众意味着什么。

通过上述论述，笔者以一个传统仪式一步步转变的见证人身份，对东南地区的汉族文化特征提出自己的观点，希望本书为今后深层认识中国传统文化、认知东南地区汉族文化提供一个时间段里的现实案例数据，成为讨论传统丧葬仪式转化时期特征的有效参考。

最后，需要做特别说明的是，本书中所收录的丧葬仪式现场及墓地的照片，皆由笔者在田野调查期间经逝者家属同意后拍摄所得，由此这些珍贵的历史、民俗资料得以保留。为逝者讳，书中图片对逝者形象尽量做了处理。在此，再次向给予本人无私帮助的调查地的民众们表示衷心的感谢。

第一编

葬礼和葬法之解读

古代人生活中最常见的重大仪式，莫过于婚礼和葬礼。婚礼是严肃而欢快的，在合乎礼法的前提下，人们祈愿夫妻恩爱、家庭幸福、子嗣绵延，这种吉利喜庆的婚仪流程如果有些细微的变化，人们也是不计较的。而举行葬礼时，人们于悲切之中又要考虑合乎礼法地推进流程，规范自己的装束和行为、言语，以避免对死者不敬、对祖先不尊、对神明不敬。人们担心这些不敬及不合流程之处会引得逝者不安、神明不悦，从而给家人招来灾祸。

民间葬礼流程中的每个环节都包含着各种寓意，有寄托家人哀思的，有为逝者安排周全的死后生活的。参与葬礼的人们细致地去实施每一个环节，尽量不走样、不违规。婚礼上允许有违反常规的意外惊喜设计，以博得众人开心、欢愉。但汉族葬礼几乎不允许“创新”，否则会被视为不孝、不敬。正因为如此，我们才可以说汉族葬礼对传统的传承和沿袭程度大大高于婚礼。通过研究古代丧葬仪式，可以认知古代社会的生活和社会文化；调查研究现代社会的民间丧葬仪式，既可以了解现代社会一般人的生活，又可以通过阅读古代文献，对照观看现代仪式，看到我们生活的侧面和深层，包括一些日常的思维、行为和今日的仪式，都留有古人生活和思维的痕迹。今天的丧葬仪式里传承着很多传统仪式的元素。

19 世纪末，荷兰学者高延在厦门看到一场中国式葬礼，受到了很大的冲击。作为一个西方人，他从这场葬礼中感受到了他所未知的中国民间信仰、对死的认知、灵魂观念和他界观念等庞大的文化信息。高延记述并分析了中国葬礼行为包含的文化元素，将葬礼作为认识中国民间信仰和宗教的重要研究视角和研究对象，撰写了《中国的宗教系统》一书，成为欧洲最早研究中国宗教信仰的著述。

传统葬礼是一个信息含量很高的仪式，哪些人可以参加葬礼，哪些人不适宜参加，不同的辈分和血缘远近亲疏在哭丧、丧服和送葬队列顺序方面的配置，逝者离开人世之后会去哪里，死后世界什么样，如何为逝者安排死后的住处和各种生活用具，从人咽气到更换衣服、遗体入棺，葬礼后棺柩的安置，还有如何对待死者远亲、近亲和族亲，等等，一场葬礼所含的传统文化信息相当丰富，远远多于婚礼。

中国虽然有很多关于坟墓和葬礼的典籍史料，但是以民俗调查为基础资料的平民葬礼民俗志或坟墓民俗志的著作则不多见。古人对葬礼、祭礼十分重视，留下了相当多的规制记述，但对不同历史时期的个人葬礼的全程描述记载却很少见。由于对中国近现代社会实际丧俗葬仪案例的记述较少，以至于海外研究者们只能根据古代文献的记载去推测。日本刊行过一部几十卷本的《世界大百科事典》，其中关于中国的葬礼、葬法的词条基本是根据《仪礼》《礼记》《周礼》中记载的内容，记述了人初死、招魂、报丧、吊唁、小殓、大殓、殡以及殡期长短，再到葬、既夕礼、虞祭、祔祭到小祥、大祥、禫的流程和解说。[1]并说明了这些环节是古代中国非庶民阶层的葬礼规程，这个流程传承至近代。关于中国的葬法即遗体处置方法，词条依照古籍记载，介绍了天子四重、诸侯三重、士人只一重的棺椁制度。关于墓制，则引用《周礼春官·冢人》的内容，记述坟冢位置按昭穆制排列。这项关于中国的葬礼、葬法和墓制的约3400字的长长的词条的最后，有一段引起笔者注意并深深触动笔者的话："以上是根据古文献的进行的记述。实际上（中国）曾经有过什么样的墓制、现在又是怎样的墓制，相关研究甚少，谈论'中国的墓制'十分困难。"[2]中国传统文化里的一个重要侧面，承载和蕴涵诸多传统文化元素的葬礼，除了千年以上的古文献，海外没有可依据的近况文献和案例研究数据，无从了解和认识中国近现代丧葬文化状况。虽然高延第一编记述厦门葬礼的著作写于1882年，但这类记述和研究总体来说实在太少，其他类似的史料记述，谈到中国的丧葬制度时，也仅仅止于记述中国古文献记载的、按照礼制葬礼应该怎样实施的内

1 ［日］加藤周一编集：《世界大百科事典》，平凡社，2007年版，第16卷，第289—291页。

2 同上书，第291页。

容，而没有如何实施的介绍。理由同样是看不到实际如何实施葬礼的记述，不得不说这是一个很大的缺憾。

20世纪中叶以降，有关中国丧葬的书陆续增多，甚为可喜。从这个角度认知近现代中国社会，已经逐渐有据可依、有章可循。但相较于古典文献，以现实案例为基础的记述和分析尚少。笔者在中国东南地区（以下简称东南地区）进行了长期的丧葬习俗和墓葬制度的田野调查，以文献研究及调查资料为基础，同时对照部分古籍，记述近现代中国（主要是民间的）葬礼及葬法习俗的基本内容，初步阐明其特征。

前述荷兰学者高延的《中国的宗教系统》一书，是将他所看到的宗教礼仪和习俗全部记录下来，然后追溯大量古代经典之后写成的。他根据实际案例查阅中国的古籍，寻找民众行为的文字依据。高延发现延续了几千年的中国古籍史料对研究近现代中国文化极为重要，"古代文书可以解释现实生活中的礼仪，通过对现代风俗的观察可以解读古代文书"[1]。

这也启示我们，研究现代中国时，参照中国历史上积累的文字资料，是一个必要且有效的方法。一面阅读古文献，一面观察我们生活里的仪式，从很多现代的现象中可以看到古代传统的延续，从而勾绘出我们与古代传统一脉相承的联系。通过现代民间的丧仪葬礼观看今日社会和文化，也能更进一步理解古代社会文化。以下各章将实际调查的数据与古代文献对比，站在知古论今的角度深入认知东南地区现代社会的丧葬文化特性。

---

1 ［荷］高延：《中国的宗教系统》，［日］西胁常记译，龙云舍，1976年，第113页。

第一章 阶层与葬礼

在中国传统文化中，有关“死”的习俗和规制是礼法的重要内容。统治阶层作为人们的行为规范，将有关“死”的习惯和做法礼制化，归纳为“五礼”（吉礼、军礼、宾礼、嘉礼、凶礼）之一的“凶礼”。与此相关的历代文献数量庞大。在长期实行封建制度的中国古代社会里，皇帝及皇族、贵族的葬礼都十分隆重，建造豪华陵墓也花费了巨大的人力和财力。位于西安的秦始皇陵、武则天墓，北京的明十三陵等都是这样的典型。

在儒家思想的影响下，将死者隆重地送到另一个世界，然后持续几十年地祭拜祖先的所谓隆丧、厚葬、盛祭等行为被视为“孝”，这种行为是文化的重要组成部分。汉族从古至今都重视死亡，历代王朝留下无数帝王和贵族的葬礼和葬俗记录。周代是重视以礼仪作为统治手段的时代，在《周礼》中，“凶礼”概括了人们围绕死亡的系列基本行为。儒家经典《礼记》中，“丧”被划为独立的一类，全书49篇中，有十几篇论述丧、葬、丧服的规定。另一部经典《仪礼》中的《士丧礼篇》《既夕礼篇》等记载了丧礼、葬礼的规定。在《礼记》和《仪礼》中，对古代士以上的各阶层的丧仪的严格规定都进行了详细的记载。《礼记》还记载根据身份之不同，对其人之死的说法和措辞也不同，[1]如天子（皇帝）之死称为“崩”，诸侯之死称为“薨”，大夫（官员）之死称为“卒”，士（知识分子）之死称为“不禄”。古人规定不能直呼有官职品位之人

1 吴树平等点校：《礼记·曲礼下》，《十三经（全文标点本）》，北京燕山出版社，1991年，第688页。

的死，否则就是违背礼制。

现代民间社会通常也不会直呼人的死，而是用“过世”“长眠”“走了”“没了”等语言进行表达，书面表达中也用逝世、离世、辞世等词语表述人之死。后世婉转指称人的死亡，不再是为了以礼制的区别来体现身份高低，而是用婉转的词语指代人的死亡，体现出汉族人从古至今都把死亡这件事看得很重，但是重在行为，而不能轻易在口头上言之语之。汉族民间特别重视人死后一系列的送别、追悼、祭祀等行为，却又极为避讳口头直呼人的死亡，平时也不能过多讲死了如何如何，或众人一起谈论死亡或葬礼、祭礼等。老人们愿意看到自己死后要去另一个世界时的穿戴（寿衣）[1]、装裹（寿材）、有条件的乡村还要事先看看自己死后住的地方（寿域）。但是老人一般不会主动提出这些事宜，也不愿意过多听别人提起。汉族民间对待死亡这件事，呈现出一种矛盾的态度。

在封建社会，葬礼和祭祀仪式的规模也是由身份决定的。从历代王朝的《会典》和《会要》等记录来看，葬礼的记述和葬礼的规制等都是按照皇帝、皇后、品官等身份区别来记载的。例如，《明会典》中记载的丧仪分为“一 皇帝大丧礼”“二 皇太后丧礼”“三 皇妃丧礼”“四 品官丧礼”“五 庶人丧礼”。[2]另外，人死后不是立刻下葬，一般要停灵。关于死后棺柩安放停灵的时间，同样被礼制限定着。依身份不同，“天子七日而殡，七月而葬，诸侯五日而殡，五月而葬。大夫、士、庶人三日而殡，三月而葬”[3]。自古以来，葬礼的规模和程序，葬礼之后停灵的天数，葬礼用具的种类和数量、颜色和材料、尺寸大小等都是根据阶层和身份进行详细规定的。平民坟墓的规模、材料甚至尺寸都有

1　记得笔者的祖母收到长子媳妇给她准备的寿衣，似乎十分欢喜。在没有其他家人在场时，会悄悄打开寿衣包袱，一件件翻看，还给笔者看，告诉笔者每一件是什么，模糊记得祖母的表情是微笑着的。

2　王云五主编：《明会典》，卷九十六礼部五十四，台北：台湾商务印书馆，1969年，第2165—2230页。

3　吴树平等点校：《礼记·王制》，《十三经（全文标点本）》，北京燕山出版社，1991年，第97页。

限制，平民与士区别于其他阶层，葬礼和墓地的规模最小的。

以下列举文献记载及笔者的实地调查案例，对明清时代的文献记载和20世纪中叶至21世纪在中国社会尤其是东南地区汉族社会里实际状况进行对比，以期把握和认知古往今来平民阶层葬礼的本质。

第一节 历史上的民葬、国葬与公葬

一、文献中记载的士葬礼、平民葬礼

平民在古代被称作庶人，是指封建社会中的普通人。根据他们的身份和阶级，葬礼程序和规模不得超越一定的限制。庶人的葬礼规模较小，与上层阶级的葬礼相比，葬礼程序也被简化掉许多。这里，首先从文献记录中整理出明代、清代和民国时期平民阶层葬礼的相关记载，以求呈现平民阶层的葬礼全貌。

（一）明代

明朝（1368—1644）规定了庶民阶层的丧葬习俗，甚至规定了具体的丧葬仪式内容。《明会典》对平民葬礼过程的记述如下：[1]

> 初终、复、治棺、讣告、易新衣、饭含、沐浴、置灵座、设魂帛、立铭旌；次日小殓；三日大殓；成服，朝夕奠；朔日奠；吊奠赙；択地択日开茔域，祠后土，穿圹，做灰隔，造明器，做神主；迁柩、祖奠、发引、入圹，窆，祠后土，题主；虞、再虞、三虞；卒哭；祔；小祥；大

1 王云五主编：《明会典》，台北：台湾商务印书馆，1969年，第2223页。

祥；禫。

译文：死亡，招魂，备棺，发讣告，更衣，含仪（口内放置物品），清洗身体，设灵座，立招魂幡；入殓；三日大殓入棺；（遗属）穿丧服，早晚祭奠；将吊唁祭品送到丧家；择日选址掘墓穴、祭祀“后土神”、修造墓穴、制作明器、制作牌位；移棺、祭祀祖先、出殡、棺柩入墓、下葬、祭后土神，题主（牌位点主）仪式；三次虞祭；早晚哭祭；把死者迎入祖庙祭祀；一周年祭；三周年祭；脱丧服。

（二）清代

清朝（1616—1911）虽然是满族统治的时代，但在制度上吸收了大量汉族文化的要素和习俗，关于葬礼的规定也是如此。《大清会典》关于葬礼的规定如下：

赴告，采棺，殓，设灵座，成服，朝夕奠，卜日发引，启奠，灵车载魂帛，殡所暂安，每日设奠，百日祭礼，祖奠，葬，题主礼，葬毕虞祭，卒哭，小祥，大祥，三周，释服从吉。[1]

译文：讣告，准备棺木，逝者入殓，设灵座，（遗属）穿丧服，早晚祭奠，占卜日期出殡，灵车载上魂帛，棺柩临时安放，每日祭祀，百日祭祀，祭祀祖先，葬，题主之仪（牌位点主仪式），虞祭，早晚为死者哭泣哀悼，一周年祭，两周年祭，三周年脱丧服穿吉服。

为了与之后将要介绍的国葬、公葬对比，这里继续罗列一下20世纪30年代至40年代北京民间葬礼的基本内容。

1　从《大清会典》卷五十四，《礼部·丧礼》五记述的葬礼流程里摘取成单独项目。参见钦定四库全书：钦定《大清会典》卷五十四，《礼部·丧礼五》。

（三）民国时期

参照北京民俗文献，将20世纪30年代至40年代的北京民间葬礼的基本项目，整理、罗列如下。[1]

一、倒头：易箦（换床）、小殓、报丧、开殃榜与领执照、成服、大殓、灵堂、停灵；

二、接三：纸活（车马、箱子）、吊唁、乐器、“开咽喉”、送三、放焰口；

三、送库：楼库、讣闻、来奠、道场、祭库、焚库；

四、成主；

五、发引：辞灵、出堂、起杠、摔盆、扬纸钱、出殡行列（富者数里，穷者二十米）、顺（挽联、匾额、花圈、纸活：开路王、打道鬼，喷钱兽、金童玉女、松活（松狮子等）、雪柳、伞、魂轿、乐器、僧侣与道士、亲朋、孝属、棺柩、送殡轿子（四轮马车逐渐增多，也出现汽车送殡）、茶桌和路祭棚、下葬、回宅（另有仪式）；

六、暖墓、圆坟；

七、五七烧伞；

八、六十天烧船桥；

九、一百天（百日祭）；

十、办周年；

十一、每年清明节、冬至祭祀。

《礼记》和《仪礼》中所记录的，只是把统治阶层的理想设为制度化的礼仪，我们无法获知当时的实际实施状况。从文字记录的北京百姓的葬礼项目来看，近代以前的人们一直按照既有的规定举办葬礼，可以想象规定和实际葬礼之间虽有差异，但不会有太大差别。20世纪40年代，是封建社会制度被推翻

1　参照常人春《老北京的风俗》，北京燕山出版社，1990年。

后的30年，前一个时代清代的衣食住行、生老病死等方面的习俗，还来不及彻底的变化。而清王朝一直注意吸收汉族文化元素，也沿袭了许多明代文化。从这个角度看，20世纪40年代的北京民间葬礼，可以看到文化的承袭关联。

这里将明代的“品官丧礼”和“庶民丧礼”、清代的庶民葬礼以及20世纪30年代北京民间葬礼的项目罗列如下表以做比较：

表1-1-1　《明会典》《清会典》与北京民间葬仪项目

明代品官丧礼	明代庶民丧礼	清代庶民丧礼	20世纪三四十年代北京民间葬礼
初终（属纩、复、沐浴）	初终（属纩、复、易服、择木为棺、陈袭衣、沐、含）	赴告，采棺	倒头：换床、小殓、报丧、开殃榜、领执照、成服、大殓、▼丧棚、灵堂、停灵
小殓（陈殓衣）	小殓（陈小殓衣）	殓	小殓
大殓（入棺、加盖下钉、覆柩以衣）	大殓（入棺、加盖下钉、覆柩以衣）	设灵座	大殓（入棺）
	成服（朝奠、夕奠）	成服；朝夕奠	成服
吊奠赙	吊奠赙		送三
择地、祭后土（穿圹、刻志石、造明器）	择地、祭后土（择日开茔域、祀后土、南向设神位、穿圹作灰隔、刻志石、造明器、作神主）	卜日发引；启奠；灵车载魂帛；殡所暂安；每日设奠；百日祭礼；祖奠；	送库（明器）讣闻、来奠、道场、祭库、焚库；成主
葬（墓地张吉凶帷、设灵座于吉帷、发引、以翣障柩、设席于圹内、下柩于圹内席上、施铭志石于圹内、掩圹复土、祀后土）	葬，祭祀“后土神”	葬	发引、出殡、路祭、魂轿、下葬
题木主	题主之仪	题主礼	成主之仪

续表

明代品官丧礼	明代庶民丧礼	清代庶民丧礼	20世纪三四十年代北京民间葬礼
虞（遇柔日再虞、遇刚日三虞）	虞（遇柔日再虞、遇刚日三虞）	虞祭	▼暖墓、圆坟
卒哭	卒哭	卒哭	▼送伞
祔	祔	百日祭	▼送船 ▼百日祭
小祥	小祥	小祥	周年忌
大祥	大祥	大祥	
禫	禫	三周年祭 释服从吉	每年清明节和冬至祭祀
棺：油杉、朱漆	棺用硬木。油杉为上， 柏木次之，土杉、松木又次之。黑漆或金漆，不得用朱红漆		没有规定
椁用土杉	没有记录	没有记录	不用椁

另外，在《明会典》中，士以上身份的品官葬礼记录的最后，附有品官葬礼用品一览表。清代葬礼记载的后半部分，甚至还附有服丧者关系图，用服装具体地显示葬礼上的人际关系，说明丧服有极为重要的文化标志功能。并且根据死者品官的级别，决定出殡时的棺材覆盖物的颜色和图案，甚至还详细规定了送葬队伍使用的马匹数量。葬礼的规模、使用的器具以及器具的颜色也与平民有所区别。从这些资料中可以展开对亲属关系、社会组织构成的研究，由于本章主要关注葬礼的过程，所以对物品和服装的规定不做深入探讨。

从表1-1-1可以看出，清代的丧葬流程有比明代简化的倾向。其中一个主要原因是清朝是非汉民族统治的政权，对礼俗的要求略有放松。北京平民葬礼的记录，发生在清王朝被推翻的仅仅20多年后，上述表格中有"▼"符号的地方，是在旧有记录中没有出现过的行为。与规定行为相比，融入人情的环节越来越多，从葬礼过程中家属可以感受到与死者灵魂的交流。比起统治层的硬性规定，民众的葬礼更能体现对死者的感情。

从表 1-1-1 中还可以看出，虽然从死亡到葬礼的过程在很多方面是一致的，但在葬礼后的祭祀中，民间葬礼中有很多充满平民阶层的人情和感情的行为。

表 1-1-1 最后两栏是关于遗体收纳器具使用的规定。明代以后，棺柩外侧的单层木制椁以及棺柩外箱等埋葬设施的使用逐渐减少，清代以后，没有规定用作棺柩材料的木材种类的记录，可知棺柩外侧的椁也不再使用了。曾经作为维持统治的礼制而规定给统治阶层的棺椁配置与否，似乎逐渐失去了标志官阶品级的功能。

二、国葬、公葬

中华民国是推翻了几千年封建王朝后成立的第一个共和制政权。在新政府成立的短短 30 年时间里，北京以“国葬”或“公葬”的形式举行了数次政府要人的葬礼。1916 年第二代大总统袁世凯去世，1925 年孙中山去世，之后的段祺瑞、吴佩孚等人也相继去世，都在国民政府所在地北京举行葬礼。对从未举行过现代葬礼的当时的政权来说，因为是非封建政权，所以这种国葬、公葬等葬礼既要以不同于封建制度时期的葬礼形式举办，又要能够让国民和遗属理解并接受，因此需要的是一种不完全脱离传统的，既有传统元素又要体现新式政权特色的葬礼，这是当时的政权遇到的如何面对传统与现代文化的问题。中国最早的现代葬礼——民国时期的国葬和公葬，其基础流程虽然遵循了传统葬礼的规范，但也吸收了当时西方的元素。这种国葬和公葬的形式，后来逐渐成为中国国民的基本葬礼（追悼会）形式。因此，有关中国现代葬礼的讨论就从国葬、公葬开始。

辛亥革命（1911）以后的中国，在葬礼方面，由于废除了封建帝制，皇帝以及皇太后、皇妃的葬礼都不存在了。应当时局势所需，出现了国葬和公葬的葬礼模式。其作为既与平民葬礼的规模不同，又与封建制度下流传数千年的礼俗葬礼不同的中国现代葬礼，究竟有什么意义呢？

“国葬”是指国家最高领导人、政要或对国家有重大贡献的人去世时举行的全国规模的葬礼。其与普通家庭葬礼的不同之处，在于是由中央政府出面主持葬礼。所谓“公葬”，是指地方知名人士或对地方有贡献的人物去世时，由地方政府或地方团体出资并主办的葬礼。与家族式、家庭式葬礼不同的是，主持葬礼的是地方政府，或由团体出资送别与该团体并没有血缘关系的逝者。无论是国葬还是公葬，其共同点都是由官方代替逝者家属主持葬礼，并由没有血缘关系的众多官方人士追悼逝者、为逝者送行。

下面按年代顺序记录当时举办的几次现代化的国葬、公葬，考察其与传统葬礼、民间葬礼之异同。

（一）国葬之一：袁世凯的葬礼[1]

逝去　1916年6月6日，中华民国首任大总统袁世凯在北京病逝。国民政府为其举办了国葬规模的丧礼之后，他的棺柩被运到前门西站，由灵车专列运往河南省彰德府洹上村（今安阳市）安葬。

守灵服丧　北京的政府机关降半旗27天。文官、武官及军人皆服丧，具体方式是袖戴黑纱。北京市27天内禁止所有宴会，面向平民的音乐和戏剧禁演7天。遗属穿麻布孝服守灵，灵棚（帐篷）5顶：和尚用1顶（每顶内15人）、道士用1顶，喇嘛用1顶。每天轮流诵经，“逢七”之日，五棚一齐念经，吹法器，立铭旌。

出殡　大殓后停灵20日，6月28日举行出殡仪式，发送棺柩到北京前门西站，再由专用列车运送棺柩到河南省彰德府袁氏家中。出殡前，袁夫人、女儿、其他亲属、政府代表等在灵前行了三跪九叩首之礼。

出殡队伍　包含旌旗，士兵约2000人（枪上皆系黑布条），撒纸钱（1

1　参见萧景泉《袁世凯丧葬琐记》，中国人民政治协商会议全国委员会文史资料研究委员会编《文史资料选辑》第七十六辑，文史资料出版社，1981年，第171—190页；参见周吉平《北京殡葬史话》，北京燕山出版社，2002年，第324—345页。

人），铭旌，线香，刺绣彩幡，佛僧、喇嘛、道士各15人，“清音”乐器队，总统府军乐队，轿子，明器48个，香轿，纸制金山银山，魂轿（魂牌放进一个篮子里，再放入轿子），总统府乐队，影亭（放有照片的轿子）。

执绋队列 总理以下的政府文官、武官（文官在胸前佩戴白色人造花，手臂戴黑袖章，武官穿军服），后跟随诸外国大使、袁氏生前的护卫官（穿丧服），挽联，白色孝幛，覆盖棺罩的棺柩（80人分两班抬棺），后卫48人，送葬的女性们乘坐的轿子100顶以上。

路祭一 在北京前门西站进行路祭。事先在站前搭建路祭棚。棺柩安放于路祭棚内，备置香烛、供品进行祭礼；祭礼后，将棺柩放在专用列车“灵车”上，车上设有“花车”代替灵堂的祭祀空间，遗属乘坐花车一同前往；

礼炮：灵车发车之际，鸣放礼炮101响；

有关人员乘车：参加送葬的政要、袁世凯的部下等另乘列车前往。送出殡的客人、佛僧、道士、喇嘛、祭祀器具、明器、乐器类及抬棺人、护卫士兵等500多人另乘一列列车。这两列列车先于灵车到达河南彰德，等待灵车的到来。

路祭二 灵车会停在沿路的车站，接受当地官员们的“路祭”。在各个车站建立“路祭棚”，准备供品，面向灵车举行祭礼。

终点站 在终点搭好路祭棚，准备好供品、幡、伞等，等待灵车到达。

自家停灵 在“五进式”家宅最里面的庭院的房间里放置棺材，在棺材前摆放祭祀用的台子，上面设有灵台，摆着遗像、魂牌和供品，香火蜡烛四时不停地燃点。

灵棚 在安置棺柩的院子里做两层楼高5丈（约16米）的灵棚。灵棚楼上放着从北京运来的明器，楼下挂着诵经时用的幡；在三进的院子里搭建两层经棚，楼上是每天15名佛僧、道士、喇嘛诵经的地方，楼下是来访者的用餐场所兼休息场所。

开吊 吊唁客来祭拜。

送库 送葬当天下午五点“送库”，将纸制明器在门外焚烧。

放焰口 晚上在灵前，分佛、道、喇嘛三个台举行“放焰口”法事。

写主 8月21日，在题主仪式的前一天做“写主”，即在牌位的内函上写上逝者的生卒年、子孙的名字，在外函上写上逝者的名字和职衔。最后写成外函的“主”字缺上面一点的“王”字。

题主 8月22日，举行在牌位上点上“王”字上面的一个点，使“王”字成为“主”字的“题主仪式”。[1]

下葬 8月23日，上午出殡，下午下葬。袁世凯的墓是有墓道的石室，除了放置棺木的中央卧铺外，还有石桌、石椅等。棺木放入墓穴后，在墓地焚烧大量纸制的房屋、香幡、香亭和金钱。

因为袁世凯的葬礼是国葬，所以由政府支出葬礼费用并准备仪式的各个环节，家属只需出席葬礼。当时北平专业做葬礼的“永利扛房”负责这次葬礼，包括准备从棺罩到经幡、伞等丧仪专用器具用具，安排抬棺抬轿的扛夫轿夫，准备乐队等一应事务。

（二）国葬之二：临时总统孙中山的葬礼

逝去 1925年3月12日，辛亥革命的领袖孙中山在北京病逝。因其留有要求保存遗体的遗言，故实施防腐措施。

入棺 3月15日，大殓（入棺仪式）。

移灵 3月19日，棺柩移至中央公园祭祀会场，放礼炮33响。

安灵 3月20—22日，三天安灵。

---

1 题主仪式：牌位又称神主牌，一般写某某之神主。而在葬礼之前的牌位，要写神王，主字要少写一点。在葬礼最后的环节进行，在棺柩前面或坟墓前面，“孝子”背手在后捧牌位，请当地名流或本族长老执笔在王字上写一点，完成神主牌。也寓意逝者的灵魂移到牌位上了。这个“点主“仪式很隆重，也是汉族灵魂观的一个表现。

根据萧景泉的文章，袁世凯葬礼的点主仪式具体流程如下：把木主（牌位）放在棺柩前的祭台上，三位题主官参与题主仪式。第一次，鸿题官面东吸入“生气”后吹入蘸了朱墨的毛笔上，在木主上点一个红点；第二次，黑墨写点；第三次，蘸白公鸡的鸡冠血重新在“主”字上写那个点，“题主仪式”完成。

吊唁　3月24日，由遗属和北京市政府参加吊唁，3月25日，由外交使节参加吊唁，3月26日，由大中小学校参加吊唁；3月27日至4月1日为公开追悼、吊唁时间。

权厝　4月2日，遵照孙中山要求保存遗体的遗言，在南京建造陵墓。陵寝建成前“暂厝”（权厝），棺柩暂时安置于北京西郊碧云寺，[1]棺柩运往寺庙时举行了奉灵礼。

改殓　1929年5月22日，南京紫金山中山陵竣工，北京西郊区碧云寺中进行“改殓”。

祭奠　5月23—25日，在北平祭奠。

移灵　5月26日，起灵南下。为棺柩盖上棺罩运出寺庙，搭乘专列从北京运送到南京。

公祭　5月29—31日公祭，5月31日下午6点举行封棺仪式。

下葬　6月1日，举行奉安大典，参加者皆戴黑袖章，礼炮121发，就位（就座），肃立，奏哀乐，行三鞠躬礼，献花圈，读文，将棺柩放入墓室，在墓室内演奏葬礼音乐，默哀，礼毕。孙中山棺柩存放在墓穴中，由其夫人和儿子亲手封住了墓门。[2]

（三）国葬之三：段祺瑞暂厝大仪

段祺瑞曾担任中华民国国务总理。1933年应蒋介石之邀南下，任国府委员。死后举行了国葬级别的葬礼。

逝去　1936年11月2日，段氏因胃溃疡出血在上海去世。

1　暂厝：葬礼后棺柩不立刻下葬，而是安置在某处房间、院子或室外山坡等地的行为。有直接安放在地表不加任何遮盖物的，也有修盖草棚或砖瓦小建筑用来遮风避雨的，各地形式不一。

2　参见江苏省政协文史资料委员会编，蔡鸿源、孙必有：《附录：从孙中山北上到奉安大典》，江苏省政协文史资料研究委员会《在中山先生身边的日子里》，江苏古籍出版社，1986年，第241页。

出殡　12月7日从上海家中出发（出殡），从上海北站将灵柩装上专用列车前往北京。在去往车站的途中，由友人、僧侣120人、道工120人、军乐队以及十几万民众送行。

公祭　12月8—9日，专列前往北京的途中，在南京、济南和天津西站接受国民党要员三次“公祭”。

路祭　12月11日，灵车抵达北京站。当日北京全市降半旗。在21响礼炮中，灵车抵达，在前往预定放置棺柩的寺院的途中，举行路祭，“路祭不绝”（途中多次举行了祭祀仪式），下午在广通寺举行“大祭奠”。用餐点招待了陪同棺柩来到寺庙的客人后，大家返回北京市内。遗属当晚在寺庙守灵。

暂厝　12月12日，抵达北京翌日，棺柩移至北京市西郊卧佛寺暂厝。

公祭　12月14—16日，在北京市中心天安门西侧的中山公园举行“公祭”，由政府主办祭典。

安葬　1937年7月，因战火逼近北京，中止“暂厝”，安葬于北京西郊。

迁葬　1963年，经亲属之手，在北京万安公墓再次安葬（迁葬）。[1]

（四）公葬：吴佩孚案例

逝去　1939年12月4日，吴佩孚在北平病逝。

停灵　每天都有僧人、道士诵经，到了“七日”要“放焰口”做法事，每天都有人来吊唁，大殓仪。

接三之仪　12月16日，各省奉政府命令降半旗。

点主之仪　1940年1月16日，在牌位神主的“主”字上，用逝者长子中指的血将点画成红色。

移灵　因战火，棺柩无法运回故乡，1月24日在北京市内的寺庙暂时“停

1　参见《大公报》1936年11月4日第1张第3版、1936年12月9日第1张第3版、1936年12月10日第1张第3版、1936年12月12日第1张第3版；常人春：《老北京的民俗》，北京燕山出版社，1990年，第349—351页；周吉平：《北京殡葬史话》，北京燕山出版社，2002年，第386—395页。

灵”，所以移动棺柩不叫“出殡”，而称作“移灵”。另外，为了在那座寺庙里等待棺柩安置工程，出殡推迟到了第52天。

移灵的行列由军人和警察打头，西洋乐器队、民乐队、传统幡等队伍，遗像轿子、挽联、纸制明器，喇嘛、道士、佛僧、亲友、政要、遗属、棺柩（盖着棺罩）、送葬的妇女们的轿子。途中设有许多路祭棚。每次遇到路祭棚都要暂停行进，接受路祭人的祭奠，移灵几乎花了整整一天。

停灵　在北平市拈花寺放置棺柩“停灵”了约6年。

呼吁公葬　1946年12月，国民党政府为表彰吴佩孚未回应日本人的邀请的爱国之举，以北平市各界的名义呼吁以公葬之礼对待吴佩孚。

公葬　12月15日，在停灵的拈花寺举行，僧侣念经，蒋介石派代理人读哀悼祭文，烧纸钱，放鞭炮。

埋葬　12月16日，公葬仪式的第二天出殡日“发靷”。“国民政府”通知当日全国下半旗，起灵仪式之后，用军用卡车将棺材装上，以车送葬。途中撒“花红纸钱”，棺柩土葬在玉泉山西麓的吴家墓地。[1]

下葬后，北平市代表发表了祭祀词，并在墓前举行了简单的祭礼。[2]

以上，记述了多例脱离封建社会礼俗礼制规定而进行的新型葬礼——国葬、公葬的案例。以下提炼出新葬礼要素如下。

表1-1-2　国葬、公葬要素一览

项目（参照袁世凯葬礼）	国葬一 袁世凯	国葬二 孙中山	国葬三 段祺瑞	公葬 吴佩孚	同时代的北京（北平）民葬
初终	不详	不详	不详	不详	●（倒头）
小殓	不详	不详	不详	不详	●
孝服：麻质面料	●				●

1　参见吴运乾、吴运坤《先祖父吴佩孚的生前身后事》，《百年潮》2004年第4期。

2　常人春：《老北京的风俗》，北京燕山出版社，1990年，第349—351页。

续表

项目 （参照袁世凯葬礼）	国葬一 袁世凯	国葬二 孙中山	国葬三 段祺瑞	公葬 吴佩孚	同时代的北京（北平）民葬
相关人员服丧：（黑纱/黑臂章）	●	●	●	●	●
守灵	●	不详	●	●	●停灵
搭棚	●				●
每日诵经	●			●	朝奠、夕奠
立铭旌	●				
大殓	●	●	不详	●	●
接三仪式				●	●
移灵		●	●从上海到北京	●	
吊唁		●		●	●
权厝		●	●	●（停灵）	●
起灵（南下）		●		●	
公祭		●	●	●	
封棺仪式		●			●入棺、加盖下钉、覆柩以衣
出殡	●		●发靷	●发靷	●
路祭	●		●	●	●
坐火车回家（河南）	●				
（在家里）设灵台：遗照、魂牌、香烛、祭品	●				●（虽然流程顺序不同，但有这一项）
灵棚：两层楼，明器在楼上，经幡在一楼	●				

续表

项目（参照袁世凯葬礼）	国葬一 袁世凯	国葬二 孙中山	国葬三 段祺瑞	公葬 吴佩孚	同时代的北京（北平）民葬
开吊	●				
开吊日下午“送库”：在院门外焚化纸制明器	●				●
开吊日之夜：“放焰火”法事	●				●
写主	●	不详	不详	不详	
题主	●	▽（传闻）		●	●成主
再次出殡	●				
土葬	●		●	●	●
遗体入墓		●奉安大典，遗体永存			
安葬仪式：墓前焚香幡、香亭、纸钱	●	有安葬仪式，没有焚烧明器	不详	只有公祭代表致词	第二天以后：暖墓 / 烧伞 / 烧船桥

国葬和公葬是在封建社会结束、新政权成立不久时举办的。欲展现非封建王权的新姿态的政府，在设计、举办国葬和公葬时，明显吸收了很多传统元素。

表 1-1-2 是从为数不多的详细记录当时葬礼过程的文章中整理并提取出基本要素排列而成的。在记载的资料中，有一些虽然没有完整记录葬礼所有项目，但基本内容齐全，权可以用来与现代葬礼做对比使用。

前面提取明代、清代葬礼细目和国葬、公葬还有同一时期举行的北京老百姓的葬礼，对照来看，死者穿寿衣仪的“小殓”、家属换衣服的穿丧服的“成服”，放入棺材中的“大殓”、灵堂和灵位的设立、搭帐篷的“搭棚”、出殡的

“发引”、前往郊区墓地的送葬队列的组成和排列顺序等，都与明代、清代的基本流程相似，这一点看图表即一目了然。

佩戴黑色臂章和白色假花替代孝服、用鞠躬代替跪拜、降半旗致哀等，似乎吸收了海外现代葬礼的要素。但是，四个案例都是在现代式的葬礼后，沿用传统的土葬葬法，所以入棺、成服、接三、点主、牌位、出殡、焚烧明器给阴间等流程，与明清时期的庶民葬礼的共同之处颇多。

如上所述，推翻封建制度后不久，新的政权推出的国葬、公葬等现代葬礼，虽然出现了与帝王葬礼不同形式的动向，但也吸收了传统葬礼的基本内容。新葬礼给人的印象是，将传统葬礼的要素和近代表象混合在一起，构成了官方葬礼。此后，佩戴黑色臂章、白色假花成为现代葬礼（后来称为追思会、追悼会）的基本要素。

自古以来的灵魂观、祖先观、阴界观等诸多观念交错形成的汉族葬礼的诸多表象，被包含在所谓的现代葬礼的流程中，现代葬礼还包含国葬、公葬这样的与传统葬礼不同的名称、由没有血缘关系的人作为主办者等要素。

以上，我们了解了明代自1368年以后庶民阶层的传统葬礼流程和基本项目，从20世纪20年代开始，北京（北平）举行了数次国葬和公葬，其基本内容和主要项目也与同时代的平民葬礼项目做了比较。对照明代和清代的记载内容可以发现，20世纪30年代至40年代北京（北平）平民的葬礼案例以及国葬和公葬的案例，仍然继承了明代记载的葬礼的基本要素，遵循了明代的丧葬礼仪规定。接下来，我们来看一下从那以后在中国东南地区实际举行的葬礼。

第二节　田野里的民间葬礼

一、调查得知的案例

自改革开放以来，中国社会发生了翻天覆地的变化。曾经世世代代生活在田间的人们或由农转商，或去企业工作，或创办企业自己当老板，农村地区人们的生活发生了巨大的变化。随着生活和工作节奏的加快，离开乡村外出做生意的人也越来越多，但这一地区的人们说他们的葬礼较之过去并没有太大的变化。

前面列举的《会典》等文献所记录的，只是那个时代的礼制规范，并不是实际的记录。很少有详细记载历代平民阶层的日常生活和他们一生中的婚丧嫁娶等习俗的书。有人解释说，这是因为自古以来“礼不下庶人”的观念，在封建社会中庶民的地位很低，所以他们的人生礼仪和例行活动的习惯不被认为有价值，所以没有被记载。[1]

在民俗学研究中，记录得忠实而又细致的民俗案例是非常重要的研究资料来源。本节根据笔者所调查的丧葬案例，以及找到的其他研究者所记述的丧葬案例资料，对东南地区的民间丧葬习俗以及东南地区汉族对灵魂、祖先、阴界的意识进行考察。

葬礼继承的一系列行为规范之原因，葬礼流程和各种关联的行为中隐藏着的深层的民间认知，是笔者感兴趣的内容。通过观察东南地区平民阶层的葬礼

1　陈戍国：《先秦礼制研究》，湖南教育出版社，1991 年，第 34—38 页。

和扫墓活动，也许就能解开这些疑问。下面先记述案例[1]，之后为进行比较，再将民间葬礼的要素摘取、罗列出来。

案例1　浙江省丽水市，1990年调查

送终　为逝者送终。哭。

买水　撑一把半开伞（晴天也必须打伞）走到水边，点上线香拜拜，说“我要买水”，用取回的水擦拭逝者的身体，为逝者换上寿衣。据说近年来使用自来水的年轻人增加了。

移床　将灰粽塞在换好衣服的逝者手中，用丝棉网包裹双手（村民说这样做是为了便于捡骨再葬时不丢掉每一块小骨头）[2]。把逝者搬到用门板制作的灵床上。

落材　请风水先生选择吉时（日期和时间），将逝者放入棺材。

祭材头　朝着棺柩头部祭祀。入棺落材后举行这个仪式。

停棺　过去棺柩会在家里停放几个月到一年。近代以后一般是7天。20世纪80年代，一般只在家里安放3天。停棺期间，会请道士来家里演奏乐器，请僧侣诵经“开丧”“作道场”。

暂厝　出于经济上的原因未能建好墓的，或者“地理老师”说有风水上的原因最好不要马上下葬的情况下，不埋葬棺柩，而是直接把棺柩安放在地表。

暖圹　圹就是墓穴。有事先做好的横穴墓，也有临时挖的竖穴墓。生前制作的“寿圹”被认为是最好的。出殡的前一天，用酒和纸钱举行祭拜仪式，然后把装有炭火的容器“火盆”放入圹里，以“暖暖那个房间”。

出殡　棺柩从家里抬到墓地。棺材用棺盖（用竹和纸等制作）覆

1　因为没有得到所有受采访者的许可，调查信息不便公开，部分地名或者村落以及相关人员的名字用字母代替。

2　村民讲述曾经经历过的捡骨，手的关节多、小骨头太多，捡不齐全是对老祖宗不礼貌。用丝绵网包住双手的话，捡骨时提起两个丝绵网抖一抖，手的骨头全都在网里面。再把丝绵网放进骨瓮，老祖宗的骨头就不会缺失了。

盖。棺盖有男女之分，通常龙、凤分别代表男、女。把棺柩放入圹，用土覆盖。

挂红　在墓前祭拜。所有来送葬的人都换上吉服。肩膀上斜挂一条红色绶带回家。逝者长子提着灯笼徒步回家，途中严禁回头或与他人说话。传说先到家的人就会发财，所以人们说常常会看到逝者的儿子们埋葬逝者后无言地匆匆赶着回家。之后举行送火种、百日祭、一周年忌。

案例2　浙江省丽水市缙云县五云镇Z村，1991年调查

送上路　人咽气后，先放鞭炮，烧银锭。把银锭（沾有锡粉的毛边纸，折成元宝形状）装进纸袋里烧给逝者，让他带着上路。

买水　“孝子”撑着半开的雨伞，在附近的池塘边焚香，将硬币投入水中，说“我买水”，用取回的水擦拭逝者的身体。

祭老衣　给逝者换上“祭老衣”。把遗体移到门板上，用毛巾盖住脸。

长明灯　点燃煤油灯，直到出殡前都不能熄灭。烧银（银粉纸折成的银锭）。

报丧　出门报告死讯。亲戚好友们会立即带上线香、蜡烛、“银”等前来吊唁。

选坟地　请风水先生按吉时选定墓地。

搭灵棚　出殡前一天，在院子里搭帐篷。遗属把丧服翻过来穿。腰上的绳子必须是与平时相反的方向搓的绳，用反搓绳子把上衣前面掩上。全员手里拿着一把旧伞。

丧服　男性穿白布上衣，女性头上顶白布、穿白色上衣和白色裙子。

下材　指入棺。虽然棺材放在帐篷里，但是把遗体搬到室外的时候，要用伞遮住逝者的脸.

入棺后进行“祭材”“游材头”，面向棺柩头点香祭拜。

出殡　出丧。“孝子”一只手拿伞，一只手拿篮子。篮子里装着香炉、

牌位、灯笼。送葬队伍到达墓地，把棺柩推进椁里。“孝子”要沿着来时的路把牌位和香炉筐带回家，为了日后“做羹饭”（请住进墓地的人回家吃大餐）的时候逝者的灵魂不迷路。

案例3 浙江省温州市区，1991年调查

买水 人去世了，先到外面去取水。“孝子”拿着香去水塘边，要有人为他撑伞。“孝子”往池子里扔几个硬币，取少量水回来。

穿老衣 用取回的水擦拭逝者身体后换上寿衣（这里叫“老衣”），移到中堂的房间，在脚边点上长明灯。

入室 指死者入棺。盖棺盖叫“落钉”。

设灵位 造灵位，悬挂魂帛。根据《会典》的规定，在椅子上放置魂帛，这把椅子就是灵位，但在民间却有不同的灵位：把逝者的上衣披在椅子的靠背上，在座位的部分放逝者的裤子，在椅子前面放逝者的鞋，这样的椅子被称为“灵座”“灵位”。将灵座、灵位放在横卧的遗体前。笔者见过人们对着椅子点香或鞠躬的场面。逝者家属解释说，逝者会坐在那里接受大家的问候。当地人似乎认为逝者的灵魂就坐在那里。现代也有在有靠背的椅子或椅背上披挂一件死者的上衣，在座椅部分放遗照的例子。

出丧 出殡。直系家属在棺材前面手扶白色“功布”慢慢行走。又有村民说这是“执绋”。棺柩上盖“丧盖”（竹枝糊纸做成的棺罩）。如果逝者是男性，丧盖是大大的龙头龙身形状，如果是女性，则是凤凰形状。

成主 棺柩到达墓地放入圹后，要有一个在名为“木主”的牌位上画点的仪式。

印坟 “孝子”爬上坟墓顶，从布袋里拿出仓库用的“谷印”，放在新土表面，做出盖印动作，绕坟墓一圈盖印。“袋”与“代”同音，“印”与“应”同音，有“传代应坟”的意思。

回山 “孝子”、家属和所有送葬的人们穿吉服（一般是红衣服或斜着披挂一条红丝带）回家。

案例4　浙江省丽水市区[1]

送终　人们认为，被家人围绕着离世是一件幸福的事情。去世后立即焚烧纸钱，送别逝者的灵魂。

报丧　送讣告。报告自家有人去世，告知出殡日期。现在一般用电话或邮件通知。

买水　打一把半开的油纸伞，到河边去。把一枚硬币放进河里，取一点水拿回去。用水擦干净逝者的身体，给他穿上“归老衣”。

穿寿衣　寿衣叫作“归老衣”，是单数的衣服，上下分为11件、13件、15件。村民说，一般穿上几套，再多穿一件上衣就成奇数的归老衣了。

上灵床　把逝者移到门板上。与逝者的八字相同的人不能进这个房间。

搭孝堂　在竹骨架上粘上白色和金色的纸，制作一个空间。把逝者的遗像挂在正中间，棺材放在里面。在孝堂前摆上四方形的餐桌，在上面摆上灵位、香炉、蜡烛和祭祀用品。

发讣告　把讣告贴在大门上。有名的人或家世显赫的人家会这样做，但普通百姓一般不会这样做。

殡、殓——入棺。选择吉日，请道士去家里。把遗体放进棺材，盖上棉被，用纸叠成的银锭把缝隙填满。

祭材头　入棺后举行的仪式。面向逝者头部也就是棺材头，供奉香、蜡烛、供品等。道士一边按顺时针方向绕棺柩走动、诵经三次，再按逆时针方向绕棺柩诵经三次。遗属也跟在道士身后绕棺柩。

点材头灯　盖上棺盖后，要不分昼夜地点亮一盏油灯。

起煞　入棺后烧掉死者使用过的席子等物品。睡觉的床板浸在池塘

1　参见《丽水风俗》编委会编，吴刚戟主编：《丽水风俗》，浙江丽水地区文联，1995年，第106—111页。

图 1–1–1　用于开丧和破地狱的米画的佛像

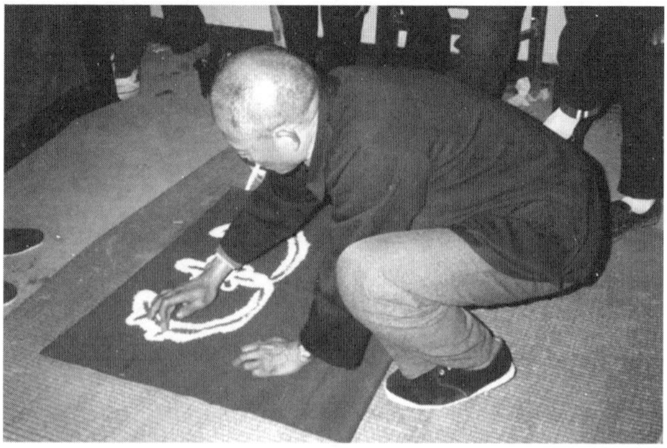

图 1–1–2　道士正在用米画佛像

里。在“起煞”期间，一般都有道士诵经，但也有不请道士的家庭。

送丧礼　吊唁客来吊唁时带来的物品。有挂轴、蜡烛、纸制作的“金山”“银山”及“奠仪”（红纸包着的现金）。

哭灵　儿媳、女儿、妻子等女性遗属在孝堂内哭。吊唁客来的时候，一定要有哭声，每天早晚要哭灵，一边哭一边焚烧银锭。

开丧　正式服丧的仪式。在作为祭坛的桌子前的地板上铺上红色地毯。然后道士用米粒描出图案。如果逝者是男性，就画地藏王，如果逝者是女性，就画目连像[1]。

破地狱　开丧仪式的一种，倒放五块瓦。佛僧一边诵经一边围着米粒画出的佛像转圈，遗属也手持一根香跟着佛僧转圈。佛僧用禅杖打碎瓦片，代表“孝子”的父亲就可以逃离在地狱受苦了。

1　听周围观看仪式的村民说，开丧仪式用大米画地藏王像或目连像，一是看道士画技好不好，画得是不是很像，二是当时大米是很珍贵的，是用来支付道士工钱的，道士会画得很仔细，画像的线条也会很多，大米用得也就多。我也亲眼看到过画完后举行破地狱或破血湖仪式，结束后，人们提起红布，使红布上的大米汇成一堆，图像就消失成为一小堆大米了，不过没有注意到道士拿走大米。

破血河　开丧仪式的一种，是已婚女性去世后举行的仪式。在用大米画的目连像的周围放五个装有黑砂糖水的木碗。儿子喝下“血河之水”，佛僧用禅杖打碎碗。这样一来，母亲就可以摆脱进入血河所受的痛苦了。由于当地佛僧较少，实际这个仪式多由道士负责。

作清醮　清醮是经济实力较弱的家庭在开丧费用不足的情况下进行的仪式。即叫来一位道士诵经，并在屋内洒净水。

出殡　棺柩由名为“四大天王”的专职人员抬。棺材上覆盖着“材盖”（棺罩）。男性使用龙形状的，女性使用白鹤形状的“材盖”。“留材”三次，把纸钱撒在沿路进行“买路”。事先准备一个香亭，里面放上遗照和香炉。亲友们送死者到半路，家属们送到墓地。

入圹（暖圹、入棺、祭坟）　首先，将装有点燃的木炭的火盆放入墓圹进行“暖圹”。等待吉时到，就放入棺柩。安葬完毕后在坟前举行“祭坟”。

挂红　从墓地回家时，所有人都要在衣服上系上红纸带。“孝子”们提着灯笼回家，有带回好风水的意思。回家后，将纸制孝堂分解后运到墓地烧掉。

案例 5　浙江省温州市永昌堡[1]，1989 年、1990 年调查

做百岁　人过了 60 岁就要做棺材。这被称为“做百岁”。

做寿衣　出嫁的女儿给父母做寿衣和寿鞋。内衣是白色的，上衣是深蓝色的，面料是纯棉的，这是最基本的。

做寿坟　请“地理先生”（风水师）选择一块吉地做“圹”。“圹”在方言中读作“chuang”，但有时也写作“矿”，也有人称为“坟圹”。“圹”是指横穴式墓的墓穴，有经济实力的人家会在圹周围覆土，加砖石或水泥

1　根据笔者 1989 年、1990 年的调查笔记整理。然后参考了潘一刚、李岳松编《永昌堡民俗文化调查》（香港：银河出版社，2005 年），补充了细节。

建成椅子坟外圈，20世纪90年代，几万元到几十万元人民币就可以建一座椅子坟。通常以夫妻为单位建坟，但也有将两三代人分代建在一个大坟里的例子。

以上是生前为死亡做准备的项目，以下是葬礼项目。

换衣 逝后两小时内为逝者换衣服，将逝者放在门板上，移到中堂。家人在他脚边放一口铁锅，在锅里烧纸钱。

洗床 在吉日向吉的方向焚烧逝者用过的被褥和衣服等。请专门从事葬仪工作的人清洗逝者的床。

哭灵 家里的成年女性在逝者身边一边诉说一边哭。

入棺 由专职人员负责。

出殡 遗属手持香，顺时针和逆时针各绕棺柩三圈后出殡。

安葬 出殡前，请专职人员到墓地打开圹，整理好。出殡后，在圹底铺砖，放入棺木。风水先生仔细测量棺材头的朝向。据说偏左对长子有利，偏右对次子有利。

回山 各房儿子们带回一对风水树，挂上红丝带放在大门口。在回家的路上，因为穿丧服不吉利，所以大家回家时都穿红色的衣服或者系上红色的丝带。带回“容亭”和里面的遗照，挂在中堂。儿媳妇给死者遗像献茶（敬茶），儿子们祭拜。

回山酒 葬礼后的宴席。此时的座次是非常重要的。逝者妻子兄弟的儿子坐在“头桌头位”（最上位的位置）。

放焰口 出殡当天晚上要做法事。准备纸屋、金桥、银桥、仙童、仙女，及装满纸钱的筐或者箱子。经过4个小时的诵经，遗属们也进行了拜祭之后，所有这些物品都拿到庙里专门烧纸钱的火炉里烧掉。

作七 在家做“孝堂”，在逝者离开的第7天祭祀。有经济实力的家庭会祭祀到第49日，也有每7天献一次供品哭祭的家庭，但没有经济实力的家庭可以只做放焰口的法事。

停棺 20世纪50年代以前，因经济能力有限暂时无法下葬逝者时，将棺柩放置于村外停棺场所。在棺材上罩“孝chang”[1]。“孝chang”是用竹子搭成人字形架子，再覆盖上稻草制作而成。如果过几年稻草腐烂了，就重新制作“孝chang”。之后，在经济宽裕的时候再埋葬。下葬时举行普通的下葬仪式。

作节 逢年过节，将灵牌移至中堂，供上香、纸钱、水果、烟酒、茶等。子孙对着灵牌跪拜。

上坟 清明节全家会一起去扫墓。祭祀用品有香烛、纸钱、锡纸、上坟米饼（清明时节用特别的米做的食物）等。先向土地神焚烧银钱致意，然后点香烛、在墓前焚烧纸钱。把吃食摆在墓前。

案例6 浙江省兰溪市Y村，1991年调查

送终 在逝者临终之际在院门口点香、蜡烛、小草鞋和用纸做的轿子和抬轿子的人，送死者启程。

换装 委托专职“棺材头”为逝者换衣服。

买水 拿一个大碗去池塘，往池塘里扔几枚硬币，打少许水回来。

沐浴 给逝者洗脸，用纸盖住脸。从床上移到门板上。

报丧 给亲戚报丧。不管晴天雨天，手里一定要拿一把伞。

上厅 人去世当晚，将门板移到族人共用的厅，即小祠堂里。

进材 在厅里把逝者放入棺材。这时要用伞遮住逝者的头部。

点灯 入棺后，在棺柩脚处安放称为“脚后灯”的油灯。

灵位 过去是给大靠背的椅子套上逝者的上衣，现在是在小椅子背套上逝者上衣，前面放逝者的鞋子。椅子后面立“魂幡”。村民解释说：“这意味着逝者坐在那里接受大家的祭拜。”

---

1 村民当时也无法确切表述该字的写法，故用拼音表示。后文中同种情况亦用拼音表示，不再注释说明。

安灵屋 第二天道士用纸制作房屋等明器。

封材、道场——当晚要盖棺盖，接着诵经等做道场（法事）。

吃上山饭 第二天早上，送棺柩去墓地之前，参加者聚集在厅里吃饭。

出丧 家属穿丧服。送葬到墓地。

送火种 下葬当天傍晚将竹篮送到墓前。里面放着饭碗和筷子。意为让死者自己做饭。

烧百日 烧百日、烧周年是指百日和一周年忌的做法事。

请吃酒 三周年忌的时候，举行"请吃酒"仪礼，招待所有葬礼时帮助过遗属的人。

案例7 福建省南部XZ村"喜丧"案例[1]，2001年调查

死者在80岁以后去世的，葬礼被称为"喜丧"，是为长寿者举办的葬礼。从守夜到出殡、下葬，再到回家的一系列仪式上，遗属都没怎么大哭。原以为是喜丧就不用哭，但女儿和儿媳妇们在固定的时间还是准时在棺柩前仪式性地哭泣。葬礼进行了两天。

葬礼第一天：

守夜 请来专业的道士，丧礼和做法事等一切事务都交给他们办。自家里去世的老爷爷被放进鲜红的棺材里。棺材被安置在前厅。在它的前方，有一个用竹子做骨，用彩色的纸糊成的、为死者准备的在另一个世界用的房子"灵屋"。

灵屋 也叫"纸厝"，是明器的一种。用竹子做骨架，糊上彩纸，做成房屋形状。这次葬礼准备了两个灵屋。第一个灵屋属于新逝者。就像这个地区一般的灵屋一样，有两层楼，分为客厅、卧室、厨房、浴室等。从

1 2001年，笔者在泉州调查，碰到郊区S村的这次喜丧。经当地学者说明、介绍，获得村长和遗属同意，得以参与了守夜、出殡、埋葬、归宅等葬礼基本过程。S村，是泉州郊区的一个村庄，距泉州市内十几分钟车距。

打开的小“窗”里可以看到房间里有桌子和椅子、床和衣柜，还有电视机、洗衣机、冰箱、立体声音响等电器，当然，一切都是纸制品。要想在阴间生活，首先要有住所，因此当地的习俗是在举行葬礼时，首先请工匠为死者建一座房子。

接祖先　为了逝者能够顺利走上旅途，不让他在途中迷路，会请回已经在另一个世界的亲人们来迎接新逝者，并与新逝者一起离开，这是葬礼的一个重要的流程。

为先过世的本族人准备另一个灵屋（这里称为第二灵屋），供他们回来时休息用。与逝者的灵屋不同的是，这个灵屋没有卧室等细致的空间区别。因为仅仅是“作为休息室的建筑物”，所以构造比第一灵屋简单，房间内部的设施也没有那么复杂。第一灵屋里有很多家具和日用品等，但没有人影（因为新逝者还没有被送葬，没有进入另一个世界）。第二灵屋的外侧站着几个用纸做的“人”。据逝者家属说，这几个人都是曾经在这个家里去世的人。仔细一看，每个“人”的衣服上都写着名字或者在这个家里曾经的身份，是确确实实的过世的家里人。第二灵屋放在大厅旁一间不起眼的房屋深处，从边门走到厨房的通道旁边，是一条很少有人走的通道空间。

法事场所　在棺柩和第一灵堂所在的大厅外面，开辟一个道士做法事的场所。张挂着道士带来的道教神“三圣”的画和地府阎王爷的画，画的前面摆着祭祀用的台子（几张饭桌）。

请祖先　道士首先进行的仪式，是从阴间召唤祖先的灵魂回来。

表演　过了中午，道士们诵经告一段落。他们会换个场地，在离举行葬礼的那所房子稍远的地方有一个村子里的宽敞的空间，道士们会前往那里做表演。表演类似杂技的节目，村民们时时给他们喝彩。遗属也来观看，表情显得比较轻松。表演的最后，道士撒馒头或真的硬币时，遗属和村民们都争着捡起来。喜丧时的馒头和硬币被认为是吉利的，村民说如果在建造新房时把这些硬币放进建筑物里，会很吉利。

过桥 为了让逝者的灵魂顺利地前往另一个世界，下午开始诵经之后，便举行“过桥”仪式。按照道士的指示，遗属，特别是四位“孝子”排成一列，或奔跑，或走过由凳子排列而成的“桥”。

打城 “打城”（破城）仪式专门由道士负责。把纸做的四方形墙壁包围着的城堡放在凳子上，道士用方言念经后，用拳头打破纸墙，仪式结束。

送钱 再次诵经结束后，时间到了半夜时分，于是进行送逝者启程的“送钱”（把钱送到另一个世界）仪式。具体如下：首先，为了保持空气流通，把红色的钞票束交错叠加堆成圆筒状，从下面点火。然后，直到所有的“钱”完全烧成灰烬为止，遗属们围成一圈，一边看着钱燃烧的火焰，一边念叨着“请拿走你的钱”，同时手里拿着菜刀、镰刀等铁工具，不停地敲打着地面。据说这样做是为了吓走外来的鬼魂，不让它们抢走给祖先或新死者送去的钱。

送上路 接近半夜三点，法事告一段落。最后，在家门口准备两辆纸做的小汽车，对祖先说：“您先请出门吧。”然后，把罩在棺柩上的灵屋运到村子的尽头，在那里和好几筐纸钱（阴间的纸币）一起烧掉。就像给阴间送钱时一样，遗属会认真地守护在旁边，看着燃烧的灵屋和大量的纸钱，时时用长长的竹竿挑动一下，直到一切都完全化为灰烬。参加守夜的一位亲戚小声地对笔者说明，送给亡者的东西都要烧得看不见原来的形状才可以，因为不化为灰烬就无法送到祖先们住的另一个世界去。

笔者在福建和浙江调查时，也经常听到这样的说法：金钱不完全化为灰烬，就无法寄到阴间。

之后，遗属休息，来守灵的亲戚，在村里有家的都回家了。其他亲戚分头在这个家里的某个房间里休息。顺便一提，笔者被指定和四儿子的媳妇睡一个房间，笔者听从了安排。

葬礼第二天：

哭灵 第二天早上，就是半夜那一连串的焚烧仪式结束后的约两个

图 1–1–3　“灵堂”

图 1–1–4　灵位

半小时后，早上六点，大儿媳等几名妇女在棺柩前开始哭泣。以哭声为信号，遗属纷纷行动起来，开始为当天的葬礼做准备。

早晨的祭祀　从撤掉罩在棺柩上的灵屋的大厅门外，可以看到鲜红的棺柩（图 1–1–5）。棺柩前面放着一个餐桌，餐桌上供奉着牌位、蜡烛、饭菜、茶水、洗漱用具等。大儿媳妇一边哭，一边为死者准备摆放早餐。

出殡前的用餐　诵经之后，一直到正午出殡的时刻，前来送葬的亲戚朋友和相关人士陆续到达。他们带来花圈、纸钱、香和香火钱。与丧主的长子和遗属寒暄后，他们便被带到用餐的地方。

在特设的大房间里围着几张大圆桌吃饭。因为来者已经把奠仪、生活用品以及葬礼用的纸钱、香烛等交给丧主，所以被领到这里吃饭的人不需要餐券和钱，也没有管理人。一个人吃完从座位上站起来，下一个人马上就坐在那里。吃完的餐具马上被撤下，下一碗早餐立刻被端上来。虽然人来人往非常频繁，但人们似乎都很习惯这种吃法，他们不需要任何人的安排，自己一个接一个地主动找到座位坐下就吃，安静地吃完后立刻安静地离开饭桌、离开这个房间。

出殡　出殡的时间是正午。伴随着鼓乐队奏响音乐，长长的送葬队伍出发。出了村子，经过镇上的大街，浩浩荡荡一大列慢慢移动的队伍：最前面放鞭炮开路，然后是幡和灯笼的队列，放置牌位和香炉的“魂轿”，乐器的队列，大量抬花圈的队列，数种舞蹈的队列，抬着亲戚朋友送给死者的毛毯、羽绒被等物品（还要抬回家）的队列和走在棺柩周围的遗属队列。遗属跟随在盖着龙形棺罩的棺柩两侧和后面行走，部分亲友乘坐汽车或摩托车在队伍的最后缓慢行进（图1-1-6）。

路祭 葬礼的队伍缓缓走过镇上主要的大街道时，逝者的亲友摆下一张祭桌，为逝者送行。“路祭”是传统的仪式的一种，在送葬途中朋友特地再次单独祭祀逝者。基本流程是停柩，路祭人供奉祭祀品，放鞭炮，点香，对故人的离去表示哀悼。“孝子”来到祭桌前，跪下向举行路祭的人行礼后，孝子们返回队列，送葬队列继续向墓地行进。（图1-1-7、图1-1-8）

墓地 埋葬的前一天，事先看好风水地点、挖好墓穴。在墓穴上面横放木材，再把棺材放在上面。然后，人们散在周围的杂木林里躲避正午的阳光。等预先计算好的埋葬吉时一到，道士就用指南针精密地确认方位，然后由儿子们亲手将棺材放入墓穴里填土（图1-1-9）。全体人员依次在土丘形坟墓前下跪行礼后，绕坟墓一周，然后抬着“魂轿”小红灯笼和风炉等物品回家。

回家 在这个地区，既有去与回要走不同道路之风俗的村庄，也有去与回必须走同一条路之风俗的村庄。在这个案例中，“孝子”回家的路和去送葬的路必须是同一条路。带到墓地的小灯笼和风炉是寓意子孙世世代代繁荣昌盛的道具。灯笼的“灯”与代表人口的“丁”发音相似，“风炉”是燃烧炭火取暖的东西，也是用来做饭的小火炉，火的燃烧被认为是繁荣昌盛的象征。

家人抬着“魂轿”回家，先把魂轿停在大门外的巷子里，给魂轿供饭、烧香。魂轿摆着逝者的裤子、鞋，显示逝者在坐着吃饭（图1-1-10）。意为逝者跟随魂轿，他的灵魂也回来了。

移魂 道士主持确认灵魂从魂轿移到木主上、已经进了家门的“移

图 1–1–5　出殡当日清早的灵堂

图 1–1–6　出殡（棺柩上有龙形棺罩）

图 1–1–7　路祭祭桌

图 1–1–8　孝子跪谢路祭人，右方人物正准备燃放鞭炮

图 1–1–9　入土（计划几年后迁葬）

图 1–1–10　魂归家的仪式（在魂轿前供餐）

魂回家”仪式后，在自家门前焚烧纸制的“魂轿”。摘下大厅里蓝色的“奠”幡。祭桌上供奉着香、蜡烛和牌位。遗属对着牌位祭拜，这样葬礼就算是结束了。

葬礼后 为避讳，亲戚朋友告别时一律不使用平时使用的“再见”“再来”等寒暄语。事先听村长告诉笔者这一点，“这是当地葬礼时的规矩，大家都知道的”。留意观察后发现，亲戚朋友们确实什么都不说。丧主家事先准备好的、装了几种食品的袋子（据说这几种食品都有各自的特殊含义，遗憾没有来得及拍照和细问）一袋袋摆在院子里。远近亲戚和成了家的女儿、儿子们各取一份，便静静地离开那个家各自回家了。不知不觉间，两三百名来客很快都不见了踪迹。

图 1–1–10 是出殡之后的魂归家仪式。在魂轿前面点香、摆一碗米饭，上面插三支香，另一碗是米饭和菜，上面横摆筷子。仔细看一下可以发现，魂轿上也摆了一条裤子和一双鞋，寓意着死者的灵魂坐在魂轿里吃饭。再仔细观看，裤子和鞋竟然与图 1–1–4 的灵位上的是一样的裤子和鞋。显然，都是逝者生前的服装、鞋子，代表着逝去的人。

案例 8 福建省晋江市[1]

上厅边 逝者年龄如果过了 50 岁的话，会被移到厅堂的（用四块木板合在一起的）“床”上。因为厅堂是祭祀祖先时使用的神圣、重要的场所，夭折的逝者没有资格进入。

换老衣裳 穿寿衣。上衣 7 件。用床单盖住身体和脸，把一面铜镜放在身上。据说是为了防止猫跳过去。

守灵 在家门口的大门上挂白布。遗属换上孝服，跪在逝者面前哭泣。守灵最长可达 7 天，现在一般是 3 天。附近的人和同村的人一起守灵

1 参见庄维坤、陈方圆、刘浩然主编:《晋江风俗志》，福建侨乡民俗学术研讨会，1993 年。

叫作“坐冥”。守灵结束后，道士会用桃枝洒水，清洗厅堂。

乞水　用铜币（硬币）乞求水井或溪流的水，过去是把两文钱的铜币放入水中。

报死　报告死讯，发讣告。

迎寿　当地称棺材为“寿板”。逝者家属会在其去世当天或第二天迎接寿板到家。也说明这里一般人家没有在老人生前就做好棺材。

入殓　参与抬棺的专门人士负责把遗体搬入棺材。

送草　也叫“送脚尾”。把逝者使用过的寝具、服装等运到村外焚烧。

送奠仪　又称“金银礼”。亲戚在出殡前送钱等。

出殡　把棺柩移到院外，扣上棺罩。铭旌、灵幡、乐器等打头，之后是道士、棺柩、送葬队伍跟在棺柩和遗属之后，依次顺序前进。

墓地之仪　抵达墓地，祀后土、祭棺头、点木主之后，棺柩入墓穴。从坟上取一点土，放在“魂轿”里的木主面前。

拾魂返主　用泥土覆盖坟墓后，遗属抬着放有逝者灵魂的“魂轿”，将逝者的灵魂带回祖厅。回家的时候，要走和出殡时不同的路。旧历七月的葬礼没有“拾魂返主”仪式。因为旧历七月是地狱门大开的时节，怕恶灵们也跟回家。七月葬礼的“返主”要等进入旧历的八月再举行。

吃彩气　指出殡回家后的吃饭。邀请参加送葬的人吃饭，但不留他们过夜。吃完饭后送葬的客人不向主人家道别就各自回家。

奉茶　葬礼结束后，在祠堂或祖厝建“冥屋”祭祀逝者灵魂。在5—7天的时间里，每天早上都要有供奉茶和点心的“奉茶”仪式，中午和傍晚则有供奉饭菜的“奉饭”仪式。奉茶、奉饭时，妻子或儿媳妇会出声招呼逝者灵魂吃饭，所以也有“叫茶”“叫饭”的说法。

答金银礼　第七天，向送“金银礼”的亲戚行回礼。

祭礼　人去世后十四日、四十九日、百日、周年（即小祥，俗称“对年”）、两周年（即大祥，也叫“三年”或“三载”）、逝者生日和清明节、中元节、冬至都要祭祀。这些祭祀要一直持续到三年的“除服”。

做忌　每逢逝者生日、忌日都要祭拜。每逢春节、清明、端午、中元节、冬至、除夕都在祠堂祭祀。宗族举行“春秋二祭”，但现在不举行春秋祭了。

案例9　福建省泉州市[1]

困厅边　50岁以上的人，在厅里送终。逝者头朝里，脚朝大门方向躺着。

如果不是在家里去世，就不能在厅里举行葬礼。村民说厅里“进尸”是大凶之事，因此只能在家门外举行葬礼。所以有很多老人住院病危时，家里人会急着接老人回家，本人也急着在还有一口气时赶到家。

寿衣　让老人在还有一口气的时候换衣服，换上包括内衣在内的一共7件寿衣。

买路钱　逝者为了通过去阴间的道路，需要支付金钱，遗属一边哭着说“请拿着这些钱去买路”，一边在陶制的盆里[2]烧白色纸钱。

买水　逝者家属提着新水桶，到附近公用的水井里，“把铜钱（铜币、硬币）扔到井里‘买水’”，拿回家放在碗里加热一下，擦拭逝者的身体。买水一定要逝者家属或“孝子”去，擦拭逝者由专门的人做。

散手尾钱　专职人员让逝者坐在厅的交椅上，将铜币/纸币在逝者身上放置一段时间后分发给子孙。子孙用绳子把它系在左臂上。

入殓　入棺。干支或五行与逝者相“剋”的人，不能到场。

送草　男性遗属将逝者用过的席子、枕头等放在大门外或空地上烧掉。

捧饭　入殓后一日三餐要奉饭食在棺柩前，持续3天或7天。

金银钱　亲戚朋友吊唁时带来的钱。吊唁客向棺柩致意，放下金银钱之后安静地离开。前来吊唁的客人不会向遗属道别。“再见”“下次再来”

1　这是走访多名村民，按照他们说的一般人家的葬礼流程内容，整理汇集而成的。

2　陶制的盆是“孝子”亲自去买来的。

这样的问候，有再次来参加葬礼的含义，对这个家来说是不吉利的，所以吊唁客和主人家互相什么都不说，默默地完成流程。

棺头字　棺材头上写字，如果是男性，就写一个“福”字，如果是女性，就写“寿”字。

停柩　出于以下理由，不能在葬礼之后马上埋葬而是把棺柩暂时放置的，叫作“停柩”：为了等待找到风水宝地，为了等待远行的子孙归来。这里是不少海外华侨的故乡，从国外回来需要很长时间。[1]

做功德　出殡前的法事。超度逝者在阴间安心生活的法事。很多家庭花 3 天或 7 天做功德，也有做 49 天的，最短的功德只做一天。也有只在出殡日当天简单诵经的人家。

安纸厝　向专业师傅定做纸厝。一座纸厝里有用竹篾和纸作材料分割出的各种生活空间：卧室、厨房、起居室，还有各种寝具和家具。也有要求纸厝里外配备汽车、人力车、司机、门卫、家政人员等的案例。如果只做一天的功德，也有做一间平房式的极简单的纸厝的。此外，还有用金色和银色的纸制作的“金山”“银山”。这些都要在葬礼后烧掉，一起送到逝者生活的阴间。

牵幡　用纸和竹片制成的三层筒状器物。遗属们把它拿在手里，围成圆圈行走。目的是从三重地府里牵引出祖先们的灵魂，请他们接受功德祭祀。

搭坛（法事）　搭坛有道教式和佛教式。坛上装饰着诸神的像和画，在坛前面做法事。“孝子”们跟在道士后面行走。

解愿　举行搭坛（法事）的那天晚上的活动。道士坐在纸厝前，向亡灵打招呼。用幽默的语言讲述一些安慰亡灵不要留恋这个世界、安心去另一个世界等内容的话语。

烧库银　焚烧阴间通用的货币，焚烧时用金属工具敲击地面。“金声

1　泉州过去有两处公共停柩的地方。不立刻埋葬的棺柩基本都放在那里。

入地府”，这样钱就能送到亡灵那里了。

献罗钹 功德结束后的那一天，年轻僧人道士们作的表演。其间不时向周围扔撒小馒头和硬币。围观的孩子和村民们会捡起小馒头和硬币带回家。

上演目连剧 表演提线木偶剧《目连救母》。出现灵魂和地狱的场面。此外，还会上演宣扬孝道的节目。

孝服 虽然也有使用租借的孝服的人家，但也有很多人家买布料自己做。孝服粗细质地的不同，取决于穿孝服的人与死者的血缘远近关系。

出葬 出殡，俗称“出山”。在棺柩前有人沿路扬撒白色纸钱。据说有为死者买路通过之意。

主亭 有两台，分别放置木主和遗像。主亭使用之后不焚烧，因此租借使用的人家很多。

棺罩 盖在棺材上的东西，有纸糊在竹片上的类型，也有用布和竹片做成的类型。前者多为自己家制作的，也有村庄或宗族内共同使用的。后者属于葬礼用品租赁店的制品，反复使用。罩子最前面是龙头，后面是龙尾。纸制的棺罩传统上要在墓地烧掉。

埋葬 在墓穴四角放置铜币，放入棺柩后覆土。

点主 “孝子”跪地手持木主，请家族名人书写。点主人对准毛笔尖口呼气息，将气息移到笔尖上，象征性地做出点写的动作。

引水魂 客死他乡的人（包括华侨死在海外），棺柩回不了故乡，但他的魂会回来。把从他乡寄来的逝者服装挂在竹竿上，把竹竿一头插进水里。再把衣服拿回去，放进主亭。民间认为这样亡魂就回来了，所以要做“归虞”仪式，回家后要做“点主”。

归虞 俗称“返主”[1]。让木主坐进主亭回家。但是，在离家不远的地

---

1 七月的葬礼不实施“返主”环节。理由是在鬼门开启的“鬼月”里，到处有很多被称为鬼魂的其他地方的人的魂。如果做“返主”项目，带逝者的魂回家，就会带回其他的“鬼”。

图 1-1-11　灵位

图 1-1-12　告祖和出殡

方，队列要换一条路走回家。

接主　女性遗属煮一碗“面线”等，在本铺的边界处边哭边迎接木主归来。

安位　将木主安置在厅里，供上酒饭等祭祀。

案例 10　福建省福州市 YX 村，2007 年调查

2007 年夏天，在福建某城市近郊的村庄举行的葬礼的一个场景。笔者进村调研时偶遇出殡队伍，未能考察到在逝者家院子里办葬礼的全过程，只看到出殡前的告祖环节，记录如下。

出殡　这里的 7 个村庄同一个姓氏，是共有同一个祖先的宗族村。棺柩和遗属在音乐伴奏中，从东村出发走向位于中心村的家族祠堂。披盖着一床红色毛毯（应该是作为棺罩盖上的）的冰棺[1]领头，长长的队伍从逝

1　电冰箱式的低温保温棺材，是 20 世纪以后逐渐出现的新式丧葬用品。殡葬用品公司专属，租给需要的用户，用完后收回，可以反复使用。

图 1–1–13　现代的“冰棺”

者家的院子出发，缓缓行进到祠堂前停下，冰棺放在祠堂门口处，准备实行下一个环节，告祖。

丧服　遗属身穿用粗织布、原色麻或棉布制成的丧服。

告祖　几名青年男子走进祠堂，烧香、点燃纸钱。[1]

送葬　祠堂前，停放着冰棺。冰棺前面是魂轿、最前面是灵位。灵位是一把太师椅上面铺垫一床红色花被，上面放着遗照，椅子靠背上用绳子绑着一把撑开的伞。面对灵位的椅子，摆放着桌子，桌上摆着供品。祭桌前还放着一口铁锅。逝者子孙们两人一排地排成一列，面对临时祭坛和逝者照片的灵位和冰棺，全员低头、下跪。有人把纸钱放在铁锅里烧（图1–1–12 的场景就是记录的此时光景。照片中从左至右，依次是棺柩的冰棺、魂轿、灵位（椅子和遗像）、祭桌、排成长队下跪的子孙）。

村民告诉笔者，这是葬礼最后举行的“出殡”仪式一系列行为的最后一项，出殡时，逝者要到祠堂前向祖先致意，遗属要在祠堂前向逝者道别。然后就抬棺柩上山埋葬。在这个村子里，这种程序的葬礼代代相传至今。

1　笔者一边看着他们一言不发地、有序地燃香、烧纸钱，一边听祠堂内的老人告诉笔者：“这是死者在向祖先致意。子孙代替死者上香，告诉祖先又有人要过去他们那边了，请关照。”

火葬　男孩子们燃香、焚纸钱完毕，告祖结束。乐器演奏再次开始，随着演奏的声音，长长的队伍继续向西，缓缓地走向村口。与传统的葬礼、出殡程序不同的是，此后的棺柩不是抬上山埋葬，而是取出冰棺里的棺柩，放在等候在那里的市营火葬场的灵车里去火化。极少数直系亲属陪同逝者前往火葬场。其他参加出殡、送葬的人们解散回家。

安葬　据说火葬后的遗骨由直系亲属取回后，择日在村子附近的山上修个墓埋起来。[1]

转轮　做法事的一个环节，遗属一边哭一边转动着点着灯的转轮。

七日祭　人去世后每7天祭祀一次，到49日为止。每天早晚供餐饭100天。

停柩不葬　埋葬祖先时，习惯要请风水师选择一个吉祥之地，在选定好的风水地点之前，人们会长年停放棺柩。

土葬　这个村子过去只有土葬，没有火葬，现在逐渐实行火葬。

新流程　葬礼后，抬棺柩到祠堂向祖宗辞行并报告亡者灵魂要加入祠堂祖宗了。之后，送葬队伍送棺柩到村口，火葬场有灵车到村口来接棺柩。乐队和部分亲属同行去火葬场，途中会扬撒纸钱。火葬后，招待参加葬礼的人吃饭，表示谢意。

案例11　福建省永定县[2]

孝服　人去世后其遗属首先要准备丧服。

吊唁　逝者的儿子或孙子迎接重要的吊唁客。如果逝者是男性（父

1　查阅到该村所在镇的《镇志》的民俗部分有少量关于葬礼的记载，特摘录在此，以做没有作完整葬礼记录之补充。中共盖山镇党委等编：《福州市盖山镇志》，福建科学技术出版社，1997年，第242—247页。

2　本案例并非笔者直接调查。2000年随课题组去永定县调研，一位行政人员向课题组介绍了自己家前不久的一次葬礼，还出示了家人拍的葬礼全过程的照片。在永定县调研期间未能有机会直接观察葬礼，便以这个案例作为闽西葬礼案例。特此感谢。

亲或祖父），他的兄弟是最重要的来客，如果逝者是女性（母亲或祖母），那么逝者的兄弟或他们的代表是最重要的来客。

奠仪 接受吊唁客带来的“奠仪”。

哀乐 在埋葬之前，以一定的间隔持续演奏。过去有结婚仪式和葬礼专用的乐队，但现在地方剧团的乐师也在兼职。乐器中既有传统的民族乐器，最近也有西洋乐器。

入棺 （没有详细说明）

成服 遗属换上孝服（丧服）。

堂祭 成服礼仪结束后，在灵堂进行祭祀（祭堂祭）。

出殡 （没有详细说明）

发靷 等待吉时，出殡的队伍出发。

送葬 即送棺柩到墓地。送葬队伍中有纸制的灵屋、人偶、铭旌、花圈等，在坟前或下葬后拿到家庙前焚烧。逝者的子孙和亲人送葬时，手里拿着一根叫“孝杖竹”的竹棒。下葬后回到家庙或宗祠，烧掉灵屋和纸偶人等。

点灯 下葬后，全族人聚集在宗祠，点燃小油灯，“灯”（此行为称为点灯）各自带回家。这盏“灯”被称为“子孙灯”，包含着希望子孙“兴旺”的愿望。家族内家家户户都要带回一盏“子孙灯”，以图吉利。

二、案例元素

以上罗列了民葬的案例。从上述11个案例中提取基本项目元素排列、进行比较。作为对照值，将北京市的民间葬礼的数据列在最右边。

表1–1–3是从案例中提取要素罗列而成的。部分项目虽然名称不同，但实际上内容基本相同，根据笔者调查时听当地人讲述的内容判断，将其视为同一项目，归在同一栏中。有些相同环节的先后实施顺序不完全相同。另外，此处

重点观察葬礼，死后祭祀只记录到一周年祭祀，有些案例里初七祭、逢七祭也没有完全统计记载。[1]

20 世纪 90 年代，诸多民俗在逐步复兴，但是曾经的葬礼的很多仪式行为尚归在迷信类别，葬礼保持了基本元素，省掉了许多特色环节，这可以视为一致或相近项目较多的原因之一。此外，还需要考虑到调查者的资料记录是否有遗漏，以及当事人叙述的差异等外因。

表 1-1-3　民间葬礼项目

序数	项目	事例1	事例2	事例3	案例4	事例5	事例6	事例7	事例8	事例9	事例10	事例11	北京民葬
1	送终	●	●	●	●		●	●	●				●
2	孝服	●	●	●	●	●	●	●	●	●	●	●	●
3	吊唁	●	●	●	●	●	●	●	●	●	●	●	●
4	送奠仪	●	●	●	●	●		●	●	●		●	●
5	守夜	●	●	●	●	●		●	●	●		●	
6	灵屋（纸厝）				●	●	●	●		●		●	●
7	接祖							●					
8	过桥							●					
9	打城							●					
10	晨祭							●					
11	寿衣 / 祭老衣	●	●	●		●	●		●	●			●
12	买水	●	●	●	●		●		●	●			

1　有些葬礼的必需项目如穿寿衣、穿丧服、报丧、魂轿或灵位、棺柩落葬（入圹）等，也许是因为太理所当然，村民和居民往往在笔者日后询问时一带而过，重点讲述他们最重视的环节。这样一来，排列的表格里，最不能缺少的项目却成为空项，这不代表没有这个环节，而是笔者也忽略了再次去追问、核实，是很大的遗憾。

续表

序数	项目	事例1	事例2	事例3	案例4	事例5	事例6	事例7	事例8	事例9	事例10	事例11	北京民葬
13	散手尾钱									●			
14	守灵								●				●
15	移床	●			●		●		●	●			●
16	洗床				●	●			●	●			
17	哭灵				●	●		●					●
18	长明灯		●	●	●		●						
19	报丧	●	●	●	●	●	●	●	●				●
20	选坟地		●										
21	搭棚		●										●
22	设灵位			●	●		●		●		●		●
23	发讣告				●								
24	迎寿								●				
25	落材/入棺	●	●	●	●	●	●	●	●	●	●	●	●
26	捧饭（灵前摆饭）									●			
27	金银钱									●			
28	停柩	●								●			●
29	做功德									●			
30	安纸厝						●			●			
31	牵zhuang									●	●		
32	搭坛（法事）									●			

续表

序数	项目	事例1	事例2	事例3	案例4	事例5	事例6	事例7	事例8	事例9	事例10	事例11	北京民葬
33	解愿									●			
34	烧库银/送库							●		●			●
35	献罗钹							●		●			
36	上演目连戏									●			
37	堂祭				●							●	
38	祭材头	●	●		●				●				
39	起煞				●								
40	哭灵				●								
41	开丧				●								
42	破地狱（法事）				●								
43	破血河/破血湖（法事）				●								
44	停棺	●				●				●			●
45	暂厝	●											●
46	暖圹	●			●								
47	上山饭（出殡前吃饭）						●	●					
48	出殡	●	●	●	●	●	●	●	●	●	●	●	●
49	买路钱				●					●			
50	点灯				●		●					●	
51	告祖										●		

续表

序数	项目	事例1	事例2	事例3	案例4	事例5	事例6	事例7	事例8	事例9	事例10	事例11	北京民葬
52	魂轿							●		●	●		●
53	乐器	●	●	●	●	●	●	●	●	●	●	●	●
54	路祭							●					●
55	棺罩	●		●					●	●	●		●
56	祀后土								●				
57	祭棺头								●				
58	柩落圹	●	●	●		●		●	●	●			
59	墓地待吉时							●					●
60	成主/点主			●					●	●			●
61	印坟			●									
62	火葬										●		
63	红灯笼、风炉、油灯							●				●	
64	引水魂									●			
65	归虞、返主							●	●	●			
66	接主							●		●			
67	安位							●		●			
68	挂红（回山）	●		●	●	●							
69	吃彩气（回山酒）					●			●		●		

续表

序数	项目	事例1	事例2	事例3	案例4	事例5	事例6	事例7	事例8	事例9	事例10	事例11	北京民葬
70	放焰口					●							
71	送火种	●					●						
72	捧茶								●				
73	二七日（死后14天）								●				
74	49日祭								●				
75	百日祭	●					●		●				●
76	周年						●		●				●

表1–1–1和表1–1–2是通过与文献资料的对比以及排列案例项目，尝试寻找过去和现在的共通项目。表1–1–3则是尝试寻找现代案例之间的共通项目以及文献中没有记载的民间葬礼项目。表格有11个案例和北京民葬案例，共12列，纵向的项目有76项。遗憾的是调查尚不够细致，记录和分类的项目不够齐全。通过这个排表罗列、对比，试图找出上层阶级和普通百姓葬礼环节项目之异同，过去和现在葬礼环节项目之异同。

首先，将横向一列中都有记号●的项目归为（1）、有半数6个以上●的项目归为（2），视（1）（2）为共通性高的项目，抽出排列、审视。

表1–1–3中的2，3，25，48，53的穿孝服、吊唁、落材/入棺和出殡、乐器演奏这几项，每个案例都包含。横向排成一列的记号●，说明这些葬仪项目是共通性最高的，或者可以称作丧葬礼仪的基本元素。表1–1–3中的4送奠仪、5守夜、6灵屋（纸厝）、11寿衣、12买水、15移床、19报丧、22设灵位、55棺罩、58柩落圹这些项都有六七个甚至9—10个记号●，二类合在一起，看表1–1–3，6个●及以上共通的项目有16项，包括送终、孝服、吊唁、送奠仪、灵屋（纸厝）、寿衣、移床、报丧、设灵位、入棺、出殡、棺罩、柩

落圹、乐器等项目，在最右边作为对照项目的北京葬礼项目中也都存在。调查案例的地理位置分布于中国东南的大片地区，主要在浙江省和福建省。具体有浙江省的丽水市郊、缙云县、温州市区、温州地区乡村、兰溪市。福建省的泉州郊区、泉州市区、晋江市、福州市郊区、龙岩市永定区。这些案例可以说是东南地区葬礼的基本元素。此外，表里没有列出，但明显是丧仪葬礼不可或缺的项目，如第 1 项送终项目，因为肯定没有人家会在老人弥留时刻对其弃之不顾的。第 4 项送奠仪项，有两栏没有记入，但实际上丧礼大于婚礼贺寿，没有哪个人家没有上门吊唁送奠仪的。第 11 项的寿衣和第 14 项的守灵也同样，是汉族家庭葬礼中不可或缺的，应该是记述疏密程度造成的空缺，特此说明。

除了这些项目之外，葬礼项目显示出仪式细节各不相同。在 11 个案例中，抽出了有 4 个“●”记号的项目设为（3）。这类项目抽出了 16 洗床、17 哭灵、18 长明灯、38 祭材头、44 停棺、52 魂轿、60 点主、68 挂红（回山）、75 百日祭这 9 个项目，以上（2）类的有 6 个以上●和（3）类的有 4 个以上●的项目，一部分是全国葬礼都必不可缺的环节，如吊唁、守夜类。其他许多项可以看作东南地区保存下来的民间习俗和地域性特征的环节。其中，送终、买水、灵位、灵屋等尤其要提及。在调查走访时，听人们讲述葬礼必须要做的事项时，人们会很自然地提到暖圹和送火种的行为。暖圹和送火种，是埋葬死者前在墓穴实施的仪礼式行为，11 个基本完整案例里，买水是 7 个●，暖圹只有 2 个●，但是在访谈时，多次听到村民讲述他们自己参加过的葬礼时，都有亲眼看到或亲身经历买水、暖圹的仪式。零碎的信息未能记入葬礼案例，但这两项是东南地区普遍存在的特征性项目。

从这些元素的分布可以看出，围绕死者的葬礼和遗体处理仪式具体到东南地区各地的名称和行为，在细节上存在着不一致，实施的先后顺序也有差异。归类于（2）和（3）的项目是非常有人情味的行为，是东南地区汉族民间葬礼所具有的人性化特征项目。

在口头表达和日常生活中，汉族非常忌讳提及、接触与死亡相关的事物、语言或能够让人联想到死亡的一切，但在生前，人们还是会精心准备死后用的衣服即“寿衣”和用坚固的高级木材制作的“寿材”，即棺材，然后非常盛大、隆重地举办丧葬仪式，建造豪华的墓地，长年持续性地扫墓和举办各种死后祭祀仪式。人们不惜花费时间、人力和财力，在意世人对自己家葬礼规模和奢俭程度的评价，尽量按照传统仪式的流程，隆重地把逝者送到另一个世界去。这一习俗在讲述汉族庶民文化的什么要素？下一节将分析这些葬礼的特征揭示了怎样的地方文化。

第三节　葬礼认知

这一部分考察葬礼。

从人生礼仪研究的角度来看，葬礼具有很多分离性礼仪的因素。当一个社会集团失去其成员时，这个人所承担的各种角色，例如男性在家庭中是儿子、兄弟、丈夫、父亲、祖父等角色，女性则是女儿、姐妹、妻子、母亲、祖母，上一辈或更上一辈的身份角色就会有缺失。一个家里失去了祖父或父亲、兄弟、丈夫，或者是失去了祖母、母亲、妻子、姐妹或女儿，家庭将失去平衡。

逝者曾经在社会中担当的各种角色也会出现空缺。为了重建本集团（家庭、家族、宗族、村庄等不同规模的集团）的秩序，葬礼上设定了各种各样的行为以做修补和补救。葬礼的各种项目也包括排除逝者影响，重新建立包括活在世上的遗属在内的一家人、一族人或一村人的相互关系的仪式性行为。因此，葬礼可以说是一种重建地位和重建关联的礼仪。

从东南地区葬礼上所见的例如焚烧纸钱送去阴间，纸糊的房屋和各种生活用具也一并送去阴间等一系列行为，可以看到当地人确实存在阴界观念，有存在死后世界的想象。通过葬礼这一形式，人们隆重宣告自己的家人离开了这个团体，通过做“七七”，在时间上逐步调节自身心理，也是请逝者一步步做好准备离开这个世界，离开自己原有的身份。葬礼把逝者送到另一个生活空间，烧纸钱、送明器等行为也就意味着逝者要被排除在宗族的共同生活之外。将火种送到墓前，请逝者自己做饭吃，包含着将逝者排除在家族共食之外的意思。许多有人情味的葬礼细节项目，讲述着东南地区的人们对另一个世界的更具体、更鲜活的想象。通过繁多且温馨、细致的葬礼项目，可以窥见人死后仍然活着的灵魂观和在另一个世界继续生活的阴界观念在东南地区的存在。

在经历了死亡这个通过礼仪之后，人的身份就会改变，活着的人被统合到新的世界。在东南地区的葬礼上，逝者通过葬礼和最后的送葬环节，被送出这个世界，进入新的世界。在那里他自己做饭，自己出门时要带上家人给自己准备好的雨伞，逝者不再生活在原来的一家人的生活空间里，而是作为具有保护子孙之能力的近祖，以新的角色开始自己的生活，并以这样的身份继续保持与家人、族人的关联，除了定期受邀回来接受祭祀之外，他继续在另一个世界里“活着”。以下，着重探讨上层阶级葬礼和平民葬礼、北方和南方葬礼是否具有均质性和葬礼的模式等问题。

一、“均质性”的表象

（一）三种葬礼的特点

人的死亡和随之而来的一系列事情，对每个汉族家庭来说都是一件大事。过去，人们在自己家里举行葬礼，从人咽气到出殡需要几天时间，要完成很多项葬礼的仪式环节，才能把逝者送到另一个世界。从下葬到一周年忌日祭祀，又要举行多次仪式，一步步调节失去亲人的悲伤情绪。围绕死亡，汉族从葬礼到死后祭祀都有着详细规定，从人死到送葬，是一个连续性的时间段，接下来还要在各个时间点祭祀逝者。葬礼之后，有关逝者的仪式还要在很长一段时间内陆续举行。

从葬礼的过程以及死后祭祀的规模和基本内容中，可以看出该文化对死亡的认知和观念。根据前文所述的国葬和公葬的内容，我们可以认识到以下四点：

第一，国葬和公葬以传统葬礼为基本架构。

不论是以国家级别主办的葬礼还是某个地方行政主持的公葬，都有着过去王公贵族葬礼和民间葬礼都没有的规模和形式，是中国结束封建帝制之后最初的现代葬礼形式。对照历代《会典》对葬礼丧仪的记载，仔细观察国葬和公葬的流程和每个环节，就可以看到很多熟悉的项目。我们可以解释说，最初的现代大型葬礼是以传统葬礼为基本架构的现代改良版。

参加国葬和公葬仪式的人将传统的丧服改为制服即可，一般的祭拜者和参加葬礼者要以佩戴黑色臂章和白色纸花为标志，不再行下跪礼、改为对着逝者遗像鞠躬，这都是对传统葬礼进行改革的部分。此外，国葬和公葬还采用了降半旗、鸣礼炮等西化的方式。在基本流程中仍然包含了汉族传统葬礼的诸多要素。例如，使用灵堂和灵棚、穿寿衣、入殓入棺仪式、出殡仪式、送葬途中的路祭仪式、在牌位上以毛笔“点主”的仪式、制作明器在墓地焚烧等行为。

第二，国葬和公葬仍然采用土葬法。

国葬和公葬，是不同于传统封建时代的新式葬礼。仔细观察葬礼全过程，可以看到这几个新式葬礼除了孙中山先生是遗体保存之外，其他都是遗体入土的土葬法。

对刚结束了封建制度，建立不久的中华民国政府而言，短时间内改革葬礼形式，显示现代化元素，已经是极为困难的工作。在葬法即死后遗体处理方法方面，除按孙中山先生遗嘱保留遗体一例，都是按照传统葬法，采用土葬。并且，在下葬之前，“停灵”“暂厝”棺柩等仪式流程也与自古以来的传统葬礼程序一致。

第三，从东南地区民葬的基本流程中可看到北京民葬和明清时代的葬礼元素。

东南地区的民间葬礼沿袭了很多传统葬礼的元素，正如当地长老和主持葬礼的道士所说，他们尽量按照《朱子家礼》和各时代的规定，认真遵守过去的葬礼流程。担任葬礼司仪和顾问的道士、长老们将《朱子家礼》和历代丧礼记载等作为参考书放在手边，按照过去的礼仪规定，指导人们一项一项完成葬礼程序。

各个村庄的葬礼都尽量遵循过去王朝规定的要求，并有文字资料可循。在村里或宗族内部指导、主持葬礼的族长或村里有名望的先生，都是读书认字之人，他们知道《礼记》、懂得《朱子家礼》，会主动按照《礼记》和《家礼》的规制指导丧葬礼仪的具体实施。20世纪90年代笔者走访福建、浙江乡村时，曾听村里的老人讲，80年代以后追悼会可以改为办葬礼时，因为好多年不办，大家不清楚该怎么办，于是他按照《朱子家礼》的记载指导族人办了葬礼。可见民间葬礼显示出其流程的整齐划一，文字资料的影响是不可低估的要因。这种民间葬礼因为主持者受到的文字教育和思想教化，而带入上层阶层礼俗的影响。

民葬案例和40年代的北京民间葬礼的主要项目很相近，而北京民葬是延续了清代平民葬礼的基本流程的。因为礼制自上而下的影响，东南地区民葬的基本流程中也可以看到北京民葬和明清时代平民葬礼的元素。东南地区的民间葬礼，是上层礼俗规制渗透到民间之后形成的混合型民间葬礼。它既有表1–1–3里（1）（2）类的共通元素，又保持了（2）类部分项目和（3）类项目的地方性、民间性葬礼的特点。

第四，民葬案例凸显民间的温馨情感。

我们从民间葬礼中发现了许多“民间性”极强的甚至与礼俗规定相矛盾的元素。

如表1–1–3中抽取的葬礼项目所示，葬礼项目里的准备灵屋、买水、设灵位、洗床、暖圹、送火种和送伞、捡骨习俗地区的骨瓮上刻画大门、石棺骨盒铺一条红线等多项行为，是上层文化规定的葬礼环节没有或很少见的内容。对死后世界的认可，诠释了人们悉心安排死者生活的行为之缘由；人的灵魂生前死后都和身体在一起的认知，生发了犹如照顾生者日常生活一般的多项行为细节。这些项目表现的是庶民对死者的思念和不舍之情，可以借此窥见在这个地区的民间，存在着浓厚的死后有灵、灵魂不灭的认知以及人死后会去另一个空间继续生活的各种观念。这种观念通过充满人情味和温馨情感的行为表露出来。

丧礼被古人列为凶礼，今日的人们仍然认为丧事就是不吉之事，因此，语言上要避讳直言“死”，代之以“走了”过去了”“不在了”等词语，行动上注意少接触在服丧期的人或不入办丧事人家之门，以避不吉。葬礼最后在墓前换衣挂红回家，为家族亲戚和成家的子孙们准备小风炉或煤油灯的“点灯”等行为，皆是祛除“凶气”，祝愿家人和亲戚日益向好的祈愿行为。但是在行动上，从葬礼到之后的祭祀，对自家过世的人，都表现出极度的关心和挂念。比起制度上的葬礼礼节，民葬的细节项目表现出的是更重要的平民对逝者的情感、平民阶层对即将离开家庭进入另一个世界的家人的周到的关照思绪。

（二）深层观念与均质表象

死后的灵魂住在墓地、生活在离家人不远的地方，他们会定期来往于家中，接受祭祀和饭菜款待，还可以接受家人烧给自己的阴间专用纸币。这种人死之后可以和家人、子孙一年里数次交流的认知与上层阶层的礼俗规定相矛盾。

本书绪论部分提到，华琛提出清末的汉族丧葬仪式表现出文化上的均质性特征，而铃木满男运用他在福建省和浙江省金华地区调查到的案例，指出所谓均质的汉族社会并不存在，均一性和看似不变的外表只是假象，[1]也有其他学者对中华葬礼的均质性表示怀疑。

前一节对东南地区葬礼实例的元素进行分解、统计，显示出东南地区的民葬元素和延续了清代平民葬礼流程的40年代的北京民间葬礼的主要项目非常接近。民国时期，新制度下的国葬、公葬都基本遵照了自古以来葬礼仪式规定的流程。形式上吸收了西方现代葬礼的行鞠躬礼、现代服装加黑袖章白花配饰以及鸣放礼炮、降半旗等新潮致哀方式，给人以新式葬礼的印象，但葬礼是以

1 ［日］铃木满男：《环东中国海的古代仪礼》，第一书房，1994年，第6—9页。

土葬、地下埋葬的传统葬法为仪式的最终到达点。葬于地下的传统葬法与葬礼各个环节表现出的死后灵魂观、他界观的存在，古今民间基本一致，传统葬礼的礼仪元素基本被国葬和公葬吸收、继承下来了。

但是，是否仅凭借这些表象，就能够断言汉族的葬礼是统一的、均质性的呢？

对于今日东南地区民葬的特点，在上一节指出，葬礼环节存在着一些矛盾的细节。对亡魂已经进行了离开身体的“送上路”仪式，但还要把茶水和三餐饭食奉在棺柩之前，清晨时还要在棺柩前备下洗漱用具和早餐；将棺柩埋进坟墓时，为了让住进去的逝者舒适，葬礼就有了“暖圹”项目；离开坟墓回家前要“点主”，人们解释说这个行为是把逝者的灵魂转移到牌位上，“孝子”小心翼翼地把牌位带回家供奉。但到了葬礼结束的当天傍晚，虽然解释说灵魂已经跟着牌位回到了自己家，人们却还要给逝者把火种、餐具、炊事用具等送到坟墓前“请他自己做饭吃”，理由是“他（指逝者）住在那里（指坟墓）了”，还有人家连续三天出门给逝者墓前送火种，既是一种心理上对逝者的不舍，又是对一个人刚刚开始要给自己“起火做饭”，一个人在坟墓里开始“过日子”的逝者的不放心之感。这种充满爱怜关切的心情，有点像一个家人离开家乡独自生活时，家人和亲朋表露出的不放心。

平民的生活与贵族生活不同，民间的灵魂观、他界观、祖先观有着平民固有的观念和习惯，这些观念和习惯并不完全与贵族士大夫阶层等同。具有悠久文字历史和崇尚儒家礼节的中国传统社会，以文字书写记录的仪礼流程为上，倡导遵照历史上的礼仪规范。民间为了完成符合礼制的葬礼，他们尽量在大的结构上按文字记述的仪式礼节的葬礼程序举办，而在具体实施中掺入或者说保存平民阶层本来的葬礼和死后祭祀的各种元素，其结果就是今天这样看似均质化，然而却显示出许多细节上的矛盾性和民间独特性的民间葬礼。

人死后魂升到天上，魄与地下的遗体在一起的说法在文献中经常被记载，但不知为何在东南地区民间，笔者完全没有遇到村民讲述这种传说。在东南地区的调查过程中，也没有听村民们讲述灵魂分离、魄在墓地里的说法。送火种仪式据说是为了让逝者自己在那边做饭，人们说因为逝者住在墓里。这也是一个民间灵魂观念与上层的灵魂观念、魂魄观念的冲突之处。

还要提及的是“灵座”。参看本书第一编的表 1–1–1，记载了明代品官葬礼有“设灵座于吉帷”，清代庶民葬礼有“灵车载魂帛”，40 年代的北京民间葬礼有“魂轿”。本节表 1–1–3 的 11 个东南地区民间葬礼案例中，有魂轿的有 3 例、设灵位的有 5 例。并且，正如第一节里讲北京民葬的暖墓虽然是清代礼俗“虞祭”的延续，但在名称、具体做法上都融入了庶民阶层的人情味和民俗色彩（详细记述请参见本章开头）一样，参看图 1–1–4、1–1–9 和 1–1–10，东南地区民间葬礼现场的灵位，是用逝者的衣服和鞋、遗像做成的。这种灵座的设置，折射的是民间文化对礼俗里“灵座”的大胆改变，用民间的浓厚人情味把这一项变得亲切而又伤感。逝者的衣服鞋帽和遗像被摆在椅子上，人们恭恭敬敬请逝者坐着接受亲朋好友送别的祭拜。逝者穿着经常穿的衣服裤子，脚上还是常穿的鞋，灵座上微笑着的照片，使葬礼和送葬的对象具象化为逝者个人。这个活生生感受到逝者存在的灵位设置，对逝者家人、对参加葬礼的和围观葬礼的村民们而言，都是无言的灵魂观之传承教育。是灵魂不死、灵魂和本人生死在一起的民间活教材。

庶民阶层的观念和仪式行为与上层阶级的礼俗设定不同，在葬礼的细节行为上也就显现出固有的特色。民间葬礼流程上显示出与上层阶层的葬礼项目类似，只是在汉字大一统的文化环境下、共同拥有的敬祖先、相信人有灵魂、认知死后世界等基本大文化元素的前提下的葬礼程序的相似，但在深层观念上有极大差异。换言之，民间葬礼是把民间固有的意识、观念模式套上了礼制格式和上层阶级的葬礼躯壳，长久地实施过来的。民间葬礼表现出的矛盾性，恰恰是原有的民间性元素在统治阶层礼俗规制的限制下，上层礼制和民间民俗行为混同为一体的结果。葬礼项目细节上的矛盾性，恰恰是平民阶层与上层社会具有不同的祖先观、灵魂观和他界观导致的。产生于不同观念的仪式行为的类似，不能简单地视作文化上具有统一性、均质性。看上去呈现均质性的表象，进一步深入观察，可知它并不能用来说明传统文化表现在死亡仪式方面具有统一性、标准性。

二、葬礼诸模式

过去传统的葬礼一直是在逝者家中举行，由家里人担任葬礼的主办者，一般是“孝子”挂名，还有具体的操办人。随着国葬和公葬模式出现之后，民间也出现了遗属以外的人成为葬礼负责人并主办葬礼的模式。在现代社会，死亡的原因变得多种多样。根据死亡的场所和死亡原因，葬礼的场所也会有变化，不再是只在家里举办。不同的死亡原因导致遗体收纳及死后祭祀方式也随之有所不同。

这里首先讨论葬礼的各种模式。根据葬礼主办者、葬礼的地点和规模、葬礼后棺柩处理之不同，分为以下 A—D 四类。

A. 根据主办者之不同分类

1. 私人葬

主办者不同，葬礼的性质也不同。家庭为个人举办葬礼，个人是主角，家人是葬礼的主办方。至今东南地区的村庄和城镇的普通居民的葬礼仍属于这种类型。

2. 公共葬礼

前文所述的国葬、公葬都是公共葬礼。主办者不同，参与者不同，支出费用方也不同。国葬，是国家行政部门负责策划仪式并承担所有费用的葬礼。公葬，则是由负责办葬礼的单位，如某个市、某个学校、某家公司企业等安排所有的葬礼仪式和费用。

某人在工作期间意外死亡，被视为“因公死亡”（工伤）时，则由工作单位或其他行政机构举办追悼会并承担所有葬礼费用。举办这种带有官方因素的葬礼是尊重逝者、尊重逝者家属感情的方式，实际上也有平息因意外死亡给逝者家属带来的情绪波动的意图。

村落的公共葬礼，一般是烈士或英雄，或生前曾经是某个行业某单位的著名人士的葬礼。吊唁和参加葬礼者的范围会发生很大变化，形成小规模公葬。此种模式下的葬礼，亲属只是一小部分，多数参加者是逝者生前的同事、战友、朋友和相关的领导等。这时的仪式会更加制度化地进行，像私人葬礼那样充满人情味的行为和项目会减少。

3. 私人葬礼的公共参与

21 世纪初，村庄一级的葬礼虽然仍然是在个人家里举行，但村长、老人会会长等当地行政组织或村民组织的代表也会参加并致悼词的案例在增加。小城镇葬礼上，会有城镇或街道的组织负责人参加或以地方行政组织的名义送花圈，向逝者家属表示慰问。这个将公共葬礼的要素导入私人葬礼的倾向，在表达对逝者的敬意的同时，也有加强当地民众之间交流沟通的作用。

以个人、村委会或某些组织、公司等名义送的花圈的多寡，有时会成为评价该家庭是否有地位、有影响力、有经济实力的一种标准。于是逝者家属会欢迎各种单位或集体来参加葬礼，乐于接受花圈，以此向周围显示自家的影响力。葬礼成为一种进行炫耀的方式和资本。也有一些人会利用这个机会派多人参加葬礼，除了会送较多的香火钱之外，送多个大花圈，在上面耀眼地标出某公司或某单位的名称，也是想与逝者遗属搞好关系的一种方式。葬礼又成为一个社交的机会和空间。

B. 根据死亡场所和葬礼场所分类

在古代中国，医疗诊所会设在某个地方，医生更多的是到患者家里出诊治病。这个习惯也延续至今，村庄里或小城镇的患者住院治疗的意识很淡薄，当地医院能够开展住院治疗的医疗设备也很少，所以患者一般都是在家里接受治疗，在家里迎接最后一天。以这些习惯为基础，过去的老人或病人基本是在家中去世、在家里办葬礼。人们也习惯于在家里为老人送终，从家里送逝者出门。

如果人出门在外意外死亡或移居到其他城市之后在那里死去，就被视为不同寻常，是一种反常的状态。对待这些反常的、没有死在自己家里的人的死亡，人们有一种恐惧感，担心把死者迎到家里会招来凶险。因此各地基本都对村外死亡者采取严格的对待方式：不能把遗体运回家，葬礼不能在家里举办。一般会有以下四个类别。

1. 家中死亡、家庭葬礼

自古以来，形成了在家中去世、在家中举行葬礼、将逝者从家中送到墓地的传统死亡应对方式。这是最基本的，被民间认为是最正当、最正常的方式。

2. 客逝者葬礼地点

自古以来广泛存在着这样的习惯：人在家里或村子（城镇的话，就是自己的家）以外的地点死亡时被称作客死，通常不允许将遗体运回自家院子或村子里。人们害怕凶气跟随逝者从外面进入家或村子里。这种情况下的葬礼地点一般是家的大门外或村口外，棺柩也只能停放在自家院子外或村外。葬礼的仪式也只能在棺柩停放的地点举办。意外事故死亡的客死，更加被认为带凶气，葬礼多在村附近的寺院举办。

3. 招魂后的家庭葬礼

如果是溺水而死，没有找到遗体的人，或者是去了国外，在异国去世的人，由于葬礼上没有逝者遗体，所以先要举行召唤灵魂的仪式，然后再为逝者的灵魂举行葬礼。目前，在大城市死亡的人必须火化，遗体不能直接运回家乡，所以骨灰到达后也要进行招魂仪式，然后再举行葬礼或进祠堂仪式。

笔者在福建北部看到的一个案例是，逝者是在外地去世的，火化后骨灰存放在当地，未送回故乡。他的遗属在家中举行招魂回家的仪式后，手拿香火、跟随鼓乐列队进入家族祠堂，在那里为逝者的灵魂举行“入祖”仪式、安放了牌位，之后就可以在家乡的祠堂祭祀他了。

现在随着医疗设施的普及，老人们在离家很近的村、镇医院住院治疗很方便。但是，在医院去世就会成为类似“死在外面”的情况而不能在家里办葬礼。为了避免这种情况，去世后能够在家里盛大隆重地办葬礼，老人们大多会在尚有一息的时候要求出院回家，这种案例笔者在福建和浙江调查期间经常能听到人们谈论。

在现代社会，人们移动的范围扩大，离开家乡外出求学、外出打工、外出做生意的人增加了。由于长时间在外生活的人增加，在异乡病死、意外死亡的例子也在增加。大中城市火化率的提高，导致这类人死后多是以骨灰的形式还乡。招魂后的葬礼成为一种村落应对现代社会葬法的方式。

4. 适应社会发展进程的殡仪馆葬礼

随着社会发展，经济水平提高，虽然不是凶死或客死，也有很多人都选择在附近的殡仪馆或寺庙举行葬礼。一来是逝者基本都是在医院去世的，严格意义上都是客死在外。遗体保存后于葬礼（告别仪式）当天直接运送到殡仪馆，也省却了家里搭棚、请道士和鼓乐班子等一系列琐事和在家里保存遗体的诸多不便。随着殡仪馆改善经营方式，部分殡仪馆会提供葬礼前夜的通宵守灵（守夜）业务，这使得殡仪馆在举办葬礼的方式上更接近民间在家举办葬礼的方式，有了人情味、民俗味。所以，在殡仪馆办葬礼和守灵仪式的家庭逐渐增多。

随着死亡案例的多样化，传统的葬礼场所也变得多样化。村庄里的家庭葬礼依然是基本模式，而城镇化的村庄则倾向于殡仪馆葬礼。

C. 根据葬礼规模（时间）分类

1. 传统的葬礼是在家停灵 5 天或 7 天，也有极少案例停灵一天，举行仪式之后第二天就出殡送葬。自 20 世纪 80 年代复兴传统葬礼以来，在自家举行的葬礼一般是 3 天，请鼓乐队和道士班子，道士班子承担场地布置和指挥葬礼流程的角色，实际是根据乐曲和诵经的节奏推进仪式流程。逝者家属听他们指挥按照流程行动。

2. 殡葬馆的葬礼大厅一般提供两个小时告别仪式服务。由于城镇房屋空间小，住宅小区通常不允许逝者遗体进入民宅举办葬礼，城镇住宅区里连续多天举办葬礼的案例急剧减少，殡葬馆葬礼（追悼会）更符合城市生活节奏和人们的需求。葬礼的各种准备也由殡葬馆营业人员负责，对于年轻人大批离开，去求学、打工或外出经商的村庄来说，人手、场地、细节准备等诸多问题都可以由他人有偿承担，人们逐渐倾向于利用殡仪馆举办短时间的葬礼。

3. 在一些城市，如广州、上海等，也有殡仪馆提供一间房间以进行一晚的守灵仪式，并配置专人服务一晚。这样的葬礼时间就延长为一个晚上加第二天的两小时告别仪式，规模上接近村庄里最短一天的葬礼，是习惯于旧式葬礼的人们也可以接受的时间规模。

D. 根据葬礼后的棺柩去向分类

葬礼结束后，棺柩的去向与葬法密切相关。在东南地区，葬礼结束，棺柩抬出家门后，通常有两种去向。

1. 送葬上山后，棺柩立即埋入坟墓（竖穴式墓）或推入坟墓（横穴式墓）；据调查，棺柩即使是直接埋入坟墓，也有两种埋法。一种是一次性土葬，在风水师选定的地方深挖纵穴，永久性地埋葬棺柩，或者将棺柩放入在逝者生前所建的风水位置较好的横穴式坟墓，不再取出。二是作为二次葬第一阶段的处置手法的土葬法。其方法是，浅挖地穴，简单掩埋棺柩，数年后挖出、开棺、仔细收集尸骨，再重新放入墓中。

在中国北方，很难看到把棺柩放入横穴式空间的葬法和浅埋后再捡骨重葬的葬法。北方汉族的土葬法是将棺柩深埋在纵穴后，小心翼翼地守护坟墓，绝对不让别人损坏祖先的墓地，自家人除了除草以外，也不能碰坟墓，说是避免打搅住在里面的祖先，也有触碰祖先坟墓会破坏风水、影响子孙之说。

2. 葬礼后棺柩不即刻入土，待过几年后再放入坟墓或再次收集尸骨后放入坟墓，即所谓的“停灵”“暂厝”“捡骨再葬”。停灵不葬、他日捡骨再葬的这个行为较为特殊，但也属于东南地区常见的行为，具有区域性特点。北方出殡后立刻实施一次性的永久性埋葬，一旦埋入墓中，便不能再触动棺柩。这是一般汉族的认知和围绕人去世后遗体处置的常见行为。而把棺柩放在山上或平地的地表，然后捡骨再葬或多次移动遗骨、数次改动墓地的行为，应该看作当地特殊的棺柩处置法。

在20世纪末，火葬法日益普及到中小城市，人们在家里举行葬礼之后，先把棺柩送到火葬场，火化后的骨灰或直接留在公墓里，或把骨灰取回，放入坟墓埋葬。修坟墓埋葬火化后的骨灰，这是21世纪以来的新趋向。造墓的工人说，埋骨灰盒的墓室修得比较短小，比过去埋棺柩的墓更容易造，也更省材料。

近年来捡骨再葬这种形式锐减，理由一是火葬法的普及，现代人不再追求遗体遗骨的长期保存；二是坚持要捡骨再葬的人已经不多，能够实施捡骨作业的人也已经不多见，捡骨再葬作业本身已经到了实施困难的时期。火葬法逐渐为民众接受相当于是一种新式二次葬。

综上，葬礼后棺柩的去向，可以如下图所示：

a. 棺柩抬到墓地→直接埋葬→永久性坟墓→复葬前一阶段的浅埋

b. 暂厝，停灵 →数年后再葬

c. 送到火葬场火化→取回骨灰，葬入坟墓

三、葬礼基本元素

以下把整理出的国葬、公葬与民间葬礼的基本元素，按流程进行先后顺序排列。国葬、公葬、浙江省调查数据和福建省的调查数据项分成四列，与最左列的明代品官葬礼流程（参照第一编 表1–1–1）项目做对比，该项葬礼要素若存在，便会在表格中对应的栏里用“●”表示。而明代没有的葬礼项目，会在最左列前后项目之间加入。看上去最左列明代品官葬礼项目里没有，而国葬、公葬、浙江省或福建省民葬各自的那一列对应的行里有记述的项目的，可以看作（1）或是明代文献记述得不够细致而脱落；（2）或是该项目本来明代以前就没有，是明清以后民间生成的；（3）或是明代以前或更古老的时代，在浙江、福建就有的民间丧葬要素。这三点需要更细致严密的文献调查才能清楚认知、而后得出结论。

表 1-1-4　明代丧礼，国葬、公葬、民葬要素一览

	明代品官丧礼项目	国葬、公葬	浙江民葬	福建民葬
1	初终（属纩·复·沐）			
2			●买水（沐浴）	●买水（沐浴）
3	●小殓（陈殓衣）	●	●	●
4	●成服	●孝服：麻质面料 ●相关人员的丧服（黑纱 / 黑臂章）	●	●
5		●守灵	●	●
6		●搭棚	●	●
7	●朝奠、夕奠	●每日诵经	●	●
8		●立铭旌	●	●
9	●大殓（入棺、加盖下钉、覆柩以衣）	●大殓	●	●
10		●接三仪式		
11		●移灵	●	●
12	●吊奠赙	●吊唁	●	●
13		●权厝 / 停灵	●	●
14		●公祭		
15		●封棺之仪（相当于大殓）	●	●
16	●葬（发引）	●出殡 / 发引	●	●
17		●路祭	●	●
18		●（在家里）设灵台：遗照、魂牌、香烛、祭品	●	●
19		●灵棚：两层楼，明器在楼上，经幡在楼下		
20		●开吊		
21		●开吊日下午“送库”：在玄关外焚化纸制明器	●	●

续表

	明代品官丧礼项目	国葬、公葬	浙江民葬	福建民葬
22		●开吊之夜，做“放火焰”法事		
23	●葬（题木主）	●写主/题主	●	●
24			●暖圹	●暖圹
25	●葬（发引、设席于圹内、下柩于圹内席上、施铭志石于圹内、掩圹复土）	●土葬	●火化后的再土葬	●火化后的再土葬
26		●安葬仪式：墓前焚纸屋、香幡、香亭、纸钱	●	●
27			●送火种	
28	移往公墓	●改葬		

首先说明，统计用的民葬案例虽然主要是笔者调查记录或亲自参加的葬礼，但当笔者要把葬礼案例分解为各个项目时，遗憾地发现很多细节还是没有问清楚，没有完全记录下来。有的项目包含几个行为，但是当地人认为是一回事，于是一带而过。当笔者要分解它们时，才感到难以划分或者缺乏更细致的依据。

从表1-1-4可以看出，首先在全部28个项目中，一行四格都有●的项目有8项（3、4、7、9、12、16、23、25），这些项目是自古至今保持下来的最基本的、既是礼制葬礼的项目，也是民间葬礼的项目。

在明代葬礼中存在，而国葬、公葬以及现代的浙江省、福建省葬礼里没有的项目，只有1项：第1项的初终（属纩·复·沐）。在各地近现代葬礼记述中，有的案例还有人去世后，家人登上屋顶，拿着逝者的衣服呼叫逝者名字的记述，在笔者的调查案例里，这是被省略掉的项目。共通的8项可以看作至今还在传承的项目，明代葬礼有而国葬公葬和民葬都没有的1项可以看作是由于某种原因而没有被传承下来的项目。

明代葬礼没有，而国葬、公葬和浙江、福建的民葬都有的，表内表现为右侧有3个●，有10项（5、6、8、11、13、15、17、18、21、26）。可以解释为它们是浙江、福建的民葬含有的元素，被国葬、公葬作为传统元素选取出来，加入新式葬礼的仪式程序里了。

第2项的买水、第24项的暖圹，这两项是现在在东南地区的浙江和福建民间葬礼共同存在的很有特殊性的项目。买水、暖圹行为不见于古代文献，国葬和公葬中这一点也未见记述。

1. 买水

“买水”“暖圹”和“送火种”是古代文献关于贵族葬礼行为规定中没有记载的项目，是民间流传的葬礼行为。所谓“买水”，是指逝者在出殡前，家人从屋外的河、溪、池、井等处打水来为逝者“沐浴”，用以清洁身体。在古代的记载中，虽然有沐浴的条目，但并没有规定要从家里以外的自然渠道取水沐浴。在打水之前在水边点炷香，将硬币放入水中，烧“纸钱”的行为细节，一定要从自然界的水边去“买水”的行为，被认为是出于强烈的区分阴阳两世界的意识，这个行为在民间广泛存在，而且由来已久，表现民间的阴阳世界的二元对立观。

礼俗文献中有给逝者沐浴的记载，而民间彻底到为了给去阴间的人沐浴，水的来源不能是简单地取自阳间任意之处的水，而是一定要从大自然里有水神的地方有偿地取用。根据清代以后的地方志，“买水”行为在以下六个省都有记录：[1]

江苏省：常熟地区，武进县；

浙江省：杭州市、宁波市、温州地区、绍兴市、湖州市、台州市、丽水市、舟山县、金华县、兰溪县；

湖南省：安仁、嘉禾、清泉、采阳、宁远、零陵、兰山各县；

广东省：龙门、新宁、东莞、南海、平远、四会、大埔、阳江各县；

广西省：龙州县、榴江县、钦州市、廉州镇；

1 参照丁世良、赵放主编《中国地方志民俗资料汇编》，书目文献出版社，1989年。

福建省：福州市、惠安县、厦门市等。

在相当大的范围内，清代民间都存在着“买水”习俗。调查显示，在一部分地区，这种行为至今仍在持续。对这个表象，我们可以解释为是历史上民间一直都有，是礼制与现实地方习俗差异的表现。这种差异化的表现，需要我们去细细追究和深度认知。所谓汉族葬礼的整齐划一性只不过是一种表象，表象之下实际有诸多的不一致，看起来类似的行为，其实出于完全不同的观念。

2. 暖圹

前述北京民葬里有“暖墓”一项，查看文献，暖墓通常是在出殡埋葬棺柩之后的第三天进行，“埋葬后第三天，孝子到坟前，添土祭祀。用烧饼酱肉作祭品，用秫秸秆折一个门形的架子作‘墓门’插在坟头，以供死者灵魂从此出入”。[1] 明万历《顺天府志》记载：京师丧礼，殡不逾时，殡三日，具祭墓所，曰“暖墓”，亦《礼》“虞祭”遗意也。可知北京民葬中的暖墓是承袭着古礼的行为，但是它至少不称作虞祭，而是用了一个有人情味的名称，糅进了民间葬礼的温度感。具祭墓所，说的是灵屋纸扎类物品要在下葬后第三天都拿到墓前焚烧。用焚烧的手段把一系列生活道具等都给死者送去，燃烧的火焰化作热腾腾的空气，而那股热流也在温暖着冷冰冰的坟墓。用暖墓称呼虞祭，是民众对刚刚去世的家人的关爱之心的体现，也可以看作民众把礼制俗化的一个体现。但这个暖墓和东南地区的暖圹，流程顺序和性质都不同。不过，埋葬三天之后，就到坟前做个墓门的行为，令我们联想起捡骨后的骨瓮要画个门框供里面的灵魂出入的习俗，缙云石盒纳骨，也是要留出一根红线的两端，意为请祖先走这个金桥出来，回家吃羹饭。它们都表示着同一个意义，也同样是庶民灵魂观的表现。

3. 灵座

关于“灵座”“魂座”，据《司马氏书仪》记载，“置魂帛于椅上，设香炉杯注酒置于桌子上是为灵座”“把魂帛挂在椅子上，前面放上祭祀桌，除了香

1　周吉平:《北京殡葬史话》，北京燕山出版社，2002 年，第 58 页。

炉之外，还供上水果、酒，这就是灵座”。[1] 笔者在东南地区调查时看到的灵座，是给一把椅子披上逝者所穿的上衣，椅子上摆放遗像，并搭一条裤子，椅子前面放一双鞋。“逝者坐在这里接受祭祀”，更直观的方式是把逝者衣裤、鞋加上遗像都放在椅子上作为灵座，是当地民间人们的灵魂和肉体或灵魂与遗骨是一体式存在的灵魂观的表现。他们对灵座的直观改动，表现了人死后灵魂还附着于遗体上这一认知。作为上层礼制传统的灵座设置的替代，衣服加鞋加遗像的灵座，是东南地区民间葬礼的特色，是民间习俗对礼制的变革。

为了保障逝者在阴间的生活，用竹片和纸建造名为灵屋的纸制房屋的习惯也很常见。一般在高约两米的两层楼式的灵屋的各个房间里，备齐了与现世相同的各种生活用品。随着时代的变化，近年来还出现了电视机、洗衣机等家电和汽车、电话（现在应该是智能手机了）、煤气灶、电饭锅等物品。这可以解释为是子孙们为了让祖先在另一个世界过上好日子而做出的努力，也是平民的死后世界观、他界观的反映。

4. 灯和伞

表 1–1–3 中民葬第 18 项的点“长明灯”，村民解释说是为死者的灵魂走向另一个世界时“送行”和为走在黑暗道路上的死者“送光”。从中可以看出人们对去世亲人的眷恋和关怀：家人要出门上路，就要给他点上照明用的灯。同时，点长明灯的解释，也从一个角度表现出民间普罗大众都有的地下他界观念的认知，人们都知道那个世界在地下，到达那里的路途有些阴暗。

在“买水”“入棺”的时候，伞的使用非常突出。买水要外出到村子附近的池塘或小河边，无论那天是晴天还是雨天，“孝子”都要打着伞出门。大殓入棺时，以伞遮住死者面孔。捡骨时或搭棚或撑起雨伞遮住，这些行为表明，民间使用物体和行为都很注意并严格区分属于“阴”世界的死者和属于“阳”世界的行为或器物，民间存在着阴阳两世界的对立意识。

---

1 （清）徐乾学:《读礼通考》,《景印文渊阁四库全书》，卷一百一十三，台北：台湾商务印书馆，1983 年，第 60 页。

这些是当地民间丧葬文化元素的体现，是既接受礼俗，又保持平民化、人情味的当地葬俗融合发展至今的结果。第 27 项的送火种，在浙江省境内葬礼上是很常见的一项，这既是地域性特征，也是该地域的民间广泛存在他界观和平民阶层的灵魂观的显著证明。

以上通过对明代以来的官方礼制规范、现代新式葬礼的国葬、公葬以及浙江和福建的民葬进行对比和审视，得到的印象是，东南地区平民（庶人）阶层的丧葬习俗受儒礼的影响非常大，显示出一种和古代礼制的葬礼在表象上的高度相似性和程序上的一致性。究其原因，是乡村主持丧礼的道士、村里的长老们，都严谨地按照有关礼制的古文献中的文字记载，实施对民间丧葬仪式的指导。在他们的指导下，葬礼得以不断修正并保持着固定的传统范式，民间葬礼很大程度受到“礼化”规制，这时的民俗，并不是真正的民间自然形成的民俗，是自上而下的礼制渗透形成的。

对比文献记载的礼制，在现代中国南方的民间葬礼中可以找到与古代礼仪规定相对应的内容，有的村落甚至直接沿用了部分项目的古代名称，理由是那是“书上写着的”（村民语）。另外，也有自古以来上层阶级的葬礼记载中没有的项目，文献记载和实际民间的具体丧葬程序、行为有差异。这说明平民阶层的丧葬习俗虽然长期受到儒学思想教化的影响，在流程上保留了自古以来的官方形式甚至名称，但民间的葬礼并不拘泥于儒学的礼制，传承下来了一些出于平民阶层对逝者的感情以及对死后世界的想象而生发、继承下来的民间葬礼行为。民间葬礼具有民间文化的特殊性，存在着对死后世界，对人死后灵魂去向的异于上层礼制的地方性认知、庶民阶层的集团性认知和与这些认知相对应的葬礼行为。

20 世纪 90 年代以后，民间关于死亡的习俗在现代葬礼中逐渐复苏。在现代社会，由于人们的行动范围、行动内容不同，比起传统的衰老死亡、疾病死亡，现代社会的死亡种类更多：过劳死、自杀、他杀、交通事故、各种自然灾害导致丧生、飞机事故、海难等意外死亡。因此，很多现代的死亡遗体收容和葬礼的仪式场所都不在家中（如因事故而死者会在医院被确认死亡，遗体一般保管在医院）。像这样在家以外或村外死亡的情况，被称为“客死”。遗体搬回家是“凶”“不吉利”的事情，是不被允许的，所以这种人的葬礼过去都是在寺庙里、自家大门外或村外举行，但现在是在殡仪馆举行。东南地区乡村的平民阶层的葬礼的规模、举办空间、主持者等基本要素都面临着新的课题，今后的变化也值得关注。

第二章　葬法及其变迁

土葬这一传统葬法在中国持续了上千年，却在20世纪50年代以后的三四十年间有了较大的改变，以城市为中心开始推行的火葬法逐渐推广到越来越多的城镇乡村，但同时也出现了火葬后再次埋葬的新二次葬，即对遗骨的二次处理。在这一章中，我们将分析土葬、二次土葬和火葬的历史潮流和深层观念。

这里的“葬法”指的是遗体的处理方法。葬法是葬制的核心部分。遗体处理的方法分为保存葬法和破坏葬法，遗体处理的过程可以分为一次葬和二次葬。根据放置遗体的地点，分为土葬、水葬、洞窟葬、树上葬等。火葬除了信仰上的理由之外，也是现代社会中出于卫生等原因而发展起来的葬法。

汉族有“入土为安”的传统观念，认为死后的世界在地下阴间，所以坚持把遗体埋入土里，送到地下的另一个世界。历史上元朝曾一度流行火葬，清朝汉族以外的民族及佛教人士主要采用火葬，到了近代，土葬依然是汉族葬法的主流。成为现代葬礼发端的国葬和公葬，最后的遗体处理方法仍然是土葬法。本章回顾土葬与火葬的历史发展过程，然后认识东南地区葬法的现状。

第一节　土葬的历史与发展

土葬是汉族的传统葬法，从公元前到20世纪50年代，虽然其间也有像宋代和元代那样火葬盛行的时期，但土葬法一直是汉族葬法的主流，也是民间长期流行的葬法。汉族对死的认识以及死后的另一个世界、灵魂的去向等观念的形成，也都是在土葬法的基础上形成的。

在汉族历史上，土葬和火葬都有过各自的繁荣时期，但土葬持续的时间更长。明代以后，汉族逐渐回归土葬法，土葬作为主要葬法传承下来。这里根据文献对其历史发展进程进行简略记述：

表1-2-1　葬法流变历史

前206—200 汉代	葬法是土葬
220—589 魏晋、南北朝	佛教、道教盛行，他界意识和地狱形象通过文学作品逐渐形成。葬法是土葬。出现归葬（死于异乡，日后将遗体运回故乡安葬）和招魂葬（死于战乱时期，遗体下落不明，坟墓里没有遗体）。
581—907 隋、唐	土葬为主。 佛教影响逐渐扩大，佛教人士实行火葬和塔葬。为逝者而设的佛教法事“七七斋”（49日法事）逐渐被纳入民间葬礼流程。 流行死后“十殿阎王审判”和目连救母故事。灵魂不死的认识逐渐被接受。
907—960 五代十国	火葬扩展到民间。四川、福建、浙江民间开始流行火葬。 烧纸钱习俗始于唐代，这时更加盛行。
960—1279 宋	佛教进一步扩大影响。出现人死后火葬多于土葬的倾向，被称为中国历史上火葬最为盛行的时代。四川、浙江、福建、广东、江苏等地最为兴盛。火葬后的遗骨可以装在容器里埋进坟墓，也可以寄放在寺院。埋入坟墓的骨灰容器，四川是木箱，福建是陶器。

续表

1206—1368 元	全国流行火葬。
1368—1911 明、清	明朝初期依然以火葬为主，1370 年明太祖朱元璋颁布火葬禁令，火葬受到控制。[1] 历史学家说，这一时期传承的是唐代和宋代的丧葬习俗。今日浙江、福建葬礼上的搭棚、接三、题主、买路钱等项目在这个时代就有了。相信风水学说，讲究墓地选址。为等待发现风水宝地而“停柩不葬”的案例在福建、浙江较多见。也有以风水为理由迁葬的案例。[2]
1911—1949 民国	土葬为主。新式国葬和公葬仪式之后，也采用土葬法。 1916 年 6 月 6 日，中华民国第二代大总统袁世凯病死在北京。国葬仪式后棺柩乘坐特殊灵车（火车）到达河南省彰德府洹上村（今属安阳市），在那里入土为安。 1925 年 3 月 12 日，第一任中华民国临时大总统孙中山病逝，国葬仪式之后“停灵”于北京郊外的一座寺庙。1929 年 6 月 1 日，根据《奉安大典》，遗体移至南京，永久保存在南京中山陵。 1936 年 11 月 2 日，段祺瑞病逝于上海，遗体被运回北京，国葬仪式后移灵至西郊的寺院停灵。1937 年 7 月，土葬在北京。 1939 年病逝的军阀吴佩孚在北京市的寺院停灵六年，1945 年 12 月举行公葬纪念葬礼，翌日出殡，土葬于北京西郊的玉泉山。 中国历史上第一个非封建帝制的政权，力图在国家级别的葬礼中融入现代元素。但葬礼之后的葬法，人们还是选择土葬法，按照传统习俗，遗体入土。
1949 年以后 中华人民共和国	1949 年以后，共产党和政府对为国家牺牲的人采取追悼会的仪式，之后将烈士和英雄的遗体土葬在八宝山革命公墓。 从 20 世纪 50 年代中期开始，火葬正式被毛泽东等国家领导人提倡，到 20 世纪 80 年代，火葬在大中城市已经相当普及，除了山区、人口过疏未设火葬场的部分地区和少数民族信仰上的土葬以外，全国都推行火葬法。

正如这个“葬法流变历史”表所总结的那样，早在公元前的汉代，生活在这片土地上的人们就已经采用土葬法了。之后的魏晋南北朝时期，在维持土葬法的同时，出现了“归葬”，即从异国他乡将逝者的遗体运回故乡，在故乡土葬的案例。从 6 世纪到 10 世纪的隋王朝和唐王朝时期，土葬是核心葬法，但佛教人士使用火葬法的做法亦为世人所知。宋朝和元朝盛行火葬，14 世纪明

1　徐吉军:《长江流域的丧葬》，湖北教育出版社，2004 年，第 147 页。

2　参照徐吉军:《中国丧葬史》，江西高校出版社，1998 年。

朝颁布火葬禁令，土葬法逐渐回到主流葬法位置。明朝和清朝，相信风水学说，为等待风水好的墓地而“停柩不葬”的案例，多见于浙江省和福建省。这个习俗沿袭至今，两省仍然多见因追求风水和运气而改葬、迁葬的案例，但两省的基本葬法模式是第二次捡骨后正式做墓、再次土葬。

1912年，封建制度被推翻，民国时期开始。土葬法依然是汉族的核心葬法。第一个非封建制度的政权成立的第4年和第13年，两位大总统先后去世，形势所迫，紧急出场了古代传统和西洋元素结合的现代国葬的葬礼形式，接着又举行了公葬。国葬和公葬是封建王朝被推翻后的现代葬礼形式，有很多新颖的设计，如以黑袖章、白花代替孝服，以鞠躬代替跪拜的做法等一直存续到今日的追悼会模式里。但是仔细观察新式葬礼的整个流程，会发现它基本照搬旧式葬礼项目，葬礼结束后，遗体都是以土葬法处理，其中两人是停灵后下葬。

真正从土葬到火葬的制度变革，是从20世纪50年代在国家领导人的倡导下开始的。但是，此时东南地区的汉族居民和其他各地的汉族一样，家族中出现正常死亡的逝者时，仍然会按照上述家葬的流程在家中举行葬礼，然后将逝者埋葬在家族墓地里，或是永久埋葬遗体，或是日后再度捡骨改葬。

到20世纪80年代为止，全国城市中的火葬制度已经相当普及，城市户籍的人都有死后火葬的义务。被认定为山区、人口过疏故没有火葬场的地区以及少数民族因信仰而土葬的地区、一些判定为土葬到火葬过渡期的地区，火葬和土葬两种葬法都是被允许的，这时选择传统葬礼、传统土葬法的家庭比较多。然而近年来，因为人手和费用限制以及大家族分散生活、年轻人外出求学或就业增多等原因，加上几十年的火葬宣传和大多数地区实施火葬的影响，人们对火葬法的抵触逐渐减少，过渡期地区的中小城市的居民选择火葬法的倾向也在增加。

第二节　火葬的历史及发展

在汉族的历史文献中，关于火葬的记载很少，而且其中大部分是从否定的角度记载火葬的。公元1世纪，佛教从印度传入中国，火葬法也作为佛教葬俗传入中国。历史上曾一度流行火葬，但在汉族广大的农村地区，仍然世代使用土葬法，对人们来说，死后的遗体完整入土是自然的归宿。

汉族有保存先人遗体的传统，认为祖先遗体的保存状态关系到子孙的生存状态（所谓的风水思想）。以这一认识为前提，土葬法一直是汉民族的主流葬法。在历史上，死后火葬并将遗骨撒播是作为处罚手段和报复手段使用的，因此人们对人死后火葬，在观念上和情感上有很大的抵触。

表1-2-1是根据考古学发现和文字记录的我国葬法变迁流程。其中可见佛教的影响扩大并影响到葬法，是从公元6世纪的隋王朝开始的。但是，那个时期实行火葬的几乎都是僧侣等佛教人士。五代时期，火葬法在民间得到普及。四川、福建、浙江民间开始流行火葬。之后的宋王朝，随着佛教的影响进一步扩大，出现了实行火葬法的比例超过土葬法的倾向，成为汉族葬法历史上火葬法最被接受和盛行的时代。

那个时代最盛行火葬的地方是四川、浙江、福建、广东、江苏等地。本课题关注的对象地区，现在是有名的一次土葬后捡骨重新埋葬的地区，而过去曾经是火葬最盛行的地区。“火葬之俗。自宋时已盛行于江南。至明尔移于浙江。”[1]而且火葬后的遗骨放入容器埋在坟墓或寄存于寺院的做法至今仍在流传。后来至元朝，火葬才在全国范围内流行开来。火葬在江苏省和浙江省的历史上

1　张亮采：《中国风俗史》，上海文艺出版社，1988年，第200页。

曾经很流行，这一事实可以从上一节的表 1–2–1 中看出。后来，由于明朝的行政禁令，在汉族中流行的火葬法受到控制，人们又回归到土葬法。

1950 年以后，汉族的传统葬法发生了巨大的变革。1956 年，在政府召开的第一届全国人民代表大会上，代表提交的报告指出在全国的农田里建造了大量的土葬墓，妨碍了人民公社大规模农田机械耕作，土葬所用的棺材使用大量贵重木材、葬礼上使用的寿衣以及大量焚烧的纸制明器，都被指出是浪费资源。为此，会议讨论了提倡火葬法、将田地里的坟墓迁移上山或深埋地下等具体应对方法，并将废除土葬法、普及火葬法确定为国家的重要工作。[1]

1956 年 4 月，毛泽东等领导人签署了关于死后火葬的倡议书，各级领导人纷纷表示自己死后将选择火葬的，火葬推广活动在全国各地稳步推进。[2] 直到 20 世纪 60 年代中期，火葬是国家提倡的葬法，但也可以选择土葬法。1966 年开始的“文化大革命”之后，火葬成为城市的唯一葬法。这种行政参与和推进，是北京市快速从土葬过渡到完全火葬以及火葬法在全国迅速普及的一个主要因素。

20 世纪 70 年代开始，在政府的行政管理下，大中城市逐渐普及火葬。然而，在广大的农村地区，尽管政府提倡火葬，但乡村的人们还是极力避免火葬，遵循传统的“入土为安”观念，土葬死者。江苏省南部的常熟地区，从 1965 年开始通过行政政策推广，已经全面实行火葬，但浙江省南部、东南部山区的农村地区，仍然有保留土葬的地方。对观念上有强烈的死后会去地下他界意识的汉族老人来说，死后要去另一个世界，在那里继续生活，就不能没有身体。据说担心火化后没有了身体，苦恼怎么在另一个世界生活的老人确实存在。由于当时民间社会的舆论压力，现代人认为把父母的遗体烧成灰是不孝的行为，所以人们不愿接受火葬法。20 世纪 90 年代初期，浙江省南部和东南部

1 ［德］罗梅君：《北京的生育、婚姻和丧葬——19 世纪至当代的民间文化和上层文化》，王燕生等译，中华书局，2001 年，第 408—410 页。

2 周吉平：《北京殡葬史话》。北京燕山出版社，2002 年，第 114—116 页。

的一些镇（街道）经常出现将遗体藏起来运到乡下再进行埋葬的情况。某一地区开始实行火葬义务化的时候，正是笔者在那里调查的时候。将逝者伪装成活人坐在副驾驶席上运往乡下的途中被抓，或是从医院的太平间偷出父母的遗体，想带回乡下土葬，却被人发现而被抓住等事件时有耳闻。

此后经过十几年的岁月，人们似乎逐渐接受了火葬，火葬的比例逐渐上升。独生子女家庭人手少，无法应对烦琐的传统民葬流程，选择火葬葬法，葬礼之后的很多仪式流程被省略，也是年轻人家庭选择接受火葬法的理由之一。但是，在笔者进行调查的1995—2010年，见到的很多案例，是人们在火化遗体后，骨灰不寄放在市营骨灰保存场所“骨灰堂”，而是带回村里，装进棺材，举行传统葬礼之后再送到墓地，埋入坟墓。通过调查得知，火葬后再送到野外土葬的行为，政府既不提倡，也未禁止，所以人们继续用这种方法新式的二次葬方式维持传统的民葬流程，保持土葬的埋入坟墓行为。

第三节　浙江、福建民间的葬法

一、遗体处理诸模式

在东南地区，如葬法的历史流变表所示，现在的土葬地区曾一度盛行火葬法，但明代以后又恢复土葬法，土葬法从此被固定地传承下来。从考古、历史、现代民俗学的调查资料中可以得知，在这一地区，无论是古代还是现代，都采用二次葬法处理遗体。死后的世界相对于这个世界的“阳世”被称为“阴间”，人们认为那个阴间在土里，在土地深处。持有这种地下他界观的民众相信，只有被埋在土里，才能到达另一个世界。

为了节约土地和资源，政府开始普及火葬，并推广在公墓以及室外用立体骨灰墙保存遗骨的方式。这与汉族民间传统认知的死后世界、死后生活的印象不同，因此，人们会按照自己的想象调节、修正自己的他界认识和现实世界的火葬法与死者前往他界的认知。火葬后的遗骨重新安葬在坟墓里的做法，是平民阶层在无法避开火葬法时的思维转换的结果，也是后面要论及的汉族灵魂观念适应现实的例子。

根据调查数据，在东南地区，处置遗体的方法可以分为 A—D 四种类型。

A 型　一次葬的土葬

据说，东南地区自古就有把棺柩放进风水好的墓地的情况。若后代有特别的事情发生，比如生病，或连续考试失败，接连遭遇火灾和交通事故等所谓因为“风水不好”引发的各种负面的事情时，才需要转移祖先的坟墓，这时就需要给祖先“捡骨”。这是过去的大家族和豪族的做法，如果一开始就找到好的风水，修建豪华坚固的大墓，就不需要迁葬。

B 型　常见的“浮厝”“暂厝”

人去世后先举办葬礼。因为经济原因没有提前建好寿墓，父母过世后不能马上修建坟墓的家庭，或者因为某些原因要等着出远门的孩子回来所以暂时不安葬的家庭，希望找到好风水再埋葬的家庭，出于各种各样的目的和理由，葬礼后暂时不埋棺柩，放在某处“浮厝”“暂厝”。

在这种情况下，停灵的棺柩通常与日后的死者或其他停灵的棺柩一起埋葬。据说还有曾一次将三五个棺柩同时送往墓地安葬的人家。“厝”了几年的棺材，如果棺木不够结实可能会坏掉。在这种情况下就要打开棺木，拾骨再葬。笔者在调查时曾听说过两三例短时间“浮厝”之后就埋葬的案例。

C 型　浅埋型

复葬最初的处理方法也是把棺材埋入土里，因为目的是捡骨后进行第二次埋葬，所以第一次葬会很浅地埋在地下。在埋葬时，通常不会直接盖土，而是直接将棺材放置在空间稍大的墓穴中，或用砖块搭建可以存放棺柩的空间（小棺屋），这也是为了方便日后开棺捡骨作业。这种浅埋型是预定要捡骨二次葬的第一次葬。

D型　火葬

与宋元时代的火葬不同，是以行政力量导入现代汉族社会的葬法。在公营的殡葬处火化后的遗骨，有人直接将其寄存在骨灰堂或骨灰墙，之后定期来祭祀。但在东南地区的福建省和浙江省，大部分村民或小城镇居民的家属会把骨灰带回家，修建坟墓埋葬。埋葬火化后的骨灰的坟墓是永久性保存，一般不会再改葬，也没有捡骨的需要了。

四种遗体处理类型如表1-2-2所示：

表1-2-2　遗体处理类型比较

类型	一次性处理方式	二次性处理方式
A型	埋葬、修好坟墓（风水也选好）	如果没有特殊原因，不做第二次处理
B型	“浮厝”（在露天或在特殊地点搁置棺柩）	日后捡骨再次土葬/或日后棺柩整体入土埋葬
C型	土葬，但是浅埋	日后挖出棺木，捡骨再葬
D型	火葬（火化）	将骨灰盒土葬或放入骨灰堂

第一次处理的墓，A型使用椅子墓、龟壳墓、交椅墓等大型墓；B型使用“坟屋”“棺房”“浮葬”“瓦坑”等形状的墓，临时性特征较强；C型处理法有“土坟”“土洞”“土库”等极为浅表性的土埋墓。关于这些坟墓的形状和功能，本书第三编将详细记述。

二、关于厝

下面进一步考察该地区葬礼中常见的“厝”。

葬礼结束后，在棺柩入墓前的一段时间内，将棺柩放置在山上、村外空地或家中后院、后房，以及为方便日后迁葬而将棺柩浅埋，这些手法统称为"厝"。标准汉语发音为"cu ò"，但当地方言把"厝"说成"cu"。另外，与"厝"相对的是，有些地区不埋葬棺柩，而是放在木板房里，或用东西轻轻覆盖在棺柩上面露天放置，称为"浮厝"。从文献看，18世纪到20世纪50年代的漫长岁月中，"厝"棺的行为在中国全境（或汉族地区）广泛存在。以下，按地区列举实例，行政区划按当时的名称抄录：[1]

①辽宁省沈阳县："有拘风水或未卜佳城及先基稍远者，则殡于寺观，所谓'浮厝'。"

②湖南省益阳县："重堪舆，严选择。如骤不吉，有攒殡于家中者，有浮厝于山者。"

③宁夏府："力不能办者，或至留殡数十年不能举。"

④河北省文安县："厝于殡宫或于野，所谓'落丘'，约三年以后葬。停柩数十年者有之，即时葬者称热死热埋。"

⑤河北省沧县："卜葬不定期……[2]葬期在数月之内者不外移，否则，或殡于静室，或厝于墓兆之外，原野之间。原野厝室曰'丘房'。"

⑥陕西省米脂县："俗于殓后周厝四旁，砖甃为仓，以砂土覆之，是即'堂葬'，实即'家殡'。"

⑦浙江省兰溪市："倘入殓之后一时无力营葬，或兄弟之间对墓地有争执，或朝生年岁干支与生人有'冲剋'而暂时搁置不葬，将棺停归于田

---

1 参照以下资料。丁世良、赵放主编：《辽宁省沈阳县志》（1917），《辽宁省沈阳县志》（1917），《宁夏府志》（清嘉庆三年），《河北省文安县志》（1922），《河北省沧县志》（1933），《陕西省米脂县志》（1944），见《中国地方志民俗资料汇编》，书目文献出版社，1989年。

2 参照丁世良、赵放主编：《河北省沧县志》（1933年），见《中国地方志民俗资料汇编》，书目文献出版社，1989年。

野上覆盖瓦片或稻草，或停于祠堂大厅，叫‘浮厝’。”[1]

⑧福建泉州：“郭璞《葬经》，弟走相四大书法，…… 再世不葬，恬然安之，曰俟卜葬。”[2]

⑨福建漳州：“然死丧之家。强半作浮厝。及停丧不葬。”[3]

⑩福建省建宁县：“父母死。惑于堪舆。或一二十年不葬。”[4]

⑪福建省古田县：“停柩不葬者十之七。”[5]

⑫福建省仙游县：“父母之丧久停不葬。”[6]

以上资料来自《中国地方志民俗资料汇编》[7]。接下来继续从这套10卷本的民俗资料中集中检索整理全国暂厝和拾骨再葬的习俗的数据统计如下：

海南岛浮厝1例

内蒙古浮厝1例

宁夏浮厝1例

天津浮厝3例

广西浮厝4例，捡骨再葬7例

甘肃浮厝5例

陕西浮厝5例

黑龙江浮厝5例

吉林浮厝6例

山东浮厝6例

1　兰溪市志编纂委员会编：《浙江省兰溪市志》，1988年。

2　泉州市民政局、泉州志编纂委员会办公室编：《万历泉州府志卷三·风俗》，《泉州旧风俗资料汇编》，内部发行版，1985年11月。

3　（清）胡朴安编：《中华全国风俗志》，上编卷四·福建二，上海书店，1986年，第31页。

4　同上书，第33页。

5　（清）陈盛韶：《问俗录》，刘卓英标点，书目文献出版社，1983年，第79页。

6　同上。

7　丁世良、赵放主编：《中国地方志民俗资料汇编》，书目文献出版社，1989年。

上海浮厝 6 例，捡骨再葬 2 例

贵州浮厝 7 例，捡骨再葬 1 例

云南浮厝 8 例，捡骨再葬 1 例

湖北浮厝 8 例

四川浮厝 8 例，捡骨再葬 1 例

安徽浮厝 9 例

福建浮厝 12 例，捡骨再葬 2 例

辽宁浮厝 13 例

河南浮厝 13 例

湖南浮厝 14 例，捡骨再葬 1 例

江西浮厝 14 例，捡骨再葬 1 例

山西浮厝 19 例

江苏浮厝 21 例

浙江浮厝 23 例

广东浮厝 25 例，捡骨再葬 9 例

河北浮厝 28 例

从上述记载和统计数据中可以看出，汉族自古以来就在相当广泛的地域范围内，有死后不立即埋葬、浮厝停葬等习俗的存在，但这种浮厝行为的最终目的和行为结果，未必一定和捡骨再葬有关联。上述处理遗体的手段以前述的遗体处理诸模式中的 B 型的情况居多。浮厝埋葬或者浮厝后捡骨等处理方式，从浮厝到两次葬或两次以上的捡骨迁葬的遗体处理的实际状况，散落在浩如烟海的古典文献中，过于分散，难以全面把握。

根据数据显示，浙江、福建和江苏等地有多例关于“停丧”“不葬”“浮厝”的记载。另外，荷兰的中国学研究者高延记述了距今 140 多年前的福建南部的厦门，存在着被风水学说所迷惑，数十年都不埋葬父母，一直等待风水宝地的实例。[1]

根据笔者的调查数据，20世纪五六十年代，由于行政层面禁止，直接在房屋内或庭院内放置棺柩的“厝”的案例大幅减少。但是，直到20世纪七八十年代，在浙江、福建依然可以看到把棺柩放在野外被称为“棺屋”或“库”的小建筑物里，放置7—10年的“厝”（暂厝、停棺不葬）的案例。另外，通过实地调查得知，在上述两个地区也有很多第一次埋葬之后迁葬的案例，即出殡后将棺柩浅埋，过5—7年或更长时间，再将棺木挖出来，整理出遗骨，装在陶器里重新放入坟墓。

20世纪60年代，火葬已经开始普及，根据1990年和1991年的调查可知，在较早实现火葬法普及的江苏省，在1965年仍有“厝”的习俗存在。福建省和浙江省推行火葬法后，将火化后的骨灰放入棺材再次土葬的案例，直到21世纪仍陆续有之。笔者在调查中接触过这样的个例，在他人的调查报告中也读到过这样的案例。[2]

浙江和福建地区虽然没有留下多少有关“厝”的文字资料，根据笔者在民俗调查中了解到的“厝”习俗的实际情况，简单记述如下：

调查1：浙江省温州市

几十年前也经常“暂厝”“淹柩”。出殡后，将柩“暂厝”于山上。冬天选择吉时下葬。20世纪90年代，由于行政管理的原因，市区和近郊的居民不再“淹柩”，出殡后将棺材直接放入事先做好的墓室“圹”内。

调查2：浙江省缙云县

这里的棺柩多数是葬礼后“暂厝”，就是把棺柩抬到山坡上，放在地

1　［荷］高延：《中国的风水思想——古代地相术叙事曲》，［日］牧尾良海译，第一书房，1986年，第109—126页。

2　潘宏立：《现代中国东南地区的汉族社会——闽南农村宗族组织及其变容》，风响社，2002年，第201页。

面，用砖木搭棚子将棺柩覆盖住。在棺柩外部用砖瓦或石块建造房屋形状的小屋叫作“土库”，这里大多建土库覆盖棺柩。三五年之后进行第二次遗体处理。

调查3：浙江省瑞安县

按照这个地区的习惯，棺材要在三年后下葬。在此期间，用稻草覆盖棺柩或用砖搭建小屋，将棺柩藏在里面。这被称为“厝柩”。砖棚叫作“棺房”。几年后下葬或在配偶死后一起下葬。

调查4：浙江省丽水县

以前的丽水县城里有一座叫“百终寺”的寺庙。没有子孙的老人和不是这个地区出身的人（在尸骨还乡之前），死后都在这里“停棺”。大约四十年前，那个百终寺里存放有一百多具棺柩。[1]

调查5：浙江省丽水县

在这个地区，在野外停棺时，要用土砖做墙，铺上瓦片做成“坟屋”。

调查6：浙江省丽水县

富裕家庭会将棺材放在家中一年之久，一直祭祀。用纸和竹子做一个大灵堂，把棺柩放在里面。灵堂前还贴着几尊用人的纸人偶，服侍死者生活起居之用。

调查7：浙江省诸暨县

自古以来就有停棺不葬的习惯。葬礼结束后，将棺柩运到山上，下铺石头，上覆稻草，进行“浮葬”。过几年，家里有了几个“浮葬”后，就

1　笔者调查时是1990年、1991年，由此大概可以上推到20世纪40年代、50年代。

一起下土（埋葬）。如果一直浮葬，就会被世人说“谁谁家的祖先没有入土”，是不孝。

调查8：浙江省龙泉县

棺柩停放于山里，称为“不葬”。不下葬的习俗自古就有。20世纪50年代以前，龙渊镇M村在村旁设有放置棺柩的特别空间。G村用竹子围住了正在停棺的棺柩，上面也用竹子盖上了盖子。据说，福源乡在50年代之前，也有将棺柩放在山上“浮放不葬”的习惯。

调查9：浙江省嵊州市

按照过去的习惯，有钱人家的老夫妻中的一人先去世的时候，将棺柩放在屋后菜地里的“坟庄屋”。棺材不能直接放在地面上，下面要放置陶制瓮或4个石磙。这被称为“殡坟”。夫妇中的另一人去世后，再将这两具棺柩一起出殡。在当地，人们相信棺柩放得越久，这家人家的财运就越好。有时会在家中一直放置几具棺柩。在老人们的记忆中，F镇曾经（大概是20世纪初期）同时出殡了五具棺柩。

调查10：江苏省常熟地区

20世纪60年代以前，人们习惯在葬礼后将棺柩放置在家中，一年至三年后出殡安葬。没有宽敞房子的家庭，会把棺材放在田地边上。只是短期放置很快就下葬的，用稻草覆盖。如果打算三年到五年后再下葬，就要用砖搭起“瓦坑”“瓦房”，把棺材“藏起来”。

调查11：福建省晋江市

晋江有“拾骸”，俗称“拾骨”的习惯。一般在人死后数年，在清明节前后举行或择吉日举行。在墓前铺上席子，上面打着伞。有挖掘坟墓的工匠。工匠在席子上把骨头排列成一个躺着的人形。全部收齐后，用棉花包起来，放入陶制瓮“皇金”（直径一尺，高二尺，下小上大）里面，盖上盖子。由逝者的儿子背着，埋葬在新的坟墓里。在到达新墓之前，忌讳中途回头。

《礼记·王制》载“天子七日而殡，七月而葬。诸侯五日而殡，五月而葬。大夫、士、庶人三日而殡，三月而葬”，表明上层阶层有“殡”的丧葬制度，殡期长短显示的是身份高低。东南地区平民阶层葬礼后放置棺柩的时间比皇帝“天子”还长，一般长达三五年甚至十几年。虽然这是该地区平民阶层葬礼几乎必不可少的程序之一，但是没有发现古代文献中有明确记载。字典解释“殡”为“停放棺柩”“安置棺柩”。“厝”被解释为“棺材停放待葬，或浅埋待葬”“棺柩待葬或浅埋待葬”。在不把棺柩放入坟墓长久安置的意思上，“殡”和“厝”是相近的。殡期结束后要埋葬棺柩，“厝”之后也有埋葬棺柩的，但更多的是将棺柩打开，整理遗骨后重新装入容器后再安葬。“殡”与“厝”在棺柩安放阶段就已经决定了将来对棺柩的处置方向，之后第二次的处置也有很大差异。东南地区民间的棺柩“厝”之后，捡骨的含义更大，因此当地很少使用“殡”而使用“厝”。用下述公式表述也许更容易理解些：

殡 → 出殡后一定时间内安置、暂不埋葬的棺柩。殡期结束后，埋葬棺柩。

厝 → （1）放在地表或地表小屋内，之后埋葬棺材或开棺捡骨再葬；

（2）浅埋棺柩。日后开棺捡骨重新安葬。

“厝”是民间举行二次葬的前一阶段的处置方式，似乎并不是自古以来的习俗。张亮采说：“停丧之事。自古所无。自建安离析。永安播窜。于是有不得已而停者。后遂以为常。”[1]他指出“厝”的习俗形成的原因是社会动乱。张

1 张亮采：《中国风俗史》，上海文艺出版社，1988年，第110页。

指出，当时社会动荡不安，特别是南宋时代，为了等待北返，不埋葬棺柩的情况在杭州多有发生，不能及时返回家乡的不得已，才选择将死者的棺柩暂时放置，这个习俗由此开始。他同时指出，从宋代开始盛行的风水思想，膨胀了百姓求吉避凶的心理和想给子孙带来好运气的想法，助长了将棺柩长期放置，直到等来有利家人子孙的吉时吉刻或吉祥宝地的风气。

捡骨再葬习俗受风水思想的影响，形成今日的数次迁葬习俗。在调查地区经常能听到这样的解释：如果把祖先的遗骨放在风水好的地方，子孙后代就会繁荣昌盛，世世代代都过得富裕。因此，为了追求子孙的美好生活，迁葬行为会反复进行。如果子孙遭遇不幸，或者学业、生意不顺，就会两次甚至多次移动祖先的遗骨，这种行为的背后，除了“孝敬父母”之外，还包含着子孙寻求“祖先庇佑”的观念，实际上他们持有的是祭祖敬先会有回报，祭祖要得到报偿的互惠型祖先观。现代的二次葬及二次以上的迁葬“复葬”的目的，在于追求子孙的幸福，自古以来重视祖先的意识淡薄，为子孙的利益而行动的意识强烈。

东南地区还有地表墓的传统。这是指在地面上留出放棺木的空间，在棺柩四周填土，建造小坟屋。为了方便日后捡骨，棺柩不用土掩埋，而是在地面上棺材左右和上面的空间用瓦片、稻草等遮盖，这是野外形成“厝”的过程之一。之后，受经济和风水观念等诸多因素作用，葬礼后“停柩不葬”的情况逐渐增多，笔者认为，正因如此才逐渐形成了这一地区的丧葬特征。

此外，东南地区虽然普遍存在“厝”和二次葬的习俗，但也有一次葬存在。在浙江省南部、东南部、福建省北部和南部，也有在短时间内“厝”之后埋葬棺柩的案例，如果有生前做好的坟墓，则出殡后直接把棺柩放入坟墓，之后也不进行遗骨捡拾再处理的案例。

第三章　葬仪葬法与灵魂

在存在二次葬、复葬葬法的东南地区，进行土葬法的第一次葬时，人们说是请死者“住在地下”，二次葬是“请祖先干干净净地生活”，人们相信逝者的灵魂附着在遗体或遗骨上，祖先埋在哪里，他的灵魂就在哪里。这里尝试分析和阐明汉族，特别是东南地区汉族的灵魂观念。

第一节　魂魄说

通过观察葬礼，笔者有两个发现。第一个是在20世纪八九十年代以后实施的葬礼项目中，与灵魂有关的项目很多，显示人们笃信死后的灵魂会在阴间阳世来来往往，会一直和家人、子孙有交流。二是对当地的人们来说，人死后去的“另一个世界”不仅仅是口头说说的缥缈存在，在民间，它以明确的空间形象存在着。本节先就第一个发现——灵魂的存在进行论述。

《礼记》等文献中有“魂、魄”之说，人死后魂会升天，魄会存在于地下遗体所在的地方，即“魂气归于天，形魄归于地”（《礼记·郊特性》）。另外，还有“三魂七魄”的说法。人们的对话中有“灵魂出窍”或“魂飞魄散”等词语，精神不稳定的状态被称为“魂不守舍”，受到惊吓时会说“三个魂吓掉两个半”。汉族人民似乎对魂、魄或魂魄等词语很熟悉，但调查得到的印象是，古文献中记载的魂魄之说，似乎在东南地区的民间并没有得到认可和传承。

在前面提到的葬礼案例中，有很多与灵魂相关的事物、行为的名称、语言。悬挂魂帛、制作灵牌、上灵床、置灵位、设魂座、哭灵、起灵、作灵屋、守灵、魂轿、魂亭等与灵、魂相关的词语经常出现。并将许多葬礼必需的器物命以灵或魂之名。正如在前面葬礼案例中记述的，在进行“招魂”仪式后才开始为客死他乡的人举行葬礼，死者灵魂的存在是举行葬礼或进入祠堂的极其重要的前提条件。但却没有出现有关“魄”的词语和名称。对于葬礼后“送火种”项目的理由，很多当地人的回答是，因为死者的灵魂住在这里。但从未听说过死者的魄住在这里的说法。在平时的对话中，关于灵和灵魂的话题有时会被提及，但与魄相关的话题却很少。

笔者所调查的地点，除了东南地区，还包括北方村庄在内的其他汉族地区。人们几乎都认为，人的灵魂有时会短时间离开人体，此时人就会因此生病。如果在路上撞到逝者的灵魂，孩子会发烧夜哭。在调查地经常听到这样的故事：虽然被怨灵附体，本人会变得意识混沌，但只要家人恭敬地招待这个灵魂，怨魂就会心满意足地离开被附体之人。与此相对，关于“魄”的故事则没有听人讲述过。人死的时候魂和魄会分开，魄附在遗体上一起去坟墓的认识，在笔者开展调查的民间村落里也几乎没有人讲述。从调查的数据中可以感觉到，当地人都认为人是有灵魂的，而且这个灵魂一直附着在人身体上，这个意识很强烈。

藤堂明保的解释是人只有一个灵魂的另一个依据。他所著的《汉字语源辞典》中，对此有意味深长的解说。根据他的说明，魄原本的意思是“指人的身体，是白骨的躯壳”，那就是指遗体被埋葬后，肉腐烂后剩下的骨头、遗骨，实际上不是像灵魂那样看不见的东西，而是逝者的具体可见的形骸，指的是人的形体本身。这里解读魂魄的结论是，灵魂只有一个，魄就是人的身体。

那么，接下来再进一步分析灵魂观：如果魄是人体，那么只有一个的灵魂平时在哪里？

第二节 灵魂之归宿

一、案例诉说的灵魂所在

在这个地区，我们可以通过葬礼、墓地的处理、死后祭祀、扫墓等行为感受到人与逝者灵魂的交流。从人们在人死后频繁进行的对逝者的祭祀活动本身，也可以看出对待死者灵魂的认真程度。葬礼上出现的有关灵魂的行为，是民间灵魂观的具体表现。灵魂与遗体在一起是民间灵魂观的基本认识。下面，罗列有关灵魂的表象行为：

——在家中举行葬礼时，每天早晨要在棺柩前准备洗漱用具，供奉三餐也都是在棺柩前。

人们认为睡在棺柩里的逝者有灵魂，他可以感受和听到人们的行为和语言。所以有必要像对待一般活人一样对待他。

——出殡后下葬时，给棺柩覆第一锹土时，“孝子”和其他遗属要大声通知逝者，让他不要害怕，要盖土了。

——下葬后回家时，灵魂会知道日后回家的路，“孝子”选路回家有两种情况：第一，虽然亡灵住在坟墓里，为了不马上让他回家，“孝子”选择别的路回家。第二，为了让逝者知道日后如何回家，“孝子”一定要沿来时的路线回家。这两种思维和行动的前提，都是逝者的灵魂和遗体一起待在坟墓里。

——埋葬后的第二天，去坟墓前摆放柴火、小火炉和饭碗，当地称作“送火种”。目的是给开始“住”在坟墓里的逝者送去做饭用的火种和柴火。这种行为存在于浙江省多个地区。

——埋葬前要烧纸钱、放火盆温暖墓穴的“暖圹”行为，也是因为逝者这个“人”要“住”在这里，所以要给他暖新居。

——每年除夕夜到坟前迎接祖先回家过年的习俗在浙江、福建都有。当春节的祭祀结束后，人们会说“请回去吧”，这也是基于灵魂观念中逝者是带着他的灵魂住在坟墓里这一前提而说的话。

——在生前建造棺材或坟墓时，将其称为“寿屋”“大屋”，其理由是这也是去世的人要住的地方，所以要和活人住房一样，要叫作“屋”。

——在缙云，迁葬后遗骨放在石棺里，石棺盖上盖子之前要横摆一根红线，将红线两端伸出在石棺外，使其垂下。人们解释说，这是为灵魂回家或再回到这里时搭的“金桥”。

东南地区的人们把造棺材称为“造大屋”或“造千年屋”“造老屋”，把棺材当作逝者的住房。从一般人的回答来看，人们认为家家户户去世的祖先都“活”在阴间里，在另一个世界继续生活着，他们在那边继续与这边的子孙交流、庇佑子孙，人去世后有灵魂的观念可见一斑。另外，在浙江省和福建省，有生前建造横穴式坟墓的习惯，建造的这种坟墓也被当地人叫作“作老屋”，人们解释说棺材和坟墓是逝者居住的房屋。这些表象可以窥见民间对死后灵魂去向的看法，即逝者住在坟墓里，并在那里生活。人们问候祖先，向祖宗报告家里发生的大事或某件事情的经过，或者许愿的时候也要前往墓前。人们认为，不去坟墓就无法与祖先沟通。

综上所述，扫墓成为与祖先交流的方式，其前提是认识到祖先住在坟墓里。定期打扫、修缮“祖先的住所”、守墓是子孙的责任。在墓地向祖先报告子孙的成长和成功，希望得到更多庇佑和守护的行为是子孙和祖先的交流。扫墓之所以成为与祖先交流的方式，与一种观念有关——人死后，遗体上附有灵魂，人死后永远生活在坟墓里。汉族的灵魂观是灵体一致的观念，在捡骨迁葬相当普遍的东南地区，又要加上“灵骨一体”的表述，我们定义汉族的灵魂观是死后灵魂依然附着在身体上的“灵体一致”“灵骨一体”观念。

但是，我们这样定义汉族灵魂观，灵魂和逝者的身体或遗骨一起在坟墓里的灵魂观念与葬礼上的行为之间又表现出矛盾性。首先，我们回顾一下葬礼的过程：

——起灵、出棺，就是把逝者的灵魂叫醒，把逝者运出家。灵魂此时似乎与棺柩在一起。

——出殡的队伍不可缺少“魂座”和“魂轿”。里面放着遗像、牌位、香炉。但是，按照死后灵魂和遗体在一起的说法，下葬之前，灵魂似乎应该在棺柩里。魂座、魂轿在出殡队列的棺柩前面，后面的棺柩里有没有魂，就这个困惑向村民这样提问时，逝者家属和村民都肯定地回答说“魂座”和“魂轿”里有魂，棺柩里面也有魂。这表现了民间对灵魂存在地点认识的含混性。

——在墓前完成了“题主之仪”，这样灵魂就移到牌位上了。

——“孝子”在回家的“回山”时，要小心翼翼地把牌位带回家。就是把逝者的灵魂带回家？

——迎接灵位回家的“接灵之仪”，据说是把逝者的灵魂接回家的仪式。灵魂在这里接受一段时间（例如到49日为止）的祭祀之仪。

——葬礼结束后，牌位进入祠堂，将香炉里的线香放入祠堂香炉“入祖”，以此行为寓意新的逝者进入祠堂，加入祖先集体了。

福建北部和东部都有这样的案例。通过这个行为，灵魂和牌位一起回到了自己的家或祠堂。

——从下葬的第二天开始连续三天向坟墓“送火种”的行为，是为了请逝者“在那边自己做饭吃”，这是当地人告诉笔者的“送火种”的含义。那么，逝者和他的灵魂从下葬起就一直在墓里吗？

——在家里对着牌位，在逝者的忌日、生日、每年的清明节、中元节、除夕等日子要焚香叩拜。在那个时间点，当地人一致认为逝者（后来成为祖先）和祖先的灵魂是在牌位上。

——文献解释葬礼的“题主”“点主”时，是请灵魂从坟墓（更明确地说是从遗体）移到牌位上，然后回家。

送火种的行为可以理解为是宣告人们与逝者共食的结束。但是，灵魂明明应该跟着“点主”时候的牌位回家来了，为什么又要去墓地送火种呢？村民们对此的回答很含糊，但很多人的回答都是主张葬礼后逝者的灵魂是在坟墓里的。

人死后只有一个灵魂，会跟逝者的遗体在一起。那么，葬礼后在家里面对着牌位的祭祀就有矛盾性，但村民们对此却并不表示怀疑。或者说，他们可能不认为这样做会有矛盾。

葬礼后的送火种和正月迎接祖先回家的行为都要在墓前进行，这是以灵魂还在墓里为前提生发的行为。然而“点主”之后的牌位被迎回家后，按照礼仪的解释，逝者的灵魂应该就跟随牌位回到自家或祠堂。但是，这又与葬礼结束后第二天、第三天的扫墓、送火种等行为相矛盾。

二、坟墓与灵魂

（一）土葬时代的坟墓与灵魂

人们所说的阴间位于地下，这是一个模糊的方位。仔细观察人们的言行，就会发现阴间常常与埋葬逝者的坟墓相重合。可以指出，在人们的心中，坟墓是模糊的阴间世界的具象。

根据笔者的调查，认为坟墓是祖先居所的认知在东南地区很常见。例如，在浙南，下葬前一天焚烧稻草等为墓穴取暖的“暖墓”行为，是为了让逝者“等新家暖和了再住”。在江苏、浙江、福建都有将棺柩放入坟墓后送火种的习俗。具体来说，有的人家在墓前烧一捆稻草，有的人家在墓前摆放有炭火的火盆，有的人家在竹篮里放碗、筷子或火盆和小捆柴火，人们送到墓前的火种的内容物，具体的行为各不相同，但是目的都是为了让逝者在这里自己做饭、生活，这是各地人们共同的解释。作为与逝者告别的仪式，送火种也可以解释为逝者开始被排除在一族共食之外的象征性行为。当然，也可以理解为是当地人认为祖先住在这里（坟墓、墓地）的阴界观、他界观的表现。

在扫墓的时候，人们在墓前供奉装有换洗衣物（当然是纸制的）的箱子、阴间专用的货币和食物的行为，家里有什么好事或愿望的时候，都要到墓前报告的行为，农历正月到坟前问候祖先，请祖先回家与子孙一起欢度正月的“迎正月”习俗，南北方都广泛存在。

人即使去世了，遗体上也附有灵魂，灵魂住在逝者的坟墓里，这种想法可以说是汉族一般人所具有的灵魂意识。从以上诸表象可以判断，汉族所具有的是“灵体一致”的灵魂观。在汉族人的心中，正因为相信人死后灵魂还会附着在身体上，所以才有故人到另一个世界继续生活下去的思维。人们用行动向我们说明，坟墓是逝者的居所，是逝者进入死后世界的门户和通道。

高延在对中国宗教制度的论述中，用大量篇幅论述了坟墓和死后习俗。在《中国的宗教制度》中，他运用文献论述从古代开始人们就认为灵魂附在人的身体上，墓是肉体最后的休息处，中国自古以来就有关于肉体和灵共存的信仰了。[1]有趣的是，掌握了大量文献资料的高延提示了中国民间死后世界和墓的关联以及人们认为死后灵魂住在墓里的记载，指出中国汉族人们认为灵是住在墓里的，但是他对魂、魄死后分开之说只字未提，说明在中国汉族民间认识里，魂魄死后分离之说基本不存在。本书依据笔者在福建、浙江等地调查民间案例的分析结果，也站在同一立场。

（二）火葬时代的坟墓与灵魂

汉族非常重视流程复杂的葬礼，讲究墓地的选址和环境选择，主要原因之

---

1 ［荷］高延：《中国的宗教制度》第二卷，［日］西胁常记译，龙云舍，1976年，第15—18页。

一是认为人死后灵魂依然存在，逝者从这个世界到另一个世界，要在那里继续生活。从土葬到火葬，葬法发生了变化，那么人们对灵魂的认知是如何体现在今日的葬礼和葬礼后的行为上的？在此展开说明。

随着火葬的普及，遗骨的收纳空间也发生了变化。首先，大棺材变成了小骨灰盒。城市的墓的形式变得多样化，有室内架子式收纳、室外个人或夫妇的地下收纳式火葬墓、室外墙壁上的储物柜般的立体收纳空间等。部分村庄和中小城市将火葬后的遗骨寄放在寺庙的室内灵堂里，人们可以定期来祭祀。除寄存于寺庙之外，火化后的遗骨收容场所几乎都被认为是墓。关于火葬后灵魂的思考，我们从汉族人围绕存放遗骨之处的各种行为中，窥见灵魂存在的意识，以及遗属和子孙与亡者灵魂的交流。

火葬后的骨灰不会直接放入棺材，而是放入骨灰盒中。选择购买骨灰盒时，人们大多是说给某某人“买房子”，这让人想起把棺材称为房、屋的土葬地区的习惯。为了节约土地，骨灰盒的收纳空间不仅有传统的夫妇墓的地下墓穴，在陵园里也有很多架子式的室内多层收纳和室外储物柜式的墙上墓。墙上墓正面是放有照片的大理石板，一旦放入骨灰盒，就用水泥填满缝隙，无法随意打开。在农村和城市郊区，火化后的遗骨还是放入小坟墓的做法更多见。

每年的定期祭祀，如在清明节等时节，人们都会来到骨灰存放处扫墓。插香、点蜡烛、摆放供品、祭拜。在东南地区的城市以外的公墓或陵园，允许放鞭炮和烧纸钱给祖先，所以和去土葬坟墓扫墓基本没有区别。家里发生了好事或坏事，家里人就到这里报告祖先；过年家里准备了丰盛的饭菜，到这里接祖先回家等种种行为，鲜明地表现出人们认知中的灵魂所在。曾经实行土葬时，遗体与人的灵魂密切一体的意识，在60多年来普及火葬的过程中，魂体一致思维在顺应葬法变化时产生了适应性变化。人们认为即使火化了，灵魂也和骨灰在一起，灵魂依旧伴随着骨灰，逝者依然在骨灰所在处住着、生活着。

在农历正月或七月十五日中元节，把祖先的灵魂接到家族的祠堂或家中，用美食招待祖先后，送别祖先，“请他们回去”。很多人认为他们的归宿是墓地，灵魂与遗体、遗骨一起住在墓里，永远在那里生活着。由此可以看出一般人对死后灵魂去向的认知。

（三）“灵体一致”的灵魂观

汉族很重视个人的墓地。即使是同一块墓地，一般也会避开埋葬前代逝者之地，按照辈分顺序建墓，一旦墓地满了就再找其他地方。不在旧坟的地方建新坟的理由是“有人住在那里”。由于存在逝者的灵魂寄居在躯壳里，迁葬、火葬时灵魂寄居于遗骨或骨灰的意识，所以汉族的灵魂观可以确信地说是“灵体一致”观。汉族民间的灵魂观以“灵体一致”“灵魂永远与遗体或遗骨一体性存在”的观点为主流。

在江浙地区气候潮湿、多白蚁的地理环境下，遗体的一次性处理，会使灵魂所依无法永久持续。因此，需要进行二次处置，于是产生了捡骨再葬的行为。人们认为祖先的灵魂寄居于装在陶器里的保存完好的遗骨中，就可以很舒服地生活在阴间，就可以永久守护子孙后代，于是逐渐形成了该地区的丧葬习俗特性。传统的“灵体一致”思想，在江浙地区稍微改变了形态，转化为“灵骨一致”的灵魂观念。

自古以来，人们把土葬叫作“入土”。文献中也有“众生必死，死必归土”[1]“骨肉复归于土”等记载。[2]汉族认为，被称为“阴间”的死后世界在地下。根据汉族的地下他界认知，去世后想要顺利进入阴间，遗体埋在土里是理所当然的。

（四）行动和观念的矛盾

关于中元节、清明节、春节等祭祀祖先的仪式结束后灵魂和祖先会去哪里的问题，回答回到墓地的人出乎意料的多。每年定期的祠堂祭祀，逝者忌日、生日、中元节等对着家中的牌位祭祀、扫墓祭祀时，人们常常在多个地方祭祀

1　吴树平等点校：《礼记·祭义》，《十三经（全文标点本）》，北京燕山出版社，1991年，第323页。

2　同上书，第84页。

同一个逝者的灵魂，那么，灵魂通常在哪里呢？祠堂祭祀和在家庭祭祀，以及扫墓祭祀，逝者的灵魂如何对应不同地点的祭祀？调查时询问当地人是不是一个人有几个灵魂，得到的回答都是否定的。笔者几乎没有听过有多个灵魂的解释，因为得到了否定的回答，所以首先可以明确指出，东南地区民间的灵魂观的基本前提是逝者只有一个灵魂。

关于丧葬行为与民间观念的矛盾，也许可以解读为，民间丧葬流程是表象的上层礼制观念与深层的民间观念交织在一起的结果。在数千年的时间长河中，尽管朝代不断更迭，但从春秋时期的《礼记》中的记载，到宋朝《朱子家礼》中的解说、强调的一系列有关葬礼的礼仪，逐渐成为之后历代礼仪的标准，并渗透、影响到庶民层面的礼仪行为。

这种整齐划一的葬礼规制，是依据上层阶级的观念和需求而制定的，它以礼法的形式规制庶民的行为。庶民试图将民间充满人情味的送别逝者的传统葬礼行为顺应礼法流程，相互适应的结果就是出现一系列的矛盾表象。这是庶民意识和上层阶级意识的偏差所致，是民葬流程项目中出现无法解释的矛盾之处的原因。统治阶级的礼制是历代政权所强调的，平民的葬礼在礼制规范下，也逐渐显得“礼”性，看似整齐划一，而其实是以“礼”的葬礼过程为表象，结合了平民观念的结果。平民阶层具有的是地下他界意识和人的灵魂无论生死都会一直附着在那个人的身体上、捡骨习俗地区则附在骨头上、火葬地区则附在火化后的骨灰上的观念。灵魂观念在推行实施火葬法之后，也被纳入顺应火葬流程的葬礼项目中延续下来。现在的民葬显示出的多个矛盾，也是出于此类原因。

虽然调查对象们也说不清楚逝者的灵魂所在，但经常听到的解释是，如果有必要，他们会马上来到你身边。可以指出，在东南地区汉族的灵魂观构造中，一个人的灵魂是附在他的身体里的，死者的灵魂虽然长时间在墓中，但也有移动能力。逝者之魂根据需要时时往来于自己家、自己的墓、家族祠堂和自己的牌位上。去祠堂接受族人祭拜，回家在牌位前接受子孙的酒肉招待，在墓里听子孙报告家里的大事等。

如果分析一下当地人的解释和行为，就会发现，在葬礼结束后，把“题主”之后的牌位小心翼翼地带回家，并不是说逝者的灵魂在此时已经回家了，而是为了让逝者的灵魂日后能够回来接受祭祀的“安置座席”行为。下葬后的“入祖”“归祖”“入祠堂”的行为，也不是把刚去世的人的灵魂带进祠堂，而是把灵魂的座位放入祠堂的仪式。这样一来，死者在阳间有了可以立足的一席之地，日后刚去世的人可以回家休息，也可以根据需要回到祠堂。

从人们的行为中可以窥见，在人们的意识中，灵魂的归宿并不是固定的、鲜明的，而是一个模糊的观念。如果有需要，就对着祖先牌位点香放鞭炮，或者对着牌位合掌祭拜，逝者的灵魂和家族祖先的灵魂就会来到这里。

逝者是有灵魂的，但它的存在是模糊的。这个观念作为信仰存在，人们并不去深究细节。在结束了葬礼之后，定期的祭祀也持续举行多年。不追求细节、不要求明了的态度，才是这个地区灵魂观成立的意识基础。

文人和上层阶级所说的死后灵魂去泰山和去四川省的“鬼城”丰都之说是最为有名的，但东南地区平民的观念似乎与此说无关。在他们的意识里，逝者的灵魂永远停留在这个地域社会里，在这里生活，在这里守护子孙，在这里接受子孙的祭祀。

汉族民间的逝者之灵、祖先之灵，被认为是非常多功能的存在，似乎同时存在于多个地方，而且，他们的灵魂似乎对人的祭祀行为、人的请求等都能立刻感知，随时应对。所以在汉族人的灵魂观中，逝者的灵魂、祖先的灵魂实际上是“地下有知”式的、随时可以和阳间子孙交流的、多功能的存在。关于死后灵魂的去处和平时的归宿、移动等，统治阶级、文人等有识阶层的认识与平民的认知结构相比，是有偏差、不一致的。

第三节　人魂交流——巫的职责

在笔者做田野调查的20世纪90年代，在东南地区，以巫师、巫婆[1]为媒介，与逝者灵魂交流的行为十分盛行。村民们向笔者讲述，有人家孩子一直生病医不好，就去问村里的巫。按照巫所传达的自家爷爷奶奶的话，去扫墓祭墓，修理好漏雨的墓，孩子就痊愈了；某某家老人过世后家里一直不安宁，求巫去下界请回去世老人（的魂），老人的魂告诉家人自己有钱，死之前未来得及告诉家人藏钱之处，所以一直回家打扰；某人做生意拿不定主意，于是请巫代替自己去和家里去世的老人商量，按照巫传达的老人的意见去做，买卖很成功；考学、考职位、想跳槽转行的人会请巫问神或问祖先。福建北部一个山镇的妇女们说，这里结婚成家的女人们每年都会有几次到巫师家“问事”，有家业经营的事，有孩子家人健康的事，有升职提干的事，还有盖房子等事。她们说，多问问祖先问问神，家里就平安。这个现象使笔者注意到，要把握这个地区的丧葬民俗和民间灵魂观和祖先观，就有必要观察与祖先交流时承担媒介角色的巫们。于是笔者的调研计划里增加了调研当地巫的类别、功能以及他们在东南地区死亡文化里的作用这一项。以下便是调查到的民间巫的历史和他们在现代社会中的活动、作用。

1　当地对男女巫师的称呼多种多样，大多是方言，但基本不用巫师、巫婆等他们认为不礼貌的称呼指称。为清晰讲述，本书统一采用“巫”指代。

一、巫的历史

人死后会有灵魂，灵魂会去往地下的另一个世界，这就是汉族最简单的灵魂观和他界观。逝者的灵魂是世人无法用眼睛看到的，一般人无法去灵魂平时所在的他界。但是，当我们想要亲近死后的灵魂，与他们进行交流的时候，人与阴间的交流就需要一个中间人。祖先有时也想和子孙联络、交流，或是想倾诉些什么，想让他们知道些什么，这时也需要一个中间人。这个中间人，一般由“巫”来承担。

在东南地区，职能上能和神灵沟通或可以连接人和死去祖先交流的，根据地方方言以及通神、通灵能力的不同，称呼各不相同。笔者在调查时，说明了想要找通神、通灵兼民间医生的人，人们回答说应该去找巫。走进村里或镇上，问有没有像巫一样的人，大多都回答有本地有这样的人。当地人还会说明巫婆、巫师这个称呼是不礼貌的叫法，当地人不这样称呼。但是笔者无论去哪里，只要说想问问巫，想见见巫，就能和当地人沟通，对这个词的通用性也颇感惊讶。

被称为“巫”的他们，作为“通灵、通神者”，是学者研究的对象，也是行政时常取缔的对象。对当地居民来说，他们拥有特别的能力，是可以沟通人和祖先的特别存在。相信人死后灵魂还会存在，时常想要借助超越人类的力量达到或治病或问事解惑的人们，会向神祈愿或拜托祖先庇佑。巫是汉族人信赖并委托达到通灵、通神目的的对象。

近代以来，随着各种政治运动的兴起，有关巫的禁令也多次出台。20世纪90年代的调查显示，虽然在大城市已经完全看不到“巫”的身影，但实际上他们一直在农村地区静静地继续自己的活动。通过田野调查发现，这些“巫”的活动有一半左右与逝者的灵魂有关，他们是汉族灵魂观和他界观念的传承者和传播者。

二、巫的现状

汉族中“巫”的历史相当悠久，过去的巫分为官巫和民巫两种。在先秦时代，巫者被认为是具有与神灵交流的能力及预知能力的特殊人物，负责国家祭祀和军事、政治行动的卜易，并且能够预测国家命运及天气、粮食丰歉等，地位很高，甚至被视作史官。因为这些巫担任官职，所以被称为官巫。与此相对，在民间为一般人祈祷运气、避祸、驱邪治病的巫们被分类为民巫。随着历史发展，官巫从政治舞台上消失，而民巫则始终在民间流传，延续至今。他们曾经静静地存在于在乡村，只接受村里人的诉求。80 年代末期开始，各种民众信仰活动逐渐复兴，福建省各地也陆续建立了许多庙宇。在这样的环境下，民巫也逐渐开始露面，并逐渐参加公开活动。

在现代社会，孩子升学、更换工作、学生考学、商人经商和海外发展等各种追求都会有诸多不安定因素影响，于是人们希望得到某种答案和帮助。调查遇到的巫按居住地点分为两类巫，居住在小城市的城镇巫和居住在乡村的农村巫，居住地点不同，接受的求神委托也会有些不同。20 世纪 90 年代，在东南地区的中小城市（镇、县的中心城镇），占卜运势、向神灵询问某人经商或入学考试的成功与否、预测能否出人头地、升职、选择胎儿性别的“换花”、治疗疾病、居住或墓地风水好坏的解读以及除灾祸邪气、驱除恶鬼怨灵、绘制护身符、与阴界的死者灵魂交流等，都是城镇巫的具体职责范围。农村巫的负责内容与城市没有太大差别，但是除了人的需求之外，还会有较多的村民请神治疗家畜疾病的。而且，多位巫证实，90 年代后期，越来越多的人希望通过巫与死去的家人对话、与祖先商量家中大事，他们说过去没有这么多人，没有这么频繁地和下界联络。当今世界人们遇到的事情越来越多，越来越复杂，家人求学或工作或经商等，出远门的机会越来越多，生病、受伤或遇到意外灾祸的可能性也增加，最基层的人们于是或求助庙宇的神佛，或求助可以随时给出答案的巫，以排解不安和困厄。

无论是城镇巫，还是农村巫，他们的工作大致可分为：能与神沟通交流的

“上天见大神大佛”者和前往阴间与逝者灵魂交流的“下地府带亡人”者。通常，福建地区的巫会有职能分工，或者负责“上天”或者负责“下地府”，二者取其一。人们根据各自的需求，选择不同功能的巫进行委托。笔者调查中遇到的农村地区的巫，没有太明确的上天和下地府的分工，他们接受上天入地的任何委托，也接受给人治病之外的给牲畜治病的委托，这一点与城市的巫有所不同。

从过去从事国事的至高无上的地位沦落为民间巫的那一刻起，巫的含义就发生了变化。由于民间巫者多数是女性，所以有“巫婆”这个带有贬义的俗称。由于过去男性巫师主要负责与神的交流，所以多被称为“神汉”，当地人认为这也带有不敬的意味。20 世纪 50 年代以后，“巫婆”“神汉”成为被严厉打击的对象，“巫婆”的称呼只有负面意义。因此，现在各地的巫都不喜欢被称呼为巫婆或巫师，都尽量避开巫这个称呼。各地会有不同的方言称呼他们，详见表 1–3–1。

表 1–3–1　各地职能者称呼

地区［省、市、县］	称呼［他称］女性	称呼［他称］男性	称呼［自称］	职能
福建南平市某镇	契奶	契爸、带亡人	土医生	治病、回答问事；有人可以去下界
福建南平市区	仙娘、神姐、大仙、契娘	居士	居士	治病、回答问事；有几人专门负责下界事
福建泉州市区	神婆、神妈、圣妈			治病；有负责与下界交流的
福建永定县	仙姑、童身、神婆	神棍		治病、回答问事；仙姑、童身担当去下界；神棍不担当去下界的事
福建长汀市	问尚、问上的	问上的		专门负责下界事
上海郊区某镇	仙人、太太、亮眼睛	仙人、亮眼睛	太太的孝女	治病、回答问事；有人可以去下界

续表

地区 ［省、市、县］	称呼 ［他称］ 女性	称呼 ［他称］ 男性	称呼 ［自称］	职能
河南 巩义县A村	特异功能者、气功大师	特异功能者、气功大师	特异功能者、气功大师	治病、回答问事；有人可以去下界
河南 巩义县B村	先生、明口、明眼	先生、明口、明眼		治病、回答问事；有人可以去下界
河北 石家庄市郊区	不详		传事的	治病、回答问事；有人可以去下界
河北 赵县A村	不详		烧香的、行好的、土医生	治病、回答问事；有人可以去下界
河北 赵县 范庄镇	看香的		干这个的	治病、回答问事；不去下界
河北 定县A村	香差（女差）、妈公	香差（男差）		只治病、回答问事；不去下界
山西 定襄县 县城	神婆		做事	治病、回答问事；不去下界

表1–3–1是笔者在东南地区的乡村或小城镇以及上海郊区和山西、河北、河南调查了解到的各地方言中对当地通神/通灵者的称呼。虽然方言的发音各不相同，但有一点可以指出的是，各地的方言中多以含敬意的词语作为对他们的称呼。例如，福建南平的农村地区的方言，习惯尊称没有血缘关系的中年男女为“契奶”“契爸”。另外，“×娘”“×姐”是当地对女性亲昵且带有敬称色彩的称呼。“仙×”“神×”等词，似乎是指不是凡人，是称呼具有凡人以上的能力之人的。

除福建省西部之外，福建南部和北部、河南省、上海市郊区对巫的称呼从名称上看不出具有特殊功能的意义。也就是说，能往来阴阳两界、与神沟通和担当对话亡灵的这种职能上的差异并没有体现在称呼上。当地人熟知每个巫的职能，他们会根据自己要委托的内容决定自己这次要去拜访分担哪个“负责领域”的巫。

三、巫的职能

当地人认为，巫的通神能力，也就是所谓的与神、灵交涉的能力和解决凡人烦恼的能力，和这个巫可以沟通的神灵的身份以及附在他身上的神灵的种类和数量有密切的关系。当地人相信，祭祀众多神灵的巫，职能范围广、通灵能力强。闽北 HY 氏供奉 118 尊神位；河北 SH 氏的家中的“师父案”上有 34 位神，旁边还供奉着 10 尊佛教神像，以及上八仙、中八仙、下八仙和财神，总共 70 尊神。山西 L 氏除了供奉村子的守护神之外，还供奉玉皇、王母、天官娘娘、孙悟空、龙王、灵山老母、狐仙、关爷、包爷、花姐、元神、灵神等共 60 位神。他们在当地以供奉的神灵数量多而闻名，同时以负责的领域广、灵力高而受到好评。

表 1–3–1 总结了各地巫所供奉的诸神以及各自的职能。巫们在各自的祭祀空间里，以神像或神位的形式，按照各种顺序排列并祭祀众神。诸神有等级之分，各自分工明确。除了守护神、附体神之外，还供奉等级相当高的众神神像或神位。地位高的诸神平时不会附体于巫，但会答应巫的请求，在困难的时候帮助巫。根据巫们的解释，巫供奉的神不一定会附体于他们身上，而是有求必应的“交涉神”。

图 1–3–1
闽北某巫家的神坛

图 1–3–2
附体状态的巫与委托人

图 1–3–3
被祭祀的诸神（山西）

表 1-3-2　被祭祀的众神和巫的职能

地区	被供奉的神 a. 非附体神 b. 附体神、文神 c. 附体神、武神	功能	其他
福建 NH 市 L 氏	a. 观音、如来、千手观音、关公 b. 马夫人、江夫人、雷师公 c. 朱将军、陈夫人、李夫人、林夫人、哪吒、齐天大圣、田公元帅	治病、看房屋吉凶、健康、升职、考试、结婚等诸事；除厄运法事	能力上可以去阴间，但本人只负责“上界”的事情，不想去“下界”
福建 NH 市 X 氏	a. 孔圣人（孔子）、观音 c. 赵大仙	婚姻、升职、考试、商谈生意、房屋吉凶；驱除恶灵、驱除厄运法事	
福建 ZH 镇 C 氏	a. 乌鸦、喜鹊 b. 林仙娘、马仙娘 c. 齐天大圣	人类和家畜的疾病治疗、驱除厄运、“去下界”（到阴间，观察亡灵的生活状况，告诉委托人）	“因为没有附带幼女的灵魂，所以没有带回亡魂的能力，但是自己的灵魂可以飞到那边世界”
福建 ZH 镇 HC 氏	a. 周王公、高王公 b. 雷仙娘、朱仙娘、陈仙娘、欧仙娘、胡仙娘、林仙娘 c. 齐天大圣	住宅风水、结婚日期咨询、其他问日子、运势、考试、生意咨询、治病	
福建 ZH 镇 CH 氏	a. 齐天大圣、元帅师父、白马尊王、林公哥、王二相公 b. 李仙娘、陈仙娘、雷仙娘、胡仙娘、朱仙娘、游仙娘、欧仙娘	回答问事：升学、经商、健康等；去下界	去下界：“神灵带着自己飞来飞去”
福建 ZH 镇 HY 氏（男）	供奉了数十个神，但没有详细向笔者说明，不能分类	占卜、择日、驱除厄运；“找亡人”	因为不想让亡魂停留在自己的家里，盖新房子之后不接“找亡人”业务了

续表

地区	被供奉的神 a. 非附体神 b. 附体神、文神 c. 附体神、武神	功能	其他
福建泉州名字不详	b. 夫人、娘娘、太子、姑仔、三姑	“请三姑”（到阴间去）	有两种情况，一种是将三姑神附体在巫身上，讲述祖先的情况，另一种是将逝者的灵魂带回来，直接与委托人对话
福建YD县L氏	a. 玉皇 b. 观音	治病、问运气、咨询健康； 去下界找已经去世的委托人的亲人的魂	自己飞去那个世界，回来传达亡魂的样子，但是不带回亡魂
福建省CT县名字不详	a. 南海观音	问尚（对亡灵说话）	委托土地公去看亡魂，附体神不详

注：下面画横线的神，是具有去下界能力的神

上表将被各地的巫供奉的众神分为a、b、c三种。将位阶高的“交涉神”归入“a. 非附体神”之栏。“b”“c”两栏都是附体神，由于巫被某个神附体后的身体动作以及发挥作用的方式不同，动作的剧烈程度也有差异，附体神分为“文神”和“武神”：附体在巫的身体上，用语言或文字回答委托人所委托之事，或写符或写处方，然后巫安静地退出附体状态的神灵，当地称作“文神”。在附体和退出巫的身体时，巫会激烈地移动身体，有时会高高跳起，有时会来回跑动或高声大叫，附体之后与鬼、邪气激烈地打斗的神灵，民间称作“武神”。根据各地巫和当地人的说明，附体的“文神”归入“b. 附体神 · 文神”栏，附体的“武神”归入“c. 附体神 · 武神”栏。

诸神灵根据分工，分为只能负责沟通天界神灵之神和只能负责与阴界神灵交涉的神，以及可以根据需要在天界和阴界往来的神。表1–3–2中，担当去阴界或与死者灵魂相关的神灵用下划线标示。

从表1–3–2可以解读出以下内容：

其一，巫供奉的众神分为全国性神、地区性神和凡人神。全国性的神是指汉族全域都信仰祭祀的神，如玉皇大帝、观音、如来、孔子、关公、西王母、八仙等。所谓地域性神，是指在省、县（或几个省或县）地域范围被祭祀的、在这些省或县内广为人知，被记载在地方志、民俗志上的神或出现在地域传说中的英雄等。陈夫人、马夫人、林夫人、齐天大圣、白马尊王、老母、太白金星、老祖母、三催公、北斗七星等都属于这一类。凡人神在文字记载中几乎看不到。从凡人变成的神，特征是数量多，称呼都是普通人的名字，对当地人来说，是非常熟悉且容易亲近的存在。这类神几乎都是生前出身于当地村落或省境内的人，因某种契机死后“为神”（成为神）。生卒年不详，最少也是百年前为神的人，极近代特别是最近数十年内去世的人的灵魂中似乎没有为神的。他们负责的范围主要是治疗疾病，祛除被认为是疫病、灾难根源的恶灵、邪气，现在也都是活跃在各地区的众神。如果去福建南部，就会发现出身同一个村子或同一个县内的凡人神比较多。

其二，在南方的福建、浙江一带，负责与亡者之灵交涉的神是凡人神的幼女之灵“三姑”“朱仙娘”“马仙娘”，但越往北方，凡人神的数量越少，天界和亡者都是由观音、土地公、老母、老佛、七仙等全国神或地方神兼任。

从调查的地域整体来看，负责上界、下界的神有分工，但专门负责下界的巫很少。能往来于上界和下界，既通神又通亡灵，既能占卜又能降神的一人多功能、多角色的巫很多。

四、巫与死后他界

以下记述了东南地区逝者与巫有关的案例，多属于逝者家人有偿委托巫去另一个世界寻找去世家人的灵魂，将其带到现场，家人与其对话的巫的实际作业情况。

例 1. 福建北部 ZH 镇：HC 氏，女，60 多岁

仪式：点燃线香。给自己沏了茶，喝下几口。打了几个哈欠后，闭上眼睛。过了一会儿，突然开始说绕口令。后来始终睁着眼睛，以一问一答的方式，回答委托人的问题，讲述委托人死去的祖先的样子："爸爸在另一个世界当了官。在有平房和公寓的那个世界里，爸爸住的是公寓，穿的衣服也是高级的。他说一切都很顺利，不用担心自己。"最后，她说了一句"如果没有别的事，我就过去了"，就在她上半身颤抖着要向前摔倒的时候，被旁边的丈夫用手拦住，她就突然醒了过来，恢复了正常的姿势和表情，仪式结束。

例 2. 福建北部 ZH 镇：HY，男，30 多岁

当接到"找亡人"委托时，巫会向神明许愿，神明会把亡魂从另一个世界带来，或者到委托者的家里举行"找亡人"仪式。因为巫自己的家是新建的，所以怕招来的亡魂住在自己家里不离开，于是现在巫宅的"找亡人"仪式休业中。另外，这个男巫家供奉着 118 尊神，问他要请哪位神来召唤亡魂，他回答说这是内部秘密。

例 3. 福建北部 ZH 镇：C 氏，女，60 多岁

"因为自己身上没有小女孩的灵魂，所以没有带回亡魂的能力。但是，自己的灵魂可以飞到那个世界。"关于下界（阴间）的情形："地点在人类居住的世界附近，就在这个世界的下面。住的地方多是草房，少是公寓。有汽车也有电视。有钱的人穿好衣服，穷人穿破烂的衣服。""因为寄往另一个世界的钱是邮政汇款，所以寄纸钱的时候如果不写名字就无法送到本人手中。"

例 4. 福建北部 ZH 镇：CH 氏，女，五六十岁

称自己是朱仙娘（凡人神，13 岁夭折的女孩，泉州人。说话大声是其特征），可以被带到下界。阴界在相当遥远的地方。很多人来来往往。房屋也和这里不同。虽然也能看到喝酒的宴会，但即使被邀请参加宴会，也感觉不到吃

过东西。感觉很朦胧，看不清那个世界的一切。

例 5. 福建西部 CT 县：姓氏不详，女，30 多岁

仪式：在大门外把线香插在地上，站在玄关边说："门神，求求你，让他（逝者）的灵魂进入房间。""（对逝者）你，过来这边，你的家人来了，他想问问你。"进入室内伏在桌子上几秒后哭着唱祈祷"土地公"的歌曲。

歌曲的大致内容："土地公啊，到阴间去找人。快把他（逝者）抬到这边来，有事。"向委托人询问逝者的名字，再次歌唱："土地公大人，请把某某某接来人世，请转告他马上来。""你的子孙来接你了，等待着你的到来。"反复说了几遍之后，用唱歌的方式说："你是谁啊？快到前面来。"告诉委托人所寻灵魂已经来到玄关，但是怎么也进不来。然后伏在桌子上哭了起来。——让逝者的灵魂附在自己身上，开始与委托人直接对话——"我在阴间守护着我的家人。我住在下面（指阴间），但没有电话，请给我送一个手机。"对话结束后，他伏在桌上说："土地公大人，把他送到阴间。"

沉默地坐了一会儿之后站起来，表情恢复正常，仪式结束。

例 6. 福建西部 YD 县：L 氏，女，40 多岁

仪式：点上线香，在神像前双手合十，一边说请神的内容，一边烧纸钱——称为"请神"。打嗝，坐在椅子上把头伏在桌子上哭了起来。身体颤抖着唱了起来——村民小声说她被神附体了。询问了委托人的住址号码，向神报告。对委托人的咨询，回答说"神是这样说的……"传达神的回答。之后，当委托人想知道去世的父亲的情况时，询问委托人父亲的姓名、年龄和墓地所在地，然后向神报告。"他在那边的生活很顺利，很舒适，放心吧。家人和孙子都在照顾着"，她代替亡灵说道。当委托人问他在那个世界有没有什么需要的东西时，她回答说："我这里什么都有，你才要小心（指这个世界）坏人的偷盗。"委托的事情结束后，用歌声为神送行，身体颤抖，打嗝，擦去眼泪。仪式结束。

以上所举的，是汉族在现代社会中极为有限的案例。在进行调查的各地区，萨满教和民间信仰混杂在一起，因此在掌握实际情况和分类等方面存在很大的困难。通过这些案例，我们对汉族在与逝者交流时，巫与逝者灵魂的关系有了一些观察。

通过调查的案例，根据巫与神的关系、与逝者灵魂的关系，对巫的职能进行了如下分类。

A．附体型　神附体在巫身上的方式有两种：神自己到下界来附体在巫身上的模式和神从阴界带着亡魂附体在巫身上的模式。

［**附体Ⅰ型**］——神去下界，神附体于巫的身体，借巫的口讲述死者的事。（例1、例6）

［**附体Ⅱ型**］——拜托神把死者的灵魂从阴间带来，让其灵附体巫，巫直接和委托人对话。（例2、例5）

A型的附体，是巫让带来的亡魂附体到自己身上，身体动作和语气都和亡魂生前一模一样，对子孙说话。A型巫传达祖先不高兴的原因通常有，亡魂居住的墓地或棺木被损坏，后代不祭墓、烧钱，没有提供金钱和服装，等等。一般来说，子孙有意外或有疾病，会认为是来自祖先的通知，于是和祖先灵魂，特别是最近去世的近祖对话，听取他们的要求等。当地人称为“问亡人”“问下”等。

B．脱魂型　巫和逝者灵魂交流的几种模式，分为魂Ⅰ型、脱魂Ⅱ型、脱魂Ⅲ型。

［**脱魂Ⅰ型**］——在理论上，巫的灵魂脱离自己的身体飞到阴界，在那里神和亡灵等可以直接交流，这成为典型的脱魂型。但是，调查实例太少（例3）；

［**脱魂Ⅱ型**］——借助神的力量，巫的灵魂自己去下界，直接看到死者的样子，自己传达给委托人（例4）

［**脱魂Ⅲ型**］——神附体在巫的身上，带巫去下界，让逝者的灵附体在巫的身体里，带回来。这类的例子是神附体于巫，逝者的灵再附体于巫，是附体

和脱魂的复合型（只是听说过，未见到过这个类型的实例）

B型的脱魂传话型，是巫让自己的灵魂去下界找到委托人的某个特定祖先，然后开始传话给委托人。让委托人和亡灵进行问答。传亡魂的话时，会告诉子孙自己生前藏私房钱的地方，或说出只有逝者的亲人才知道的事情，从而证明在阴间见到的灵魂确实是委托人的祖先。如果子孙找到了金钱，就会评价这个巫能力很强。结束“问亡人”仪式的子孙们，只要按照亡灵的吩咐去做，让祖先满意，病人就会康复，也不会发生不幸。

研究萨满教时，一般的脱魂类型都会进入恍恍惚惚、激烈地摇头晃脑的状态，而从东南地区的案例看，脱魂并不一定伴随激烈的失神状态。这样的例子是否可以归入萨满教的范畴，学术界的看法和意见多种多样，还没有明确的定论。而当地的民众对这些不加区别，都将其视为超自然的存在，人们根据附体后巫的动作的激烈程度，把附体神分作武神和文神。在东南地区，文神附体的巫更多。比起诸神附体的交流型，人们更喜欢有“明眼”能力的巫。明眼，意思是说并不需要文神或武神附体时那种闭眼、神志不清的状态，而是直接接受委托之后，请神附体，之后直接可以看到下界，用眼睛找到委托人要寻找的灵魂，直接回答家属的问话或者代替祖先的魂和家属对话。巫与诸神交涉方式的变化，作为民间信仰研究，不仅要考虑其本身的变化，还要考虑历史环境、社会环节等外部因素。

笔者在福建、浙江、河南、河北、山西等地见到的巫，以女性为多。笔者观察到委托人大多是问出远门、开张、办喜事的日子，或者是问与坟墓相关的事。一般问阳间之事、阳宅之事为多。巫除了主要负责与神明交流、和世人祖先的灵魂交涉之外，还会根据世人的需要，看阳宅或阴宅的风水。

如上所述，巫与去世之灵交涉的模式有附体型和脱魂型两种。

据说A型的附体型是将神/亡灵放入自己的身体，变成神/亡灵的状态，进入一种恍惚状态，所以事后什么都不记得。另一方面，B型脱魂型的巫则是负责对话的中间人，会带着自己的意识到阴间四处寻找亡灵，所以阴间的具体情况由进入B型状态的巫口头描述。近年来，委托人单纯为了了解去世的亲人的生活情况而来的也不少。

巫的去下界、找魂灵、上天、问神等与神或灵魂交流的仪式多种多样，有相对安静的，也有动作比较剧烈的，有些不排除含有表演的因素。但是，这对于委托巫的当事人来说，与祖先的对话，是一件认真重要的事，包含着他们对祖先的思念以及对灵魂、他界的认识，也是当地民间信仰的原始要素。汉族的灵魂观、他界观等基本观念是巫的存在之重要的社会基础和意识基础。

人们听到亲人在阴间生活的故事之后，开始相信死后灵魂的存在以及确定死后世界的存在。灵魂、祖先、神鬼、阴间世界，正因为汉族民间存在着这些信仰和观念，巫在社会上才有了活跃的空间，才得以在民间社会被需要着。巫被认为是与天界、人界、阴界即神、人、鬼三者联络的人，他们被委托担任与神、亡灵交流的角色。通过巫、神、亡灵的中介行动，各种信仰进一步得到强化和延续。从这个意义上说，巫也是地域民间诸观念的承担者、传承者和传播者。

小　结

这一编运用文献资料及实地调查数据，考察了国葬、国葬、民葬几类葬礼和汉族的灵魂观念。考察和分析的结果如下。

一、汉族葬礼的特点和意义

通过20世纪二三十年代国葬、公葬中的基本要素与40年代北京民间葬礼的主要项目的对比，确认了传统的葬礼要素通过国葬、公葬等在中国被称为最初的现代葬礼的延续方式。官员们用制服代替传统丧服，普通参加者佩戴黑色臂章和白色假花，用鞠躬代替跪拜，这在过去的皇帝葬礼和平民葬礼中都没有过，是通过现代政府主办的具有现代元素的葬礼才得以实现的。

但是，国葬也好，公葬也好，“点主”仪式和明器的准备，葬礼连续数天进行，葬礼后遗体不火葬而是土葬，或以土葬为前提的“停灵”等，和传统葬礼没有根本的区别。在现代葬礼里仍然传承着自古以来的葬礼的诸多要素，这可能是汉族对阴间的认识、对灵魂的认知没有发生根本改变的重要原因。

汉族葬礼的特点总结如下。

1. 重视死亡。隆重举行葬礼、认真送死者进入另一个世界。无论是过去还是现在，葬礼、死后祭礼、墓地都很重要。死后世界的存在、灵魂的存在是举办复杂而长期的葬礼的前提。一个人的死亡，对整个家族来说都是非常重大的事情。无论是帝王还是平民，葬礼都很隆重，但根据身份不同，葬礼的规模有很大差别。

2.统治阶级为了维护自己的统治，强制平民阶层的丧葬习俗要符合礼制的规范。其结果是，重视葬礼礼仪、重视祖先祭祀的行为不仅限于上层阶级，而且渗透到平民社会葬礼中。文字的普及使礼俗制度渗透到乡村，民间的丧葬习俗也与上层社会的丧葬文化诸要素混合。

3.传统的葬礼和现代的葬礼，上层阶级的葬礼和平民的葬礼，从表面上看具有很高的统一性，但从他界观和灵魂观等观念角度来看，就会发现并不一致。被规定为“礼”的葬礼程序中包含了平民阶层的他界意识和灵魂意识，混合成一体，导致民葬项目的解释和具体的行动出现了矛盾和偏差。而且，平民葬礼很有地域特点。

4.葬礼是为逝者和生者共同举办的。葬礼不仅仅是为了抒发亲人去世的悲伤，也是将死者移出这个社会的仪式。既是赞颂逝者功绩、向世人展示家族经济实力和政治实力的机会，同时也是重新确认家族关系、强化对共同祖先和血脉的认识、重新确认人际关系的场所，作为宗族教育的场所，非常重要。相关人员在葬礼时会聚一堂，丧服服制的不同帮助人们再次确认亲疏关系，送葬过程中和仪式上各自的位置，成为重新认识自我在一族中定位的机会。最近的葬礼还发展成为与非血缘关系的参加者交流的场所。

二、灵体一致与灵骨一体

通过对葬礼的观察，可以认识到汉族灵魂观的特点。在葬礼的过程中，随处可见人死而灵魂不灭的灵魂观意识。灵魂跟随遗体移动，“灵体一致”是汉族灵魂观的核心。随着火葬、土葬时在墓前举行的祭祀活动，捡骨改葬时在遗骨箱中放置的红线，为了方便灵魂出入在骨瓮外面画出门的形状，火葬后在再次埋葬遗骨的墓前举行祭祀，逝去的先人在另一个世界活生生的生活状态这一点，通过巫的描述，更加鲜明化形象化。

汉族的灵魂观是“灵体一致”。通过分析可以确认，汉族认为人只有一个灵魂。人死后分为魂与魄，分别升天入地的思想，在民间没有得到确认。人死后灵魂也住在坟墓，可以感受到子孙的扫墓和祭拜。灵魂的归宿通常是跟随遗体一起在墓中，必要时随时移动到祭祀场所或牌位上。

东南地区普遍存在着一种特殊丧葬行为——捡骨再葬。在这里，灵魂最初跟随逝者的身体，捡骨再葬之后，则灵魂就会跟随“灵骨”移动。加之火葬的普及，葬礼后短时间遗体就变为骨灰，这里就要再补充一句，传统的灵魂观是“灵体一致”，火化和捡骨后的灵魂观念可以用“灵骨一体”来说明。

三、传统观念之传承者

“巫”自近代社会以来，一直是负面形象，他们在民间苟且度日。20世纪90年代，他们通过加入当地政府公认的道教协会，参与传统文化保护和宣传活动，很好地进行了自我保护。通灵者中，除了综合型的无所不能者之外，还分为能与神交流的“上天”型，能到地下去与亡灵交流的“下地府”型。

他界是现世的延续，世上人们的生活模式也适用于阴间。亡灵永远带着自己的个性在阴间生活，并经常给子孙带来正面或负面的影响。对子孙来说，有必要时常去拜见祖先的灵魂，听听祖先的心情，和祖先商量或报告家中大事。亡灵在固定的时期（春节、中元节等）可以自由进出两个世界，但是活着的人却完全不能去另一个世界。于是，巫就成了能够往来于阴间，负责人类与祖灵之间沟通的人、神、灵交流的中介。民间社会的人们很讲求实际，他们关心自己生活里的每件小事。牲畜患病或小孩子闹病，家里人升学、留学、出远门经商等事拿不定主意时都会去“问事”。问问祖先在那边世界的生活怎么样，问问他们有什么吩咐，问问神灵自己该怎么办，六神无主时求个回答，指点个选择，使委托人如释重负地做出选择，当担心或不安有了良性结果，人们就认为是求神灵、拜祖先的结果，认为这个巫是灵验的。如此反复，并口口相传有灵验的体验，巫的可信度越来越高，人们对神灵和祖先的存在、对神灵和祖先能够借助巫的沟通力量与人交流之事便越发相信。灵验、可以有求必应、可以解决的问题范围广阔却不需要花太多钱、就存在于自己日常生活的附近，方便祈求、问询。不去区分佛教还是道教，只是有具体生活问题时去祈求，而又灵验即可。这也许就是东南地区和整个汉族民间相信巫的通灵能力的现状。

汉族民间的灵魂观、他界观之存在，是巫得以生存的社会基础。正因为有这样的民间信仰基础而后产生了需求，巫被民间需要，所以民巫才得以延续至今。通过巫与神、人、灵的交涉活动，他界、灵魂在人们意识里进一步深化其具象。巫成为与阴间、神界交流的中介和以地域文化为基础的他界观、灵魂观的传承者。对拥有相同观念和信仰的人们来说，巫是不可或缺的存在。

通过当地人所熟悉和信赖的巫之口讲述祖先、墓地、他界的事情，人们会侧耳倾听。民间的他界观和灵魂观都是他们业务范围内的事情，他们本人也会在无意间讲述阴间生活状况或者阴间的空间状态，而实际上，他们构成了传承和讲述、传播传统的灵魂观念、死后他界观念的一种形式。从实际效果来看，我们并不肯定迷信，但东南地区民间信仰的调研数据说明，民间的巫有一个功能是传承和宣扬传统的灵魂、神灵观念，传播孝敬老人、祭祀先祖、善恶报应等民间传统观念。

第二编

死后祭祀与祖先观

本书第一编探讨并解读了葬礼和葬法。人死后，无论是土葬还是火葬，汉族的人们都习惯在处理遗体后的数年内为逝者举行一系列的纪念、祭祀活动。本编分三章，观察祭祀逝者灵魂的各种行为，讨论死亡的正统性和非正统性、祖先与祭祀仪式主角、成为祖先的必要资格，从而认知隐藏在行为深层的东南地区汉族的祖先观念之结构。

第一章　死亡的正统性与非正统性

第一节　死亡种类和处理方式

人，有生就有死。人类的死亡不仅仅是一种生物现象，也是一种文化现象。在不同的国家、民族和社会，死亡被赋予了特有的文化意义，并得到一个或多个民族集团所持有的生死观、他界观、灵魂观等意识体系的支撑。在当今人类社会，殡葬的范围和意义远超过处理遗体。一个社会的丧葬制度、坟墓制度和对逝者的追思、祭奠，反映了亲属组织、地域组织状况，有无阶层分化以及生死观等一系列问题。透析对人类死亡的处理系统，可以认知该社会的文化特征和基本结构。

《说文》："死，澌也，人所离也。"《释名·释丧制》："人死气绝曰死。死，澌也，就消澌也。"活生生的人因为衰老、疾病或某些意外因素终止生命，离开活人的世界，就是所谓的死。重视礼节，以礼为治国之要的古代中国，强调以礼立身、以礼处世、以礼待人待物，礼制自然要包括从生到死的一切重大行为。礼制重视人的离世，从名称、送别仪式的内容和规格，到容纳死者的棺木、坟墓，都有细致的规定。不同身份的人死亡，名称也要区别开来。《礼记·曲礼下》："天子死曰崩，诸侯曰薨，大夫曰卒，士曰不禄，庶人曰死。"参与个人死亡仪式的人士范围各有不同，仪式以及包括棺木、寿服在内的相关用品也不同，仪式举行的时间长短不同，死后的祭祀规模和祭祀持续时间也大有区别，这样形成一套颇为烦琐而细致的丧之礼俗。庶人在古代被列为最低阶层，庶人以下的丧礼，虽然受礼俗制约，不可超越规制扩大丧礼和葬制的礼俗规定，但是礼制没有限制把生活元素带入葬礼和其后的祭祀仪式里。传统的、正统的礼俗在渗透到庶民阶层时，人们一边接受礼制约束一边保留下自己的生活元素。于是，庶民的丧礼葬俗中便掺杂着每个时代的生活元素和他们的情感表述。正因为如此，与文献记述的丧礼葬仪的礼俗规制相比，田野调查看到的丧礼葬仪充满人情味和生活气息，这便是礼俗与地方民俗的互动，是礼俗在民间被接受、被遵循又处处被改变、被民俗元素充斥的根本所在。

与其他文化元素不同，这种被我们称为“死亡文化”的丧葬制度的变化，会在很长一段时间内相对于生活其他方面的与时俱变，来得更缓慢。比如人们的婚俗和庆贺诞生、长寿的习俗，会逐渐吸收社会发展的时代要素，在传承固有的文化形式的同时体现出现代元素。人们举办古典婚礼，也会穿上精美的婚纱登场；今日的庆生会和祝寿会即使依然有长寿面、给老寿星拜寿等情节，也会用食用生日蛋糕、点燃生日蜡烛并许愿，还会附带一些小小的创意行为如手拉礼花渲染仪式气氛等。而家里有人去世时，人们或是遵从当地一贯的丧礼模式，停丧1—3天再出殡，或是采用大中城市的追悼会形式，恭恭敬敬送别逝者。逝者家属很少有人会有别出心裁的创意行为，特意使用其他社会文化元素等。

汉族历史上长期存续的儒家文化，促使全社会形成自上而下的重视人的死亡、尊敬祖先的风气。《荀子·大略》：“事生，饰欢也；事死，饰哀也。”厚重的死亡文化传承塑造了人们对逝者的尊敬之情、怀念之举，每当遇到有人去世，其家属和周围的人们基本沿袭当地惯有的葬礼形式抒发失去亲人的悲哀心情。钱穆的中国社会鬼灵观的系列文章[1]，为我们道明了自古至今的鬼魂意识之存在和流变。

为祖先举行葬礼，为祖先修建坟墓并长年精心准备后前往埋葬祖先尸骨之

1　参见钱穆：《灵魂与心》，联经出版公司，1976年。

处祭祀祖先、护理坟墓，在家庭的一角设立牌位或照片，供日常祭祀之用，这在汉族中是极为常见的有血缘关系的家人死后的基本行为模式。而经过多年田野调查，笔者发现对东南地区的汉族来说，并不是所有去世的人都能成为祖先。人死后作为祖先被迎进祠堂、被写上牌位、被子孙香火祭祀，需要达到一定的标准。本章在讨论死后祭祀行为之前，首先分析汉族对死亡的看法，对逝者的分类。

田野调查发现，关联到葬礼和之后祭祀规格，人们对一个人的离世方式要进行分类。死亡分为正统的与非正统的。在传统社会中，在某地出生后一直生活在那里，在那里长大成人、娶妻生子、完成养家和养育下一代的任务，也承担强化或扩大本宗族的责任，然后在村庄里衰老死亡或老年病死，这曾经是死亡的基本模式，这样的一生的终结被视作正统性死亡。为家族、为地域社会、为国家而死，无论是意外死亡、战死，还是他杀，都被视为英雄之死，也被分类为正统的死。正统之逝者自然受到家族甚至地方整体的尊敬，也成为隆重祭祀的对象。

非正统死亡包括未成年的夭折、已婚但无子女的早逝、虽成年但未婚就死亡以及遭遇自然灾害和其他意外死亡等。意外死亡原因具体的有交通事故、劳动或工作时的事故、溺水、自戕、他杀、传染病、处刑等，近现代社会离开乡村做生意、另谋职业或求学、打工的人增多，他们客死在外也被归入这一类。在福建省东部村庄，村民讲述历史上对这些非正统离世的人们，有“十恶亡”的说法，即非正统死亡有10种之多。这样的逝者，死后都不能自然而然地成为一族人的祖先。

宗族对无子早逝的已婚男性，会采用某些救济措施使其具备可以享受子孙香火的身份，进入祠堂。如过继一族同辈兄弟里某一个男孩子作为名义上的养子，让那个孩子担任“孝子”，葬礼就能够照常举行，同族人会按照正常葬礼对待，派出代表参与。在这种情况下，逝者成为有子孙后代的人，有子孙祭祀他，于是葬礼后他的灵位被允许放进祠堂，成为祖先。

离开村庄生活，死后骨灰寄存或者购买墓地埋在外地的人，村里的祠堂不再为其立牌位，也不牵涉葬礼规模和之后的祭祀。而想要魂归故里，即牌位归入祠堂时，村子也要采取措施对应。一般要求家属举办招魂仪式，之后牌位方能“入祖”。而未婚的女子死后，一般来说，不采取过继养子的救济措施，也不举行葬礼就下葬的案例很多[1]，但笔者在闽南调研时也曾经听到过几十年前的案例，即男孩子给同族死去的未婚女子做养子，抱着牌位参与那个女子的葬礼和死后的祭祀仪式。

客死（在村子以外死亡）被归类为“恶亡”类，近处的客死需要把遗体从外面运回家，而汉族的村庄会认为这对家人和村子都是大凶。遗体不能搬入村庄或家中，也不能在家中举行葬礼。调查地的村民说，过去确实发生过客死之后在村外搭帐篷办葬礼的，在村外寺院办葬礼也有过前例。现代案例则大多是死亡后就地火化，没有遗体进村问题了，但是骨灰也不能随便带回村子里。牌位设置则可以在招魂仪式之后摆在家里或经过某些仪式规程之后“入祖”。其他被认为是恶亡的案例，大多不举行葬礼，而且几乎不公开举行死后祭祀。调查得知，这样的人家并非完全不祭祀非正统死亡的家人，而是会在家里不明显的地方悄悄摆放小牌位祭祀，如在父母的寝室里摆放夭折孩子的牌位等。

随着医疗水平不断提高，各种医疗设施提供治疗疾病以及直到临终的对应治疗服务，最后的死亡证明也需要有资质的医疗机构开具，在医院和相关医疗机构死亡已经很普遍。即使是城镇和村庄附近，也有了老人可以住院接受治疗的医院或医务所。在医院走完人生最后一段路的模式几乎已成定式，但其中也有一些老人在没有治愈希望的情况下，希望回家等候死亡。究其原因，是老人担心如果在治疗疾病过程中在医疗机构死亡，会被视为非正统性死亡，归于“客死”就不能在自己家里举行传统葬礼。这些人是想在自己家里完成“正统性死亡”，以利于死后的一系列仪式和灵魂入祖。

如果都按照非正统死亡对待的话，传统的在家葬礼将面临消失的危机，成为祖先的逝者也会越来越少。为了应对这样的事态，21 世纪以后福建东部的

1　案例是笔者 20 世纪 90 年代在福建东部地区田野调研得到的数据。

村庄开始采取柔性对策，即在附近乡镇医院去世的，可以将遗体运回家中，按照与一般在家死亡同样的规程办葬礼。这是传统礼制在民间传承过程里的变通，是民间习俗对礼俗的理解和实施过程里的适应性对应。

接下来要讨论的死后祭祀，以及被祭祀的对象，依照传统来说，与非正统死亡没有太多关联，但值得注意的是，在经济不断发展的现代社会，由于离开村庄的人越来越多，各种非正统死亡案例在不断增加，为此，人们采取了灵活应对和多样的救济措施，调节人与祖先的祭祀关联。

第二节　文献记载的死后祭祀

一、　广域的定期祭祀

《礼记》载古人对孝道、尽孝的要求："孝子之事亲也，有三道焉：生则养，没则丧，丧必则祭。…… 尽此道者，子孝之行也"[1]。讲述后代孝敬先人主要包括三种行为，生时赡养，死时以葬礼相送，葬礼之后接着祭拜逝者。完成这三种行为才可以被称作"孝"。由此可见古代礼制很看重葬礼之后的祭祀，并将死后祭祀定位为"孝"的三种相连贯的行为的最后一个环节。这样形成的礼敬祖先、慎终追远的文化传统代代传承，是中华民族的文化特点和敬老尊祖的文化特色。

古代葬礼程序规定，出殡后要进行一系列的死后祭祀。本书第一编第一章记述的文献里的明代、清代的葬礼和土葬后的祭祀项目，显示了礼俗规定着葬礼后还会有一系列祭祀行为。葬礼出殡后的"虞"，是葬礼当天下午举行的安

1　吴树平等点校：《礼记·祭统之二十五》，《十三经（全文标点本）》，北京燕山出版社，1991 年 12 月，第 876 页。

抚灵魂的仪式,“再虞”“三虞”则是第二天以及其后的“柔日”和“刚日”的祭礼。“卒哭”在“三虞”祭祀后的“柔日”(偶数日)举行,是把整天悲伤哭泣改为早晚哭泣的祭礼。“祔”是卒哭第二天让逝者归属祖先集团的仪式,在祖庙举行。“小祥”是死后一周年之祭,“大祥”是逝世两周年之祭,完成“大祥”仪式一个月后进行祭礼“禫”。“禫”的祭祀仪式结束后,死者家属“除服”(脱孝服),恢复正常生活。这些是与葬礼密切相关的一套祭祀仪式。至此,对逝者个人的祭祀告一段落。此后,每年定期举行祭祀活动,祭祀死者。除了在除夕和春节、端午节、中秋节等年节之时举行与逝者相关的祭祀之外,还有以祭祀逝者灵魂为主要目的的“专门性祭祀活动”的时间点,包括清明节、中元节、农历十月初一的寒衣节和冬至日。因地区不同,也有在寒衣节或冬至日只选一日举行祭祀的。这几个专门祭祀逝者的日期,也被称为年间三大(或四大)鬼节。其中,寒食节和清明节是古代最盛行的扫墓祭祀节,中元节多见在家里摆祭品接祖先回家过节或者在路口给祖先烧纸钱等行为。[1]

(一)清明节

清明节的时间点位于农历三月,是二十四节气里的第五个节气。据古籍文献记载,西周时期的著作《周礼·春官·冢人》中就记载了祭墓习俗,并且设立冢人、墓大夫分别掌管朝廷的公墓和庶民的邦墓。秦汉时期,祭扫坟墓已成为不可或缺的礼俗活动。顺应民间自古相信人死之后有灵魂存在,与生活世界相对的还存在一个死后的世界的观念,祈愿人到死后的世界(本书称作死后世界、他界)可以继续生活。这种意识使得人们在每年的节日里设置专门让今人可以与过世的人们情感交流、抒发心情、表达敬意的节点。古时的寒食节、今日的清明节,便是这样的时间节点。

《淮南子·天文训》载:“春分后十五日,斗指乙,则清明风至。”唐朝重

---

1 寒食节是古代节日之一,传说起源于春秋时期晋国重耳的故事。因为在清明节前一两天,遂逐渐与清明节连接在一起,唐代以后清明节逐渐成为主要扫墓、踏青的节日。之前文献记载的祭墓,多见于寒食节项之下。

视儒家治国、以孝行天下，祭拜先祖习俗较为兴盛。唐玄宗还把没有被历代统治阶层纳入规范的墓祭归入“五礼”之中，并下诏规定寒食节扫墓为“五礼”之一，并放假三天。于是上至宫廷下至民间，视寒食节为扫墓祭祀先人祭礼的时节，举行祭扫祖墓、祭奠先人仪式的行为蔚然成风。古代寒食节与清明节一起作为祭扫先人坟墓的日子，近代以来清明节为祭祖、追思国家英烈并祭奠中华民族始祖的时间节点。但在古代，寒食节是比清明更重要的春季节日，古人扫墓等活动多作为寒食节内容被记录下来。宋代孟元老的《东京梦华录》凡十卷，描写北宋宣和年间东京汴梁城（现河南省开封市）一带的社会生活。书中关于清明节的记载，为我们展开了一幅宋朝人如何过清明节的景象：“清明节，寻常京师以冬至后一百五日为大，寒食。前一日谓之‘炊熟’，用面造馅飞燕，柳条串之，插于门楣，谓之‘子推燕’。…… 寒食第三节，即清明日矣。凡新坟皆用此日拜扫，都城人出郊。…… 自此三日，皆出城上坟，但一百五日最盛。”[1] 宗懔所撰《荆楚岁时记》是我国最早专记两湖地区时令风俗的著作。书中只有寒食节记载，“去冬节一百五日 ，即有疾风甚雨，谓之寒食。禁火三日 ……”[2]，说明那时两湖地区的清明节远不如寒食节兴盛。元代以后，清明节逐渐取代寒食节，成为春季祭扫坟墓、祭奠祖先的重要时日。明代和清代，清明时节至墓前祭拜先人的习俗已经渗入民间，形成当然的祭祖时间段。正如1877年编纂的《清嘉录》的“上坟”条目中对清明时节扫墓的记述一样，清代的江苏一带，人们会在清明日前后以及农历七月十五日扫墓、祭坟。[3]

2008年，清明节正式成为中国的法定节日，放假一天。历史上原本只是一个节气的清明节，从此作为承载浓厚的慎终追远文化传统的法定节假日，定在每年公历4月5日，成为全民扫墓之日。这天在行政层面，由中小学生集体为历史名人或烈士扫墓，还会在中华民族始祖轩辕墓前或地方英烈墓前进行集

---

1 （宋）孟元老：《东京梦华录》，卷七中州古籍出版社，2010年，第121页。

2 梁宗懔撰：《荆楚岁时记》，中华书局，1991年，第7页。

3 参照（清）顾禄：《清嘉录》，卷三、卷七，江苏古籍出版社，1999年。

体祭祀。在个人层面，各家各户都要到公墓或陵园打扫干净故人的坟墓，献上鲜花等，以示怀念之情。由于人们集中在清明节前后前往陵园或公墓举行祭祀活动，清明节当日和前后的周末日，全国各地通往墓地和陵园的道路都很拥堵。本书绪论中提到的扫墓情形就是清明节的景象。清明祭扫先人陵墓，成为一种缅怀方式，体现了中华民族礼敬先人、慎终追远的悠久文化传统。

（二）中元节

“中元”一词，据说源于道教的“三元日”“三元节”以及道教神“三元大帝”“三官大帝”信仰。据史料记载，农历一月十五日为“上元日”，七月十五日为“中元日”，十月十五日为“下元日”，分别是天界道教之神三元大帝、三官大帝即上元天官紫微大帝、中元地官清虚大帝、下元水官洞阴大帝的诞辰日。[1]“天官赐福、地官赦罪、水官解厄”，也就是说，上元天官是赐福给人们的神，中元地官是负责赦罪的、裁定宽恕人们罪孽的神；下元水官是除去灾厄的神。其中的中元地官为了赦免人们的罪孽，每年农历七月十五日从天上降临人间，裁决人们的善与恶。过去，道教的道观每到“三元日”会举行法事，但现在规模已大大缩小。[2]

在中国北方地区的汉族居住地，与寺院的盂兰盆节做法事普度众生不同，中元节的仪式被称为“祭祖节”“祀先节”，专门祭祀祖先的意识很强。北方地区平民层面的中元节在很多地方被俗称为“鬼节”，但是人们只是在家里祭拜祖先，或是到路口烧纸钱送给祖先，家家户户只有祖先是这一天祭祀仪式的主角，而并不涉及鬼。

农历七月十五日正好是七月的中间，所以很多地区把中元节俗称为“七月半”。特别是在浙江省的大部分地区、江苏省的南部、福建省的西部和北部地区经常能听到这样的说法，如“七月半鬼节”“做七月半羹饭”等。按照田野

1 （唐）张九龄等撰:《唐六典》卷四，中华书局，1992 年，第 124 页。

2 张志哲主编:《道教文化辞典》，江苏古籍出版社，1994 年。

资料，清明节和中元节虽然同为祭拜祖先的时节，但具体行为上有诸多不同。按照村民的解释，清明节主要是扫墓，是子孙后代去墓地拜祭祖先。而中元节则要请祖先回家，在家里吃大餐。今日的东南地区，寺院会在农历七月十五盂兰盆节当日举办相应的法事活动，而相比于道教和佛教寺院的法事，民间层面的中元节活动更为盛大。中元日在民间被称作中元节或七月半，传说死后的灵魂因为要接受中元地官的判定，会在这个时间点从阴界被放回人间。对人们来说，这个时期是祖先回到生前的家，接受子孙盛情款待的机会，每年只有一次。所以每年此时家家户户都要做好准备，迎接祖先回到阳间。东南地区的人们解释说，对于无家可归或因故不能回自己家的被称为“孤魂”的灵魂，也可以在七月半这天得到人们在门外摆放的慰藉孤魂的食物和焚烧的金钱等，而子孙要供奉祖先吃饱喝足并带上礼物和金钱回去，这样的传说在东南各地随处可以听到，并已经渗透在人们的意识和行为里。中元节的活动带有浓厚的祭祀祖先的仪式色彩，是人们在各自的家庭和“宗族”层面的追思祖先的行为。人们并没有在这些活动里显示过多的神鬼信仰，而更多地让人感受到子孙对家里去世的先人们的思念和对他们在另外一个世界生活的关心。调查发现民间社会并没有清楚意识到中元节的名称是源自道教并一直沿用至今的，这里过中元节、做七月半是带有鲜明的民间情感的习俗。

历史上清明（寒食）节和中元节的仪式在全国广泛举行，但与佛教寺院相关的盂兰盆会、普度祭祀只在有限的范围内存在。中元节、寒衣节和冬至，现在也依旧是民间层面的各家祭祀逝者的日子。在寒衣节和冬至要给祖先送去换季的纸制冬衣和纸钱，农历七月十五日的中元节被称为“七月半”或“普度”，一方面表明这个祭祀节日已经失去道教色彩，并具有亲昵感，在东南汉族地区，是民间社会最盛大的祭祀祖先和各类灵魂的重要节日。

（三）盂兰盆会

众所周知，“普度”一词源于佛教用语“普度众生”，是这个词的简称，也是佛教寺院举行的济度法事的中文简称。中国从南朝梁武帝时代（502—549）

开始正式在宫廷举行盂兰盆节活动，此后民间也逐渐在这一天祭祀祖先并到寺院或在路边祭祀他人的鬼魂。从那时起，普度众生的祭祀就被称为“盂兰盆节”，并作为每年的寺院例行仪式固定下来。20世纪50年代以后，各地佛教寺院主办的盂兰盆会、施饿鬼法事等曾经一度停滞或不对外举办。20世纪90年代开始，盂兰盆会等寺院主办的祭祀活动逐渐开始对外举办。

根据各地地方志记载，明代、清代和20世纪前半叶，在中国广大地区，农历七月十五日即“中元节”，除百姓扫墓、供奉应季物品祭祀先灵之外，各地的佛教寺院还会举行“盂兰盆会、施饿鬼、普度”等仪式。[1]下表2-1-1是从地方志记载中摘录的华北地区和华南地区以及福建、浙江、江苏几省清明、中元节和佛教盂兰盆会等定期祭祀的部分记录，以期在广域性把握中元和普度概况的基础上，了解东南地区的特征。

表2-1-1　从地方志看全国的定期祭祀

［清明（寒食）节、中元节、普度·盂兰盆会］

地 名	清明（寒食）	中元节	普度·盂兰盆会
北京房山县	扫墓，缅怀祖先	扫墓墓前摆供酒和菜	佛寺举办盂兰盆会
北京大兴县	扫墓		寺庙举行盂兰盆会，放河灯供奉鬼灵
河北良乡县	各家各户扫墓	扫墓	放河灯
河北青县	扫墓、郊游	祭祀祖先的“荐麻谷”[2]	
河北静海县	扫墓	扫墓，“荐麻谷”	
天津			盂兰盆会
河北蓟州	扫墓、修墓	在厅堂里上供。像清明一样去扫墓，比清明祭墓内容简单	

1　参见丁世良、赵放编：《中国地方志民俗资料汇编》，书目文献出版社，1995年。

2　荐麻谷：把新收获的麻和粟供奉给祖先。

续表

地 名	清明（寒食）	中元节	普度·盂兰盆会
河北宝坻县	扫墓、修墓	祭祀祖先	夜里，佛僧做法事，在河边放超度灯笼
河北晋县	带祭祀品去扫墓	称作鬼节，扫墓，带纸钱扫墓	
河北藁城县	扫墓	叫作鬼节，在墓前祭祀	也叫盂兰盆会
河北宣化县	扫墓	像清明节一样去扫墓	佛僧作盂兰盆会
河北张北县	扫墓，晚上妇女“送纸”	祭祖先坟墓，扫墓。晚上，和清明节一样，妇女“送纸”	寺院称“超度灵魂”为“盂兰盆会”
河北万全县	扫墓，晚上妇女“送纸”新坟（死后未满三年）提前一天“送纸”	各家各户去扫墓，白天供奉牌位，晚上送纸	寺院举行盂兰盆会、放河灯
河北昌黎县	扫墓，古代官员祭祀厉坛	麻谷节。扫墓，把给新死者的供品供奉在墓前，称为“上麻谷”。官员祭祀厉坛	也有人放河灯
河北三河县	拜谒祖先的墓	也叫鬼节，供奉水果	
河北定兴县	各家各户祭拜扫墓、放鞭炮、焚纸钱、摆供饭菜	扫墓，供奉时令瓜果	
河北徐水县	扫墓	扫墓，墓前烧纸、祭摆供品	
河北高阳县	扫墓	又叫“烧纸节”，扫墓	
河北沧县	各家各户扫墓	各家各户去扫墓	举行盂兰盆会
河北武安县	带着酒和食物去扫墓	又叫鬼节，扫墓	
河北潞城县	带纸钱去扫墓。	把瓜果献给祖先，焚纸钱，祭墓	
河北翼城县	祭祀祖先	“荐麻谷”	
河北解县	正月初一、清明、七月十五日、十月初一都祭祀祖先		

续表

地 名	清明（寒食）	中元节	普度·盂兰盆会
上海奉贤县	扫墓，古代官员祭祀厉坛	祭祀祖先	寺院举行盂兰盆会
上海金山县	扫墓，古代官员祭祀厉坛	用斋饭祭祀祖先，称为鬼节	寺院举行盂兰盆会
上海宝山县	扫墓	称为中元节	寺院举行盂兰盆会
上海崇明县	扫墓、烧纸钱，古代官员祭祀厉坛	祭祀祖先	寺院举行盂兰盆会
江苏昆山县	寒食和清明带着酒和食物去扫墓		盂兰盆会
江苏江阴县	扫墓，把白纸当钱装饰在墓地。在新亡故的“新鬼”墓前哭泣	用食物祭祀祖先，这日叫鬼节	寺院举行盂兰盆会
江苏宜兴县	扫墓	祭祀祖先	寺院举行盂兰盆会
江苏	扫墓	是日叫中元节。祭祀厉坛俗称“鬼节”，傍晚拿着酒、饭和纸钱祭祀一般的灵魂	寺院举行盂兰盆会
江苏阜宁县	扫墓	在家里的厅堂祭祖	盂兰盆会
江苏海州地区		称作鬼节，除祭祀祖先家鬼之外，对没有子孙的“野鬼”也要烧纸钱，称为“斋孤”	盂兰盆会，悬挂十殿阎罗图，斋孤，放河灯
福建闽侯县	祭祀祖先	把酒菜供奉给祖先，烧纸钱	寺院举行盂兰盆会
福建罗源县	扫墓	在厅堂供奉祖先遗像、摆祭食物，焚烧纸衣服	寺院举行盂兰盆会、施食
福建厦门市	扫墓	家家户户祭祀祖先	盂兰盆会，俗名“普度”。祭祀那些不被祭祀的魂

续表

地 名	清明（寒食）	中元节	普度·盂兰盆会
福建崇安县	扫墓，三年不祭新死者的墓	称作七月半。民间祭祖先、“烧路纸”、扫墓、把纸钱装在袋子里焚烧，叫“烧封”	古代官员举办盂兰盆会
福建南平县	扫墓	烧纸钱祭祀祖先，富裕的人家请来僧人做	焰口法事
福建霞浦县	扫墓	每个家庭在祠堂、墓地和自家也进行祭祀	官员请僧人法事救济孤魂，俗称“普度”
福建泉州府	扫墓	祭祀祖先，晚上把供品放在屋外祭祀“孤魂野鬼”	寺院作盂兰盆会（俗名普度）
福建永春县	扫墓	这一天祭祀祖先	寺院作盂兰盆会、称作普度
福建上杭县	扫墓缅怀先人	除祭祀祖先之外，还要祭祀无缘墓和厉坛	
福建建宁县	带着美酒佳肴去扫墓	准备佳肴祭祀祖先	
福建尤溪县	带着美酒佳肴去扫墓	烧纸钱祭祀祖先	晚上将纸衣服焚于厉坛前，称为“施食”
福建永定县	扫墓，当天拿着香等在义冢进行公祭（祭祀没人祭祀的游魂）	也叫七月半。在祖祠祭祀。也有家庭会托道士做法事，也叫“送鬼节”	焚烧金银纸钱，称为“普度”或“施孤魂”
福建长汀县	扫墓的顺序是先祭远祖墓后祭近祖墓	俗称七月节、七月半。制作传统食品赠送给亲戚	中元普度：举行一系列仪式（详略）
浙江杭州市郊	带着酒和食物去扫墓	也叫七月半	也叫盂兰盆节 佛教在这天举行的仪式
浙江宁波市	在这一天去扫墓，有祠堂的家庭还会在祠堂祭祀	民间称为“鬼节”，祭祀祖先，做丰盛的饭菜给祖先	举行放焰口法事，放水灯

从表 2–1–1 可以看出以下内容。

1. 华北地区的中元节也是以扫墓为中心进行祭祀。在东南地区，虽然有些人家会去扫墓，但大部分都是在家里祭祀祖先，盂兰盆节的仪式主要在佛教寺院举行。地方志泉州部分记载寺院举行盂兰盆会活动，俗称“普度”，从文献来看，在寺院以外的民间社会这般盛大地举办“普度”活动并非自古就有的。

2. 明确记载“普度”一词的，只有福建西部的长汀、永定、永春、霞浦，南部的泉州、厦门 6 处。20 世纪 90 年代末进行调查时，笔者从当地了解到，长汀和永定已经不再在七月半举行大规模的普度祭祀活动了。永春和霞浦没有调查过，现在的祭祀情况不明。能够确认的只有泉州和厦门 2 处。现在，在福建南部的泉州、厦门，“普度”依然盛大举行，泉州的普度因为其规模大、仪式持续时间长而成为远近闻名甚至传到海外的祭祀活动，是远在海外的泉州人深深记忆着的一个仪式。另外，虽然地方志上没有记载，调查获知在福建东部的福州，有十年一次由村落主办的“普度”祭祀。

3. 在有关江苏、福建、上海的记载中，盂兰盆节或作为佛教法事进行，而华北地区的盂兰盆节一栏却空栏较多，这说明作为佛教活动的盂兰盆节活动在地域上的分布有不均等性。

4. 清明节扫墓，几乎是各地一致的行动。而中元节扫墓与否根据地区的不同而有所差异。表 2-1-1 中，上海及之后的 25 处记载中，中元节扫墓的只有崇安县、霞浦县两处，华北地区的记载中可以确认的有 16 处。中元祭祀的内容被写为“与清明相同”“比清明略简单”，可见华北地区的清明和中元节在祭祀对象和祭祀场所上没有什么区别。而在东南地区，清明节和中元节祭祀的对象不同，祭祀场所也分别在墓前或自家，祭祀地点也不同。

二、东南地区的定期祭祀

上文将全国性的定期祭祀之清明节、中元节、盂兰盆节列为一览表，其中也记载了江苏、浙江和福建的定期祭祀。明代编制的福建省综合性地方志《八闽通志》中有岁时记，记述了福建全境到明代为止的定期祭祀情况。

福州府："每岁寒食，必祭墓下。中元，盂兰盆会严洁厅宇，设祖考斋筵荐献，…… 焚楮衣。"

建宁府："三月墓祭谒先茔，中元盂兰盆会相与率钱请僧建盂兰盆会，以追荐祖考，亦有具牲醴祭于家者。"

泉州府："清明祭扫，中元盂兰盆会焚楮衣。"

漳州府："清明祭扫，中元盂兰盆会焚楮衣。"

汀州府："清明上冢，中元盂兰盆会焚楮衣。"

延平府："清明祭墓。"

邵武府："清明上冢。"

兴化府："清明扫墓，中元追远。"[1]

在明代，福建省对逝者灵魂的定期祭祀，主要在清明节和中元节两个时间段，这在《八闽通志》中有记载。但是，由于《八闽通志》中没有提及正月祭祀，所以那个时代的正月时期有无对祖先的祭祀行为乃是不明之点。从区域分布角度看，全域都有清明要祭扫坟墓的记述，而福建北部的延平府只有清明扫墓的记录，没有中元节和盂兰盆会记载，西北部的邵武府也同样只有清明上坟的记载。距离邵武并不远的建宁府则有三月墓祭、中元节和盂兰盆会追荐祖考的记录。同样是福建，不同地区追思逝者的习俗行为也会有所不同，显示出死后祭祀的时间节点和仪式地点都具有地域性特色。

关于浙江省的定期祭祀，除前述一览表 2–1–1 的记载外，在《浙江风俗简志》里还有以下记载：

1. 在杭州一带，对逝者的祭祀是正月除夕和初一、七月十五日，清明节只有扫墓。

2. 在温州地区，定期祭祀祖先的时间是正月的除夕夜、元旦、中元

1 （明）黄仲昭修纂，福建省地方志编纂委员会旧志整理组、福建省图书馆特藏部整理：《八闽通志·卷三·风俗》，福建人民出版社，1989 年，第 39—52 页。

节、清明节和冬至。除清明节扫墓外，也有冬至日扫墓的家庭。

3. 在金华地区，中元节扫墓，正月除夕祭祖，清明节和冬至日扫墓。

4. 湖州对逝者的定期祭祀有除夕夜、清明节、冬至三种。其中只有清明节才去扫墓。

5. 绍兴对逝者的定期祭祀是除夕和正月初一，清明节在祠堂祭祖并扫墓。夏至和冬至家里用面食和馄饨祭祀祖先。

6. 在宁波，元旦时在家庭内祭祀，部分家庭扫墓。七月十五日的“七月半羹饭”和冬至日的“冬至羹饭”即在家招待祖先，以及除夕夜的祭祀等都是对逝者的定期祭祀。[1]

从上述资料及表 2–1–1 可知，历史上东南地区的除夕与元旦、清明节、中元节、冬至都是家家户户祭祀祖先的定期祭祀日。虽然也有部分地区在所有的年节例行庆贺活动时都必须向祖先献上供品，但多数地区除清明节扫墓、中元节在家或祠堂祭祀祖之外，只有各地的寺院会举办盂兰盆会。

以上是从文献获知的每年定期祭祀先人的具体时期和祭祀的地点。下面从整理的调查资料中归纳、阐述人们对逝者的定期和不定期的祭祀。

三、调查获知的死后祭祀

一个人去世后，围绕安排他去另一个世界的各种仪式便以这个逝者个人为中心，从他的逝世之日开始排列、安排。例如，逝世后每隔七天举行的仪式“做七”，埋葬后当天或第三天的祭墓仪式（送火仪式），第一百天的仪式以及死亡一周年、两周年和三周年的仪式等。每个人在逝世之日后，会有一系列仪式在其逝世后三年内被安排、被实行。一般初七、三七、五七等隔数日便会有一次祭祀或祭奠行为，送葬当日或第三日的祭祀行为之后，便逐渐拉开时间距离，在百天和一周年、两周年、三周年之日举行。由于逝者是在不同日期离

1 浙江民俗学会编：《浙江风俗简志》，浙江人民出版社，1986 年。

世，围绕他们的葬礼和埋葬后的各种仪式日期，便会因这些人的离世日期不同而各异。这样的死后祭祀和满三年祭之内的一系列仪式都是围绕个别逝者的离世日期而定的，对每个失去家人的家属来说，这些日期是单独的、个人性的，从社会角度来看，这些祭祀、祭奠的日期是没有统一特性的，笔者将它称为“不规则性祭祀仪式”或“不定期祭祀”。

在东南地区，每年都有固定的、家家户户都同时举行祭奠逝者仪式的日子。农历正月，人们欢迎祖先回到自己家。而每逢清明节到来，人们则要带着祭祀品去坟墓前祭奠逝者。在中元节时，祖先被邀请回到家，家人会备下丰盛的食物供奉。这种在同一时节的某个时间段（数天时间）或同一天，人们分别对自己家的祖先祭拜的行为则可以称为“规则性祭祀仪式”或“定期祭祀”。在下文中，我们将描述在逝者死亡时进行的所谓不规则性仪式以及每年在固定日期定期地、每年周而复始地举行的规则性祭祀仪式的案例，并分析这些祭祀仪式的深层内涵。

（一）民间的不定期祭祀

在本书第一编第一章记述的民间葬礼案例中，在举行完葬礼、把逝者的棺柩送往墓地埋葬之后，围绕逝者的祭祀行为仍在继续进行，这就是死后祭祀。本节继续记述第一编第一章记述的民间葬礼案例在结束葬礼之后的不定期祭祀等与该个人丧礼相关的调查数据。这里的案例 1、案例 2 等数字序列，请参照本书第一编第一章第二节案例。

案例 1，浙江省丽水市的葬礼案例中，埋葬之后要举行百日祭，叫作“做百日”，一周年时要祭祀逝者，称为“做幽年”。

案例 2，浙江省丽水市缙云县 Z 村在葬礼当天、第二天和第三天，要连续三天给死者“送火种、送火把”。具体行为是焚烧稻草一小捆和黄纸若干。第一天的火种要送到墓前，在墓前焚烧“火种、火把”，第二天在墓地和自家的中间距离的路上，第三天在自家大门外烧“火种、火把”。人去世后的第 21 日称为“三七”，在墓前焚化纸扎的“灵屋”等明器进行“除灵”仪式。

案例5，浙江温州市永昌堡。在葬礼后要“放焰口”“做七”。出殡当晚举行“放焰口”法事，“做七”是在家中制作孝堂，死后第7天祭祀。也有根据经济能力每7天举办一次祭祀，直到到做满七七四十九日的家庭。

案例8，福建省晋江市。下葬后的祭礼有十四日、四十九日、百日、周年（俗称“对年”，也就是小祥）、二周年（即大祥，也叫“三年”或“三载”）、逝者的生日和清明节、中元节、冬至、到满三年的“除服”为止，在死者的生日和忌日都要祭祀的“做忌”。三年后，在祠堂祭拜全体祖先。

案例9，福建省泉州的案例具体情况是，“做四十九天”的四十九日仪式，第一百天的“做百日”，每月的初一日和十五日“敬汤茶饭菜”，直到“做三年”为止，每月都要做。一周年忌叫作“对年”，满两年时称作“做三年”，三年后死者的生日和忌日是要祭祀的“做忌”。对去世时间较长的逝者不再单独为其“做忌”，而是在每年举行活动时作为其他“祖先”一起祭祀。

案例6，笔者曾调查过的浙江省兰溪市的Y村在举行葬礼的当天傍晚，人们会把装有筷子和饭碗的竹篮送到墓前，然后把竹篮放在那里，称为“送竹篮”。村民解释说，这是告诉祖先今后要在这里“自己吃饭”的意思。基本和前面案例的送火种相似。之后的“烧百日”和“烧周年”是死后第一百天日和一周年时的祭祀，满三周年的第三年“吃酒”是招待帮助过三年前的葬礼的人们。

第一编没有提到的一个笔者在浙江省龙泉市郊区偶遇的案例，是在郊区坟山上，有一个前日刚刚出殡的坟墓，在墓门前面，摆着一把旧伞和一小捆树枝，一个篮子里面放着小炭炉和碗筷。当地人告诉笔者这是葬礼后送伞、送火种仪式完成后留在墓前的。

（二）民间的定期祭祀

这是本书第一编第一章葬礼案例的延续。案例1中的丽水人家，正月初一、中元节用“做羹饭”的方式招待回家的祖先，清明节扫墓和冬至日在家祭祀，都是每年这天固定要做的死后祭祀仪式。

案例5的浙江省温州市永昌堡丧礼后的定期祭祀，有“上坟”“做节”“春祭”。

“上坟”是指清明节全家一起去扫墓。祭祀用品有蜡烛、线香、纸钱、锡纸、“上坟米饼”等。首先用锡纸向土地神致谢，然后点燃蜡烛、线香，焚烧纸钱，摆上祭品食物。“做节”，是逢年过节时，把家里的“灵牌”（牌位）移到中堂，供上线香、纸钱、水果、烟酒、茶等，一家的子孙要对着灵牌跪拜。由于永昌堡是王氏一族聚居的地方，每年正月十二日，王氏一族都要在祠堂举行“春祭”。男性参加者按照辈分顺序排列，依次拜祭祖先的画像和牌位，并在拜祭仪式后一起在祠堂进餐。过去只有70岁以上的男性才能参加春祭，但现在王氏每家都可以不论年龄有一人参加。

案例8的福建省晋江市，春节、清明、端午、中元、冬至、除夕都会在祠堂祭祀祖先。村里人告诉笔者，宗族过去集体到祠堂举行“春秋二祭”，现在不做了。

案例9的福建省泉州某村，每年的例行活动都要对全体祖先进行祭祀。家家去祠堂供奉祭品、上香。在逝者逝去三年内以及三年后的数年时间内，都会按照逝者的生日和忌日举行进行个别祭祀仪式“做忌”，对离世时间较长的逝者不再进行“做忌”，而是在例行的“祭祀全体祖先活动时一起祭祀他”。这时的逝者，从被视为单独的逝者个人存在而接受家人的“做忌”，经过数年时间，逐步成为整体的祖先的一部分，从个体祖先融入集体的祖先概念里，于是便不再享受单独的“做忌”。这从侧面说明，人们虽然没有明确的语言表述逝者作为“个体”存在的时间长度，但基本上是逝去三年过后便逐渐纳入祖先的整体祭祀里，在定期祭祀仪式时祭拜，三年可以视作个体逝者融入集体性祖先的时间起始点，也是定期祭祀的开始节点。

其他调查案例之一，在闽东YX村，农历正月、清明节和九月九日的祭墓仪式是宗族全体成员参加的定期祭祀祖先活动。祭墓，是指家族成员集体祭拜宗族的祖坟（仅一处）。为了参加祭祀家族祖先的祭祀活动，居住在海外的宗族成员也会在九月九日之前赶回老家来。

其他调查案例之二，泉州市区的 W 氏家。W 氏说她要在每年除夕下午、正月十五、清明节、端午节、七月十五“七月半”中午十二点前、中秋节和冬至日都会祭祀“公妈”。清明节扫墓，在墓前摆放酒和祭品食物。冬至“做冬至包给公妈”。“冬至包”是把萝卜丝、肉和花生米炒熟，包在面皮里蒸熟的一种包子。

福建南部的厦门，人们要在除夕下午和正月初一上午祭祀祖先，三月三日、清明节和六月十五日的“半年”，以及冬至日祭祀祖先。其中三月三日和清明节要去扫墓，在墓地祭祀，其他日子则都在家里摆祭品祭祀。

四、解读死后祭祀

文献记载的死后祭祀资料以及调查获知的不定期祭祀和定期祭祀的案例，从时间、场所、规模三个方面呈现出东南地区死后祭祀的基本要素。

（一）时间

东南地区的死后祭祀时间分为定期举行的“定期祭祀”和不定期举行的“不定期祭祀”及“临时祭祀”。人死后，从离世的那天开始计算，有七七四十九天的法事、有从下葬日开始三天后的祭墓、有百日祭祀、一周年忌日祭祀，这些都是以个人离世那天为基准计算出的日程，所有围绕这个逝者的祭祀按照这个日程顺序一项一项地展开。这些祭祀被本书称为“不定期祭祀”。不定期祭祀包括离世后最初的三天和每七天进行的“四十九日”祭祀，百日祭祀，之后的个人忌日（年祭）和生日祭奠。

在三周年忌之后，对个人的祭祀行为逐渐与一般的祖先祭祀相结合，在每年的例行节日活动中祭祀逝去世三年以上的逝者。这种在每年例行的节日时间点祭祀的行为，本书称之为“定期祭祀”。定期祭祀是清明节、中元节、春节、冬至或称为“十月节”的旧历十月初一日等固定节日的祭祀，这被当地称为“做节”。有些地方在夏至和端午节也会在祖先遗像和牌位前燃香、摆放祭品“做节”。虽然有些地区有在全年所有的节日活动中都对祖先进行祭拜的习惯，但这种情况比较少。

另外，当家里发生重要的事情，如受到重要表彰、子孙获得博士学位、或取得职业重要发展等，这些作为家族的大事件要紧急报告给祖先，或是家里有重要愿望想传达给祖先、祈望祖先庇佑时，也有在牌位前或专门去墓前进行“临时祭祀”的情况。

人死后首先要接受不定期祭祀。不定期祭祀时被祭祀的灵魂是离世时间较短的“近祖”。在接受一系列不定期祭祀的过程中，新逝者逐渐会组合到祖先的世界里，三年后大多被当作一般的祖先对待，这时就会转入定期祭祀。被转为定期祭祀的灵魂，从个体形象逐渐变成祖先的集体形象。享受定期祭祀，是逝者逐渐成为祖先，成为“远祖”的时间表象。不定期祭祀的范围是逝者家庭以及与其相关的亲属，而定期祭祀则是以家庭为单位，同时也是一个大家族、一个宗族的祭祀。而且，由于在地域上形成了广泛而共通的习惯，同一时期同一个地区的家家户户同时进行祭祀行为，是定期祭祀的特征。

对逝者的祭祀从不定期祭祀逐渐过渡到定期祭祀，也就意味着，在一个人去世后的三到五年，他的牌位会从家庭移放到村里的祠堂，或者和家里其他祖先牌位一起摆放，接受和前辈祖先一样的定期祭祀，不再享受特殊待遇。清明节、中元节和十月初一“十月节”是专门定期祭祀逝者的时间节点，每年周而复始，持续不断。定期祭祀祖先的时期还几乎覆盖汉族的基本年节，如除夕日和大年初一、端午节、中秋节和冬至等。人们在这些节日会首先给祖先上香和摆放供品。

（二）地点

人死后祭祀的场所基本是墓地、牌位所在的家庭或者祠堂三处。观察祭祀行为可以得出这样的结论：去世时间远近不同，在坟墓、牌位、祠堂停留的时间长短也不同。去世后不久——一般是指去世后三年之内——灵魂会和主人一起住在墓地的印象很强烈，家人们会频繁地按照上文所说的不定期祭祀的程序，一项一项地祭祀逝者。三年内，尤其是第一年去祭墓的项目为多，其次是在牌位前的祭祀为多。三年后的祭祀大多在牌位前，祭祀地点从坟墓转到自家的牌位（今日多用照片替代）。祭祀地点的变化基本如下：坟墓 — 自家（牌位）— 祠堂（牌位）。没有大家族聚居、没有宗族祠堂的人家，则可以用这个公式表达祭祀地点的变化：坟墓 — 自家单独位置的牌位 — 自家众祖先的牌位。祭祀地点的变化，说明人们对死后灵魂所在的认知变化，以及对逝者情感的变化，也是逝者从充满个性的人物形象逐步变为集体形象的祖先之一的过程。

灵魂观、他界观被认为是死后祭祀得以持久延续的主要原因，也是死后祭祀的前提条件。清明节和中元节都被称为“鬼节”，是祭祀亡者灵魂的例行活动。清明节的主要内容是扫墓，即去祖先居住的地方清扫和祭拜。而中元节是把逝者的灵魂请到家里来款待的祭祀。这两个节日都是祭祀祖先、缅怀故人的节日。

（三）规模

对一名逝者进行祭祀的规模，分为家庭的个别祭祀和祠堂、祖庙的大家族集体祭祀。从文献资料中可以看到，东南地区的案例几乎都是以家庭为单位的祭祀。笔者调查的福建省南部 XP 村主要节日有春节、清明节、端午、七月半、普度、冬至。其中在清明节和七月半的时候会有祭祀祖先的活动，这也是以家庭为单位，但是几乎家家户户都举办的、基本要在上午 12 点前结束的祭祀活动。看上去颇有同时举行的地方性大规模活动的色彩。在一些家庭，端午和冬至日都要祭拜祖先，说明人们生活中与祖先有着很深的关系，但也都是个体家庭规模的祭祀。正月以家族为单位去本族的祠堂举行的祭祀仪式，被认为是定期祭祀。浙江永昌堡的“春祭”也是整个大家族的集体性定期祭祀。春祭是在进行祭祀时，家族子孙几十人聚集在祠堂里，按照辈分顺序排队，依次向祖先行礼的集体规模的祭祀。因为参加人数较多，属于大规模祭祀。但没有地方性，只有家族性。

另外，清明节是全国性的扫墓祭祀节日，而在东南地区定期举行的死后祭祀中，中元节是最盛大的节日，福建南部和东部的普度在海外也很有名。在调查中笔者还注意到另一个特征，虽然清明节和中元节都是以家庭为单位进行祭祀，但下一节的记述表明中元节带有以家庭为单位实施、地域协同共同祭祀的特征。家庭规模的祭祀必须由地区各家各户共同进行，此种特殊性可窥见东南地区的灵魂观、祖先观之特色。

土葬或火葬逝者之后还要举行的祭奠行为，属于死后祭祀行为。逝者离世后的数天一次到数月一次、每周年一次的祭奠行为统称为死后祭祀。不定期的死后祭祀是为个体逝者和他的家人制定的。其功能是阶段性地送逝者离开家庭、社会并前往另一个世界、确保逝者的新生活以及陆续送去住宿（烧纸厝）和衣物钱财（烧寒衣、烧纸钱）等，在三年内相对频繁地发生逝者与家人的交流和联络，待三年期满，人们的心理基本适应了失去家人的极度哀痛并逐步修复了缺失家人的生活状态，形成新的人与人的关联和家庭内部的分工与担当。于是，对个体逝者的祭祀进入定期祭祀模式，个体逝者归入家族祖先形态，完成汉族对逝者的失去、安顿、“看望和关照”引发的不定期祭祀行为，由怀念到由此生发的定期祭祀行为，达到内心的思念和行为的统一。

下面对东南地区重要的定期死后祭祀之一的中元节及同期举行的“普度”进行案例考察。

第二章 中元节的主角

第一节 从地方志看中元节、普度

一、广域资料

从20世纪90年代中期之后的十几年，笔者走访了一些汉族地区，调查了各地的中元节仪式。地域不同，举行仪式的日期也不一定是旧历七月十五日当天，但当地人会告诉你“这是中元节”。除了时间跨度大之外，每个地方的礼仪名称和祭祀对象变化丰富是另一个特征。

在《中国地方志资料汇编》中检索中元节并统计农历七月十五日的具体祭祀活动，得到如下结果。[1]

在《华北卷》中，华北地区有25例记述，A扫墓18例，B在家祭祀祖先8例，C与佛教有关的盂兰盆会10例。案例总数与中元节扫墓数、在家祭祀案例数之比是25∶18∶8。在《西北卷》中关于西北地区15例的记述中，A扫墓5例，B在家祭祀祖先7例，佛教方面盂兰盆会只有1例，但扫墓和家中祭祀的比例是15∶5∶7，扫墓比家里的祭祀的案例要少。在《东北卷》记述的15

---

1 为了对记述的祭祀行为进行分类统计，将扫墓行为设为A，将在家祭祀祖先的行为设为B，将佛教相关的盂兰盆节设为C。在一个地区，也有在中元节扫墓的同时家里也进行祭祀的情况，此时则A、B分别统计计入。因此，数字的总和有时会超过地区的案例数。

例中，A 扫墓有 14 例，B 在家祭祀祖先没有检索到案例，C 与佛教有关的盂兰盆会有 12 例。比例为 15：14：0，大致可以理解为在东北地区，扫墓是中元节基本行动内容。在《华东卷》的 51 例记载中，A 扫墓有 9 例，B 在家祭祀祖先有 36 例，C 与佛教有关的盂兰盆会有 21 例。比例为 51：9：36，可以说中元节在家里祭祀祖先的行为占绝大多数，是华东地区的特征。

根据以上的统计案例数据，中元节除扫墓或在家祭祀祖先之外，当地佛教寺院举办盂兰盆会的数量，地区不同也会有相当大的差异。东北和华北地区中元节去扫墓的案例最多，而西北地区在家祭祀稍稍多于去扫墓的案例，华东地区的在家祭祀则占绝大多数。

二、东南地区资料

除福建省东部的福州、南部的泉州外，笔者还曾在 20 世纪 90 年代的福建北部的南平地区，南部的厦门地区，西部的永定县、长汀县、宁化县等地进行过调查，也在同一时期的农历七月份确认了在不同的场所分别祭祀祖先之灵和他人之灵之行为的存在。笔者虽然未能对福建省全境进行调查，但通过文献资料可以了解到，未调查的福建省闽侯县、罗源县、崇安县、霞浦县、永春县、建宁县、尤溪县也有被称为“七月节”或“七月半”的农历七月祭祀祖先的活动，同时也存在被称为“盂兰盆会”或“普度”的祭祀他者灵魂的行为，由此可以得知其礼仪的情形。[1]“普度”一词是佛教用语的中文翻译“普度众生”的简称，也是佛教寺院中进行的“济度法事”的名称。在福建省西部，七月半被称为“普度”，在福建省东部，中元节也被称为“普度”。在福建南部，“普度”一词指的是农历七月的活动，其中也有像泉州和厦门这样的普度活动，因其时间长、规模大而闻名海内外。

1　参照《中国地方志民俗资料汇编·华东卷》中《闽侯县志》《罗源县志》《崇安县志》《霞浦县志》《永春县志》《建宁县志》《尤溪县志》。

"'中元'，祠祭、墓祭及家祭，……'中元'前后数日，各官署延僧建坛，拯济孤魂，俗称'做普度'。"[1]这是霞浦县的记载。

"七月起，朔里各公司设醮，作品后来，俗名'普度'，祀无主之灵魂。"[2]记述的是厦门中元节的情形。

"'中元'祀先，寺观作'盂兰盆会'（俗名普度）。"[3]泉州市的史料中记载，过去中元节祭祀曾被称为普度。但是，那指的是在寺院举行的盂兰盆会。在作为调查地的福建泉州，可以了解到过去"中元节"的祖先祭祀时，人们是不去祭扫坟墓的，而是采用所谓的"家祭"礼仪。现在的"普度"在当地成为家家户户在自家门前举行的盛大祭祀仪式，与佛教寺院的法事没有关联。现在民间举行的"普度"仪式，是民间的大规模祭祀仪式，是民间社会层面的习惯和活动。换言之，家家户户的"家祭"习俗和寺院的盂兰盆会活动的要素甚至名称都在相互重叠。民间家祭的普度仪式，其深层包含着道教和佛教的要素，但并非单纯从佛教寺院转移到民间。

福建省东部和南部的"普度"，据传始于清代，并曾于20世纪50年代之后一度从地区社会的舞台上消失，数十年后再次复兴。笔者虽然没有找到关于普度礼仪的详细文献资料，但从当地居民的话中可以大致了解到当时的情况。与几十年前相比，人们的工作形式、生活方式、地区社会形态、家庭生活形态等都发生了巨大变化。在这种变化的环境中复兴的民间普度礼仪，既由以前的普度礼仪演变而来，自然也融合了更多的时代要素。另外，即使同属福建省，每个市、县的普度仪式的细节特征都不一样，农村和渔村的普度仪式也不尽相同。

---

1 《霞浦县志》，民国十八年活字本，见《中国地方志民俗资料汇编·华东卷》，书目文献出版社，1995年，第1278页。

2 《厦门志》，清道光十九年木刻本，见《中国地方志民俗资料汇编·华东卷》，书目文献出版社，1995年，第1227页。

3 《泉州府志》，民国十六年补刻本，见《中国地方志民俗资料汇编·华东卷》，书目文献出版社，1995年，第1296页。

民间普遍认为人死有魂，魂灵可以和人交流，魂灵每年要回到现实世界来，这个意识已经在东南地区的民间根深蒂固。

一般在民间，农历七月被俗称为“鬼月”，相传包括自己家的祖先在内的众多灵魂从地府或“阴间”（汉族称逝者居住的世界为“阴间”）中暂时解放，来到现实世界。20世纪90年代中期，笔者连续数年在这个“鬼月”时期进入福建调查，发现福建省东部、南部和北部的人们都主张七月是阴间之灵大量出现的时间，但是要避免用鬼来称呼他们，而用普度公、下界爷或者公妈、公婆或好兄弟等称呼。人们会避开在这个月举行婚礼或庆贺寿诞、店铺开张贺喜等喜庆活动，甚至避开走访巫，巫们也会因为是在七月，不接受寻灵和降神的委托。

第二节　现代的普度案例

笔者于1998年开始调查福建省泉州市和南平市的“中元”和“普度”仪式。2001年、2002年又对位于福建省东部的沿海村落进行了调查。在福州市和泉州市两个地区的“中元节”和“普度”仪式的调查，开启了笔者对祭祀仪式主角变换的观察，以及对祖先这个概念的再认知。

中元节仪式的举行范围以一族或家庭为单位，地点在祠堂或在家庭。

在闽北南平地区，中元节期间，有的宗族会聚集在祠堂里，集体祭祀祖先。也有一些家庭在家里祖先的遗像或牌位前敬酒并摆放祭品，然后焚烧纸钱以此祭祀祖先的例子。各家各户在逝者的遗像前供奉祭品食物，子孙对着遗像祭拜后，拿着几个装有折叠成银锭形状纸钱的纸袋，纸袋上分别写着祖先名字，在院落玄关处或高层住宅的一楼入口处，把纸袋烧掉，“送给祖先”。

在福建省西部长汀县的村子里，农历七月十五日在家里的厅堂给“太公、太婆”烧了“金”“银”（贴着金色或银色箔的纸、纸钱）之后，晚上在路边或大门外给“野鬼”（指未进入后祠堂的同一个宗族的人或无子孙之人）”或“归宗在外之灵”（死于村外的族人）上香。此外，在华北、陕西、东北、安徽、江苏、浙江等省的很多村庄，中元节会扫墓或者在家里给祖先摆上饭菜进行祭奠。

自20世纪80年代后半期开始，至20世纪90年代以后，各地开始恢复举行祭祀祖先的活动。福建省南部和东部，“中元节”和“普度”仪式是仅次于春节的盛大的地区性活动，这些传统活动形成一种乡愁和家乡的呼唤，泉州地区甚至有很多海外侨胞专门赶回来参加普度。

一、福州YX村的普度

（一）村庄概况

YX村是位于福建省东部福州市南郊的一个行政村，下辖7个自然村。居住的3800多户的18000人中，约有16000人是同属于H姓大家族的。据说H家族中居住在海外的“宗亲”有10000多人。据《福州市盖山镇志》载，福州自唐开元十二年（724）才始称福州[1]。清光绪年间编撰的《闽县乡土志》记载福州一带多有大家族聚集而居于此。历史上福州人口的半数以上都属于单姓村或主姓村的宗族村落，[2]笔者调查的YX村所属的白湖区的57个村子，同姓同族的大宗族4家，户数在300家以上的宗族村落12个，以上数字说明这个地区宗族文化影响和古老传统的传承格外厚重。

据村里H姓的老人说迁居到这里已有800年的历史。H姓的祖先是唐光启元年（885）老祖宗从河南固始跟随闽王王审之入闽，南宋庆元六年（1200）迁至这里。2001年夏天笔者调查的时候，H氏一族按照辈分顺序，从第3代到

1 中共盖山镇党委等编：《福州市盖山镇志》，福建科学技术出版社，1997年，第1页。

2 阮云星：《关于福州义序宗族形成的历史人类学之考察》，［日］小熊诚编：《中国福建省福州及泉州与冲绳的文化、社会之比较研究》，2004年6月。

第42代，共有10代子孙共同生活在村子里。在汉族的宗族观念中，这种“十代同堂”的状态被认为是宗族繁盛的标志，是一族至高无上的骄傲和幸福。H族的老人非常自豪，他们多次对笔者说自己是“十代同堂”的宗族。

（二）宗族活动

20世纪50年代以后，祖先祭祀等活动被禁止。直到80年代末，H氏一族的祠堂也先后被用于小学上课和用作村里的供销社。进入90年代，中国改革开放后，宗族活动开始复苏，祠堂及其所有权也归还给H氏宗族。H氏一族在90年代最先着手的活动是重建祠堂、重新编撰族谱和恢复祖先祭祀仪式。

1. 重修族谱

H氏族谱共修过6次，第5次是在1932年，线装本6册。第6次的族谱修撰是1990年开始，1993年完成的上中下3册。族里老人介绍说，与以往不同，族谱修撰改革了一些旧有的规矩，反映了时代特征。譬如，反映现代社会的男女平等，各人家的媳妇和各家出生的女儿也以全名写进族谱；为了便于人们理解义序，有关义序的地方史志、教育志、交通志、诗文志、经济史资料也都收入在族谱里等。

2. 重建祠堂

在祠堂旧址拆旧建新，1995年秋落成，1995年11月28日至12月3日（农历乙亥年十月七日至十二日）举行落成庆典及新祠堂“晋主”仪式。在海外生活的宗族成员组成宗亲会代表团回闽参加祭祖和晋主仪式。重新修建祠堂以及祠堂的管理、各种宗族活动的费用由宗族自己筹措，主要依靠居住在当地的H氏宗族人们的捐款、各家提供的“晋主费”（将牌位放入祠堂的费用），以及海外宗亲的捐款。

3. “晋主”

晋主又叫进主，是在神主牌上写逝去的族人的名字，并且把神主牌安位在宗祠的行为。过去，族里有地位的乡绅、中了举人的族人才可以晋主。现在的标准则凡是H氏子孙都可以把牌位放进祠堂，换言之都可以晋主。历史上每

50年才能举办一次晋主仪式，新祠堂1995年建成时第一次举行晋主仪式，接着在2001年清明节又晋主安位100多个，在笔者调研的2004年时，已经晋过4次。本宗族三十代以前的历代逝者牌位，由宗族集体晋主，叫“总疏”（音zōu sǎo）；三十一代以后的则由各家自己晋，共晋主安位约6600个。有些是夫妇有一方故去，另一方还健在的，也可以晋主。但在同一块神主牌上，故去的人和仍然在世的人标识会不一样。截至2004年，新建的义序黄氏宗祠内放有12600多个神主牌，是福建地区神主牌最多的祠堂。

4. 设立宗祠文化教育基金

该基金以助学为目的，于1996年成立，1997年开始发放。基金分为奖学金、助学金两大类。

（1）奖学金，1997年的标准是，大学1000块、大专700块、中专300块。考上学校就有，一次性发放。中专奖学金只实行了两年就终止了。因为考上中专比考上高中分数线低，考上高中的却没有资格得到奖学金，加上银行利息低了，也有影响。

（2）助学金，发给家庭困难的人家。据说发了3—4年。

5. 组织扶贫会

宗族组织了一个扶贫会，以孤独老人、劳力少的人家和相当于五保户的人家为对象，每年农历腊月二十四、祭灶那天发钱和物品。原则上每人300元，第一年发钱100元、米100斤、棉被1床；第二年改为钱200元、大米100斤，“这样他们可以过个年”。最多发到60多户，大村十多户，小村七八户。

6. 祭祖与普度

每年农历八月的祭祖也是90年代开始恢复的宗族活动之一。笔者进入村落调查的2001年9月18日，是农历八月初二。老人们告知，现在正逢当地祭祖的时节，又有村民告诉笔者，从次日的八月初三起，义序各个村落开始“做半段”（zoo^{213} buang^{213} dooung^{242}）。于是第二天笔者开始了对做半段的观察，这是笔者接触和思考复合性祭祀仪式之始。

7个自然村并不在同一天祭祖，农历八月初三是位于东西两头的村落祭祖，八月初四是其他 5 个村子做。他们把这个活动叫作“半段”，也说“普度”。YX 村民们又称这一天为“大节”，还有的村民称作“八月节”，笔者最初把八月节理解成北方人常常指代八月十五中秋节的说法，但村民告诉笔者这里说八月节是指农历八月的祭祖节，“是专指这个日子的名字”。

YX 村普度的一般程序是，当日上午 11 点到 12 点各家在家里迎接祖宗、祭祀祖宗；中午各家请亲朋好友吃饭、喝酒；下午给三位“国公”做生日，具体内容是在国公府内摆放酒、肉、菜等祭品，同时在国公府对面的戏台演戏，村民自由参加；傍晚 5 点到 6 点各家又在自家大门口外做另一个仪式“下界爷”（“压下界”）。村民说：“这样做已有 800 多年了，祖祖辈辈就是这样做的”。

（三）调查案例

农历八月村子里举行的“祭祀祖先”的仪式也是 90 年代初最早恢复的传统活动之一。YX 村所辖的 7 个自然村中，有两个村在阴历的八月三日，第二天的八月四日，其他 5 个村以“地主”“婆婆妈”“下界爷”为对象，分上午和下午在同一天举行两次祭祀活动。此外，将亲戚、朋友、同事、上司等都邀请到自己家里，用盛大的筵席招待他们，这就是“普度”等仪式的基本内容构成。

村民们说，从搬到这个村子的第一代祖先开始，这个仪式就一直延续下来。仪式根据祭祀对象的不同，上午祭祀自家的守护神“地主”和各家的逝者——用当地话来说就是上午祭祀“公婆妈”（gung^{53}mo^{53}ma^{33}），下午祭祀“下界爷”（ca^{21}i^{55}ie^{53}）。就这样，一天分为上午和下午分别举行两种祭祀仪式，所以当地把这一天的仪式俗称为“做半段”。

在调查中，笔者除了对两户人家的仪式进行了几乎全过程的观察外，还对村里各处人家的仪式情况进行了片段式的观察和询问。以下记述关于仪式的观察记录以及在村子里进行的调研访问。在叙述案例时，为了尊重隐私，隐去真实姓名，仅用字母表示。

案例YX-1　2001年9月19日，农历八月初三，Hw家

Hw氏：男，七十多岁，曾任人民公社大队长，退休后负责祠堂管理会工作。

Hw家仪式过程：

——上午十一点左右。面对祖宗牌位摆一个餐桌，上面放着十五盘小菜，十个酒杯，一对红烛。

——Hw氏点燃香火，放在牌位前。他解释说："只要点上香，他（祖先）就会回来，所以不需要放鞭炮。"女主人把纸钱[1]不停地放入像一口大铁锅样的容器里焚烧。

——烧了很多纸钱之后，最后焚烧被叫作"纸衣"的纸包[2]，仪式就完成了。

——把祭祀用的物品和餐桌移到厨房，进入午餐时间。将祭祀时摆放的菜肴再次加热后，家人、亲戚和客人吃午饭（Hw氏说这一天，对家家户户来说，客人越多越好，来的客人越多，主人就越高兴）。

——下午（下午四五点左右开始），在大门外的台阶上做"压下界/下界爷"仪式。直接在台阶上将八碟菜排成两列，每碟菜上各放一张红色的方形纸片。红烛一对，酒杯十个。倒入酒后，将与上午不同的纸衣和被称为"棉衣钱"的纸钱放在地上烧掉。

在细雨中，Hw氏和夫人认真地看着纸衣[3]和纸钱燃烧。Hw氏说纸衣和棉衣钱如果不烧成灰，就会对下界爷失礼，会受到他的惩罚。还说道，

1　上午的祭祀仪式使用的"钱"，在黄纸中心涂着金色或银色，是地下他界的货币。村民说，"烧给祖先的钱，要金钱和银钱混着烧"。在村子里的小卖部就可以买到，是捆作一沓一沓的卖，一沓子价格是人民币5元，村民说一沓纸钱在阴间相当于人民币1000元。

2　纸包里有：一张代表被子的纸，几张代表做衣服用的布料的纸，这在当地叫作"纸衣"。当地习俗，外孙要给过世的外祖父、外祖母准备纸衣，这天要带过来烧给外祖父、外祖母。

3　给下界爷的"纸衣"，是在纸上印上简单的衣服图案，把这几件作为一套折叠起来，中间夹上叫作"棉衣钱"的黄色纸。

即使下雨也要在屋檐下进行，不能为了躲雨在屋子里做“压下界”。理由是这些供品是请“饿鬼”等“别人”（自家祖先以外的逝者）吃的，如果在院子里做的话，他们进了家就麻烦了。因此，绝对不能在院子里或屋子里做这个仪式。

Hw 氏的夫人解释说，菜上放着红色的纸片，表示这个供品是下界爷专用的，祭祖的饭菜是不放的。

—— 确认纸衣和棉衣钱完全化为灰烬后，收拾起祭祀的食物，搬到厨房，仪式结束。

案例 YX-2 2001 年 9 月 20 日，农历八月四日，Hh 家

Hh 氏：男，四十岁。

Hh 家仪式过程：

—— 上午十二点前，在自家里举行“敬地主”[1]仪式。

厨房墙脚立着写有“本宅前后地主”的红色长方形牌子，面对这块牌子的地板上摆放四方形的餐桌桌面，上面摆一对红蜡烛、十个红酒杯和十盘小菜。男主人点燃香和蜡烛，女主人把“钱”放进铁锅一样的“炉”里烧。过了一会儿，在院子里放鞭炮，熄灭蜡烛，仪式结束。

——“敬地主”仪式后接着在上午举行“敬公婆妈”仪式：

“敬地主”仪式结束后，马上把“敬地主”用过的供品搬到家里的“正房”，做“敬公婆妈”。面对“公婆妈”的大牌位和叫作“bai lao ong”的个人牌位台子，摆好一个餐桌，桌子上摆十盘小菜、十个酒杯。

男主人点燃蜡烛和香后，往酒杯里斟酒敬给祖先。在铁锅状的“炉”里开始烧纸钱，给祖宗送钱。过了一会儿，准备好的“钱”都烧成灰后，

1 村民说，“地主”（$di^{53}juo^{33}$）是守护家宅的神。具体是写着“本宅前后地主”几个字的红色长方形硬纸或薄薄的一块塑料板。村里小卖部可以买到。村民们在搬入新居时，一定要先把“地主”和祖先的牌位安放好。“地主”或者放在厨房或者放在客厅，并没有绝对一致，但是无论安放在哪个空间，都是在靠近地面的墙壁上的。

在院子里放鞭炮，仪式结束。把祭摆的菜端到厨房去。男主人家对面是其大哥家，祭祀用的供品都是从大哥家拿来的，收拾好端到大哥家，加热后一起吃。在笔者观看Hh家祭祀的大约同一个时间，大哥家也在做“敬公婆妈”，端祭品饭菜过去时，大嫂还在正房门口的铁锅里烧“金”。

——随后男主人被邀请到同村的村干部家去吃饭，笔者跟随男主人在那家吃午饭。来吃午饭的人很多，屋子摆的几张大圆桌坐得满满的，人们说这天家里都希望有很多人来吃饭。

——下午举行“敬下界”仪式。

下午三点半左右，将餐桌的桌面放在玄关外侧的地面上，将一对红烛、三炷香、十只红酒杯和十碟小菜放在上面。男主人Hh将酒倒入杯中，点燃蜡烛和线香后，女儿也帮忙在地上烧“钱”和“纸衣”。等它们完全化为灰烬，把酒倒进瓶子里，把菜送到长子的院子里，仪式结束。

“敬下界”的时候，菜的数量不限，五盘或六盘都可以。

“敬下界”的“金”直接在地面燃烧，不能使用“炉”。Hh说，“炉”是给公婆妈寄钱时才用的。

图2-2-1　做半段

（四）YX村的访谈笔记

通过访谈得知这个仪式的其他细节。

1. 祖先过了中午十二点就会回到坟墓去，所以一定要在中午之前接待公婆妈[1]，牌位在这里被叫作“神主牌”，但村民之间的对话中经常会出现“公婆妈”的说法。

2. 写有历代祖先名字的大神主牌称为“神主”或“公婆妈”。

3. 每个人的牌位都被称为“bai lao ong”（音）。问其对应的汉字，村民回答说没有。

4. 许多人家的牌位“公婆妈”在20世纪60年代烧掉了，现在自家供奉的是90年代以后新做的牌位。

5. 在七十多岁的Hm女士家中，摆放着十几年前新做的大“公妈妈”和几个20世纪50年代使用的小“公妈妈”。Hm表示，新“公妈妈”的背面手写上几位祖先的忌日，“到了某位祖先忌日那天，会稍微准备上一些祭品祭拜”。古老的“公妈妈”由正反两块木板组成，两块木板插在牌位的底座凹槽上。她说，20世纪中叶那些年一直把旧的公妈妈藏起来了，所以保留到今天。

6. 在这个村子里，当日不单单是清一色的敬公婆妈。同天要为一年之内去世的新逝者烧“厝”。“厝”在当地方言中是房子或房屋的意思，当天的“厝”是用竹篾做骨架，彩色纸糊的很气派的两层楼式的独栋房子。“厝”做得很精细，每个“房间”里面都分别安装有床、洗衣机、冰箱等各种纸制的生活用品。村民说要给逝世后第一年做普度的逝者先送去房屋、烧掉“厝”，之后在第二年的普度仪式上，其家人才可以给他烧“纸衣”。

7. 在村子里开店的人们，会在自己的店门口举行简单的“敬下界”仪式。他们会避开各个自然村的仪式日期，在各个村子举行祭祀仪式之前或结束后，也就是农历八月初二和初六日的下午，在各自的店前摆放供品，祭祀下界爷。

8. 具体问到被称为“下界爷”的祭祀对象是谁，村里人说，他曾经是乞

1　公婆妈（$gung^{53}mo^{33}ma^{33}$）、公妈妈（$gung^{53}ma^{33}ma^{33}$）、公妈牌（$gung^{53}ma^{33}me^{53}$）等方言似乎都是对牌位的称呼。

丐。因为他死后没有子孙来祭祀他，所以大家都给他摆些供品。从很久以前开始，每逢农历八月三日、四日，各家各户都会在自家大门外准备香、蜡烛和祭品食物，烧“钱”给下界爷。

9. 在预定第二天才举行仪式的村子，看到一位中年妇女在自家门前的地上摆菜肴和酒，然后正在焚烧“棉衣钱”（冬季换季钱）。问她为什么不和整个村庄一起第二天祭祀，她解释说因为第二天有事要离开村子，又不愿意错过做今年的祭祀下界爷，所以提前一天在家门口做“敬下界”了。

10. 有车的人，下午或傍晚在停车场“敬下界”。开车做运输或自家有车的人，当日要在车头前的地面上，供奉香、蜡烛、酒、菜（6 盘、8 盘或 10 盘，数量没有规定），祈祷一年交通安全。

二、泉州地区 XP 村普度

（一）村庄概况

XP 村，是位于泉州市东南部的一个渔村，隶属泉州市。人口 6000 多人中有近八成从事渔业、养殖业、水产品加工业，百分之十的人从事水产品运输及销售，整个村子里与渔业相关的人口占村人口的九成。[1]村里 H 姓的人占全村人口的百分之七十，但他们的房屋并不是集中修建在一起居住的，而是和其他姓氏在村内呈杂居状态。据 H 姓族谱记载，他们从明代开始就在这里居住，在这个村子生活了数百年。[2]问及 XP 村的主要节日，村民回答有春节、清明、端午、七月半、普度、冬至。村民们说，农历七月的普度是仅次于春节的盛大并热闹的节日。

1　调查数据出自香港中文大学丁毓玲 2000 年硕士论文《浔浦妇女：一个福建渔村的性别身份建构》，在此表示感谢。

2　同上。

（二）“普度”概况

“七月半”和“普度”都是该村在农历七月举行的祭祀仪式，但祭祀的对象和祭祀方式都不同。在这里先简单叙述一下同样在旧历七月在这个村子里举行的两种仪式。

在福建省的广大地区，农历七月十五日举行的祖先祭祀被称为“七月半”，但在XP村，七月半比其他地方迟一天，在农历七月十六日举行。另外，周边的农村都是在当天上午举行仪式，但因为XP村是渔村，所以早上要去海边收割养殖的牡蛎，还要把当日捕捞到的海鲜早早地运到市区里的市场，所以早上是非常忙碌的。大家结束工作回到家，几乎都是正午时分了，所以这个村子就集体在下午举行七月半仪式。当地的语言称“七月半”为“敬公妈”“祭公妈”。在这天人们不去扫墓，而是在家族的祠堂或自家供奉的被称为“公妈”的牌位前供奉祭品食物，燃香，祭祀祖先的灵魂。

“普度”是在此期间举行的一系列祭祀活动中的主要仪式的称呼，同时也是一系列祭祀行为的总称。正如村民所说，正月春节祭祀天公玉皇大帝，普度是祭祀地狱之灵。普度祭祀的对象是被称为“普度公”“门口公”等的魂灵。据村民们说，“普度公”“门口公”是从别处来的鬼魂，是没有食物吃也没有子孙可以祭祀他的“孤魂野鬼”，或者是因罪被处刑的人的灵魂。村民解释说，普度公并不是一个人，而是一群聚集在一起的鬼魂，他们自古以来就存在，只是在农历七月才会来。

该村的“普度”由四次仪式——农历七月一日“竖旗”、七月二十七日“普祀”、八月一日“结尾缘”、十月二十七日“重普”组成，是一种持续时间长、举办场次多仪式的祭祀。

竖旗——是农历七月一日举行的仪式。具体做法如下。每户人家在自家院子里立一根柱子，上面绑一根竹竿，竹竿上架一个斗笠。村民解释说，这意味着“普度”时期的开始，是向祭祀对象“普度公”发信息的仪式。由于近年来的经济发展，渔民们除了养殖业外，也开始涉足零售业等，人们的生活节奏加快，有些家庭甚至省略了竖旗仪式日的立柱子行为。

普祀——是普度仪式的正式的、主要的仪式。在农历七月二十七日下午举行的这个仪式，目的是请普度公吃自家准备的饭菜，然后给他烧钱，提供可以在阴间使用的钱财，最后放鞭炮把普度公送走。

结尾缘——农历八月一日下午举行的仪式。意思是告诉外来的灵们普度期要结束了。具体做法是“烧钱”，不摆放祭品，把普度公从这个地区送出去。

重普——是农历十月二十七日再次举行的普度仪式，具体的内容也仍然是“烧金”，是一种相当简略的仪式。

（三）XP 村普度案例

案例 XP-1　2001 年 9 月 14 日，农历七月二十七日，Sh 家

Sh 的妻子从早上开始就在厨房忙着准备祭祀用的饭菜。将肉和蔬菜等分别油炸、炖或煮。Sh 的妻子说，下午儿孙们要从市内回来，所以要多准备些。

她告诉笔者，普度与“七月半”的敬公妈的不同之处是，摆放祭品饭菜和茶、酒，但是不摆放筷子，普度公用手抓起来吃，所以供品里不能有带贝壳的，“那会伤到普度公”。

即使准备好供品摆在玄关处，仪式也不能马上开始。先要使用两个占卜用具半月形的杯珓，先问问普度公是不是可以开始。

杯珓是木制或竹制的，长约 10 厘米，宽 2—3 厘米。像小小的橄榄球一样中间鼓两头尖，从中间一分为二地剖开，呈现平坦面和球状面。把一对杯珓扔到地上，如果平面和球面各一个朝上，就表示普度公要来吃祭和要钱了，这家人就开始“烧钱”。如果杯珓呈现两个平面或球面，就表示普度公还在别处吃祭祀，不能马上到这里来。这时，人们就稍等片刻后再次杯珓。村民们说：“在他同意之前，不能烧钱给他，（来不及过来收钱）普度公会生气的。”

因为普度公是复数的存在，如果一个家庭单独开始祭祀，就有供品不足的危险。如果吃不饱，普度公就会生气。村民们反复强调说，如果他生气可不得了。为了避免这种情况，村子里的人们特别注意祭祀仪式要邻居们几乎同时开始，邻里们互相招呼着前后脚摆出桌子、摆放各种祭品吃食。并先后跋杯珓（buak^{55}bui^{55}），按序开始烧钱。也正是因为这个原因，当天只能完整观察到一户人家的做普度仪式，急匆匆地看到的几家都是不完整的。

案例XP-2　2001年9月14日，农历七月二十七日，Sh氏宅普度仪式

两张餐桌前后摆放，挡住自家院子的进口。村民说用餐桌挡住大门，是为了不让祭祀对象普度公吃祭时进入自己的家里。虽然要招待普度公，但是只在家门口祭祀他。

餐桌上除油炸的食物和炖菜外，还有从店里买来的整只熟鸡、罐头、碳酸饮料、水果、大米等，都装在塑料购物袋里，直接堆在餐桌上。

在正对着大门外的餐桌边缘，向外放着两束花和两盒“中华”高级香烟。没有放筷子和酒杯。

站在大门外的女主人点燃三根香横躺着放在餐桌边沿，对着餐桌双手合十拜了拜。

过了一会儿，女主人开始在院门口做跋杯。得到一正一反的回答后，她开始烧钱，最后放鞭炮。

烧的“钱”完全化为灰，鞭炮也放完，就把供品搬到厨房，祭祀结束。

设SH家为A，笔者观察到A家的普度仪式，在左侧的B家开始仪式后不久立刻就开始了。紧接着，马路对面的C家也在已经摆在家门外的桌子上摆上祭品，但还没有开始烧钱。A家正在烧钱时，右边隔壁D家的门口，一个年轻女孩把餐桌搬到门口，开始摆放食品。A家的供品除了一束花、一炷香、四个酒杯之外，还有一只整鸡、一瓶酒、一筒茶叶、装在购物袋里的食品和几个盛着菜的大碗。B家的供品是一束花、一只整鸡、一瓶啤酒、几个大碗的菜。

案例XP-3　2001年9月15日，农历七月二十八日，Hh家

走访Hh家，访谈昨日的普度仪式，他们介绍的祭祀内容和步骤几乎与SH宅相同，不过，他讲述了昨天祭祀时自家发生的一件怪事。

昨天下午，Hh家像往年一样，在祭祀用的餐桌上摆满了各种祭品食物。大儿媳妇在做询问普度公意向的跋杯时，做了十几次都没有得到普度公同意的一正一反结果。家人都慌了神，害怕有什么事得罪了普度公。最后大儿媳妇想起为普度公祭祀用买的一罐茶叶还没有拿出来，便急忙从房间里取出茶叶罐放在供桌上，再次投掷跋杯，马上就收到可以送普度公走的信号。至此，Hh宅的普度仪式终于可以“烧金”，顺利结束了祭祀。Hh家的男主人一脸认真地说，做普度一定要小心，一定要让普度公满意才行。

这个昨日的一罐茶叶的小插曲，表现了讲述者对普度公的敬畏之心，邻里几家互相观望前后衔接地开始摆祭品、烧金的景象，说明村民对普度仪式的必要性和不做普度仪式的可怕后果存在某种共识。

三、泉州市区的普度

（一）泉州的“铺·境”

泉州地区自明代起被划分为三十六个“铺”地区，其下设有若干“境”区。这个行政区划一直使用到20世纪40年代，现在已经不使用了。但是，在人们的意识中还存在着“铺、境”这一古老的区域的记忆。时至今日，普度祭祀仍以泉州全境三十六“铺、境”区划为范围，错开日期，按顺序举行普度祭祀。人们经常把“铺、境”说成“地段”“角落”，在调查中听到居民和朋友们说“今天那个角落要普度，所以要去吃普度（去吃普度日的晚饭）”。

听老人说，泉州的“普度”过去统一在农历七月十五日下午举行，但从清代开始，因为祭祀物品供应原因，改为以“铺”为单位“轮流作普度”。此后，无论是现在的泉州市区，还是泉州辖区内的XP村，以及下面将要提到的PSh村等，与普度相关的一系列仪式的日期都不同。如果没有这个变更的话，

或许依然可以看到与福州 YX 村相同的上午祭祖、下午祭普度公的祭祀景象。

迎接普度公的普度仪式是一套多项的。它分别是农历六月末宣布普度开始的“竖祀 ”之日、七月中举行正式仪式的“普度”之日、宣布仪式期结束的“结尾缘”仪式之日以及再次简单祭祀的“重普”日等一系列仪式。在水边的村落，除这些仪式之外，还要做一种“水普”仪式，除祭祀“普度公”之外，还要祭祀溺死者的灵魂。

被称为竖旗或竖灯的仪式意味着普度的开始。三十六“铺”曾经都有供奉当地守护神“铺主公”的铺主庙。过去“竖旗竖灯”时，以“铺”为单位请道士念经后，把一盏名为“普度灯”的大灯笼高高挂在铺主庙前的柱子上。家家户户的院门口也挂起小灯笼，每天晚上要在灯笼里点上蜡烛。最后的普度仪式“重普”之夜，请道士念经后“落旗”，烧掉取下来的普度灯。上了年纪的市民说他们经历的这种做法一直持续到 20 世纪 60 年代，后来普度作为“陈规陋习”被禁止。现在的普度很简单，“竖灯”仪式也不再做了。

普度祭祀活动从 20 世纪 80 年代后半期开始逐渐复兴，但已经相当简化。竖灯、竖旗、演剧等环节已经不再举行。现在，竖灯、竖旗虽然还保留着名称，但实际竖灯、竖旗当天的灯和旗已经不再升起，也不再请道士念经。作为普度的开始，“意味着向普度公发出请帖”“负责向普度公传达通知”等自古以来的功能仍然为人们所铭记，于是当天各家会供奉少量的“普度菜”（普度祭祀用的菜），焚烧少量的“钱”。

过去举行普度仪式时，为了慰劳众神，富裕的人家出资聘请地方剧团，在举行普度的“境”“铺”上演地方戏“酬神”。对于这里所说的“神”，当地人只有模糊的认知。有人回答说，他并不是一般所说的天界诸神，而是“来自地狱的鬼神”，即从地下他界回到人间的那些魂。请剧团演戏，形式上是向“鬼神”们表示感谢，同时也是向周围显示个人或家族经济实力的机会。在经济上无力请剧团的一般家庭，会从商店里买来一个用纸和竹篾做的不到一米的纸盒“舞台”，摆放在院门口餐桌旁边。正在摆放“舞台”的男子向笔者解释道，“从心情上来说，这相当于请来剧团给鬼神们表演了戏剧”。近年来，越来越多的家庭将纸制的“舞台”装饰在院门口祭祀桌旁，调研时也看到很多人家院门口摆放着的“舞台”。这一方面说明拥有强大经济实力的大家族的减少，花钱请剧团不再盛行；一方面也表现出祭祀仪式的简化，人们用象征化的物品“舞台”代替真正的舞台演剧的行为，被认可并流行开来。

因为前述的“铺境”理由，泉州地区的村落和市区不是在同一天举行普度祭祀，而是错开日期“轮流做普度”，各个村落和地区在一个月或两个月内各自举行三四次普度仪式。从整个地区来看，几乎每天都有泉州某个村庄或市区街道都处于举行一套普度仪式的某个环节的状态。在泉州的调查时，追寻着自清代以来继承下来的铺、境普度的先后顺序，得以数次观察了泉州居民的普度仪式。近年来，随着城市建设的展开，泉州旧城不断被改建，人们从传统的带庭院的二层独栋住宅搬到新的高楼林立的小区生活。在这样一个生活方式、环境急剧变化的时代，人们仍旧努力保持着按旧时的铺境轮番做普度的习惯。

2024 年 7 月，泉州市公布了《泉州市人民政府关于公布第七批市级非物质文化遗产代表性项目名录的通知》，民俗类第一项就是“泉州普度习俗”，这是令人高兴的消息。做普度、吃普度、迎祭祖先、祭祀灵鬼、和善亲朋邻里，普度包含着丰富的地方传统文化元素，又兼有多项社会功能，才能得到民众喜爱，长久地持续下来。

泉州市区的普度，可以划分成老市区传统式普度和新小区公寓式普度，以下分别记述老市区案例和新小区案例。

（二）泉州调查案例

1. 老市区普度案例

2002 年 8 月 10（农历七月二日），市内“南岳角落”。

这一天，是位于市内旧城区的“南岳角落”举行普度的日子。乍一看是普通的旧城住宅区的一条街道，但到了下午四点左右，家家户户的大门都会打开，人们在门内或门外摆上餐桌，摆满了被称为普度菜的各种菜肴。

观察家家户户门口摆放的餐桌，供品大致是酒、啤酒、碳酸饮料，此外，蒸、煮、炸的芋头类、鱼和肉等都放在大盘子里放在桌子中央。当地特产“鱼卷”、猪肉罐头、蔬菜、水果、生海鲜、大米、干面等没有经过热加工。配上葱和姜，直接装盘上桌。香是祭祀仪式中不可缺少的一部分，但没有蜡烛，也看不到任何一家点蜡烛。另外，虽然放了整瓶的酒，却没有放酒杯。

人们点上香，在旁边等候着，待香烧到一定程度后，就开始烧“金”。家家户户准备的“金”相当多，随处可见装满几个大竹筐的“金”。

以前是直接在大门外的地面上“烧金”，现在是用特别的金属容器“炉”烧。这个被称为“烧金炉”的容器有专门的管理人员。居民说在有深度的“炉”里烧钱的话，之后就不用收拾灰烬，灰烬被风吹走的情况也减少了，不用担心火灾，这对行政管理和居民本身来说都很方便。焚烧后的纸灰会作为肥料在特定的地方被收购，卖纸灰的收入归炉子管理者所有，因此，在炉子里烧金是免费的。

“烧金炉”的所有者兼管理者的男性虽然不是这个地区的居民，但他对不同日期的三十六铺境做普度的日期信息都很清楚。他来到当天举行普度的“铺角落”，观察家家户户普度仪式的进行情况，随时把炉放到要烧很多金的人家的大门前。等那户人家用炉子烧完后，他马上把炉子运到下一户开始烧金的人家门口。烧金炉虽然不是因习俗需要而出现的，但这种设备的被认可、被欢迎，乃是出于实施习俗行为的具体需求，是习俗行为得以持续并安全实施的保障，值得认可、值得提倡。

各家烧完钱就开始收拾供品，把餐桌搬到家里，普度就完成了。

原本是祭祀普度公的大量供品的食物，成为当天晚餐的内容。各家各户都招呼亲戚朋友来用餐，用丰盛的饭菜招待客人。那晚的吃普度，十分欢迎突然到访的客人，朋友的朋友、同学的同学都被热烈迎接到餐桌旁。有人解释说，人们曾经担心普度公吃了祭祀之后还没有走远，请来许多亲朋好友热热闹闹吃晚饭，为的是吓走普度公，保佑一家平安。后来延续成俗，也有些变化，吃普度人的多寡，成了向左邻右舍显耀人脉之多或自家影响力之大的依据。也有凭借人际关系吃普度，以扩展商业人脉或其他圈子的人，于是吃普度在现代社会又有了社会交际功能。

2. 公寓居民的普度案例

2002 年 8 月 9 日，农历七月一日，泉州市内公寓二楼住户 J 女士，三十多岁。

这个地区相当于农历六月一日竖旗，七月一日普度，八月一日重普的“铺”。J 的丈夫 1992 年搬进这个“角落”的公寓，住在这里的老人告诉他这里每年普度的日期。此后，她家就按照这里普度的日期举办普度仪式。

“这里有四栋楼房，购买者都是年轻夫妇或有小孩的家庭。”其中一半的人搬家后在这里举行普度仪式，但也有一部分年轻夫妇在父母家所在地的铺、境举办。普度那天，回到父母家参加普度、吃普度。也有几户来自泉州以外地区的居民，虽然大部分人没有做普度，但也有孩子出生后开始做普度的人家。J 先生说，如果是泉州出身迁到这里的居民，都知道不能触怒普度公，所以移居到这里之后，一般都按照这个“铺”的日期做普度。

J 女士的丈夫三十多岁，是个个体户。妻子说，丈夫为了做生意经常坐飞机在国内各地飞来飞去，所以她特别向祖先和神灵祈祷交通安全和生意兴隆。J 女士的丈夫说，如果因为出差不能回泉州参加普度仪式，就会给妻子打长途电话，嘱咐她不要忘记普度仪式和去拜庙。在自己家里也会安放神龛、供奉观音像等。这次的普度，虽然丈夫出差不在，但 J 女士仍然打算要盛大地举办。

J 女士说，在她以前居住的农村，农历六月一日的仪式被称为“竖灯”，而泉州市内则被称为“竖旗”，略有不同。在这个公寓里，不管是自己家还是其他做普度的人家，都会举行“竖旗”仪式，但柱子上不挂旗和灯笼。其具体内容与普度大致相同：打开大门，摆上餐桌，供奉祭品，然后“烧钱”。但是，“竖旗”这天的供品和“烧金”的量都比普度少。

当天傍晚，邻居家的太太和 J 女士互相打招呼，几乎同时打开了面向走廊的自家大门，摆上一张餐桌，从厨房搬出“普度菜”摆在餐桌上。粗略数了一下，普度菜有十六七种。有炸豆腐、炸芋头、生虾、活螃蟹、生蔬菜、米粉、葱、蒜、辣椒等。餐桌正对走廊的最前面，摆放着椭圆形托盘，盘中放有两个猪肉罐头、两条当地特产鱼肉加工品“鱼卷”、两条生鱿鱼。J女士说以此代替传统的高级祭祀品“三牲”。

本来餐桌应该放在自家的院门外，如果是公寓住宅的话则应该放在自家大门外的楼道里。J女士解释道，因为餐桌的尺寸太大，不能从自家的大门搬出去，所以就变成了放在自家入口内侧的形式。同时开始普度仪式的邻居家也同样把餐桌放在自家大门里。感觉不像YX村和XP村那样，绝对不能在家里进行祭祀，祭祀品一定不能摆放在自家屋里或院子里的那种紧张感和恐惧感。

给普度公的祭祀供品，人们可以采用折中的方式，摆放在面向走廊的自己大门里。但是，为普度公送钱的“烧金”是绝对不可以在走廊进行的。必须下到一楼，在能看到天空的地方焚烧。问到理由是什么，回答并不是担心火灾或烟雾，而是因为如果不在室外露天焚烧，就无法送到普度公手中。

供奉祖先的东西，原则上都要用火加工一下，但给普度公也可以供奉生的东西。“因为（生的食材）普度公可以带回去自己做，所以还给他准备了做菜用的葱和姜等。”——感受到人们对普度公既有恐惧心理，又有同情感，普度公是个可以令人感觉到的存在，还有生活感。

点燃一束香，对着走廊拜几次后，将三根香对着走廊放在餐桌上，其他线香各插一根在盛普度菜的盘子或大碗里。大约过了五分钟，J女士把所有的线香从餐桌上收集起来，用手拿着，拎着装在两个购物袋里的、涂了金色和银色的纸叠成的钱“金”“银”，和隔壁的太太打招呼，两人一起下楼去“烧金”。

据说该公寓的居民都在一楼后面的一个地方“烧钱”，所以J女士每年也到这里烧钱。点燃“金”“银”，把香也投入火中。退后一步，在旁边观察燃烧情况，等待“金、银”完全烧成灰后，“烧金”结束，各自回家。

回到家的J女士把餐桌搬回家里的老地方。接着，开始给亲朋好友打电话，邀请他们晚饭来家里“吃普度”。笔者也作为那天J家的第一位客人，在大家到来之前，受邀和J女士一起提前吃晚饭，体验了“吃普度”。

3. 住在楼房三层的居民的普度案例

2002年8月10日，农历七月初二，在“南岳角落”一栋五层公寓前的道路旁。

“南岳角落”位于市中心附近，是传统房屋密集的“铺”。近年来部分住宅被拆除，在原址上陆续建起了公寓楼，形成老房子旁边耸立着公寓的景观。另外，调查的时候也看到这里有几栋正在建筑中的公寓楼，显示着角落正在发生变化。

几乎在“南岳角落”旧式住宅区居民开始做普度的同一时间，公寓的居民也纷纷下到一楼，在路边用两条凳子撑起一块木板代替桌子，上面摆上许多普度菜，开始做普度。问一位住在三楼的男主人，他们为什么要下楼出来做普度，他的理由是给普度公的供品必须摆放在露天。我问他在自己家所在的三楼楼道能不能做，他回答说：“如果在自己住的三楼楼道做普度，祭品就不能送到普度公的嘴里。那样的话，他（普度公）就会在这个家里惹是生非，不得了的。”“其他公寓居民，也有在所住的楼层走道摆放普度菜做普度的人，但是在离自己家入口太近的地方做的话，怕发生什么纠纷。所以要下到一楼，在外面做才安心。”

4. 新建小区案例，Zh 家

Zh 家在 1990 年购买了该小区的商品房，搬到了这里。这个地区过去一直是在农历七月六日举行普度的“角落”，所以搬来的 Zh 家也依规在农历七月六日做普度。

这栋商品房公寓住着十户人家。大约一半人家做普度，其他居民不做。做普度祭的居民，在七月六日下午三点到四点左右，差不多同一时间，各自在自家的走廊里，从自家搬出餐桌，在上面摆上很多普度菜，点上香。最后的烧钱，大家相约一起下到一楼露天烧。“普度公的数量很多，如果一家单独做普度，他们就会互相争抢，很麻烦”，“来太多的灵，一户人家的祭品实在不够，所以大家一起拜祭，拿出很多祭品请他们吃”。

四、PSh 村的普度

（一）PSh 村概况

位于泉州市近郊的 PSh 村，作为靠近城市的农村，与城市有很多联系，交通也相当便利。村民中的中年和年轻一代，大多在泉州市区或附近城镇经商或在城市就职。他们白天出门去上班，傍晚回村生活。由于同姓一族集中居住和宗族的功能还在持续发挥作用，虽说 PSh 村位于泉州市郊，却能看到与城市不同的普度祭祀的情形。

该村的普度由三个仪式构成。农历六月一日举行“竖旗”，七月一日举行“正普”，七月二十日举行“水普”。村民说普度的目的是给没有食物的孤魂野鬼食物，“给他多吃点，就不给我家惹麻烦了”。

以前，竖灯仪式之后，家家户户都把小红灯笼挂在门口，每晚点燃红灯笼的蜡烛。现在既没有做灯笼的人也没有卖灯笼的人，家家户户也不再挂灯笼了。人们在农历六月一日的竖灯仪式上，只准备少量的菜肴，点香烧钱。七月一日的普度仪式是一系列普度仪式中最盛大的中心仪式，因此也被称为“正普”。“水普”是农历七月二十日举行的仪式。因为村子位于河边，所以要祭祀溺死的人。为了祈求村里人的水上安全，农历七月二十日这天下午三点至四点，村里各家各户都带着供品陆续来到河边，在桥上或岸边摆上供品祭祀。

图 2–2–2　泉州户外普度

图 2–2–3　1 PSh 村户外普度

（二）PSh 村普度案例

1. 案例 1

2002 年 8 月 9 日，农历七月一日，泉州市近郊农村 PSh 村 G 家。

男主人 30 多岁，女主人也是 30 多岁，是小学教师。

这天上午十点左右，各家妇女用扁担挑着饭菜、酒、香、钱等，到自己家所属一族的家庙“祠堂”“上香（给祖先上香）”。到“祠堂”先摆上带来的供品，手持一束点燃的香，拜祖先的牌位、到院子里拜上天。在院子里特设的“炉”里，各放几枚“金”烧掉。结束后，在祠堂的大门外放鞭炮，把供品挑回家。

调查的当天下午，在女主人的带领下参观 G 氏家庙时，看到了不断前来“烧香”的 G 氏一族的女人们。她们解释说，在做普度之前，只要先到祠堂向祖先致意就可以了，并没有明确规定必须在上午到家庙向祖先致意。

“金”是指中心涂有红色的黄色方形纸，是“钱”。用纸张的大小表示金额的不同，区分为“大钱”“小钱”。也有在纸上涂上银色的纸，称为“银”。祠堂里的女性们说，在祠堂里可以给祖先烧“钱”，但不能给祖先送“银”。

下午三点到五点左右，结束家庙祭拜的家庭，回到自家，在院门口或院子里支起餐桌，为普度公摆放供品。各家主妇点燃香，在院门口烧“金”。过了大概十分钟左右，在院门口放鞭炮，普度仪式结束。

把供品搬到厨房，普度菜就变成了盛大晚餐的食材。桌子也收到房屋里。

给普度公烧钱的时候，和给祖先送钱不同，“金”“银”都无所谓，给普度公少烧“金”，多烧“银”。

那天的晚餐叫作“吃普祀”，用作普度摆祭的食品加工后招待亲戚朋友。来吃普祀的客人多就意味着自家人脉广朋友多，各户都为客人到来而高兴。另外，家家户户也必须到同村的亲戚、朋友家去喝杯酒露个面，表示互相有关联、有情谊。所以晚饭的“吃普祀”时段是相互走门串户打招呼和喝酒的时间。据说，G 宅的男主人在那个傍晚走访了村内的十几户人家。G 家的晚饭也是这样，来问候的人、来露面打招呼的人进进出出，络绎不绝。

那天，除亲戚之外，G先生初中时期的朋友也来吃普度，像笔者这样突然来的外人也受到欢迎，坐在了“吃普祀”的客人座位上。吃饭途中，男主人G先生不知去了哪里。另外，有些人进入G家后，在座位上喝杯酒，一会儿就出去了，也有些从村子外面来的人在座位上喝杯酒就立刻赶着去村里别人家。每家都是出出入入、来来往往的，餐桌上的气氛很是热闹。

下午走在村子里，笔者对家家户户的普度光景进行了片段式的观察，记录下那天的村落普度景象。

2. 案例2

A家：餐桌放在宽敞庭院的正中央，而不是放在院门口。桌上摆着祭品，红酒杯七个、筷子七副、啤酒两瓶、两瓶1.5升的饮用水、两个罐头、一筐梨和龙眼等水果，还有一盘煮螃蟹、一盘猪肉、一盘鱿鱼、一盘肉丸子。另外，还供奉着用竹篓装着的三种蘑菇、一个装满米的水桶、一盘鱼干、一盘当地特产食品“鱼卷”。

女主人点燃三根香，放在餐桌上筷子和酒杯之间。因为“焚香的时间就是普度公吃祭的时间”，那家的女主人一直在餐桌旁等候，观察香火燃烧状态。当香烧到一半或三分之二时，开始烧“钱”，然后放鞭炮，送普度公走，仪式结束。清理普度菜端进厨房，整理餐桌，收拾烧过“金”的灰。

3. 案例3

B家：在院门口放一张餐桌。除寓意“三牲”的一只煮鸡、一块煮猪肉、一条炸鱼之外，煮鱿鱼、炸芋头、生螃蟹、生虾等八盘。还放着一瓶可口可乐、一瓶酒、一瓶咖啡。蔬菜类则是将葱、辣椒、大蒜、西红柿装入竹筐摆在桌上。桌上放着六双一次性筷子，没有放酒盅。[1]

那家的女主人把三根香放在餐桌上，在烧香的时候，两个儿子帮忙在餐桌前地上的铁锅里烧“钱”。

1　女主人告诉笔者，这个村普度祭祀用的祭品里不用狗肉和牛肉。其他的不论生食或熟食都可以。

图 2-2-4　中元祭祖

图 2-2-5　泉州市内一条街住户同时行动的普度风景

4. 案例 4

C 家：圆形餐桌上，七八副一次性筷子和几个酒杯不规则地放在盘子之间。

一只煮鸡、生鱼和煮猪蹄作为“三牲”。另外还放着生虾、鱼肉丸子、蒸蟹、炸鱼块、生猪肉丝、一捆带枝叶的龙眼、一罐茶叶、两瓶饮料。在放满供品的餐桌后面还放了长椅，上面堆了蔬菜类的花菜、萝卜、青椒、葱、姜、蒜以外，还有大米。我们经过 C 家的时候，香已经被点燃，女主人正在地上烧“金”。

5. 案例 5

D 家：院子里准备了餐桌和长椅。餐桌上向外放着已经点燃的香，还放着几双筷子和几个玻璃杯。桌上摆着啤酒、可口可乐、罐头、鱼、鸡、猪肉等。既有煮熟的或油炸的食物，也有生的食材。长椅上堆放着蔬菜、大米和干米粉。一名男子蹲在餐桌前，把“钱”直接放在地上烧。

五、东南地区各地案例

此外还有以下各个地点的中元节零碎数据，有些是因别的课题进村，没有来得及详细调查中元节，在此只记录下中元节和普度的片段。有几个案例是笔者参加过的团体调研时的数据。

1. 江苏省连云港市

江苏省连云港地区，除祭祀“家鬼”——村民解释为“祖灵”——外，对无家无子孙的“野鬼、孤魂鬼”也烧纸钱供奉。同样是江苏省的 CHSH 地区的家家户户，在“七月半”这一天要在遗像前供奉饭菜，根据老人们记忆的祖先的人数，按人数摆放筷子。

2. 浙江南部金华地区

在浙江南部的金华地区，中元节这一天要扫墓和烧羹饭，在家里的客厅“中堂”挂上画有祖先遗像和家谱的“祖图”，全家人一起祭拜，然后在屋外举行送别“太公”的仪式。这一天还要做另一个仪式，人们在路边祭祀“孤魂野鬼”，并焚烧纸钱、纸衣、纸马给野鬼。人们认为这是七月半的重要内容。

3. 浙江省嘉兴市

浙江省的嘉兴市郊区，除举行盂兰盆会外，还有“接亡人”（接亡灵）、祭拜祖先的习俗。

4. 浙江省宁波市溪东村[1]

农历七月十五日叫作“七月半”，这天要祭祖。各家在自家房屋的中堂点香、蜡烛，摆放饭菜祭祖先。还要烧纸钱给祖先。晚饭时家人聚在一起吃祭祀用的祭品饭菜。人们说祖先除了这天回来之外，家里孩子生病时，祖先也会回来看他。

5. 浙江省奉化市畸东村（1992—1993 年的调查案例）[2]

该村把七月半叫作鬼节，祖先要回家来。农历七月十日到二十二日供奉酒饭祭鬼。鬼节这天很多鬼在外面游荡，晚上小孩子不能外出。因为农历七月十五日有很多鬼，所以酒和饭菜要做出十二人份，下午四点左右把餐桌搬到正

1 ［日］福田亚细男主编：《中国浙江民俗文化——环东海农耕文化民俗学研究》（1992—1993 调查），《中日联合江南地区民俗调查报告辑》Ⅱ，学苑出版社，2024 年，第 177 页。

2 同上书，第 188 页。

房门口，先放香炉，然后沿三面桌边摆放十二盘祭祀菜，菜品里一定要有豆腐、绿豆芽。香炉里插三支香、旁边点两根蜡烛。鬼吃完的祭品饭菜撤下来之后，全家晚饭时一起吃。

6. 上海郊区张泽镇（1999—2000 年的调查案例）[1]

中元节时，老祖宗会回到自己子孙的家里，还有一部分鬼魂无家可归。给老祖宗烧钱（锡箔）时，会另外烧一点点纸钱，这就是烧给没有家可回的鬼魂们的。在家里烧金时要在大铁锅里烧，在外面烧时要用石灰在地面画一个圆，要放在圆圈里面烧，村民解释说这是防止被无家可归收不到祭祀的鬼魂们抢走。当地人传说明代朱元璋在江南打仗，死了很多人，成了无家可归的鬼魂。他们都有很大的怨气，会做坏事，是恶鬼，也被叫作野鬼。

人们认为，人去世后没有后人祭祀，就会变成恶鬼，去世后尸首一直没有被埋葬的也会变成恶鬼。没有生儿子的家庭，可以招女婿上门续自家香火，保证死后有人祭祀。如果没有孩子，可以抱养同族兄弟的男孩做养子，自己死后就可以作为祖先被祭祀，死后就不会变成没人祭祀、无家可归的鬼。如果死在外边，找不到尸骨，家人要做一个稻草人代替尸骨埋进坟墓。这样，这个人就不会成为孤魂野鬼，中元节要祭祀的野鬼就不会太多。

7. 福建北部南平市

在闽北南平城区的中元节这天，各家各户白天在先人遗像前摆上一桌饭菜，子孙们对着遗像跪拜后，把近祖的名字分别写在“汇款袋”上，把几个纸袋子放在大门口焚烧；如果是高层楼房，就在一楼入口附近烧掉纸袋，给祖先送钱。

8. 福建省西部长汀县

在福建省西部长汀县的 DT 村，农历七月十五日在家里的“厅堂”烧掉要送给“太公、太婆”的“金、银”（贴着金或银色箔的纸、纸钱）后，晚上在

---

1 ［日］福田亚细男主编:《中国江南村落民俗志研究 —— 上海近郊村落民俗》（1999—2000 调查），Ⅳ，学苑出版社，2024 年，第 160—161 页。

路边或大门外给“野鬼”（未入后祠堂之人、无子孙之人）或“归宗在外之灵”（死于村外之族人）上香。

在长汀县的CF村，农历七月十三日到十六日，“太公、太婆”会到自家迎接客人，请他们吃大餐。同时以村为单位在村内某处举行“孤魂野鬼”救济法事，不以家庭为单位举行。

9. 福建省西部永定县

福建西部永定县要过“七月半”。人们白天祭祖先，夜间祭鬼。农历七月十三日至十六日，迎接“太公、太婆”回到家，招待他们吃好喝好，同时以村为单位举行救济“孤魂野鬼”的法事。

第三节　普度的基本要素

这一节，我们将上述四个调查地的普度案例按祭祀基本结构、祭祀对象、祭祀仪式的时间地点、注意事项等四项要素展开叙述。

一、YX村普度仪式基本要素

（一）基本结构

YX村的普度祭祀是以家庭为单位进行的。基本结构由上午、中午、下午三个时间段组成。

1. 上午，十二点前“祭地主”“祭祖宗”“敬公妈”。

2. 用丰盛的午餐招待亲朋好友，“吃普度”。

3. 从下午到傍晚太阳落山之间，在自己家的大门外“敬下界”。

（二）祭祀对象

祭祀的对象共四个，上午有两个："地主"和"公妈"，下午有两个："国公"和"下界爷"。由于对村里"国公"信仰调查不足，这里只列举、记述家庭级祭祀的三个对象。

1."地主"

也被称为"土地"的神，每个家庭都存在，是守护一家的生活和健康的神。这个神虽然没有像，但在商店里可以买到写有"本宅前后地主"的符纸。在入住新居之前，先把"地主"和祖先的牌位搬到新居，然后向祖先和"地主"打招呼的习惯，对当地人来说是非常重要的存在。每年举行两次"地主"祭祀，时间分别是除夕下午和农历八月"普度·做半段"的上午。

2."公妈"

也叫"婆婆妈"，一般在除夕上午、普度上午和清明节祭祀3次，也有家庭会在端午节这一天祭祀。除清明节扫墓外，其他时间都是在自家对着牌位举行祭祀仪式。村民们说，除了清明节，其他不上坟，在家里举行仪式，"点上香，他们就回来了"。村民们说，接受祭祀的祖先"当天上午来，吃完饭拿着钱和衣服就走"。

3."下界爷"

关于其本体，村子里有好几种解释，比如死在村外的人、饿肚子的"鬼"、死后没有子孙和亲人祭祀的无缘佛等。"下界爷"没有像也没有具体的传说，但对这个地区的人们来说，他每年普度的下午才会来一次，只要供上食物仔细祭拜他，就不会打扰人们的生活。但是，在祭祀时如果不把纸钱完全烧成灰，他就得不到钱。这样的话，村子里的人都相信他的惩罚会以某种形式到来，并对此感到恐惧。

（三）祭祀仪式的时间、地点

时间：农历的八月三日和四日分开举行，分为当天正午和下午三四点到傍晚两个时间段。

地点：上午的两个仪式在各家的厨房和牌位前举行，下午的仪式在家门口举行，这是传统的场所，而在停车场和自家店铺门口做“敬下界”，是现代化农村新增加的祭祀场所。

（四）注意事项

对村里人来说，祭祀是必须要好好做的。虽然没有明文规定，但在村民之间存在着代代相传的祭祀仪式规则和注意事项。以下列举的是当地人作为祭祀相关规则所共有认知的默认事项。

对祖先的祭祀虽然没有明确的开始时间，但大部分家庭都是在上午十一点左右开始，到十二点完成仪式。

因为有“过了十二点祖先就不吃东西回去了”的说法，所以家家户户都非常小心，绝不能推迟祭祀时间。

下午的“压下界、敬下界”是在院门口举行的仪式，不管当天刮风还是下雨，绝不在庭院或房间举行这个仪式。下午的祭祀是祭拜其他的灵魂，人们强烈认为不能让其他灵魂进入自己家，进入院子也不行。调查中笔者强烈地感受到人们共有的这种禁忌意识和对外边的魂、下界的魂的恐惧心理。

（五）普度仪式之范围

在进行普度的七个村庄中，同一天交替进行两种等级的祭祀活动。也就是说，上午的“敬地主”“敬公妈”和下午的“压下界”是在同一地域空间进行的各个家庭个体层面的祭祀行为，下午的“国公”祭祀和演剧则是宗族、社区层面的集体祭祀行为。前者以家庭为祭祀行为范围，后者则以村落、宗族为举办祭祀的范围。

另外，举行普度仪式那天的午餐不是和祖先一起吃，而是作为招待亲戚、朋友、同事或生意上的客户等的机会而广邀客人，甚至亲戚的亲戚、朋友的朋友以及孩子的同学等，那天都是受欢迎的客人。在实施调查的那天，可以看到人们手里拿着很多土特产，骑着摩托车或开车来到村里，挨家挨户地走访。他们大多是村里人的亲戚，或是回娘家的女儿及其子女，或是移居市区的儿子一家，等等，甚至有当地镇、县干部前来参加吃普度。男主人在招待来自己家的客人，又被邀请去别人家，在那家喝点酒，又要去另一家吃饭，这种情景经常出现。

村民说与春节相比，邀请的客人更多，是八月祭的特点。所以YX村的八月节比过年还热闹。普度日的午餐被认为既是现代社会普度仪式的一环，又是血缘和非血缘的个人以及地区之间人际交流和沟通的场所。吃普度不只停留在过去那种亲戚和儿女一家来问候的层次，在民间社会中已经是具有社交功能的社区层面的交际机会。对现在的村民们以及附近城镇的人们来说，普度除了祭祀神灵、祖先、“鬼”之外，也是一个重要的社交时节和社交场所。

二、XP村“普度”基本要素

（一）基本结构

两个月内，“竖旗”“普祀”“结尾缘”“重普”等仪式构成了普度祭祀的整体。中心仪式是“普祀”。

在主要仪式“普祀”当天，从下午到傍晚，各家在大门外或堵住大门的状态下摆上一张餐桌（根据准备的供品量，也有家庭摆两桌）。餐桌上摆上香、酒和被称为“普度菜”的各种菜肴和食材等。也有家庭准备桶装和瓶装饮料、茶叶、花束，这属于现代社会的增补版，并不在必备菜单之内。点燃香，用香火唤来普度公，请他吃供品。进行跋杯，得到普度公的许可后开始烧钱。最后放鞭炮送别普度公。

（二）祭祀对象

祭祀的对象被称为“普度公”。村民解释说，“普度公”就是很多个灵魂，也就是俗称的“孤魂野鬼”。“普度公”是肉眼看不到的，既没有画也没有像更没有具体传说的存在。但是，在村民的意识中，“他们”是每年农历七月来

“吃”祭品、从家家户户收“钱”的存在。人们说，他们每年来一次村庄，这个时候如果不认真祭拜他们，就会给这家人带来麻烦，或者做坏事，抢这家的祖先“公妈”们的食物吃。

（三）祭祀仪式的时间、地点

时间：在农历七月二十七下午至傍晚举行。

地点：各家的家门口。与“七月半”的接待祖宗的灵魂不同，做普度接待的普度公是外来的魂，所以有着强烈的“不能让他进入院子”的意识。

（四）注意事项

在进行普度仪式时，一些细节反映出当地人会经常区别祖先和普度公之不同。

1.“普度”和“敬公妈”用的食物有区别。“敬公妈”时都是煮熟的食物，而“普度菜”是没有煮熟的食物，如生大米、生米粉，生鱼虾也可以。

2. 祭祀普度公与祭祀祖先不同，是不准备筷子的。因此，要注意不要将会伤到手和口的食物，如边缘尖锐的贝类等作为普度菜供给普度公。

3. 将食物放在餐桌上进行祭祀，但必须与人们平时吃饭时的餐桌摆放方式相反。这里的人用餐桌表面木纹的纵向和横向来区分餐桌的日常使用和祭祀使用。平时人们吃饭时，木纹是和门口相对竖着摆放的，祭拜“敬公妈”和“普度公”时，餐桌就必须横着摆放。这样精心区别人与魂的不同，是当地灵魂观的一种体现。人死有魂，但是人和魂不在一个世界生活，阴阳有别，所以要区别对待另一个世界的魂。

三、泉州市区“普度”的基本要素

（一）基本结构

1.“竖旗、竖灯”，2. 普度（以及“吃普度”），3.“水普”，4.“重普”，

5. “结尾缘”。

“水普”是只在部分水边地区举行的仪式。

普度日的晚餐被称为“吃普度”。表面看只是普度仪式后的用餐，但是通过调查得知，“吃普度”曾经是传统社会增进宗族内部相互联系、确认宗族内部相互位置和开展沟通的机会。在现代社会中，吃普度发挥着重要的促进社交、扩大社会交流的作用。因此，这里第2项的普度仪式中，当天的“吃普度”也是普度的一个不可或缺的要素。村民说普度日最为隆重，不仅要准备整桌的饭菜，备好三牲、酒等祭拜，以前还要召集外村的亲朋好友来，谁家来的客人多，谁最有面子，那种场面绝不亚于过春节。

（二）祭祀对象

一系列普度仪式的祭祀对象，皆为“普度公”。对这个地区的居民来说，普度公是谁都知道的，既没有画也没有像也没有任何庙宇供奉的可怕的灵魂。“普度公没有具体的形象，但似乎随处可见”“管理孤魂野鬼的他们的领袖”“被杀的人、因罪被处刑的人、在地狱里饿肚子的人”等，都是当地村民、居民口里讲述的普度公的形象。

在村子里和市区里都没有听到有关因为不祭拜普度公而遭到惩罚的具体故事和传说，但当地的居民们说，如果每年不祭拜普度公，个人和家庭就会遭遇不幸，他们惧怕普度公，所以对普度公的祭祀会认真且盛大地举办。听当地居民讲述，20世纪60年代的政治运动时期，普度祭祀被禁止，但人们并没有轻易地取消这种祭祀。在传统的铺、境轮流举行普度的日子，人们会提前或推迟举行祭祀的时间，悄悄做普度。理由是普度公是威胁人们平安生活之存在，而通过祭祀行为可以消除这种威胁。每年按时在约定的“吃祭”时间招待普度公，人们就觉得可以安心生活。

（三）祭祀仪式的时间、地点

时间：在泉州人的意识中，“七月半”也包含在普度期间，因此农历七月的祭祀仪式举行的时间有两种。各“角落”在农历六月末到十月之间，错开日期依次举行的普度，以及泉州全境在农历七月十五日举行的“七月半”祖先祭祀。

在闽南，农历七月是不可以进行谈婚论嫁、奠基建房、开业剪彩等事项的，总之，凡与喜事沾边的皆不宜在农历七月举办。

地点：如果是传统式的住宅，普度祭祀的地点在大门之外，七月半仪式在屋内的牌位前举行。随着城市化进程的加快，搬到公寓的居民不断增加，居住环境和生活方式的变化，给普度的祭祀场所带来了影响。与传统房屋相比，公寓居民的空间里没有大大的院子，出了自家大门是半密封式的楼道，看不到天空，所以新的居住环境里有以下几种祭祀地点模式。

1. 先在自己住的楼层的屋门里祭祀，然后下到一楼“烧金”。

2. 先在自家大门外、所住楼层的楼道摆桌祭祀，然后下楼“烧金”。

3. 不管住几层，都下到一楼，祭祀和“烧金”都在普度公所在的传统空间（露天）进行。

这些模式是为了适应居住空间的变化，居民们在改变居住方式和维持传统意识之间进行调节的结果。

（四）祭祀的注意事项

泉州地区的人们在祭祀时，会注意区别“普度菜”和“祭祖菜”的食材内容、区别“烧金”场所和摆设碗筷等。

泉州地区的“普度菜”一词，是常被人们挂在嘴边的口头语。在主人招待客人吃饭时，会习惯性谦虚地说一句“没有什么好东西，只有普度菜”。这个“普度菜”，原意是指普度时被供奉的各种菜肴，大多是炸一下、煮一煮就摆上桌的不精致的菜肴，日常生活里指没有精细加工的极一般的饭菜，因此成为请客时的谦虚之语。

普度时，当地不使用传统上最高级的祭祀品的整猪、整鱼、整鸡的“三牲”，只要是猪、鱼、鸡三种肉，什么形状都可以，做法也很灵活。近年来，罐头类食品也出现在普度菜的菜单上，是可以容忍的省却加工时间的菜肴。另外，人们说“普度公‘吃祭’后，会把供奉的食品和食材带回去自己做饭吃”，因此，不经过热加工的食材也会直接摆供。但是，不放置筷子是普度与祖先祭祀的不同之处，所以人们十分注意在食材里不用边缘尖锐的带壳的贝类，理由是“他们用手抓饭吃，弄伤了可就麻烦了”。

“祭祖菜”，祖先每年要回家吃一次大餐，因为祖宗要回家来，所以供品要豪华，而且全部都要过热加工，精细调理制作。祖先吃饭和人一样需要筷子，所以在摆放供品的餐桌上一定要添上筷子。祖先使用筷子夹取食物，所以准备的食材即使带壳也可以。因为当地的人们平时吃不惯生鱼生虾，所以也不供奉给祖先，这是“祭祖菜”基本特点。

“烧金”，祭祀时烧给祖先或普度公的阴间用纸做的“钱”。人们有一种共同的认识，“金”如果不被完全烧成灰，就无法送达祖先和普度公的手中。

但是，同样是给魂灵们烧钱，人们根据受领对象不同，分成给祖先用专用容器烧“钱”，给普度公直接放在地上烧钱的不同处理方法，人们用这样的方法，表现他们对祖先和对普度公的不同态度和区别对待的认知。近年来，在城市里，出于居住环境以及消防方面的考虑，给普度公送的钱也在特定的金属容器“炉”中烧了。这体现了随着环境的变化而导致祭祀行为的变化。

四、PSh村“普度”的基本要素

1. 基本构成

由农历六月一日的“竖旗”、七月一日的“正普”、七月二十日的“水普”三个仪式构成。

2. 祭祀对象

村民们说当天祭祀普度公、孤魂野鬼，但实际上从村民们当天的行为可以看出，在祭祀普度公、孤魂野鬼之前，还会先去家庙祭拜祖先，所以那天实际是祭祀了两类灵魂。

3. 祭祀仪式举行的时间、地点

观察可知，在这个村子里也有两种时间、两种场所，祭祀两种对象。时间分为上午、下午和傍晚。各家在上午或下午到所属的“家庙”祭拜，傍晚在自家举行祭祀仪式。祭祀场所有各宗族的“家庙”和自家的庭院或院门口两处。在家庙给祖先上香、请祖先吃祭祀品。在自家庭院或院门口祭祀普度公、孤魂，给野鬼上香、用丰盛的食物款待它。

4. 注意事项

用于“烧金”的钱分为“金”和“银”。“金”是在家庙送给祖先的，而“银”是不能在家庙使用的钱。普度公祭祀时多用“银”，少量“金”。

祭品中是不能用牛肉和狗肉的。

在这个村子的普度仪式上，把筷子放在给普度公的供品桌上，是特殊案例。

第四节　被祭祀的主角

一、中元节的性质

（一）菜姑之存在

中元节以“鬼”为祭祀对象，所以也被称为“鬼节”，文献中也多有记载。但是，这个鬼节的“鬼”，从各地的实例来看，包含了祖先、夭折的亲人和死在外面的家人的灵魂、死去的他人的灵魂、没有子孙的逝者的灵魂、无家可归的逝者的灵魂等各种各样的“鬼”。另外，在“鬼”的总称下还有“家鬼”“野鬼”的分类。虽然也有将祖先和家族的逝者一律称为“家鬼”的地区，但在南方，回避称祖先为“鬼”的地区较多。“野鬼”还有“无祀之魂、孤魂、亡魂野鬼、无祀鬼神”等多种叫法。

农历七月被称为“鬼月”，到了“鬼月”，“鬼门”大开，魂灵回到人间。人们为了款待回家的灵魂举行仪式。这个仪式有各种各样的名称，从道教由来的称为“中元节”，因为仪式上有烧纸钱的行为，所以也称为“烧纸节”。在福建省、浙江省，除“中元节”以外，也叫“七月节”“七月半”，调查地的叫法是“敬公婆”，意为“祭祀祖先”，仪式的中心内容是给祖先的灵魂准备饭菜，称为“做公婆饭”“烧羹饭”等。

清代以后泉州地区的居民们，经常把包括“七月半”“中元节”在内的在农历七月举行的一系列仪式全部称为“普度”（见 XP 案例、PSh 案例、QZ 案例）。然而，民间被称为“中元”或“普度”的祭祀仪式，其祭祀的性质、结构、祭祀行为以及行为中所包含的人们对灵魂（包括祖先的灵魂和他人的灵魂）的认知等，与道观的中元法事、寺院的盂兰盆节法事性质并不相同。

泉州在中国佛教史上是极为重要之地。在《八闽通志》中，泉州“多好佛法”、意指信佛者众多，“素号佛国”，于是被称为佛教之国等记载。[1]另外，晋太康年间就有佛教寺院，南朝时期印度高僧曾在泉州的寺院翻译佛教经典，唐代泉州地区建造了 40 多座佛教寺院，还有超功寺佛僧昙静跟随鉴真和尚东渡到日本的传说，泉州与佛教有着密切的关系，被称为泉南佛国。宋代以后，理学的影响逐渐扩大，泉州的佛教开始世俗化。有人指出，元代泉州的佛、道相互影响，出现了融汇的倾向。在清代，由于欧洲思想的传入，佛教急速衰微，寺院只能依靠民间法事的收入勉强维持。

从清代开始，佛教在家信徒数量大大增加。在自己家里设立佛堂，与佛僧一样吃素的男性称为“菜（斋）叔”，女性称为“菜（斋）姑”。清代末期出现了受斋戒而不剪发进入寺院的“菜姑”。她们穿着袈裟住进寺院，参加或主持法事。据说兴盛时期，一座寺院中有 30 至 50 名“菜姑”。根据 1941 年晋江县的统计，晋江区域内由“菜姑”担任住持的寺院数量比例高达 70%。另外，

---

1 （明）黄仲昭修纂，福建省地方志编纂委员会旧志整理组、福建省图书馆特藏部整理：《八闽通志》卷三，福建人民出版社，1989 年，第 44 页。

1941年，中国佛教会晋江分会登记会员7930人，其中佛僧242人，居士99人，菜姑452人。[1]“菜姑”大多来自当地的农村地区，过去也祭祀道教诸神，因此对道教持不排斥态度，她们与民间社会有很多联系，平时负责家家户户的法事。这种“菜姑”现象，被指出是泉州的庶民层面接受佛教影响以及庶民层的活动被认可有佛教色彩的重要原因之一。[2]

（二）复合仪式的存在

随着社会环境的变化，佛教寺院和道观走向衰微。农历七月十五日举行的中元节和盂兰盆会的各种做法事，从以寺院为中心转为渗透到民间，在民间家家户户继续举办。祭祀祖先和祭祀孤魂野鬼这两种性质不同的仪式和概念，在民间层面上相互重叠，民众内心深处“要好好祭祀祖先”的意识，和认真祭祀可怕的鬼魂就于己无害、全家平安的意识相融合，聚合了多种要素，形成了具有复合性、混合性的民间祭祀仪式“普度”。

今日民间层面的普度仪式，是道教、佛教的影响融入民间意识而形成的民间信仰活动，可以解释为是祭祀灵魂的多种仪式的聚合体。今日举行的普度祭祀，可以说是祭祀家庭祖先的中元节祭祀和寺院救济孤魂野鬼的施饿鬼法事这两种祭祀仪式之重合。

泉州的普度祭祀中多个祭祀对象的存在和在两个祭祀时间段、两个场所进行祭祀，正是这一融合的典型体现。另外，在店门口或停车场汽车车头前的祭下界行为，显然不是传统元素，而是经济发展催生了长途运输的需求，人们从农业、渔业转到运输业，新的经营形式进入传统上以农业为主的地区，人们有了祈愿交通安全的需要后的产物。在自家以外的地方祭祀与自己没有血缘关系的他人灵魂，以此来换取一家、一族或整个村庄的无病无灾，除了体现出这个地区的人们对他人灵魂持有恐惧心理之外，也能看到人们祈求生活平安的愿

1　吴幼雄、泉州历史文化中心编：《泉州宗教文化》，鹭江出版社，1993年，第94—176页。

2　同上。

望。因此也可以说，普度、祭祀普度公这种祭祀的性质，是人类对超自然存在的积极的祭祀行为，是带有交换条件的祭祀仪式。

文献资料显示，过去在这一天，除了家家户户的祭祀祖先之外，佛教寺院和道教道观也举行活动。直到现在，一到农历的七月十五日，佛教寺院就会举行超度法事和将逝者的灵魂从苦界中拯救出来的“普度、济度”法事。但是，在东南地区的福建省和浙江省一般广泛举行的被称为“中元节”“普度”的仪式，是在寺院以外的地方，在人们自己家举行的祭祀仪式。家家户户的祭祀仪式没有寺院的参与，住在同一条街道或同一栋公寓的邻居们互相打招呼，几乎同时在各自的家门口开始和结束仪式。

从史料以及田野调查得到的资料看，东南地区的“中元”“普度”等，给人的印象不单单是祭祀祖先的仪式。过去农历七月十五日，佛教寺院举行盂兰盆会、超度、普度，各家各户在家中祭祀去世的亲人，民间、道教道观、佛教寺院互不干涉，在这一天各自举行仪式。乾隆版《泉州府志》载：“中元祀先，寺观作盂兰会，俗名普度。南国风俗，中元夜，家户各具斋供，罗于门外或垌衢，祝祀伤亡野鬼。”是记述清代中元节要“祀先”，要祭祀过世的祖先们。中元节当晚，家家户户还要把祭供品摆在自家大门外或路口，“祝祀伤亡野鬼”。短短两句，告诉我们清代乾隆年间中元节这天，就已然存在着祭祀祖先和家家户户各自在自家门外祭祀野鬼的复合祭祀仪式。

日本学者铃木满男分析了1969年和1970年中国台湾地区的“中元节”，指出台湾“中元节的对象是无人祭祀的孤魂，也就是‘饿鬼’，更简单地说就是‘鬼’”[1]。他还指出，台湾地区的中元节缺少祭祀祖灵的因素，中元节的主角都是享受不到祭祀的孤魂、饿鬼。“中元节”又称“普度”或“盂兰盆会”，被祭祀的对象也被称为“好兄弟”“普度公”，这些案例的记述非常具有启示性。[2]

---

1 ［日］铃木满男：《盂兰盆时节到来的灵》，《民族学研究》37卷第3号，日本民族学会编集刊行，1972年，第174页。

2 同上书，第167—185页。

举行灵魂祭祀仪式的时间点有清明节、中元节、冬至等，通过前文的表2–2–1可知在北方，这几个节日都是祭祀祖先灵魂的时间节点。因此，笔者想把北方的中元节称为“单纯型灵魂祭祀仪礼”，与此相对，把东南地区的中元节称为“复合型灵魂祭祀仪礼”。而福州的“做半段”，将祖先祭祀和野鬼祭祀两种仪式，在一天分成的上午、下午不同的时间段，对等地举办祭祀仪式。泉州市区和郊区村落的“七月半”无论是祭祀祖先的规模还是日期，都一如既往地只限定在农历七月十五日那天的白天举行，而原本在这天傍晚举行的祭祀普度公仪式，清代以后在规模和时间上都大幅度扩张为按铺、境错开日期轮流举办，形成在多个时间节点、不同的地点祭祀多个对象的仪式。从调查发现的祭祀内容和祭祀对象等要素来看，福州地区的“做半段”与上述福州等地的中元、普度祭祀一样，可以判定为“复合型灵魂祭祀仪式”。

综上所述，作为“复合型灵魂祭祀仪式”的中元节（包括各地区版本的模式）和普度，前来接受祭祀、享用祭品的主角并非单一的，而是各自家族的“祖先之灵”和家族内的没有祖先资格的逝者之灵、完全没有亲缘关系的他者之灵（孤魂野鬼）等灵类。接下来，我们再深入一步，认识被祭祀的主角之结构。

二、三种灵之存在

“中元祭祖”，中元节是祭祀祖先的日子，这句话几乎是人们口头常说一句话。回顾以上罗列的案例，“祭祖”确实是所有案例都包含的一个要素。但是，从东南地区的案例可以得知，在当地人的意识深层，“中元节”“普度”祭祀的灵的种类，除了祖先以外，还有其他多种。东南地区的中元节（做半段）、普度的祭祀对象有多个，祭祀的具体方法也有多种。人去世后虽然存在灵魂，但逝者的灵魂是否成为祖先，需要具备一定的资格。人去世之后会被分类，依据分类结果，逝去之灵有些成为祖先，有些不能成为祖先，而祭祀祖先和非祖先的仪式内容是不同的。

普度日，整个村子或者邻近的邻居，或者轮到做普度的那一条街（“角落”），人们都尽量在差不多同一个时间开始普度仪式。住在楼房里的人，从高层居住空间下来，在能看见蓝天的户外给普度公烧钱，摆上供食物的餐桌。

再如PSh案例，在家庙送给祖先的钱和在家门口送给他人灵魂的“钱”，要细心地分成祖先专用的“金”纸钱和普度公用的“金银”纸钱。如YX案例，也是在烧钱时，把送给祖先的钱分成“钱”和“金银”。使用专门容器“炉”来烧钱，对给祖先以外的灵魂送钱则不使用这个“炉”，以此区分。像YX一样，上午和下午给祭祀对象送的纸衣内容也不同，用这样的细致的祭祀物品的物质区分，表示人们对血缘家族的灵魂、本族人的灵魂和其他灵魂的不同认识以及附带的不同祭祀行为。在历史的长河中，中元节和普度的祭祀礼仪逐渐聚合为一，甚至在同一天做祭祀。然而通过人们根据祭祀对象不同采取的细节性区别，可以感受到“祭祖”和“普度”所祭祀的对象之意识上的差异和行为上的差异。

通过分析人们的祭祀行为，整理出东南地区祭祀对象的灵魂受到不同待遇的标准，可以发现东南地区的复合型灵魂祭祀仪式所祭祀的主角，可以分为三种灵，即下述的A类、B类、C类，具体归纳并叙述如下。

（一）A类：“祖先”

“祖先”这个词使用得非常广泛，是指家族里死去的上一辈和更多的老一辈逝者。通常是指有后代而正常死亡的男性成员及其妻子、对家族发展有较大贡献或特殊贡献的男性成员及其妻子。死后不久的人（未满三年）、未成年或未婚就死亡的男性成员，都会被认为缺乏成为祖先的资格，一般不属于这个类型。

（二）B类：“家鬼”

达不到“祖先”标准的死去的同族人被称为“家鬼”。同一族中在村外死亡的，未婚或结婚后没有生儿育女的，各种意外死亡的，都属于这类。这些死者的牌位不能进入祠堂。这些人的灵魂被称为“家鬼”，而不被称为“祖先”。

他们会被与祖先区别开祭祀。这种类型又分为两种，我们将其命名为“B–1”和“B–2”。

“B–1”类包括病死、意外死亡、未婚死亡和婚后没有孩子的人。家族会在未成年逝者达到结婚年龄时，安排他的灵魂“结婚”，即“冥婚”，再从家族内部收一个养子。婚后没有孩子的人直接举行一个过继儿子的仪式，就算作有后代、有人祭祀的灵魂了。这里我们称这样的对应行为为救济措施。如果采取了救济措施，逝者会受到“子孙”的祭祀，他们就可以作为普通的祖先，进入祠堂。B–1 类的灵魂，如果得到这样的救济，就可以升级为 A 类祖先，即把牌位放进祠堂，成为普通的祖先被后代祭祀。B–1 类是可以资格转换的类别。

“B–2”是指自杀、他杀的人或违反家规的逝者，或是以某种不光彩的方式去世的人等。这类灵魂对一个家族来说，被认为是不吉利的存在，祭祀他们会给整个家族的子孙带来噩运，所以没有救济措施。B–2 类的死者，家人会简单地办葬礼，很多情况下都不设牌位、也不公开祭祀。调查获知，他们的家人会设置简易牌位，或者简单地把名字写在纸上，悄悄地放在家里的某个不被外人视线所及之处，由其父母或兄弟祭祀。因为这类人不能受到正规的祭祀，所以人们认为这类灵魂具有暴戾的性情。人们认为他们得到满足的祭祀后，就不会再添麻烦。因此，他们虽然不能受到自己家族的或是宗族的正式祭祀，但往往与后述的 C 类一起受到祭祀。

（三）C 类：“野鬼”

所谓野鬼，是指没有固定的子孙后代，没有受到自己家族或宗族祭祀，也没有牌位的死后灵魂。犯罪者或因自杀、他杀以及其他意外死亡而无法回家的灵魂、各种原因使其无法接受自己家族祭祀的灵魂等都属于这一类。这一类是数量最多的灵魂存在，也是人们所惧怕的存在。各地案例中出现的“普度公”“下界爷”“孤魂野鬼”“短命鬼”“冤死鬼”等都属于这类。另外，在多个调查地还听到过当地人这样解释，过去因为战争和地区纷争，很多士兵和民众在这里死亡。他们的遗体和灵魂都没有回到自己的家乡、自己的家庭。抚慰这些灵魂就是做普度的理由。按照当地人的认识，把这些历史上战乱死的人也归入C类。一般所说的“孤魂野鬼”、福州的“下界爷”、泉州的“普度公”都属于这个C类。此外，如前所述，在民间被视为“恶亡”的部分灵魂也包括在这个C类中。

人们在意识的深层，对A类持有尊敬和亲近的感情。A类灵虽有时会降祸怪罪子孙，但基本上是保护子孙的存在。除了“祖先、祖宗”之外，如东南地区的“公婆”“公婆妈”“太公太婆”等地区方言中，对在世的祖父母辈分男女的称呼，也扩展为对A类逝者，即“祖先”的称呼。这是在各地进行的实地调查中发现的。这也是一种灵魂观的表现，即后代对在世的老人和故去的老人的亲密感情是同样的。

在东南地区，人们相信获得“祖先”资格的A类灵魂平时住在坟墓里，以每年数次的频率回到家里或家族祠堂。他们守护直系子孙的健康、平安、生意兴隆和出人头地等，他们通过祭祀仪式与子孙定期交流，A类灵魂被认为是给子孙带来各种恩惠的存在。但是，如果子孙不去扫墓或不在自家祠堂认真祭祀他们，生气的A类灵魂会给子孙带来灾难以示惩戒。因此，作为子孙的人们对A类灵魂的祖先的祭祀要认真举行，而且在同一天祭祀多个对象时，要在时间和顺序上优先A类灵魂的祭祀。

B类的“家鬼”的灵魂们，虽然有血缘关系，但是因为存在定位不稳定，时常会给一族人带来些麻烦，但是通常认为这些麻烦的危险性很低。在农历七月十五日中元节之际，B类作为特别的“家鬼”被祭祀，家人或子孙们将日期错开一天或者将祭祀场所分开等，与祖先祭祀相区别的案例很多。另一方面，也有的地区在中元节祭祀时无视这类灵魂，只注意区别开对A类祖先和C类野鬼的祭祀场所和时间段，设置A类、C类祭祀之区别。前面案例中出现的福建省西部对外面的“野鬼”和客死外面的“未归宗的在外之灵”的祭祀，就属于这种情况。属于B类的灵，虽是人们的亲人，却被称为“家鬼、亡人、半路鬼、短命鬼”等。这是因为他们没有完成正常的死亡和成为正统的“祖先”的过程，不具备成为祖先、享受子孙祭祀的资格，所以无法成为“祖先”，也无法进入祠堂。他们在人的世界徘徊，被认为是时常给人制造小麻烦的存在。对他们的待遇也和C类不同，在举行祭祀仪式的日子里，有很多地区是在和A类不同的时间、地点祭祀B类，也有不区分A类和B类，把“家鬼”和“祖先”合在一起祭祀的地区，也有把B类和C类混淆，合在一起祭祀的地区。

在现代社会，多数人都不再是生于斯死于斯的固定于一地生活的模式，人们离开家乡工作、生活，或因工作、商业需要频繁往来于各地。在家乡外死亡和意外死亡等被看作非正统死亡的案例增加，B类灵魂呈现出增加趋势。对此，宗族或家族需要采取相应的措施。但是，如果继续实施历史上一贯的过继养子、达成形式上有后代祭祀的模式，会与今日独生子女家庭多的状态相抵触，只有独生子的家庭不愿意过继孩子给他人做养子、继子。据村民讲述，历史上宗族内部调剂继子时，原则上是要避开选他人的长子的。另外，现在禁止未婚死者的死后结婚，即“冥婚”，所以事实上的冥婚并不举行公开的仪式，没有机会观察和调查。因此，对今日社会里B-1类的以冥婚方式充实祖先资格的实践，尚不能有充分的依据实例之解说。在闽南村庄调查，询问该村里最后一次“冥婚”案例发生在什么时候，得到的回答是几十年前。

对人们来说，C类灵是无家可归、无家人祭祀的怨灵般的存在。人们认为这类灵魂常常心怀不满，对人类持有攻击性的态度，经常威胁人们正常的生活秩序。如果惹怒了他们，他们会让人生病或受伤。如果每年用大量的食品和金钱恭敬地祭祀他们一次，让他们感到满足，就不会给人们和当地社会带来灾难。因此，即使没有任何血缘关系，人们也会恭敬地祭祀C类灵魂。在一年一度的普度祭祀时，除了让他们吃饱喝足之外，还会准备大量阴间的钱，让他们带回去，以这些行为祈求一年的平安。

在东南地区的福建、浙江等地，人们对C类灵的祭祀，多在中元节祖先祭祀之后的当日下午、傍晚或深夜进行。村民或居民注意相互之间打招呼、以使祭祀活动的开始时间尽量一致，避免一家准备的供品的数量不足，还细心选择食材，不使用有伤人危险的贝类等。烧给阴间的钱，一定要在露天烧，并要守候到完全烧成灰为止。根据人们在自家的院门口之外举行祭祀，通过占卜向灵魂询问后才结束祭祀的时间等行为来判断，C类灵魂对人类来说是较为可怕的存在。对人们来说，比起A类的“祖先”和B类的“家鬼”，C类的“野鬼”被认为是威胁家人健康和生命安全的带有凶暴性的存在。

根据调查，在当地中元节的白天，面向牌位供奉给祖先的祭祀食物，一般原则是不能放生的东西的，要将精心烹调的、熟的、应时的、比普通食材更高级些的食材做的美味佳肴供奉在牌位前，并且摆好筷子和酒杯。在泉州市区，人们除了给祖先尽量准备上好食材制作的食物以外，摆上祭祀桌的酒也要用比一般日常喝的普通酒高出一两个等级的好酒、高级酒。从人们这些行动中可以看出，人们恭敬恭敬地对待祖先之魂，充满敬意地祭拜祖先的意识和姿态。

对于A类的“祖先”，是把所有的加热煮熟的供品装在盘子或碗里祭供，而对于第三类灵，则是把整个罐头不开盖就摆上桌，购物袋里装着买来的熟食直接放在祭祀桌上，有些生的食材上摆上葱姜调味料供奉。给第三类灵的祭祀供品数量相当多，在祭祀桌上叠加式堆放，有的祭桌后面还要加一个条凳，堆放大量的大米、生米粉等食材。与给“祖先”的祭品相比，明显地有量多但加工粗糙或不加工直接摆放祭祀的倾向，表现出与祭祀祖先的态度有鲜明的不同。如上一节所述，虽然在调查地区可以看到“中元节”“普度”祭祀的重合性质，也可以看到人们在祭祀行为的细节上区别出祭祀祖先和“普度公”“下界爷”的动向。并且从供品上也可以看出这种区别。在调查地的基本要素中，指出存在“普度菜”和“祭祖菜”专用语言，给A类祖先供奉“祭祖菜”，给C类野鬼灵魂供奉“普度菜”。“普度菜”延伸为一个饭桌上的常见词，泉州地区人们普通的对话中也时常会使用。它用来指非常一般的饭菜，只是量大而已，并不是什么贵重食材做的菜之意。主人常常会用这个词谦虚地表示自己家待客没有很好准备。这从一个侧面说明人们畏惧，但并不过分尊重普度公。

人们尊重A类祖先之魂，遵守定期祭祀他们的习惯，每次都认真祭祀。对B类亲人的灵魂有相同情感，为使其升格为A类，尽可能采取补救措施，将其作为“祖先”在农历七月十五日祭祀（B-1）。对无法补救的亲人的灵魂也并非完全置之不理，或是在家里非公开地悄悄祭祀，或是与C类一起祭祀（B-

2）。C类是不能成为“祖先”的他人之灵，是游弋在空间的、有危害他人之危险性的灵魂，所以每年在农历七月十五日慎重地祭祀他、款待他、安抚他。可以指出，由于对这三种灵魂的认识和评价不同，所以人们的祭祀行为也不同。

另外，在农历七月十五日白天的祭祀中，祖先祭祀是按照优先顺序排列的。对祖先的祭祀，只要子孙数人在家里小规模地祭祀就足够了，但是C类灵是可怕的存在，是众多孤魂野鬼组成的一群灵魂，数量多并有加害于人的危险，所以有必要慎重对待。这就是祭祀C类灵的普度仪式或中元节晚上仪式都会盛大举行的原因所在。

中元节来访的灵魂有A类“祖先”、B类“家鬼”、C类“野鬼”等复数的存在，地域不同，A、B、C三类灵分别作为主角的登场方式和祭祀方式也不同。笔者所把握的案例，只是汉族部分地区的模式，因为A类灵和C类灵在性质上完全不同，所以祭祀是在不同的时间段里分别进行的。在一日型祭祀和多日型祭祀中，根据案例数据，可知祭祀时间带的组合有两种模式：

1. 一日模式：当日白天＋当日傍晚；

2. 多日模式：七月十五当日＋七月其他日。

被祭祀的主角也有几种类型：

1. 一日模式的当日白天＋当日傍晚

（1）中元节和七月半的白天以A类和B类为中心祭祀，晚上在大门外祭祀C类；

（2）白天在家祭祀A类，晚上在路边祭祀B类和C类；

（3）只在白天祭祀A类和B类；

上午A类是主角，傍晚C类是主角。

2. 七月十五当日＋七月其他日的多日模式

七月十五日这天祭祀A类，A类是主角。其他日子只祭祀C类，C类是主角。B类不同地区有所不同，或归入A类祭祀，或与C类一同祭祀。

除了恭敬地祭拜祖先之外，在院门口或路边恭敬地祭拜与自己没有血缘关系的野鬼，也是今日很多地区中元节的内容。不过，在大多数地区，中元节通常把重点放在对祖先的祭祀上，而在福建东部和南部，对非祖先类灵魂的祭祀则显得更为重要和盛大。以泉州的“普度”和福州的“做半段”为对象考察，比起祖先祭祀仪式，对“普度公”和“下界爷”的祭祀仪式更能让人感受到当事人的紧张感。与其他地区的中元节相比，祭祀行为可以看出中元节强烈地意识到非血缘灵魂类的危险性，人们对它怀有强烈的恐惧心理。在东南地区，中元节也被称为普度，在被称作中元节或普度的日子里，祭祀仪式往往是两种或三种，祭祀的对象也往往是两种或三种。东南地区的普度或中元节，是一种“复合型灵魂祭祀仪式”。调查结果表明在此期间被祭祀的对象是多重的，祖先并不是永远的主角。这是当地民间信仰和死者祭祀的特征。

第三章　死后祭祀

第一节　认知祖先观

一、成为祖先的“资格”

具有浓厚的祖先信仰、虔诚地祭祀祖先的东南地区的汉族，尊重祖先并基于这种观念生发的行为呈现出独特的地域特征。如前所述，从灵魂观念出发，对遗体、遗骨的态度有差异，由此延伸，对待墓地的态度也会不同。本节从扫墓和对坟墓、墓地的执着这一角度来论述汉族的祖先祭祀。

祖先是具有特定血缘关系的子孙们去世的上一代以及更久远的代代逝者。拥有特定血缘关系的逝者的灵魂会永远活在阴间，会从善恶两方面影响有血缘关系的子孙，人们相信这是一种保护子孙或影响子孙的存在。从这种信仰中产生了祖先崇拜，后世祭祀祖先的仪式盛行。汉族被认为是重视祭祀逝者、崇拜祖先的民族。汉族虽然有人死后存在灵魂的观念，但也有并非所有灵魂都能成为祖先的意识。比起所谓生物学上的祖先，更重视文化上的祖先，以此为基础祭祀获得“祖先”资格的灵魂，才能长久地享受祖先庇佑。

根据逝者的年龄、在家族或地区社会中的身份和职务、死亡方式和死的场所等要素，人们对亡灵进行分类，分成“祖先”的亡灵和不能成为“祖先”的亡灵。灵的分类不同，葬礼的规模和场所也不同，由此可见汉族对祖先这一概念的认识，并不是所有具有血缘关系的逝者都能自然地成为祖先。汉族虽然有定期祭祀祖先的习惯，但对祖先和祖先以外的灵魂的祭祀是不同的。前一章论述了被祭祀的灵之分类，这里从一族内部的视角，将A类灵、B类灵进一步分解，分类认识有资格成为一族人之祖先的灵、可以升级为祖先的灵、不能成为祖先的灵。这里再次整理如下。

成为祖先需要“资格”，这个资格是根据宗族的标准判断的。在东南地区，一般将有血缘关系的逝者之灵分为三类。这个分类与本书前面提到的死亡的正统性和非正统性以及被祭祀的三类灵魂有关。按照这个分类，具有正统性的逝者具有成为祖先的资格，而非正统性死亡的灵魂没有资格成为祖先。

首先，事业成功，对国家、地区有贡献的闻名于世的人，经商成功、拥有很多财富的人，对家族来说是功臣和荣誉，这样的人当然有资格成为全族人的祖先。另外，为了地区、社会或国家而死的，无论是意外死亡、战死，还是被他杀而死，都被认为是英雄之死，是具有正统性的死亡，也被认为是大家族的光荣和骄傲。他们自然成为很有名的祖先，死后祭祀仪式相当盛大。

接下来，人在走过人生道路基本程序后在自己家中衰老而死或病死，也被认定是具有基本正统性的死亡。有血缘关系的亲人，结婚并有孩子，过去无犯罪记录也没有做过不利于家族的事情，如果他病死、老死或灾害死亡，死亡的正统性也被承认，这些人也拥有成为祖先的资格。在过去的地域社会里，这是最多最常见的死亡模式。他们死后要举行正规的葬礼，牌位也放入祠堂。这两种是正统的死，他们死后归属于A类灵。

与此相对，即使是家族中有血缘关系的人，未成年的死亡、未婚的死亡、婚后尚无后代的死亡、离婚后的死亡、意外死亡、自杀或他杀死亡、服刑死亡等，都会被认为是“对子孙有不良影响”“不吉利的灵魂”，其死亡属于非正统性的，死后不能作为家族或宗族的“祖先”，当然也不能成为被家族祭祀的对象。有些地区将这类灵称为“家鬼”，但也有不少地区没有特别命名这类灵魂。“家鬼”的葬礼不会大规模举行，如果是死在村外，葬礼会在村外举行。也有不举行葬礼，直接埋葬的情况。家人不制作他的牌位或者只是把牌位隐秘地放在自己家里。在福建南部有地方将摆放在自家的牌位称为“家庭佛”。这些非正统逝者的灵魂没有资格进入家族的祠堂，也不能成为家族的祖先。这些灵是上面分类的B–2类的灵。

二、祖先之类别

（一）三种祖先

如上所述，人死后要成为祖先需要资格。具有成为祖先的资格，根据对本宗族贡献度大小和对社会的影响程度，可以分为：1. 对本族有重大贡献的祖先；2. 一般祖先；3. 准祖先。另一个分类角度，是根据死后的年数分为“近祖”和“远祖”。

在种类1中，包括属于本地区知名人士、有行政职务的人、对家族有贡献的人。这些祖先是最初移居的始祖、地区名人、英雄等成为家族骄傲的人们。近年来，很多村落的祠堂里张挂了获得博士、硕士学位或获得某份荣誉的人的照片和奖状，这也是因为他们事业、学业成功，给本族扬名增光“光宗耀祖”了，于是生前就被给予了成为祖先并且是模范祖先的资格。

种类2如前所述，是普通地活着，普通地老去，以正统的方式死去的人。

笔者将种类3称为准祖先，是指结婚后没有小孩的，未婚的或夭折的等非正统式死亡者，未达到成为祖先之标准的灵魂。出于一族人的同情心，通过宗族内部的相互扶持的救济措施，这类死后的灵魂可以升级为祖先。为了尽量不让死去的灵成为无人祭祀的野鬼，不去威胁世人的生活，人们会采取各种措施来救济或应对没有祖先资格的同族的逝者。在下述调查案例中，婚后没有孩子的人死后可以收养子成为有后人祭祀的逝者、未婚者在死后“冥婚”、未成年人的灵魂等数年后“成人”时再“冥婚”等，都是过去经常采取的救济手段。

案例1 福州

“结阴亲”（冥婚）——这是调查得到的数据。在福建东部的一个村里，一名19岁的女子未婚，也没有订婚就去世了。父亲让她和一个活着的男人“结婚”。具体的做法是让该男性在棺材前走过，与牌位“拜堂结婚”。仪式后，女孩的牌位移放在男方家里。这样，她就不再是“孤魂”了。之后，女方家会给“女婿”很多钱，并认可他另外结婚娶妻。

在这个村子里，没有听到男女双方都去世后的“结阴亲”的案例。

案例 2 福州

“过继”——同一族的同辈兄弟之间，没有孩子的人收养兄弟的男孩为养子叫作“过继”。在这个村子里，有一个独身的女人，一辈子都没有结婚。她去世的时候，她弟弟把孩子过继给她，成为她的儿子。这个孩子后来--直参与她的祭祀。“过继”是有条件的，不能过继兄弟的长子，次子以下的子女才可以“过继”。

案例 3 福州

离婚的女人一般不回娘家的村子。她们会去娘家附近的寺庙，在那里生活，在那里去世。她的娘家也不会为她举行葬礼，一般在那个寺庙寄存她的遗骨。村民说，这样的灵魂死后存放在寺庙里，所以不是孤魂，不会去危害别人。

这种死后既不能成为祖先，也不会成为孤魂野鬼的案例，说明人们在尽量保护自己家人死后的灵魂之安定。即使没有资格成为祖先，也要有一定的对应方法，降低成为孤魂野鬼的可能。

案例 4 福州

被离婚，又被复合的灵魂身份变迁的案例。讲述者的姑姑有脑病，出嫁后因为生活上有障碍，男方提出离婚。她回到娘家，在娘家一直生活到去世。讲述这个案例的人是长子，他的弟弟“过继”给这个姑姑。葬礼时也是弟弟做“孝子”，从那以后每年这个姑姑的忌日和生日弟弟都来这个家做祭祀，这样一直持续了好几年。

姑姑被休回家后，那个姑父再婚，之后又有了 3 个儿子。三儿媳在生孩子前说，在家里的走廊上看到一个上了年纪的女人穿着深蓝色的衣服走来走去。姑父知道那是前妻的身影，应该是前妻有怨气，来自己家里了。于是姑父来姑姑家，接走了她的牌位。姑姑死后被“复婚”，牌位供奉到夫家，在那里接受他们家人和孩子们的祭祀。据说自那之后，姑父家一切平安。这边的过继关系也被自然解除，弟弟不再负责祭祀他这个“妈”了。

案例 5 福州

不能进入祠堂的人的灵魂，在自己家里立牌位供奉。再婚女性带来的孩子死后不能进入这个家族的祠堂，入赘的男性死后也不能进入妻家的祠堂。村民说这种情况，就要在自家摆放牌位祭祀他们。

案例 6 泉州

讲述者的哥哥嫂子没有孩子。哥哥先死去，嫂子供奉他的牌位。嫂子去世后，在丈夫的弟弟家摆放了牌位。后来就一直在弟弟家里祭祀。把弟弟家的儿子“过继”给哥哥嫂子，也只是口头约定说一下而已，没有任何正式的仪式。

在东南地区，没有后代的人去世后，只要把兄弟中某人的孩子在名义上“过继”给他，这个人就不会成为“野鬼”。这样，死去的人就会补足成为祖先的资格，牌位就会被允许进入祠堂、接受子孙们的祭祀。部分牌位因某些原因不能进入祠堂时，便会放在自家作为这个小家的祖先被祭祀，因此他们不会成为野鬼。尽量把自家准祖先类的逝者用各种对策和措施使其升格为祖先或某种可以接受祭祀的状态，尽量避免自家逝者因死后无人祭祀而成为孤魂野鬼，这是东南地区人们对待资格不足以成为祖先的逝者们的基本姿态和出于这一基本姿态的对应自家各类逝者灵魂之行为的基本模式。

（二）祖先的“远”与“近”

根据死后的年数，逝者还被分为“近祖”和“远祖”。“近祖”指的是去世不久的灵魂。他们作为个体的灵魂，以生者的父亲或丈夫和爷爷的身份存在，接受妻子或儿子和孙子的祭祀。对家里人来说，作为近祖的爷爷、父亲等是极有亲近感的存在，同时也是有可能降祸福给直系子孙的存在。所谓“远祖”，就是死后数十年的灵魂，作为子孙对他们没有什么亲近感，他们也逐渐淡化了个人的形象，个人的名字也慢慢被后代忘却了，因此对子孙们的降祸福等威胁力和影响力也很弱。这种几十年后失去个人身份和具体形象的逝者，作为一家人或一族人的整体概念上的“祖先”被祭祀。

根据调查数据，东南地区特别是福州、泉州等地，祖先有“公妈”“公婆”等当地的称呼。这两个称呼里有远祖和近祖的区别。“公妈”是对很久以前去世的家人、前几代亲人逝者的统称。即使是辈分比自己低的逝者，死后也会被当成“公妈”来祭祀。而“公婆”则是指最近去世的亲人，是有亲近感的称呼。“公妈”是远祖，“公婆”是近祖。

通过调查，我们发现民间和上层社会在祖先崇拜行为的具体结构上存在差异。上层社会提倡郑重地祭祀祖先方为“孝”，对父母和国家都要遵循“孝”的思想，这是为了以孝来维持对社会的治理。在浙江和福建地区的民间，祖先分为“远祖”和“近祖”。给人带来利益或降福祸的是死后数年内或三四代以内的直系“近祖”，然而实际听到的降祸案例极少，近祖基本上都是给子孙带来福气、保佑子孙之存在。有个体性的近几代的死者，在某种意义上被认为是家人、子孙的守护神。

在现代东南地区的祖先祭祀中，更重视祭祀近祖的行为背后似乎有一种功利性思维存在，那就是认为祭祀近祖会得到更多的庇佑和恩惠。实际上，如果家里有好事发生，要去近祖的坟墓或牌位前报告，如果有什么愿望，也要在近祖的坟墓前或面对其牌位祈祷。此外，当地也有不少人有请能去下界的巫，委托他们与近祖之灵进行对话的习惯。这多是出于对去世不久的家人的思念，但是也不能否认祖先和子孙的关系是互惠关系。在这个地区，近亲的祖先既是威严性的、有时候降灾祸责罚子孙的存在，又是保护直系子孙利益的存在，近祖对子孙来说，是一种二元性的存在。

第二节　与祖先交流的必要性和方式

一、交流的三种手段

汉族的祖先与子孙的关系不是单方面的，而是双向互动的。人们经常和祖先交流，定期地祭祀祖先，精心看护坟墓。他们希望祖先庇佑子孙，满足他们的祈愿，保护他们的生活。东南地区的汉族有三种与祖先之灵交流的方法：以祭祀礼仪为媒介；以巫为媒介；以扫墓为媒介。

以祭祀仪式为媒介的方法，定期的祭祀和不定期的祭祀以及临时祭祀盛行，在第一章和第二章中已经叙述过。除了第1项的祭祀仪礼的定期祭祀祖先以外，人们还需要时时询问祖先的居住状况、生活情况和需求等。除了对着坟墓和牌位祭拜之外，与死后生活在另一个世界的逝者的灵魂对话，直接询问他们的心境、希望和要求的交流也非常重要。实现子孙与祖先对话交流的媒介是“巫”。关于以巫为媒介的方法，在前面的灵魂观部分亦叙述过，在此梳理以巫为媒介的与祖先的交流。

巫有一种“下地府带亡人”的能力，可以到阴间与逝者的灵魂交流。巫与去世的灵魂交涉的模式有附体型和脱魂型两种。20世纪90年代及21世纪初的东南地区，巫与祖先之灵的联络能力受到民间关注。人们相信，可以轻松地委托巫觋去见祖先，聆听祖先的话语。调查数据显示，这种委托人多为女性，咨询的事情多为因为家里某些需要决断的大事，想听听祖先的意见。当今社会，经商、考试、升学、就业和出人头地等，都是现代人的烦恼。在去寺院拜神的人不断增加的情况下，巫的活动在东南地区也活跃起来。当地妇女说，巫可以用直接对话或问话回答的方法帮人们听取去世家人、过世老人的意见，在犹豫不定的时候帮人们做决定，而且费用也很便宜，所以人们会经常利用这种方法。这是东南地区可以见到的祖先和子孙之间日常化的不定期交流的一个方法。下面重点关注一下以扫墓祭墓为媒介的与祖先之灵的交流行为系统。

二、祭墓行为系统

欧美人去逝者的墓地给逝者献花，是对故人表示敬意。即使献花扫墓的人与逝者有血缘关系，他们也不会希望通过扫墓和献花的方式从逝者那里得到恩惠。他们不像汉族那样频繁地扫墓，也不认为逝者的灵魂会回到自己家来。

一个人去世了，被人们送到另一个世界。进入那个世界的人，在那里生活。他们有权利接受子孙的祭祀，包括接受食物祭祀和收取以焚烧方式送的钱。同时守护子孙，帮助子孙出人头地、为家族的繁荣出力是他们的义务。人们给祖先的坟墓献上酒、燃上香、摆放食物祭品和焚烧纸钱等，是向祖先表示怀念之情。汉族的人们相信，人们有义务照顾好逝者的生活，提供他们在另一个世界生活的必需品，而被祭祀的一方有义务照顾子孙的生活，帮助子孙实现愿望。

汉族的死后祭祀分为家庭祭祀、祠堂祭祀和坟墓祭祀几种。一个人死后，当葬礼结束后，人们开始对他的不定期祭祀，一年或三年后，结束把他作为个体亲人、近祖的祭祀。逝者成为一般概念上的祖先，逐渐成为远祖，成为模糊形象的祖先整体的一分子接受祭祀。汉族的人们认为这种对祖先的祭祀是永远持续着的。这种祭祖行为没有对应年数的结束祭祀的概念。

人们在观念上都认为，既然祖先永远生活在坟墓里，那么对祖先坟墓的祭祀也应该永远持续下去。在调查地，当被问到对一个人的扫墓、祭墓要持续到什么时候、每年的扫墓从自己这一代到上面第几代时，很多人立刻回答说："为祖先扫墓应该一直去，应该永远去。"其中有人回答说："只要记得哪里是祖宗的墓，就应该去扫那个墓，要祭扫所有先人的坟墓。"而对人们的扫墓行为进行观察和分析后，可以看到汉族对扫墓、祭墓这一行为，具有"模糊的永远祭祀”特征。即扫墓和祭墓行为，在人们观念上是永远延续的，而实际上却并非如此。

汉族无论是扫墓祭墓，还是在家里或祠堂祭祀逝者，都没有明确限制或规定年限。“灵体一致”灵魂观的主要认知是“灵魂在人死后也永远存在”，“人的灵魂永远与他的身体或他的遗骨、骨灰一体性地存在”。在人们的意识里，人死后去了阴间，就不会再变老，也不再会生病，灵魂就会永远活在阴间。为了祭奠那永存的灵魂，就必须去灵魂依附着的遗体、遗骨或骨灰所在的墓地祭拜。人们认为灵魂不受时间流逝的影响，“永久”地依附在遗骨上，所以遗骨和灵魂也都永远“住”在坟墓里。祖先只要永远“住”在坟墓里，扫墓、祭墓这个行为也应该永远进行，这是观念上的结论。

由于风水原因或者是建造墓地的大面积的平地不易寻得的原因，调查时代可以见到的夫妻墓多于家族墓地。这个地区习惯按照风水选定造墓地点。家族墓是在老祖先时代选好的风水地里陆续建造后代祖先的坟墓。而夫妻墓的选点一般要根据男主人的生辰八字等选定，于是每个夫妇墓会依据请道士或风水先生测算出的朝向、地点修建在生前所住之家周围的山上。很少有不同年月逝去，而测算的建墓地点距离很近的事例。每年要祭扫自己的父母和父母的兄弟，祖父和祖父的兄弟们的坟墓，就必须分头去村子周围的不同的山上。在福建的永定、南平、福州等山多的地区，经常能听到这样的说法：祖宗们的坟墓太分散，每次要花上几天时间爬山扫墓，是一项非常辛苦的工作。

一般来说，扫墓和祭祀个人牌位时，有“上祭三代”或“上祭五代”的说法。“上祭三代”，是扫墓者“自己”要祭扫自己父辈、祖父辈、曾祖父辈的坟墓，当这个“自己”死亡时，对他的儿子来说，父亲的曾祖父就属于三代以上，可以不再去祭墓扫墓了。但是如果从父亲去世的那年开始，突然不去祭扫上数第四代的坟墓，世人的眼光和自己的感情上会有些难以接受。所以村民们说，人们都不是生硬的只上祭三代或五代，而是只要记得的祖先的坟墓，便都会去祭扫。所以，村民们实际上祭扫的坟墓，会是上面三代、四代人的墓。村民们说这样的人家很多。但是除入闽始祖的墓之外，一直祭扫上数很多代祖先坟墓的人家也并不多。因为很多子孙记不得那些祖先的坟墓在哪里了。调查案例使人注意到一点，在充满人情味的思念祖先、要永远祭扫祖先坟墓的思维背后，其实隐藏着这样一个大家默认的规则：如果不记得四代、五代以上的祖先坟墓位置，对他们的祭扫坟墓就会自然结束。这是解决要祭祀代代祖先的坟墓，就需要每年上山祭扫几十个坟墓的沉重负担的方法，也是自然解脱"永远的祭祀"观念束缚的方法。

现在中年以上的中坚一代，是各家祭墓的主力军，他们大多是跟随父辈去祭扫坟墓，记住了上数三代、四代或五代祖先的坟墓所在地。询问他们很多人，都回答他们会记得上数四代、五代的祖先墓地位置和那几位祖先的名字及辈分顺序。而再往上追溯，对于从自己这辈数上面七代、八代人的墓地，很多人都说自己记不清楚了，也没有去祭扫过。他们说，记不清上面那些辈分的祖坟而不去祭扫，这样的事情不会算作失礼，会被世人原谅。当然，他们自己也认为这是可以谅解和被容忍的行为。

汉族的灵魂观认为灵魂是附着在遗体或遗骨、骨灰上的。祖先祭祀的基础是以去世的祖先都有灵魂为前提的。人们又基本认为棺柩埋在坟墓，那祖先就是住在坟墓里的。祖先可以永远生活在另一个世界，那么作为定期祭祀的祭扫坟墓，在坟墓前面对祖先报告自己一家的近况、请祖先品尝祭品并接收钱财的行为也应该年复一年地永远地持续下去。这是对没有时间界限的、永久性的祭祀灵魂认知的执着。永远祭扫坟墓、永远祭祀祖先的认知，存在于汉族人们的意识深处。但需要指出的，那是一种"模糊的永久性"认知。与之配套的，是允许自然忘却的认知的存在。这是汉族祭扫坟墓行为系统和认知系统的基本内涵。只要祠堂里永远放着牌位，族谱上永远记着名字，祖先就永远活在另一个世界里。而人们在实际的扫墓和祭祀仪式上，只要"上祭三代"或"上祭五代"就可以了。实际上，也不必拘泥于三代或五代祖先，扫墓时只要祭扫所记忆着的祖先之墓就可以。虽然，按照礼俗，应该祭拜更早的祖先，但如果遗忘了，就自然减少"应该"祭扫的坟墓。即使有被遗忘掉的祭扫，也不会有人追究忘却的责任。这是东南地区汉族祭祀祖先、祭扫祖坟的基础体系，是民间灵魂观对祭扫坟墓以祭祀祖先之行为的标准。

作为一种对照，这里有必要对日本社会灵魂观的表象做一些简述，同时通过本人在域外做田野获得的异域文化观察视角，来审视汉族的灵魂观（具体内容可参见本书附录文章对日本社会墓制习俗的事例记述和分析）。

在现代日本社会，埋葬火化后的骨灰或直接土葬，在埋葬或收容骨灰处立碑为墓，并在该处祭祀逝者的单墓制是葬墓制的主流。日本社会也注重对祖先灵魂的祭祀，人们认为，祖先死后有“灵”，这些“灵”需要接受子孙后代的不断祭祀（供养），才能逐步脱离世俗社会，升华为祖先之灵。家人和子孙们在其死后第3年、第7年、第13年、第17年、第33年的忌日举办数次佛教式“供养法事”，一般在第17年（17回忌）或第33年的“33回忌”作为最后一年的祭祀终了法事（称作“tomurayi-ake”），就意味着完成了帮助新逝死者的灵魂过渡，让他成为祖先（“成佛”）了。在一些地区，祭祀终了的仪式在死后第50年．而最常见的是在第33年结束对个体逝者的单独祭祀。之后，新逝者每逢忌日的祭祀仪式没有了，不再享受作为一个个体的逝者的祭祀，只是作为某某家代代之祖先的一分子存在。埋葬他棺柩或骨灰的地点，可以重新挖开埋葬别的新逝者，如果挖出遗骨等，就拿出来包裹好，放在新逝者棺柩旁一起掩埋。第一次在乡村见到这种光景时，笔者惊讶不已。问及为什么这么做，理由一是以前的逝者“成佛了”(这个潜台词是说灵魂升天了，遗骨就不需要爱护了)，二是墓地管理法规定不能任意扩大埋葬空间，已有上百年历史的墓地只能反复使用，重叠式的埋葬逝者。

调研地村庄的人们说，经过33年或50年以上，埋葬在墓地的人的灵魂已经升华了，他成了祖先，灵魂已经脱离骨骸了。出于同一认识，现代日本都市普遍采用的石质墓室的内部设计有专供存放灵魂升华后的遗骨的空间。城市里现代墓碑下面安放骨灰的墓室里，有一块小空间，当墓室放满骨灰坛时，家人们把33回忌以后的先人骨灰从骨灰坛倒出来，理由也是“他成佛了”。这样，墓室内的空间又可以继续容纳这家新逝者的骨灰坛。

祭祀上，人们将其归入整体祖先范畴，不再于忌日举行祭祀，而是在每年的盂兰盆节、春分秋分等祭祀祖先的时日，年复一年地重复进行祭祀全体祖先的行为。按照这种死后经过一个时间段，灵魂就会完全脱离躯体的思维，这个时间段过后的个性的躯体、遗骨就已经没有意义。

简言之，日本现代社会以33年为祭祀、供养逝者的时间终点，结束单独祭祀、供养的逝者个体。同时，灵魂脱离躯体或骸骨，成为这个世间的人看不到的存在。每逢盂兰盆节，这些祖先之魂会回到自己生前一直生活的家里，停留在牌位或祭坛上，接受子孙们的祭祀和款待。日本单墓制习俗正是以这种一定时间后灵骨脱离的思维为前提，才有祭祀终了仪式，有时间性地终止对先人躯体、遗骨，包括对埋葬先人之处的个性祭祀和呵护。这样的墓制，是有前提条件的灵体分离观的一个表现形式，日本的灵魂观，是有时间前提的灵体分离观念。与汉族的持续祭祖、永久祀墓相比，这一点更明显。

借助于文化的比较，可以使我们立体地认识各自的特征。犹如人们借助镜子可以看到自己的背面，认识到一个整体的、立体的自我。与日本墓制的对比和对灵魂观念的考察，有助于深入认识汉族的灵魂观念，加深对汉族祖先意识、祖先的内涵、灵魂与躯体、灵魂与墓地等问题的认识。

汉族对祖先祭祀表现出深刻的执着性，但又显现出永久性祭祀意识呈现的行为上的矛盾。在看似永远持续的祖先祭祀体系中，同时包含了允许对个人坟墓的自然忘却、自然放弃祭扫行为的元素。可以明确地说，在汉族的灵魂观念中，对灵体一致的“永久性”的追求中，存在着“时间上的模糊性”和时间性淡忘认可。因此，可以指出这种没有时间界限的“永久”是“矛盾性的永久性”。“灵体一致”的灵魂观，表现在祭扫坟墓这一点上，显示的是“时间条件模糊的永久性灵体一致意识”。

小　结

一、被区别的死亡和被分类的祖先

人总有一天会死。在东南地区的汉族中，人们去世后的葬礼、祭祀等一系列行为，因为对其死亡类型的评定和死后灵魂的分类而有很大差异。对于人的死，有正统性死亡和非正统性死亡的判定。在家里衰老而死是最正统的死亡形式，如果在远离村庄的地方去世，就成了“客死”，遗体不能回家，也不能在家里举行葬礼。夭折、意外死亡、自杀、他杀等都是非正统性的死亡，对家族来说是“凶”的死亡。根据这个判定，葬礼的规模、是否采取成为祖先的救济措施、死后祭祀的规格等也会有所不同。正统性的普通死亡可以举行传统的正统葬礼，牌位自然也可以放在祠堂里接受子孙的不定期祭祀和定期祭祀。非正统性的死亡不能举行正统的葬礼，牌位也不能进入祠堂去接受正统的死后祭祀。一部分逝者通过宗族内部的救济措施而升格为祖先，然后才能举行普通的葬礼，作为正式的有资格的祖先接受正式的祭祀。

在汉族人心中，人死后要成为祖先必须具备一定的资格。根据有无资格的判定，逝者的灵魂可以被分为A类灵魂和B类灵魂。在拥有成为祖先的资格、死后成为祖先的第一类灵魂中，又可以分为两个小类。一个是根据对家族、宗族的贡献度分为：1. 对家族有重大贡献的祖先；2. 一般祖先；3. 准祖先。另外一个小类是根据死后的年数分为“近祖”和“远祖”。

一般为世人所见的葬礼，都是为有资格成为祖先的人举行的葬礼，或者是通过救济措施，“家鬼”和“准祖先”改变了身份，获得成为祖先的资格后举行的正常的葬礼。没有被判定为正统死亡的人、没有完整的资格成为祖先的人会被悄悄地举办极小规模的、只有亲人参加的葬礼，然后被悄悄地埋葬或将遗骨存放到某个寺院。曾经有人指出汉族的葬礼具有“统一化”特征，其原因之一是，他们依据的案例都是可以成为祖先的那些人的正统的、公开的葬礼。如果把这些悄悄举办的各式葬礼也纳入讨论视野，这种“统一化”会相当弱化，可能结论也会有变化。

二、祖先的资格和个性

灵魂根据死亡形式和死亡时的身份等而被人们加以区别。根据这种区别，逝者的灵魂被分类为能够成为祖先之灵的、和没有资格成为祖先之灵的，这是本章分析案例之后的结论。然而，案例还说明东南地区大量存在的宗族，对缺乏成为祖先资格的本族逝者的灵魂各自设置了救济措施，通过多种多样的救济措施，非正统性死亡之灵中的一部分可以获得补充资格升级成为祖先。这样一来，死去的人和他们的家庭都得到了精神上的救赎。逝者不会成为进不了祠堂、得不到祭祀而心怀怨气到处游弋的孤魂野鬼。东南地区的人们对普度公、下界爷等孤魂野鬼抱有很大的戒心和恐惧感。人们一方面通过定期祭祀消解他们的怨气，减少受到他们伤害的机会，一方面在具体处理各家的逝者时，尽量降低产生孤魂野鬼或幽怨的魂灵的可能性。这是地方性灵魂观和鬼魂观的体现。这些观念的相互关联、互为因果的存在，构成东南地区文化的多重性结构特色。

另外，祖先有个体性祖先和集体性祖先，这在第二编里也展开过论述。个体性祖先，亦是第三章中指出的“近祖”，集团性祖先则是“远祖”。从案例中可以看出，死后祭祀从不定期祭祀转为定期祭祀，是在一周年祭或三周年祭之后。在此之前，人们在自己家里举行祭祀的情况较多。一周年或三周年后，对个人的不定期祭祀转变为定期祭祀，牌位也大多转移到祠堂，随着他在祠堂每年接受数次子孙对集体性祖先的定期祭祀，这个逝者也逐渐从个体性祖先转变为集体性祖先。随着死亡年数的增加，逝者在他生前所在的家庭里的个体性的丈夫、父亲、祖父的形象会逐渐淡化，失去作为一个近祖的个体性色彩，成为曾祖父或更高的高祖父。这个家庭新诞生的一代已然不知道逝者的长相、也没有和他生活过的亲近感，但他们会把逝者当作这个家族的祖先来祭祀。

像这样，过了10年、20年、30年，逝者的个体性色彩会越来越淡化。这些灵魂与具有爷爷、奶奶等鲜明的个人身份和个人形象的近祖先不同，他们会转换为形象模糊的“祖先”，即集体性祖先。但是，即使成为“模糊的祖先”，由于汉族的亲属系统中有“辈分”这一身份标记，所以可以说并没有完全失去他的个性。辈分是永远不变的，所以一个逝者，即使牌位被移到祠堂，其个人牌位被一张总牌位取代，辈分也是永远不变的，从这个角度来看，该逝者是“第 × × 代的爷爷”或“第 × × 代的祖先”，永远保持着个人身份标记。这是汉族“祖先”结构的另一个特征：既模糊又清晰，既集体性又会永远带有个体性的特征。

三、祖先不是永远的主角

通过分析定义为“复合型灵魂祭祀仪式”的中元节，我们把当地的祭祀对象分为三种：A类、B类、C类。泉州的普度仪式，历史上是农历七月十五日白天在“木主”前祭祀“公妈”（祖先），傍晚在院门口祭祀普度公，祭祀不同对象的两个祭祀仪式曾经是在一天之内完成的模式。但从清朝后期开始，祭祀的日期被错开了。[1]因此，泉州民间的大规模的长时间的“普度”活动，其实是历史上，传统上农历七月十五日中元节这一天里的祭祀项目之一，是祭祀鬼魂仪式的扩展版、变形版。每年农历七月十五日一日的主角是A类灵的祖先，而前后长达两个月的普度期间的主角则是C类灵。一部分B类灵（B-2类）也被

1　吴幼雄、泉州历史文化中心编：《泉州宗教文化》，鹭江出版社，1993年。

列入C类的祭祀对象。而福州YX村“做半段”上午的祭祀对象是A类，下午以C类灵为中心，也包括了B–2类。XP案例则是以C类为对象的祭祀。

中元节也好，普度也好，都是与逝者密切相关的定期性灵魂祭祀。普度，是福建省民间具有悠久历史的传统祭祀活动之一。普度仪式显示了当地人们对神灵、祖先、鬼魂的认识，由此显示出灵魂观和祖先观的结构特征。人们持续进行这个祭祀的理由之一，是信仰导致的恐惧感，即如果不祭祀C类的灵魂，自己的家庭、自己的生活就会发生什么不好的事。所以普度把C类作为主角来迎接，作为主角来祭祀，让他们获得满足，不再影响人们的生活，保障一年平安的生活。在20世纪六七十年代，祖先祭祀和普度等活动被禁止，但实际上民间一直在悄悄举行，其理由就是人们担心终止祭祀，会惹恼普度公，给自己的生活带来某种威胁。民间信仰是导致民间祭祀行为持续性进行的无形推动力。

中元节是东南地区的定期祭祀之一，通过对中元节的分析，我们发现了“中元祭祖”一词在东南地区有某种不适应性和不确定性。在东南地区的中元节中，在一定的日子和时间段里，在围绕灵魂和死亡的祭祀仪式里，祖先并不是永久的被祭祀的主角。

四、“永远祭祀”的矛盾性

汉族对个别祖先的扫墓祭祀行为，在观念上认为只要有子孙就应该永远持续下去。但是，调查案例告诉我们，实际在东南地区，除一族的始祖和特殊的功臣、英雄祖先以外，祭拜各自家庭的祖先并且一般上祭到三代、四代的现象是很普遍的。随着辈分的变化，人们逐渐忘却祭扫很多代之前的祖先之墓的现象也很普遍。在汉族民间，从个体灵向祖先灵转化的时间界限并不明显，也没有可以结束祭扫坟墓这种时间上的截止认知。在意识上，很多人认为包括遗骨和灵魂在内的“祖先”都“住”在埋葬他的地方，永远生活在坟墓里。所以作为一种祭奠祖先的行为，对个性祖先的祭扫坟墓行为，正如当地村民所说，

"只要记得在哪里就应该永远持续下去"。永远去祭扫坟墓，永远护理坟墓，这就是汉族对祖先坟墓和死后灵魂所在之认知的特征。本文前面已经讨论并得出结论，汉族的灵魂观是"灵体一致""灵骨一致"的观念，灵魂附着在遗体、遗骨和骨灰上，遗体、遗骨或骨灰在哪里，他的灵魂就在哪里。祭祀，就要在逝者灵魂所在之处举行，因此，坟墓是必然的祭扫之处。

表面上看，灵体一致的认识似乎不受时间的影响，"永久性"地执着于遗骨，但与此相关的祭扫坟墓实际上并不是永久性的。几乎所有的家庭都会认真为三代以内的祖先祭扫坟墓。但是，对三代或五代之前或更长久的祖先坟墓的祭扫会逐渐懈怠，自然忘却坟墓所在，自然而然地放弃扫墓和修缮、清扫坟墓的案例很多。所以对灵体一致的坟墓之"永久"祭祀并不是真正永久性的，在对永久性的祭扫祖先坟墓的追求中，可以看到具体行为表现出"时间上的模糊性"特征的存在。

观察东南地区汉族乃至整个汉族灵魂观念的深层，笔者认为可以指出这是一种"时间意识模糊的灵体一致观念"。对祭拜个人墓地的祖先祭祀行为，并没有明确的时间上限规定，人们对墓地的"永久"性的执着其实具有很大的模糊性。所谓作为祖先祭祀的一环的扫墓行为存在着模糊的永远祭扫、永远保护的意识。因此，对个人坟墓和祖先的个人灵魂的"永久性"的执着，也同样隐含着"时间上的模糊性"，是矛盾的。

笔者曾将汉族土葬时期的灵魂观定义为"灵肉一致"观念。但在复葬和火葬的情况下，遗体发生变化，根据后来的调查，发现人们对遗骨、骨灰的执着保护，表现出灵魂附着在此的执着认知，因此认识到汉族的灵魂观应该扩大定义范围，定义为"灵骨一致"。后来，又注意到从"灵体一致""灵骨一致"观念延伸形成的重视祭扫坟墓的祭祀行为中，其实包含着时间上的模糊性，"永久性"祖先祭祀认知，在实际的祭祀行为与观念思维表现出一种矛盾性。经过调查和分析案例，这里我们将汉族灵魂观重新定义为"具有时间性模糊意识的矛盾性的"灵体一致""灵骨一致"观念。

从扫墓行为中可以看出，汉族的祖先祭祀意识是永远祭扫祖坟，而在东南地区的祭扫坟墓实践中，并没有表现出对所有逝去祖先的坟墓进行永远的祭扫，随着时间的流逝，后代子孙逐渐忘却和放弃祭扫远祖坟墓。这种观念和行为的矛盾，通过在家庭或祠堂的祭祀得到了解决。牌位的祭祀可以永远实行，把成为远祖的个人牌位整理成一块历代祖先的牌位，就会在放满牌位的祭台上调节出可以放新的个体祖先的空间。通过这种方法，新祖先陆续进入永远祭祀的空间。各家的牌位也与此相似，因此，祠堂的或家庭的牌位祭祀是对祖先的永远祭祀，但是这种永远是逐渐忘却祭祀个体性祖先、永远祭祀集体性祖先。

第三编

坟墓与墓地之深层

第一编论述了葬法和东南地区的案例，讲述了汉族对灵魂的认知和行动体现，第二编阐明了由观念生发出的死后祭祀及种类，并探讨多种祭礼模式和被祭祀的主角。人死后举行葬礼，处理遗体后还有一系列定期和不定期的表示追思和怀念的祭祀活动。葬礼之后，除了“停柩不葬”以外，无论是土葬还是火葬，收纳遗体或遗骨的地方，对汉族来说，多数情况下会归结为坟墓。与墓葬相关联的礼俗、礼制是封建王朝治理社会的工具，是那个时代的政治、经济以及文化、艺术的重要组成部分，是古人生活的真实写照。葬礼和祭祀仪礼反映出当时的社会特征和人们的生死观念、生活习俗。

第三编重点讨论坟墓形制、坟墓环境，共设三章，回顾长期收容遗体的设施即坟墓的历史，探讨现代坟墓的各种形态，通过观察民间对墓地与风水、墓地与死后他界、墓地与死后祖先的各种认知以及由认知引发的行为，探讨东南地区人们抱有的与墓地相关的各种民俗意识和墓地具有的文化功能。

第一章　坟墓和墓地形制

我们先来思考一下安放棺柩的场所的形态，以及作为其固定设施的坟墓和墓地的历史。

这里所说的墓地，包括坟墓所在地点、各个坟墓前方的附属祭祀空间、坟墓周围的空间。重点讨论东南地区收容有血缘关系的逝者的集中坟墓所在地即宗族墓地或家族墓地。浙江省多见的大型交椅坟、椅子坟，很多是将几代人的棺柩收纳在同一个大坟里，我们把几代人共用的交椅坟也视作家族墓地，而不是单一的坟墓。

为了分析坟墓的内外构造特征，这里先限定几个以下要反复使用的词语及其概念界定。

首先是“坟墓”。在古代，“坟”和“墓”这两个词的区别直接与埋葬棺柩之后，地表上是否有土堆或建筑物等标志相关联。绪论部分已经论述过，汉语中对“坟”和“墓”的使用限制比较严格，历史上分别指代深挖在地下的墓室和高出地表的部分。《礼记·檀弓上》：“古也墓而不坟。”郑玄注：“土之高者曰坟。”《说文解字》：“坟，墓也。”郑玄注：“此混言之也。析言之则墓为平处，坟为高处。”《字汇》土部：“坟，坟墓。茔域曰墓，封土为垅曰坟。”[1]可知古代人所说的“墓”，指在地下挖穴，放入棺柩、覆盖泥土之后的地点。没有高于地面的设施形制的称为墓，地面上隆起的土堆或者人工建筑物称为坟。然

1　汉语大字典编辑委员会编著：《汉语大字典》三卷本，四川辞书出版社、湖北辞书出版社，1995年，第485页“坟”条，470页“墓”条。

而，现代人不像古人那么严格执着于地表有无埋葬后凸起的土堆或建筑物，日常会话时常常将“坟墓”二字连用。现在东南地区民间使用的“坟”“墓”，与古代的概念有出入，如指称高于地表的高大表面建筑为大墓、龟壳墓等。本书尊重当地人的用法和称呼，在案例里使用的坟或墓或坟墓之词，都是当地民间使用的称呼，而不是古人定义并使用的指称是否有地表建筑的埋葬地。

其次是“墓型”。本书使用的“墓型”，指一座坟墓外观的整体形状。即埋葬棺柩地点的中心部分加上被附属建筑环绕或半环绕地保护起来的外部形状。具体包括埋葬地点后面的靠“山”、椅子坟附属的半圆形椅子圈、两边的坟手、墓穴顶部、紧密连接着横式墓穴之门口的祭堂“池”和包围祭堂的小围墙等主要建筑物。

最后是“圹”。《说文解字》把“圹”解释为“圹，壕穴也”，段玉裁注释为“墓穴也”。[1]“圹”，现代标准音为kuàng，指深挖的墓穴。坟、墓修在地下的内部空间一般称为“墓穴”“墓室”，而东南地区民间几乎都把修在地面上的横穴墓室称为“圹”，当地发音为chuàng。古文献的定义与东南地区使用习俗有很大差异，读音亦有不同，第三编里将对此展开讨论。

此外，东南地区有很多家族聚居之地，几百甚至上千的同姓、同族人聚集在一个或周边几个村落共同生活的村落很多见。宗族的祠堂、族谱和同族共同使用的宗族墓地等是宗族血缘关系的象征。本章论及的东南地区墓地，会涉及宗族墓地。但笔者在20世纪90年代至21世纪最初10年的调查对象，主要以非宗族村落和个人家庭的坟墓、葬礼等为主，记述的案例大多为非宗族村落案例。

本章的写作目的是建构东南地区普通汉族的死亡文化和相关行为系统的认知。因此，不过多探讨英国著名人类学家弗里德曼提出的中国宗族性质及模式理论，以及自他以后展开的围绕中国宗族的讨论。汉族民间的大家庭和各个小家庭基本也是父系中心继承制模式，都存在对宗族的聚族而居、同族同墓地等

---

1 （汉）许慎撰，（清）段玉裁注：《说文解字注》，浙江古籍出版社，1998年，第691页。

沿袭宗法制的父系中心权力模式的生活的景慕、向往之心。宗族作为血缘性组织，它的基本元素包括祖先信仰与祭祖仪式、代代血缘相承的男子继嗣观念与制度、家族公产等。精心护理并每年都要定时集体祭扫宗族的祖墓，也是今日醒目的宗族集体行为之一。这个行为一方面通过祭祀本族始祖，使参加仪式的各个家庭和每个家庭成员得到一次确认相互之间血缘关系和内部位置，即归属于某房、某辈的机会，具有再次确认上下辈之分和族内亲戚关系的远近亲疏的功能。另一方面，集体祭祖也是向周围宗族和一般村落显示自己宗族的实力和聚合力，彰显本宗族在当地的重要存在性的机会。这自然会引起周围非该宗族所属的普通居民们的关注，也会有憧憬之意。在丧葬行为基本遵循古制的社会风气下，他们按照礼制办丧礼、修坟墓，同时他们也会在礼制规定和经济实力允许的条件下，模仿宗族的丧礼流程、扩大自家的葬礼规模，墓地也以类似或接近宗族墓地的形式修建。下一节中叙述的夫妻墓转化为家族墓地的现象，就是笔者调查时发现的、民间的人家出于这样的心理在墓地方面采取的行为。

第一节　坟墓的历史

在东南地区，挖好墓穴、放入棺柩、盖上泥土，在地上堆成圆锥状的所谓汉族常见的土葬墓反而是不常见的。这里的墓穴并不是“挖”出来的，多数是在地表用砖石建造的纵深较深的空间。这个空间呈棺木形状，但比棺木宽大，顶面是平面或呈半圆拱形。棺柩纵向推入墓穴之后封住墓门，墓穴整体被堆土覆盖而形成坟堆。坟堆外表再加工修整，就成了浙南大地常见的平坟、稻筒坟，在坟堆周围修建一条半圆形的土垄，就形成黄道圩坟（浙江缙云）、老坟（浙江后塘村）之类的坟。如果在周边修建加高、精致的围栏，坟体本身与围墙连接，并在表面施加体现当地人对死后世界认知的艺术性加工，就会出现龟壳墓、椅子坟之类的坟墓，这些都是东南地区多见的坟墓形状。这些坟墓的原型可以追溯到中国古代的坟墓。

讨论东南地区民间墓葬之前，首先回顾一下中国墓葬历史。关于中国墓地和墓葬的发展与变迁，绪论的先行研究部分中，列举了《中国墓葬发展史》《中国丧葬史》和《丧葬史》《长江流域的丧葬》《吴越丧葬文化》等关于古代墓葬形成，江南地区、东南地区墓葬形成和墓地的发展与变迁的优秀著述。这些论著对本书的研究非常有学术参考价值。下面以这些文献为依据，从考古学角度记述墓葬及墓地的形成、发展和演变的历史。

从考古发掘获知，我国古代的葬法，在旧石器晚期就已发现痕迹。最初是遗体不用葬具的直接浅葬法，新石器时代晚期就出现了土葬法放置遗体的木棺及装棺柩的木椁。当时的埋葬方法是先把遗体放入木棺，然后把棺柩放入椁，之后再埋葬入土。“椁”或“墎”是20世纪90年代笔者在浙江省民间调查时听村民们时常说到的词，也见到了很多当地的“椁”“墎”。因此，笔者对考古学中关于墓和棺、椁的记述有浓厚的兴趣。这一时期，长江中游下游地区流行在地面放置棺柩，盖土掩埋的地面葬。考古资料证明，西周至春秋时期流行在长江中下游地区的一种墓葬形式是土墩墓。具体来说是在平地人工堆土数米之高后，再从顶部向下挖掘竖式墓穴的坟墓形式。考古研究指出，土墩墓是为了适应南方多河流、地下水位高的地理条件而形成的，主要流行于长江下游太湖周边地区的良渚文化中。这种土墩墓系人工堆造而成，一般高约6米，也有少数高度只有两米左右。

同一时期开始有横穴式墓室和地表掩埋棺柩的葬俗倾向。民间把地表放置棺柩的物体称为“椁”。人死后不是深挖墓穴的埋葬，而是把棺柩平放在地表，修造一个容纳棺柩的空间，然后堆土掩埋，这个在浙江、福建常见的民间处理棺柩、安置逝者的方法，竟然和新石器时代晚期的墓葬如此相似。

商代，墓地出现了规模上的差异，被分类为大型、中型、小型墓地。坟墓的等级和人的身份、阶层相关联，庶民的墓地无论是面积还是坟的高度，都位于最低等级。从这时的坟墓制度就可以看到社会制度在死亡方面的反映，丧葬行为和各种丧葬祭祀的规制具有反映当时社会政治、经济、民俗的文化性质。

周代的两种墓地制度值得注意。周朝的“公墓”并不是现代社会的公墓，现代社会的公墓是没有血缘关系的人们按照死亡顺序购置后使用的公共性墓地，周代的公墓是天子和王室成员才能使用的皇族的家族墓地。任何人都可以使用的公共墓地被称为“邦墓”，是普通人死后可以进行埋葬的公共设施。公墓由“冢人”管理，埋葬的位置等都有相关的礼制规定。“邦墓”由“墓大夫”管理，可以依据血缘关系在邦墓中划分出有血缘关联的一族人进行集中埋葬的空间[1]的文献记述十分重要。血缘相关的人们，开始意识到死后的墓葬也可以和血缘相关联，有血缘关系的一族死后可以葬在一处的思维自此而出。

发展到汉代，围绕死后埋葬的礼制、礼俗发生了三大变化。第一，是陪葬品开始由传统的真实物品转换为实物模型，即明器。出土文物中有当时世人居住的房屋模型，证实了史书的记载。第二，是用大型洞室墓取代长方形木椁墓。有学者指出，这是因为洞室墓象征现世人们的住宅。[2]棺柩放进去，更接近于人在房间中，符合人们的人死有魂的灵魂观和灵魂依附在遗体上、灵骨一体、灵体一致的死后灵魂认知，和对死后的另一个世界的想象[3]。更重要的是，洞室墓呈纵向长或者说是纵深大于横宽的形状，可以从一侧放入棺柩，而不再是深挖墓穴，从上至下地落下棺柩。从这个时期开始，出现了横穴式墓。横穴式墓葬的出现，是中国古代墓葬结构史上最大的变化。横穴式墓葬，是横推棺柩进入墓穴而不是自上向下把棺柩下沉式放入墓穴，从此有了不是“埋”棺柩的方法，这是墓葬形式的一个重大变化。第二个送葬礼俗的变化也出现在汉代。[4]第三个变化出现在东汉，规定逝者按昭穆顺序确定埋葬位置的公墓制度开始逐渐崩溃，以血缘集结而成的宗族式家族墓地继续发展。随着南方公墓制度的解体，南方的血缘相连的宗族墓也进一步发展。长江流域的“邦墓”制度也

1　徐吉军：《长江流域的丧葬》，湖北教育出版社，2004 年，第 244—247 页。

2　陈华文：《丧葬史》，上海文艺出版社，2007 年，第 144—146 页。

3　参见本书有关灵魂观的阐述。

4　徐吉军：《长江流域的丧葬》，湖北教育出版社，2004 年，第 270 页。

逐渐解体了，以宗族为单位的血缘性宗族墓地形式逐步固化、扩大并一直延续到20世纪中叶。

南方一直流行木椁墓，发展到汉代，一些地区的坟墓内出现了描绘现世生活和死后在另一个世界生活之场景的壁画。联想到墓内放置棺柩的空间要模仿现世房屋的形状修建，可知东汉时期就已经形成人死后有另一个世界、在别的世界继续存在的意识。可以了解到人们认为人死后生活的世界，既是一个另外的世界，但又与今日的世间有关联。

从3世纪的魏晋南北朝时期开始，坟墓可以大致分为中原和南方两大区域类型。南方系墓葬的陪葬品中，增加了仓房、水井和家畜等与生活相关的物品模型，可以说这是人死后会在墓中继续生活的他界意识的鲜明体现。隋代坟墓根据身份被划分为三种类型，唐代墓葬以著名的陪葬品唐三彩而闻名。

到了宋代，南方的宋代墓分为土质竖穴墓室墓和长方形砖墓室墓两种。笔者认为，这种墓穴形制似乎与现代东南地区常见的民间砖室墓有关联，但在先行研究中尚没有见到这一现象的相关论述。

在13世纪的元代，沿袭南宋时期墓葬制度，南方地区的元代墓均为砖室墓。即使是夫妻同葬在一座墓中，也被分别放入不相通的两个墓室里。笔者注意到，在苏州有唯一的一例“墓圹”（墓穴）使用三合土筑造的案例，并且，记述该坟墓时使用的是“墓圹”一词，格外引起笔者注意。因为在笔者记录现代的调查案例里，民间也称呼制作坟墓的行为为“作圹”，不少地区的民间将事先做好的横穴式坟墓空间，即横穴墓明确称为“圹”。

明代发现甲、乙、丙、丁四神墓葬类型（详见表3-1-1），丁类的单室砖式墓葬中发现很多木棺和椁，也有少量石棺和石椁墓，这个记载引起笔者极大兴趣。因为20世纪末东南地区的民间也有将石棺称为椁的案例。东南地区现代砖室式墓圹和石棺、石椁的使用历史或许可以追溯到明代甚至元代，详见下一节。

在考古学上，明清墓葬的研究主题是帝王陵墓。研究对象主要集中在北京郊外的明十三陵和位于河北省的清西陵、清东陵的墓葬形态、内部结构、出土物研究等方面。有关明清时代中国南方墓葬研究的著述极少。

为便于掌握上述坟墓形态和墓地变迁的时代演变过程，把握南北方坟墓形制、造墓材料的差异等，归纳了如下的中国墓葬形态形成及演变历史表，罗列南北方各个历史时期的墓葬特征。

表 3–1–1　中国墓葬形态形成及演变历史[1]

时期	北方	南方
旧石器晚期	埋葬方式已经存在	
新石器时代	埋葬死者已经制度化 墓地的位置、墓穴的形状、葬法、墓的朝向和随葬品等也逐渐定型	
新石器时代早期	没有葬具，直接埋在浅墓穴里	
新石器时代晚期	出现木棺，大汶口文化墓地出现木椁	长江中游下游的“平地葬”
商代 前 1600— 前 1046	墓有大中小三型，又分为甲乙等小类 土坑木椁墓。	
周代 前 1046— 前 256	出现了两种墓地 公墓 —— 国王、王室等贵族墓地 邦墓 —— 国人的墓地。规模分为大型的 A 型、中型的 B 型、中小型的 C 型、小型的 D 型	南方流行木椁墓
战国时代 前 475— 前 221	土坑墓、土坑木椁墓、横穴墓 分为甲、乙、丙三种	地表堆土后挖竖穴埋入棺柩的土墩墓
西汉 前 206—25	前期为土坑墓、土坑木椁墓、横穴墓。横穴式墓葬从这一时期开始出现。	南方的木椁墓开始转变为砖室墓[2]

1　此表参照以下文献整理：
叶骁军：《中国墓葬发展史》，甘肃文化出版社，1994 年。
徐吉军：《中国丧葬史》，江西高校出版社，1998 年。
徐吉军：《长江流域的丧葬》，湖北教育出版社，2004 年。
董新林：《中国古代陵墓考古研究》，福建人民出版社，2005 年。

2　徐吉军：《长江流域的丧葬》，湖北教育出版社，2004 年，第 278 页。

续表

时期	北方	南方
东汉 25—220	后期流行洞室墓 长方形木椁墓向洞室墓发展 “家族墓地”制度开始崩溃 墓地从显示身份的象征转化为土地所有者财产的象征[1]	长江流域“邦墓”制度解体，宗族式家族墓地开始发展
魏晋时代 220—420 分为中原和南方两个大区。	中原地区Ⅰ型、Ⅱ型、Ⅲ型和Ⅳ型四种墓。Ⅰ型—Ⅲ型是皇族和贵族的墓，Ⅳ型是中小地主和平民的坟墓	南方有木棺砖室墓
隋代 581~618	坟墓分为三种： 1类：三品官职以上； 2类：七品官职以上； 3类：八品官职以下及庶民	石棺和石椁开始流行
唐代 618—907 以安史之乱（755—763）为界分为前期和后期	前期有为两种墓： 1. 砖室墓（单室式、二室式）； 2. 土洞墓； 后期：流行又短又窄的竖井式墓道	土坑墓、砖室墓
宋代 960—1279	北方和中原地区有两种墓： 1. 砖洞室墓（宋代皇室墓的模仿型，分单室式、两室式）； 2. 土洞穴室墓（有横穴式墓和长方形两种）	南方的宋代墓有竖穴土坑式墓和长方形砖室式墓两种
辽代 907—1125	分为两类：1. 贵族砖室式墓，石板木椁墓；2. 汉族官员和地主的砖室式墓汉族的墓大多是火葬后的墓，火葬后的遗骨大多放入小石棺中放入墓中	
金代 1115—1234	前期为多室式砖墓，后期多见单室砖式墓	可看出宋代墓和辽代墓的影响
元代 1206—1368	北方元代墓葬早期为砖室式墓，晚期仿木结构墓并逐渐简化	南方地区的墓是两室砖墓。在苏州，墓穴的“墓圹”使用三合土

1 叶骁军：《中国墓葬发展史》，甘肃文化出版社，1994年，第76—79页。

续表

时期	北方	南方
明代 1368—1644	发现墓葬有甲、乙、丙、丁四种类型： 甲：帝王的墓； 乙：王室成员的墓； 丙：一般官员，地主的墓； 丁：平民墓 有很多长方形单室砖墓，多见木棺和椁，还有少量石棺石椁墓	长方形单室砖墓
清代 1616—1911	只有帝王陵墓研究资料，几乎没有关于墓葬分类的文献	
中华民国时期 1911—1949	没有坟墓分类资料。灾荒和战乱不断，没有记载墓地现状的资料	

以下，参考表3-1-1，抽取出其中记载的南方墓葬的发展和流变再做一次梳理。

新石器时代晚期——长江中游下游有一种叫“平地葬”的在地表上填土的葬法。

周代——南方流行木椁墓。

战国时代——地表出现了高高堆土的土墩墓。但依然是从上向下挖掘竖穴式墓穴。

西汉——出现了横穴式墓葬，这是中国墓葬史上关于结构的一大变化。在南方，木椁墓取代了砖室墓。

东汉——长江流域“邦墓”制度崩溃，宗族式家族墓地开始发展。

魏晋南北朝时期——南方有木棺砖室墓。

隋代——开始流行石棺和石椁。

唐代——以土坑墓、砖室墓为主流。

宋代——南方的宋代墓有竖穴土坑式墓和长方形砖室式墓两种。

元代——南方地区的元代墓是砖砌的两室式墓。苏州墓穴的“墓圹”有使用三合土的案例。

明代——长方形单墓穴砖墓是主要墓式。

根据考古学、建筑学和历史学提供的资料，可以大致掌握明代以前坟墓形状及内部墓室结构的发展和变迁。但是，关于南方地区普遍存在的民间“二次葬”习俗所涉及的第一次暂时收容遗体的坟墓、第二次永久收纳尸骨的坟墓、一次性永久埋葬时的坟墓等，都几乎见不到文字记录。从文献中了解到的中国古代墓葬中，很少有平民墓葬的记述，民间常见的多种葬法以及与其相匹配出现的各种各样的墓葬形式，在历代记载中都没有出现。这与考古学的对象基本是各个朝代的官员、贵族、富商们的墓葬，历史学文献里被记载下来的人物也大多是历代的贵族、名人有关。平民、庶民的生活和他们的丧葬行为很少被历史文献关注。

要掌握与东南地区民众生活紧密相关的丧葬、墓葬习俗状态，只能依靠民俗学的田野作业方法获得的第一手资料。民俗学、人类学是十分重视田野工作的学科，两个学科基本是20世纪初期才被引入中国的。除了在那之前极少数外国人进入中国社会实施田野调查外，民俗学者、人类学者的调研资料的时间性是极为现代的。并且，一个极为遗憾的现状是这些学科强调的田野调查，基本以个人为作业单位，每个人关注的调查重点不可能平均分布到平民生活的各个方面，每个人的田野调查结果也大多只保存并实用在个人研究、著述之中。尚未有中国田野作业数据的集中性、大型数据库，墓葬类的田野数据资料只散在于民俗调查报告和民俗志书写之中。鉴于此，本书接下来使用笔者本人20世纪80年代后期到21世纪最初10年的大约20多年时间，走在东南地区的田野上和走进许多个村庄看到的、询问到的、听到的、记录的当地围绕丧葬、墓制的资料，以此为基本依据，讨论东南地区的民间墓葬习俗、墓地形制、坟墓类型等问题。

第二节　东南地区的坟墓

在这一节中，将主要关注棺柩安置地点的标识和作为固定设施的坟墓的田野调查资料，通过分析田野资料，探究东南地区不深挖墓穴、修造地表墓之原因所在和其中的文化寓意。

汉族人死后，通常依据传统举行葬礼，然后把遗体埋在地下，经常可以看到成片土堆构成的坟地。海外也常常说汉族的墓地是“一片土坟头”然而，死后葬在地下、地表堆起一个土堆为坟的传统，实际上是以北方地区为中心广泛传承至今的民间葬俗。而南方地区广泛存在着的是民间俗称为“捡骨”“捡金”这类学术上被称为迁葬、复葬的习俗，并且坟墓形制也大不同。“捡骨”“捡金”是人死后先埋葬数年，然后开棺将骨头捡出，处理干净后依次按脚趾骨、腿骨、脊椎骨、颈椎、头骨的顺序放入陶罐，再把陶罐放入坟墓的做法。第二次放置金罐、金瓮的坟墓的外观，大多不是土堆形状，而是呈大靠椅、太师椅形状的“椅子坟”或画有龟壳纹图案的“龟壳墓”等豪华墓。墓穴是横向式，骨瓮或小棺可以横着推进去。墓室也修建在地表，棺柩不是放在地下墓穴埋葬，而是“推入”墓穴空间。墓在地表，墓室呈横向而不是从顶部打开垂直使用，这是与北方汉族坟墓最大的不同。

笔者在20世纪80年代至90年代初期进行调查时，要从北京乘火车到上海或杭州，然后换乘长途汽车去浙江中部、南部、东南部和福建北部。昔日不发达的交通条件，提供了沿途慢慢观察各地坟墓外形变化的绝好机会。笔者观察到沿路的农田和山坡上分布的坟墓形状逐渐不同时，会迅速拍照或专门下车观察，然后手工描绘墓型图，也因此成就了一份研究坟墓形制变化与地理分布特征的成果，详情在后面阐述。

在东南地区有各种形制的墓地和再次处理遗体保存遗骨的习惯。80年代还可以在山坡上看到第一次埋葬遗体的“土库”，实际上就是把棺柩放在地面上，周围用砖瓦或石头把棺柩围起来，做成房屋形状的长方形坟墓。数年后拆开土库捡拾遗骨装进骨瓮或小石棺内，放入椅子坟或龟壳墓里。在浙江东南部的温州地区，可以看到很多用水泥和石头修建的大大的“交椅坟”，这类墓的墓室是横穴式的。还有在山坡斜面横向挖进洞穴，棺柩放进去数年后取出来开棺、收集遗骨转放到别处的“捡金”习俗。此外，还有在埋葬火化后的骨灰的地点建造小小的房屋型坟墓的做法（江苏）。

表3-1-1记录了历代墓式的发展和变迁。但是，明清以后的墓葬，特别是平民阶层的墓葬几乎没有文献记载，考古学领域的文献也基本都不是平民墓葬。本章从墓葬外表形状、竖式墓穴或横穴墓室、坟墓是否使用椁等信息，对明代以后东南地区民间墓葬分类阐述，以补充这一地区墓葬历史记述不足之处。

一、墓式类型

首先，从放置棺柩的方法进行分类。如表3-1-1所述，从汉代开始出现的横穴式墓葬，是墓葬史上发生的巨大变革。说到埋葬法，到目前为止，一般都是将棺柩垂直向下放入纵式墓穴埋葬。但横穴式墓室的坟墓的“埋葬”，是将棺柩横向推入事先修好的墓室，或者将棺柩放在地面，用木板、石头或砖块在周围垒起围墙，上面修成盖瓦的小屋顶或平屋顶形状，再用土填上或者用干草覆盖起来的“埋”或“葬”的方法。汉代之后，放置棺柩的坟墓就分为纵穴式和横穴式，东南地区民间坟墓也是如此。根据已获知的资料，笔者将墓式分为A、B（细分为BⅠ、BⅡ）、C三类。

A 竖穴式坟墓。是将棺柩放入深挖的土中墓穴，在棺柩上面填土之后，修整出各种形状的坟墓外形。埋入这类坟墓的一般不改葬。

B 横穴式坟墓。横穴坟墓根据外观豪华与否分出两个小类。

BⅠ是外形比较简单的一类，填土后修成长方形棺材形状或圆形，外观用三合土或土堆起来能给棺柩遮风挡雨的很简易的坟墓。这类墓是当地经济条件有限的人家修建的，虽然显得简陋，但是不属于以二次葬为目的的简易一次葬之墓，而是永久使用的坟墓。

BⅡ是外形相对豪华的一类，一般会在坟墓的坟顶堆砌石块或水泥，墓形外观的做工和使用建材都很讲究，是二次葬的长久收容遗骨之地点，是为永久使用之目的而建的坟墓。

C 改葬前的坟墓。是以二次葬为前提的第一次葬之收容棺柩的空间，功能是在数年时间内暂时保存棺柩以避免风吹日晒。外观多种多样，有修在地表的半圆形圹，有圹上覆土的土坟形圹，有用石板、泥土抹灰、稻草、瓦块垒在棺柩四周、棺柩顶部的圹，或直接覆盖稻草，或盖成房顶形状，或铺瓦块、石板为屋顶的圹，等等。

二、调查案例

如前所述，笔者用手绘图的方式记录下了当时沿途看到的各种墓的外形，在调查村落的墓地时也做了笔记和手绘图，接下来尝试用手绘墓图讲述墓地形状和功能的分类[1]。

（一）A类竖穴式坟墓

1. 浙江缙云“黄道圩”（图A1）

“圩”方言发音为“wei”，原意指田埂或堤坝。黄道圩是指修建在坟堆后半部的半圆形的用小石头和泥土垒起小围垄。修一道黄道圩的目的是保护坟堆

1　一部分坟墓外形的记录，是去调查地途中的长途车和绿皮列车上看到后手绘下来的，然后再拿着图去询问当地老乡。没有走遍所有能看到坟墓的村庄，因此一部分绘图坟墓名称不详，是否是二次葬的第一次墓或二次葬的第二次墓亦不详。

不被从山上流下的雨水冲刷、侵蚀。后来直接作为这样类坟墓的名称了。经济宽裕些的家庭会使用更大的石头修建更大的黄道圩。当地人说，如果把围垄建得再高一些，就会变成近似椅子坟的形状。中间隆起的泥土是埋葬棺柩的地方，叫作坟顶、坟堆，每年清明节扫墓时，都要给坟顶添土。

2. 浙江缙云“二柱一字坟”（图 A2）

因为墓门是由两根石柱和一块石板构成“一”字形状，所以得名。村民说这是一种比较简单的修墓方法，柱子还可以增加到 4 根，增加的石柱向斜前方延伸，形成八字形。那样的墓形状更好，更吉利。

3. 浙江缙云“八字坟”（图 A3）

根据石柱的数量多少，名称也有不同。4 根柱子的墓，向斜前方延伸，成为“四柱小八字坟”。如果有 6 根柱子，则是“六柱大八字坟”，即呈现一个大大的八字，是吉利的形状。人们传说明朝有人家建造了这个“八字坟”，家运一直很兴盛。据说明代的李氏“八字坟”一直到 20 世纪 50 年代都还存在。

4. 浙江缙云“土堆坟”（图 A4）

这是最简单的坟墓，埋好棺柩之后用只是土堆起来就好，不用额外花钱修造外形。一般几年后要给逝者“转生”（捡骨、二次葬），所以要浅挖浅埋。这个墓的墓穴叫“圹”，也叫“金井”。

5. 浙江丽水“土坟”（图 A5）

也是浅挖浅埋的墓。棺柩放入墓穴后直接覆土掩埋，用石头砌成一个三角形的坟面，这样的墓称为“土坟”。如果不是挖墓穴掩埋，而是修一个半圆形的筒状空间，把棺柩材放入的，则不叫“土坟”，而叫“圹”。土坟是这个地区最古老的坟墓形式。土坟通常不是事先做好的，而是人去世后临时挖的。生前修建坟墓，当地称为“作圹”“作老屋”。

6. 浙江丽水碧湖镇的“坟”（图 A6）

这类坟的特征是浅浅地挖墓穴，墓穴叫作“井”。棺柩放进“井”里后，直接用土掩盖。埋住棺柩后自然隆起的土丘就称为“坟”。穷人家常做这类坟，如果用这样的“坟”埋葬父母，会被周围人指指点点地说其不孝。所以普

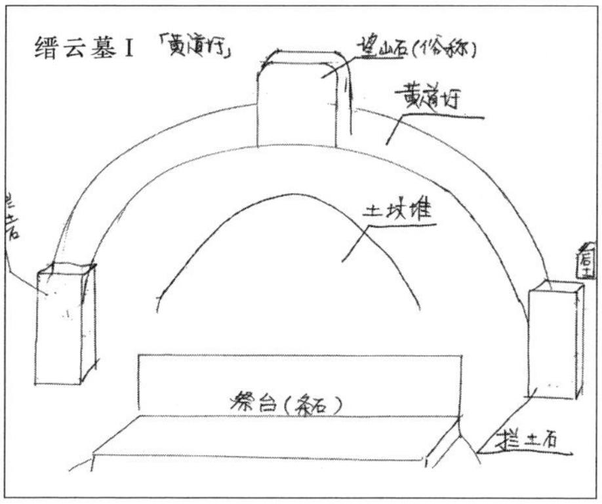

图 A1　缙云“黄道圩”

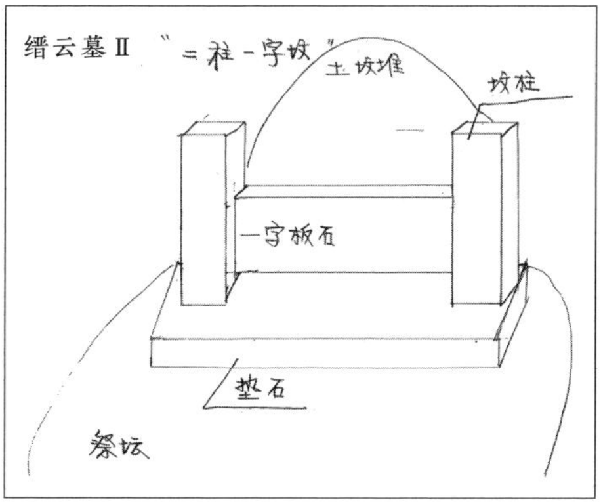

图 A2　缙云“二柱一字坟”

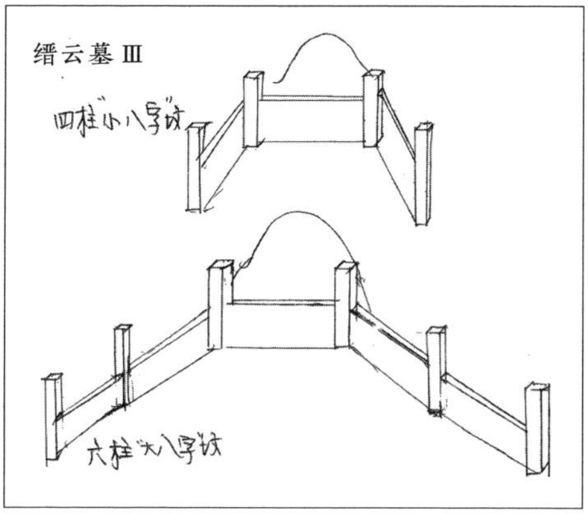

图 A3　缙云“八字坟”

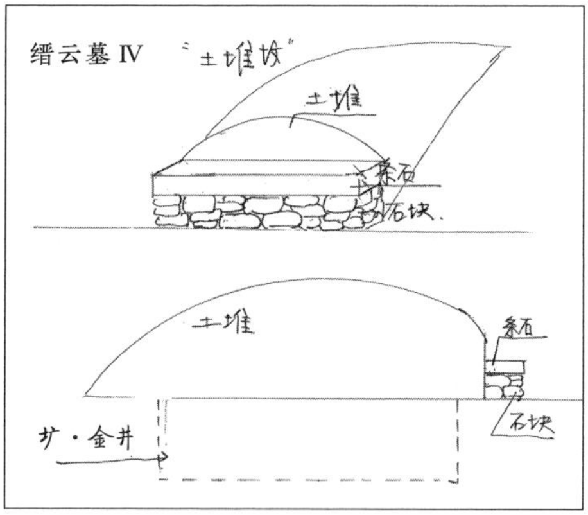

图 A4　缙云“土堆坟”

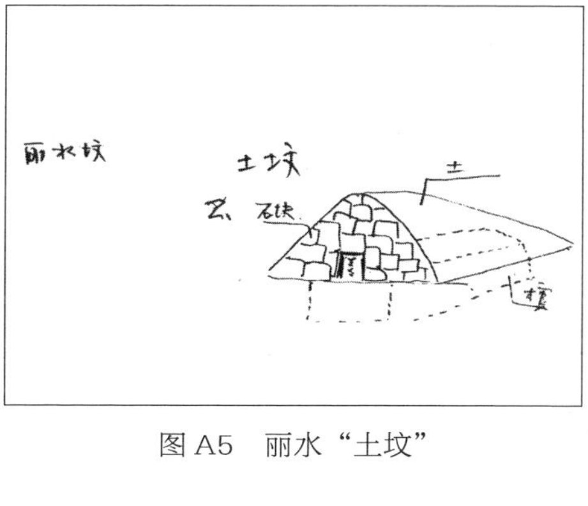

图 A5　丽水“土坟”

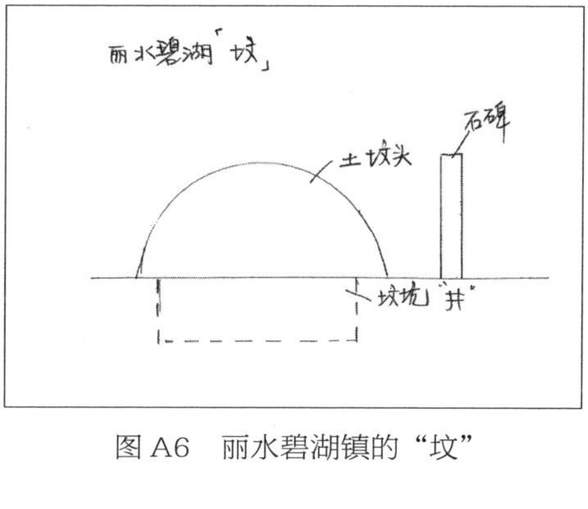

图 A6　丽水碧湖镇的“坟”

通家庭尽量避免做这样的“坟”，而是做“作圹”。笔者调查期间的20世纪90年代，丽水的坟墓几乎都是事先修好的“作圹”形式。

7. 浙江壶镇的“大八字”（图A7）

因为石柱呈八字形斜向延伸至前方，于是被叫作“大八字”。后面的围栏也是用石头砌的，看上去较为壮观、豪华。当地人说如果逝者是葬在这个墓里的，就不会迁葬。

8. 浙江东阳“老式（古式）一字坟”（图A8）

当地人说这种墓型是很久以前就有的，逝者葬在这种墓里的，也不改葬。

9. 浙江永康厚塘村的“老坟”（图A9）

厚塘村属于永康县管辖，图A9的五种墓，是20世纪90年代初还可以看到的。其中“1、2、3、5”的墓式，当地都称作“老坟”。“4”则属于前面分类的BI类，是横穴式坟墓。

10. 浙江丽水丽东村“土坟”（图A10）

图中的坟墓“3、4”都是土坟。浅浅地挖一个土坑，一般只有棺柩一半的深度。将棺柩放入其中，封好顶部后上面盖土。正面呈三角形或整体呈半圆形的馒头状。

11. 福建泉州土坟（图A11）

当地喜欢在地表修建龟壳墓，图中的这种土坟则是挖洞埋棺。据说埋葬到土坟中之后，很多人家会捡骨后再到风水好的地方建大墓重新埋葬，但亦有超过十年以上还依然葬在这样的土坟里的案例。

12. 福建厦门“滚龟墩”（图A12）

这种坟墓是笔者从问卷调查中得到的资料，“滚龟墩”是指被称为“坟山”的坟堆部分是用垒起的土石包围起来的坟墓。

13. 福建南安“圆形”墓（图A13）

这种坟墓与图A12“滚龟墩”的差别是，围栏以半圆形结束，形状略简单。对于是否迁葬的疑问，很多人回答说，没有规定要捡骨，一般也不需要再葬。

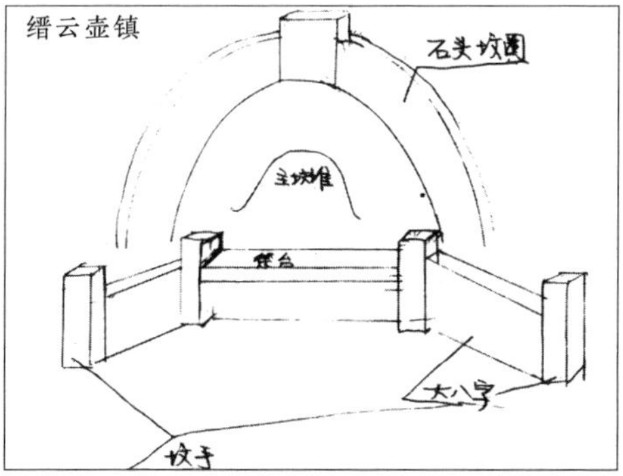

图 A7　缙云壶镇的“大八字”

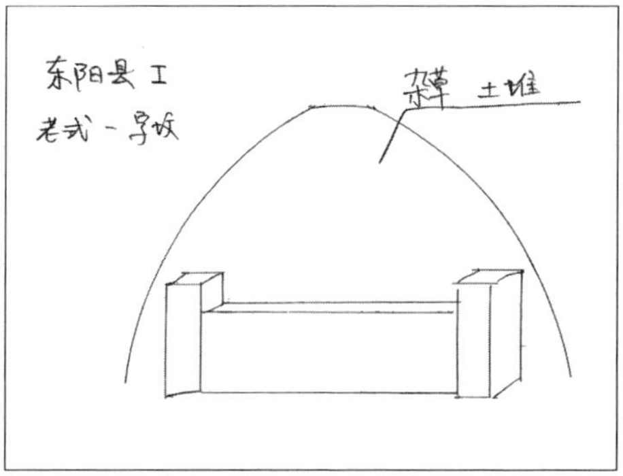

图 A8　东阳“老式（古式）一字坟”

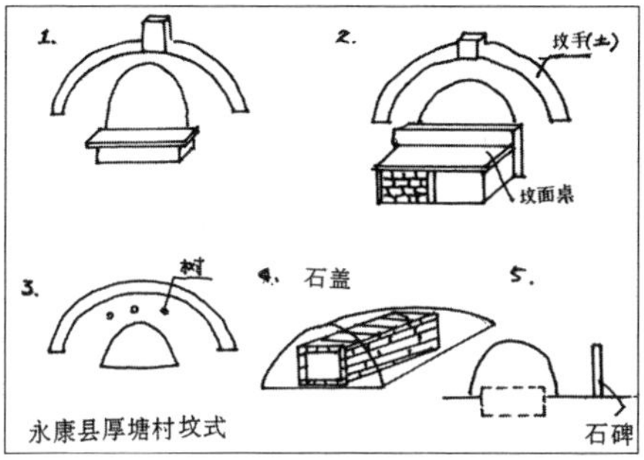

图 A9　厚塘村的“老坟”

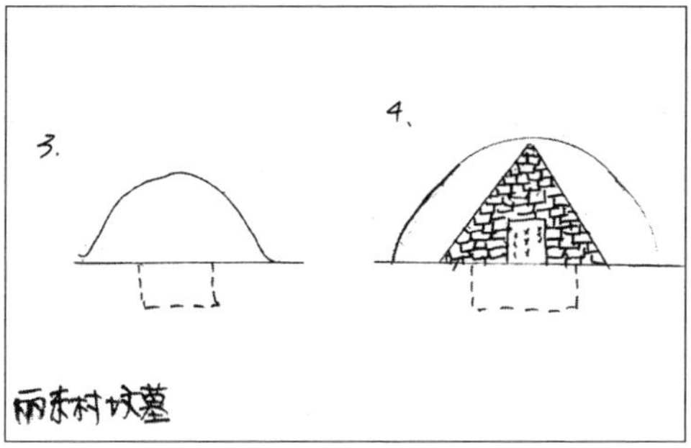

图 A10　丽东村“土坟”

图 A11　泉州土坟

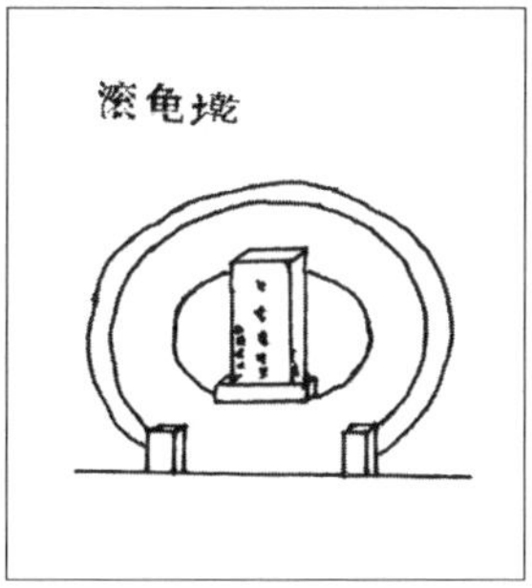

图 A12 厦门“滚龟墘”

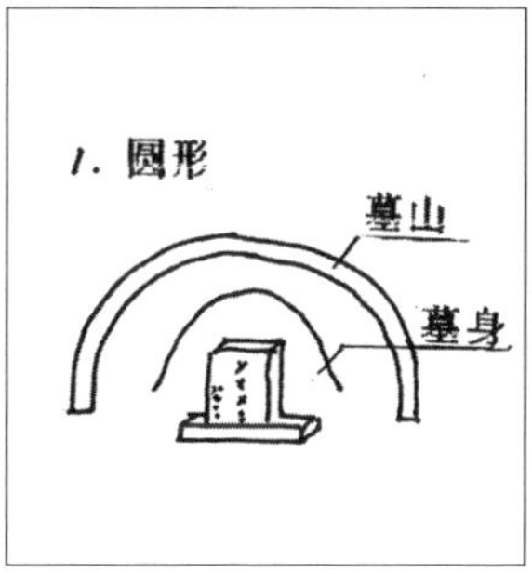

图 A13　南安“圆形”墓

（二）B类横穴式坟墓

1.BⅠ简单外形的横穴墓

（1）温州的“圹”（图BⅠ-1）

因为有拱形的顶部，所以也被称为“圆坟”。圹是用砖筑的墓室“圹”，形状是与棺柩相同的长方形，顶部为拱形。用薄土覆盖起来就是“圹”形坟墓。“圹”形坟墓有单人用、夫妻用，还有作为家庭用的横向排列多个墓室的“多圹”型。当地老人说过去最多的有9个圹连在一起。温州下辖县地域比较常见，笔者调查时曾在瑞安县看到6孔的圹。

（2）缙云“墎”（图BⅠ-2）

“墎”，当地方言念作“gē”。是用砖或石头筑成的横穴式墓室空间。因为这里是石材产地，石板很便宜，因此人们不太会选择造价偏高的拱形墓穴，而多用石板造“石板墎”。所以90年代多见这种石板墎形式的墓。

在缙云县，人死后先用“土库”暂时存放棺柩，“暂厝”三年或三年以上，之后捡出逝者的遗骨“转生”，移到石板墎。这个迁葬遗骨的行为叫作“归墎”。当地人解释说，去世的人“归墎”，好比准备好新房子请逝者住进去。一般夫妻同墎比较多见。

当地有个习俗，当夫妇中有一方去世多年，已经“归墎”，另一方刚去世时不能立刻把新逝者归墎。理由是新逝者的身体有“凶气”，不能立刻放入墎里。依旧俗需要先在“土库”里放三年，然后才能和另一方放在一起，即“归墎”，这种习俗历史悠久。90年代以后，人们在经济上富裕起来，开始在墎正中间增加一张石板，将内部空间隔成两部分，这样人死后马上就可以放进墎里。人们说放入墎里就没有捡骨的必要了。在石板墎内部空间增设石板，改变了使用石板墎的旧俗。90年代以后直接“归墎”的人家增加，建造暂时存放棺柩的“土库”的需求减少了，20世纪90年代中期以后就已经很少能见到。这是伴随着经济发展，二次葬流程被简化的一例。经济富裕的人家倾向于生前盖好石板墎，叫作“建墎”或“建阁”[1]。石板墎建好后，人们还会整体用土覆

---

1 “墎”与“阁”的当地方言中发音相同。

盖住，后面用黄道圩的围垄围住。

（3）义乌“单孔”与“多孔”（图 BI-3）

因为是在平地上建造的坟墓，所以只要放入棺材就可以了。据说这种形状并不是为了捡骨而修建的。多孔形式比较多见，大多不是夫妻墓，而是以全家墓为多。“多孔”墓还存在不仅是家族墓，还将父母、兄弟几个和各自的妻子排成一列的多孔墓。由于辈分不同，开墓门时会特意向后错 10 厘米左右。细微的差别是汉族大家族传统里的重视辈分、重视长幼有序的礼俗元素在民间葬墓制度上的表现。

（4）诸暨“排拱坟”（图 BI-4）

这也是在平地上建造的坟墓，呈多个墓室并排的状态。名称里的“拱”是半圆拱形之意，“排”是并排、排列之意。“排拱坟”就是多个顶部呈拱形的墓室并列。横向的墓穴，便于推棺柩入墓。新建墓通常不堵住墓穴入口，直接敞开墓穴。逝者的棺柩装入之后才封住入口。村民说以前是修好排拱墓穴后上面覆盖泥土，90 年代开始在排拱的墓穴上面覆盖水泥的人家增多了。理由之一是，因为浇了水泥的墓上不长草，扫墓很轻松，看上去也很豪华、漂亮。

（5）苏溪镇“排拱坟”和“单孔坟”（图 BI-5）

据说这类墓也是在平地上修坟的常见形式。过去是在上面用土覆盖，但最近用水泥把外观做得很漂亮的人家增多了。

（6）丽水“圹”（图 BI-6）

是用砖做“圹”，上面覆土的墓。因为是进深较长的筒状墓穴，覆盖泥土后就形成一个长三角形。一般正面的墓门用石头垒成三角形。很多当地人都回答说，放入这种“圹”的棺柩，日后都不再捡骨再葬。

调查时人们说在 50 年前（20 世纪三四十年代），只有很有钱的人家才能在生前做“圹”，但现在做这个圹的人家很多了。因为想让祖先住在好房子里，有点经济实力的人家几乎都会做“圹”。椅子式的墓是近年来流行开来的，但在三四十年前，只有个别有钱人家做，还是圹更常见些。

“圹”是放置棺柩的空间，在下葬的前一天，当地人习惯去墓地“暖圹”：

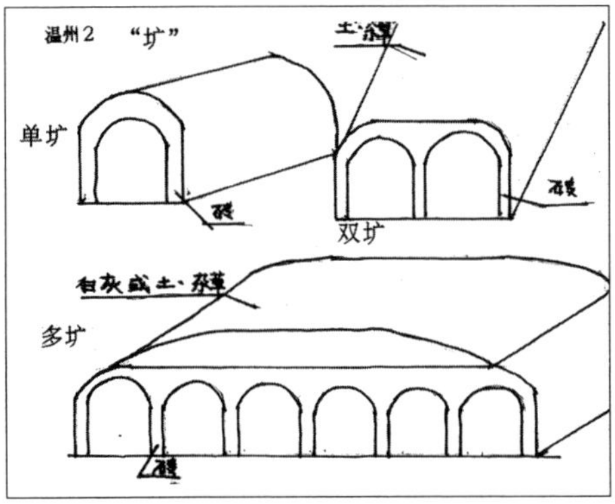

图 BI–1　温州的“圹”

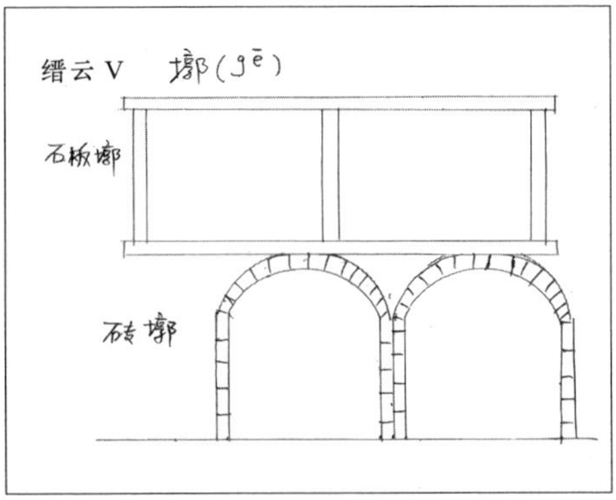

图 BI–2　缙云“埚”

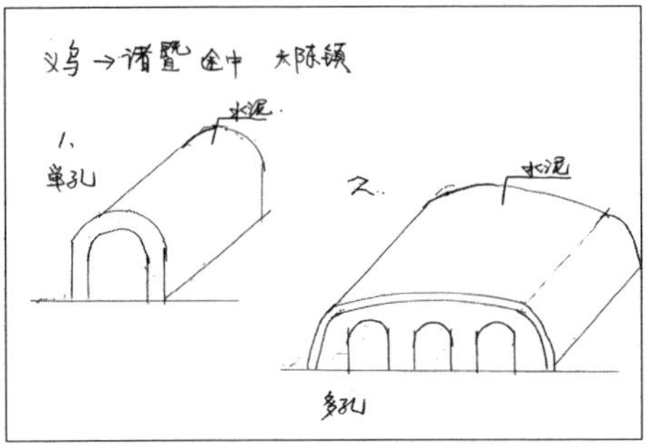

图 BI–3　义乌“单孔”与“多孔”

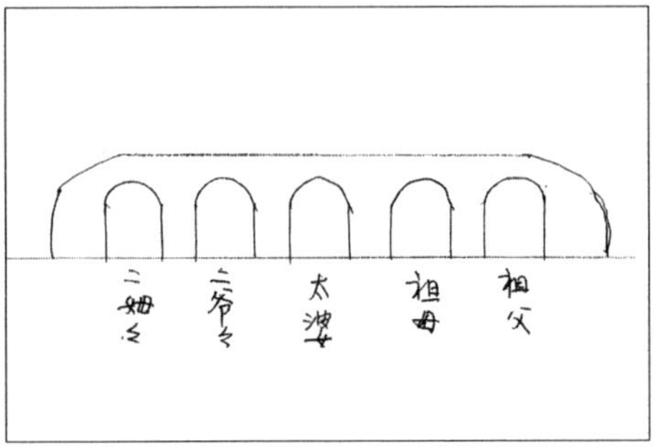

图 BI–4　诸暨“排拱坟”

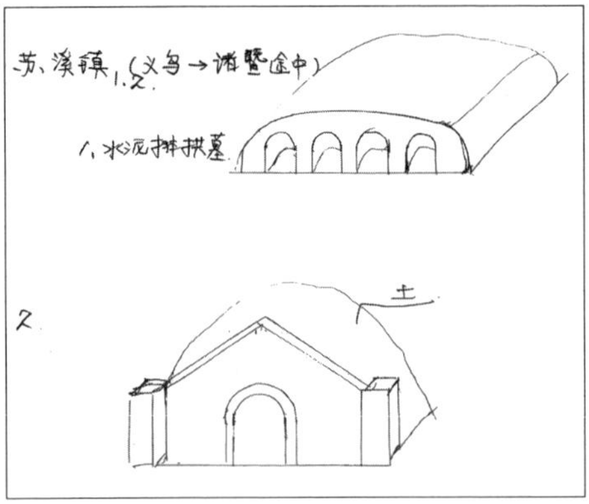

图 BI–5　苏溪镇“排拱坟”和“单孔坟”

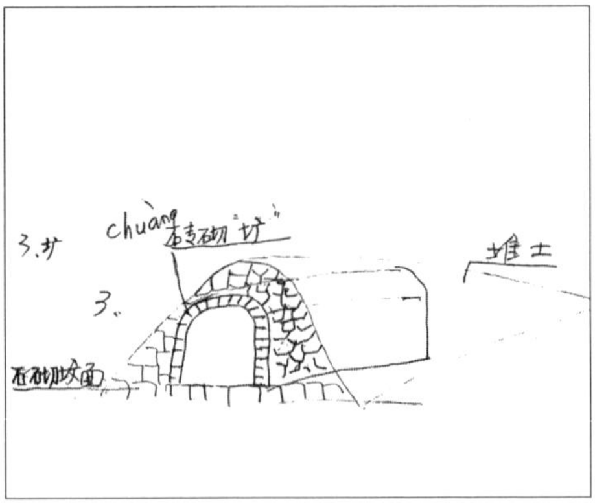

图 BI–6　丽水“圹”

把点燃的炭火盛在火盆里，火盆在圹里放一会儿。当地人说，暖圹就相当于人们搬进新居前要暖房一样，给逝者准备好房子，烧暖了再请他住进去。暖圹行为体现了人们十分重视长久放置逝者的棺柩之地，说明这个空间对人们来说，是逝者的居住之地、逝者灵魂的生活之地，所以要像对待这个世界上的新居一样对待新墓。恭敬礼貌地祭祀，同时又视墓地为另一个世界即他界之入口，意识深处认为坟墓就是他界的具体地点，这就是当地的他界观。

（7）临安“双圹”（图BI-7）

指的是二孔“圹”并列的墓式。当地人说，它自古至今都是用土盖住顶部的，如图BI -7上显示的“4”的形状。而90年代以后，多是用石灰把土堆拍紧，并把表面涂成白色，图BI -7上显示的“3”一样。

（8）萧山地“坟”（图BI-8）

如图BI -8，有一孔坟和两孔坟。外表覆土，呈长条半圆形。坟顶部覆盖的是泥土，所以杂草丛生。它与图BI -9的瑞安四方坟几乎是同样的形状。

（9）永康县后塘村石盖墓

请参照前面A类的图A9，图里的“4”是横穴式简易墓，名称是“石盖”。

（10）瑞安“平坟”“四方坟”和“稻桶坟”（图BI-9）

放置棺柩的空间呈拱形长筒形，外面覆盖泥土后，表面再涂石灰，就是“四方坟”。笔者调查时见到很多双孔的夫妻墓。把“四方坟”周边围成圆形，像用来脱稻子的稻桶，所以叫“稻桶坟”。比“四方坟”增加更多的“坟洞”即横穴式墓室并排成一列的就是“平坟”。村民说这种建在农田中的坟曾经是到处都能看到的常见墓式。90年代中期开始大规模的墓地整顿，坟墓都被移到比较远的山上，现在一般看不到了。

（11）玉环县坎门镇的“草坟”（图BI-10-1，BI-10-2）

老人们说草坟是当地古老的墓葬形式，据说已有300多年的历史。草坟是以瓦做圹、用土覆盖整体的坟墓。据说这是以前贫穷人家经常建造的坟墓形状。

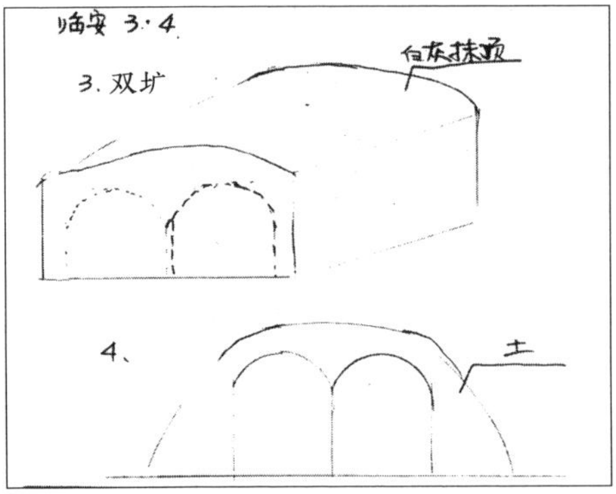

图BI-7 临安“双圹”

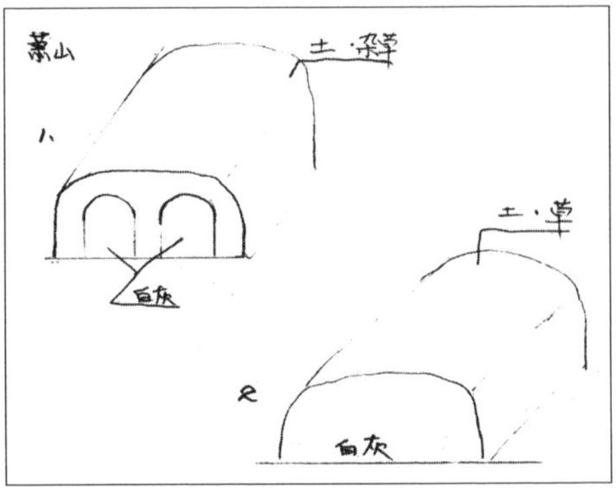

图BI-8 萧山的“坟”

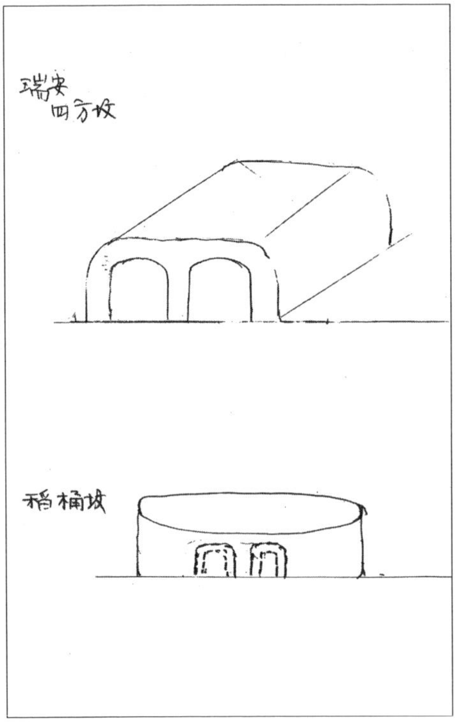

图BI-9 瑞安“四方坟”和“稻桶坟”

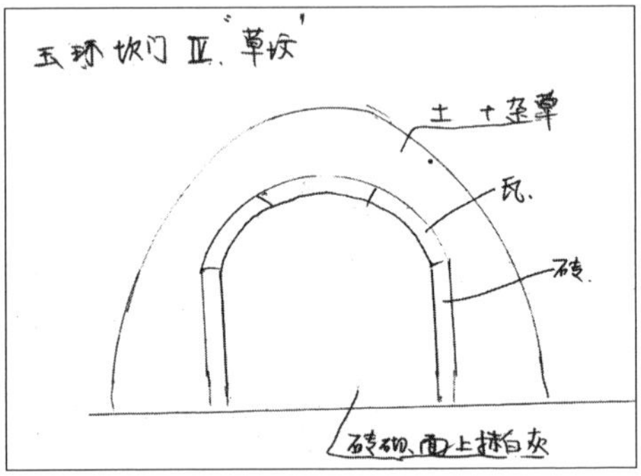

图BI-10-1 玉环县坎门镇“草坟”

图BI-10-2 玉环县坎门镇“草坟”

（12）龙泉“小生帽”（BI-11）

龙泉市位于山丘地带。在龙泉，坟墓的形式一般是从山的斜面横向挖洞、直接把棺材放进土洞里，或者在土洞里上下面铺砖块之后推进棺柩、封住洞口。在洞口处修一个小小的屋檐，防止雨水流进洞里。“小生帽”就是指洞口处的小屋檐的形状。一般人家会把棺柩在洞里放几年后，取出棺柩，开棺捡拾遗骨“捡金”。之后再修一个豪华的地表墓长期放置遗骨。

（13）安徽省歙县的“坟”（BI-12）

安徽省歙县的坟，是用石块或石条堆砌成圹洞，上面覆土成半圆形。安徽省也有改葬、二次葬。这个坟内有棺柩，但不知是第一次葬、永久葬还是二次葬。因为笔者不是在这个地区做正式田野调查，所以仅作为案例记在这里。

（14）安徽省歙县的“厝棺”（BI-13）

安徽省也有改葬、二次葬的习俗。这一带会在人死后把棺材放在类似棺屋的“坟”里，放置数月或数年后，再把棺柩转移到后来建造的“大坟”里。这种当地人叫作“坟”的简单建筑物，功能上是用来暂时保护棺柩的临时性建筑物，第一次葬的棺屋，性质上是厝棺，形状上是用石块垫底放置棺柩，四周围起后涂成白色，上面人字形挂瓦，白墙灰瓦的形态宛如小小的徽州民居。

2. BⅡ 横穴式坟墓（外形精细加工类）

（1）兰溪1式（图BⅡ-1）

这种坟墓的特点是，除在埋葬棺柩的“圹”上用土覆盖之外，还精心制作“坟手”和“坟面”，并在墓正面开拓平面空间“拜堂”，用作祭拜坟墓的场地。过去以砖为材料制作“圹”上部的拱形，听老人们说还有专门制造圹专用的楔形砖的砖窑。当地人说历史上修建这类坟的人家很多，推测有专用的砖窑，一定是圹专用的楔形砖的需求量相当大。一种习俗会有其特定的物质需求，墓圹制式的需求带动了烧砖业的特定发展。

（2）兰溪2式（图BⅡ-2 ）

拱形的“圹”上覆盖泥土，用薄石垒砌成的三角形墓的正面，是这类坟墓的特征。这个类型过去也有很多，直到20世纪50年代还很多见。

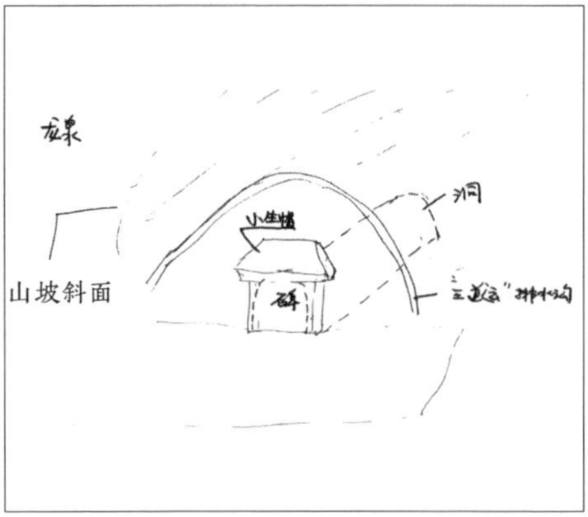

图 BI–11　龙泉“小生帽”

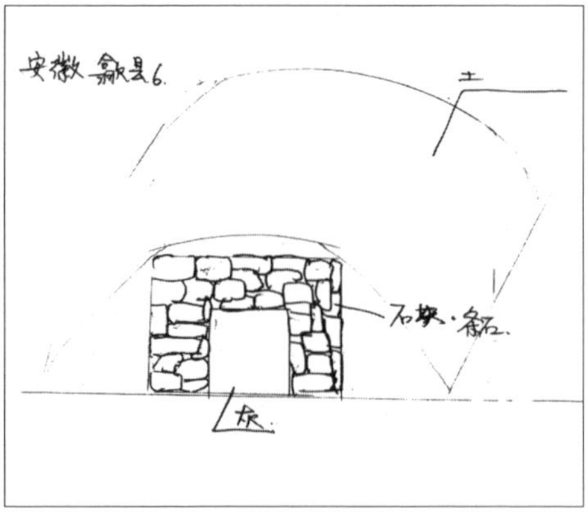

图 BI–12　安徽省歙县的“坟”

图 BI–13　安徽省歙县的厝棺

（3）金华三角坟（图BⅡ-3）

圹上覆土成为长三角形的土坟，坟正面用大块石头堆砌成一个三角形，当地单纯地称这类形状为“坟”，这里根据其特征，命名为三角坟。

（4）金华墓之二（图BⅡ-4）

是用砖砌成的四方形夫妇圹。用土覆盖之后，墓前面立四根四方形石柱，修建成八字坟面，然后用水泥修出祭祀用的场地。金华地区有生前造墓的习惯，这类坟墓尚未使用之前，会用红砖封墓室门以作标志。

（5）丽水“观音圹”（图BⅡ-5）

该地区方言将“圹”读为“chong”。它与金华的三角坟形状相近，不同之处在于正面可以看到拱形的“圹”门。这类墓也可以在人生前修造，但不叫“造坟”“造墓”，而是叫“作老屋”。意为“老了”之后住的房屋。这里的“老”，意指死、去世、离开这个世界，是死亡的委婉叫法。这也从侧面显示出当地人认为人死后要永久地住在坟墓中，是当地人死后世界观、他界观的一种表现形式。

当地人说如果把逝者棺柩埋进墓穴（当地叫作“井”）会被世人耻笑，经济能力有限的人家可以修一个简单的“观音圹”埋葬老人。

（6）安徽歙县椅式坟（图BⅡ-6）

这个坟墓形式和安徽省歙县的“坟”（BI-12）一样，是笔者乘长途汽车路过时偶然看到的。墓室用石头砌成，多为一孔和二孔的。因为和温州的椅子坟外形很近似，所以擅自这样称呼。笔者在进行短暂路旁问询式调查时，当地老乡说棺柩要短期停放在“坟”里，然后移到“大坟”里。

（7）玉环交椅坟（图BⅡ-7）

“圹”有拱形和方形两种。这个地区称“圹”为“kuàng”，与普通话发音相同。后面的围墙被比喻为椅子的靠背，称为“椅子圈”。当地人告诉笔者，这是有300多年历史的墓葬形状。他们解释说，因为坟圈的形状与平时人们使用的交椅的椅子圈相似，所以这样称呼。实际上，这种带椅子圈形式的坟墓具有防止雨水直接冲刷埋葬地点的圹的功能。

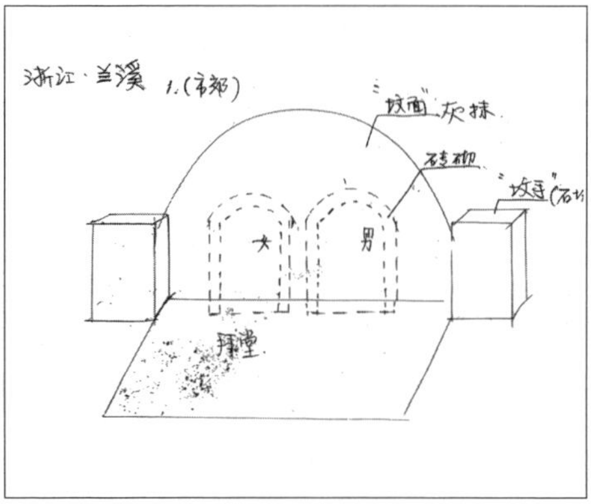

图 BⅡ–1　兰溪 1 式

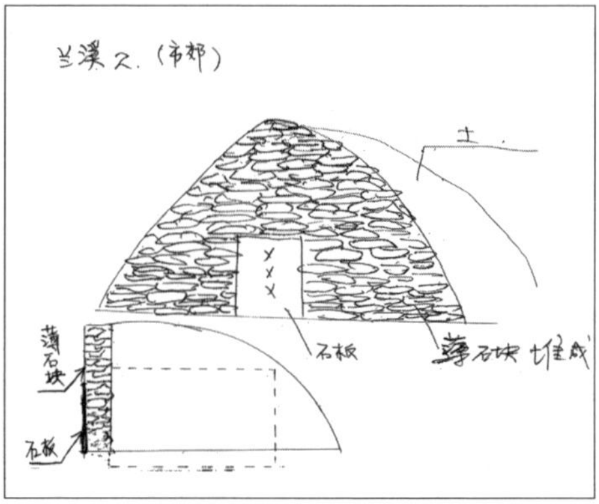

图 BⅡ–2　兰溪 2 式

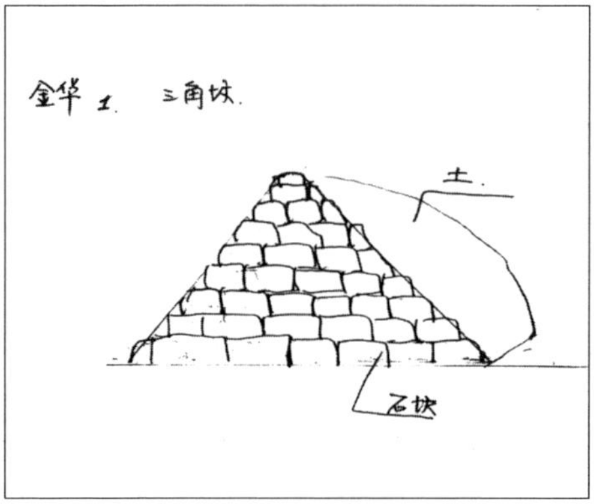

图 BⅡ–3　金华三角坟

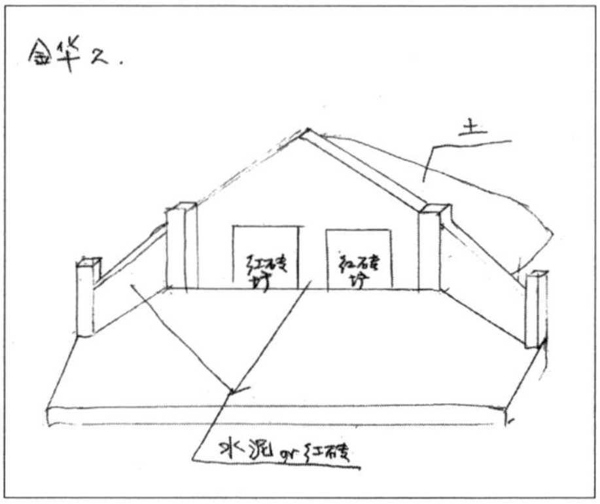

图 BⅡ–4　金华墓之二

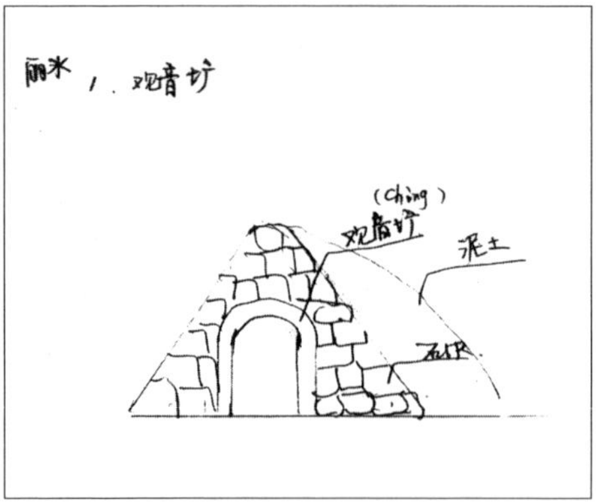

图 BⅡ–5　丽水“观音圹”

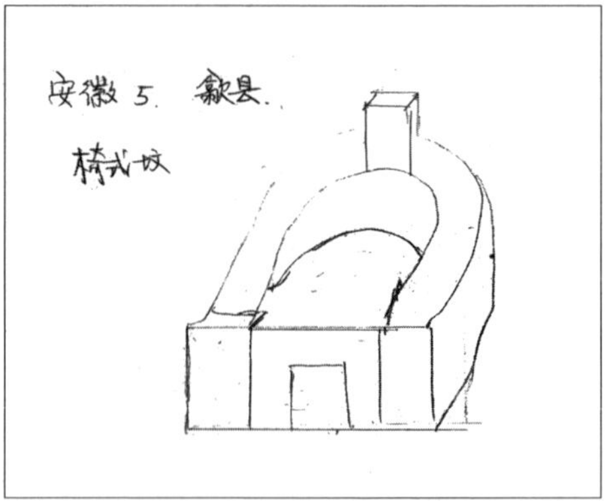

图 BⅡ–6　安徽歙县椅式坟

（8）龙泉“椅子梢”（图BⅡ-8）

坟墓土堆后面修出的较高的围墙被称作椅子梢或高椅梢，这类墓也因为有这样的高高的围墙而被叫作“椅子梢”或“高椅梢”。是祭祀用的“坟堂”、围栏和“坟手”都齐备的坟墓。在龙泉，自古以来就有很多这样形状的坟墓。当地人说这种坟墓多是来源于一个当地出身的宋代高官何执中墓的传说。宋代的高官何执中在为父亲修建坟墓时，为了防止被盗墓，他特意建造了105个相同的“椅梢”形状的墓，让盗墓贼找不到真正埋葬他父亲的墓。之后，他成了宋代宰相，何氏一家直到明代都陆续有人做大官。人们都说这是因为他修建了很多个椅子梢墓，招来了好运气。于是龙泉地区的人们后来便纷纷模仿这种形状的“椅子梢”来建造自家的坟墓。图BⅡ-8中被称为锅背的地方，以前曾经是用石头一块一块拼成的，现在水泥很便宜，操作也比拼摆石头简便，于是用水泥砌锅背的人家增多，水泥锅背的“椅子梢”也随处可见了。

（9）缙云“椅子坟”（图BⅡ-9）

这类椅子坟做工精细，是捡骨葬的第二次葬之坟墓。占地面积较大、耗费材料也多。过去这类豪华椅子坟是用作一家三代的墓地的，多个圹按辈分修成上中下三层，整体上一座椅子坟的体积都比较大。20世纪90年代开始，规定一座椅子坟占地面积不得超过12平方米，所以不能像以前一样，祖孙三代都收纳在一座大坟里，三层“圹”式的椅子坟也很少了。

（10）丽水“椅子坟”（图BⅡ-10）

笔者调查时这座椅子坟还在建造中，没有完全建成。于是有机会请建筑师傅讲述坟墓各部位的名称，还有机会实地测量坟墓各部分的实际尺寸。这个墓是为主人家的男主人修造的。男主人已经去世，其夫人还在世。男主人按照当地被称为“qiu墓”的捡骨再葬习俗，已经完成了第一次葬。这座椅子坟是为安置丈夫“qiu墓”之后的遗骨而修造的。因为女主人还活着，图BⅡ-10中正对图面的左边是“生坟”（尚在人世者的墓穴），右边墓穴是“qiu坟”之后的墓穴，深度只有125厘米，只够摆放装遗骨的“金罐”。据说生坟这边修的是适合放进普通棺柩的深度，现在先暂时用红砖堵住墓穴入口。1991年建造这

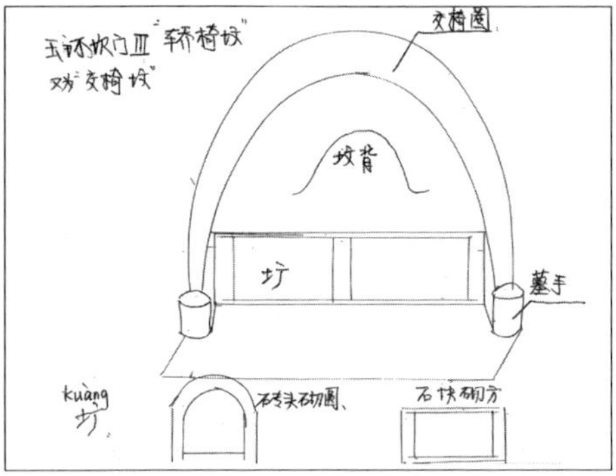

图 BⅡ-7　玉环县的交椅坟

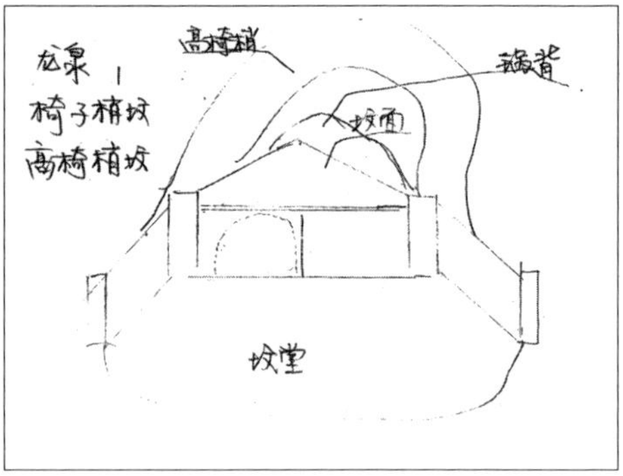

图 BⅡ-8　龙泉“椅子梢”

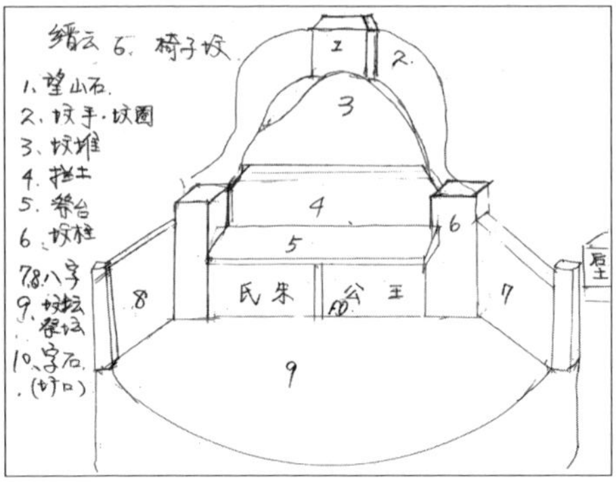

图 BⅡ-9　缙云“椅子坟”

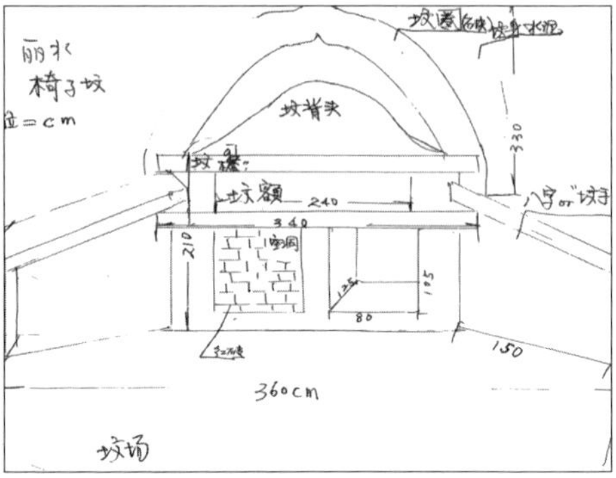

图 BⅡ-10　丽水“椅子坟”

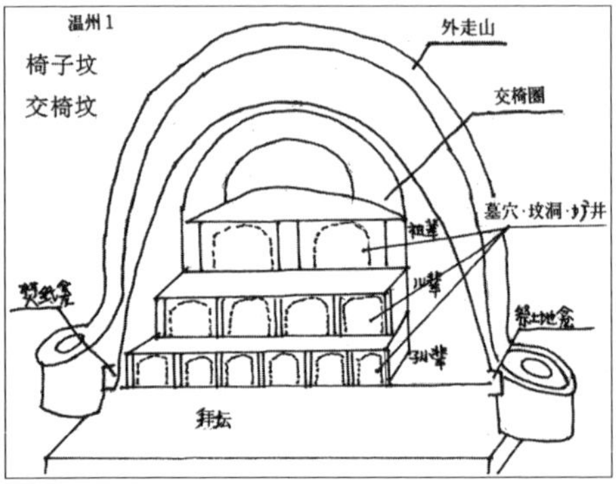

图 BⅡ-11　温州“交椅坟”

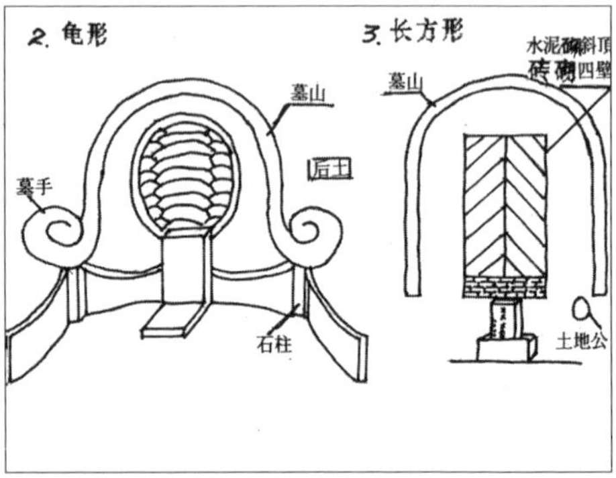

图 BⅡ-12　厦门“龟形”和“长方形”墓

座坟花费了2000多元人民币。

（11）温州“交椅坟”（图BⅡ-11）

温州是有名的修造典型的椅子坟之地。图BⅡ-11是一个家族三代人的坟墓。墓穴称为“圹井”。79岁的CH先生告诉我，他小时候就见过这座墓，应该是一座比较古老的坟墓。

过去，有钱人家的人过了40岁，就会修建“寿域”，为自己造墓。拱形的“坟洞”用特定的一边厚一边略薄的楔形砖块建造，一个坟洞所需的特殊形状的砖块数量是固定的。

（12）厦门“龟形”和“长方形”墓（图BⅡ-12）

厦门龟形墓的特点是把坟墓土堆隆起的部分仔细描绘成龟甲的图案。这类墓也可以作为第一次葬之墓，也可以是一次性埋葬之后就不再改葬的墓，也有人家“捡金”后把遗骨放进去。龟在这个地区作为吉祥的象征而多被人们使用，这与北方的观念明显不同。

（13）南安龟墓（图BⅡ-13）

与厦门市毗邻的南安市，也在福建南部，这个地区龟墓的龟壳形状和色彩是最鲜明的。这里也同样广泛流行捡骨二次葬的习俗，豪华的龟墓，一般是捡骨之后第二次埋葬时的坟墓。

（14）福建各地的“大墓”（图BⅡ-14）

笔者在福建省北部和西部看到路旁有很多用太师椅的椅子圈一样形状的围墙围起来的坟墓，但大多是在乘车前往调查地的途中看到的，无法详细询问。虽然尚未进一步调查和详细分类，但在分布图上标明了这类墓的存在，以把握东南地区整体上坟墓形制的分布特征。走访的部分村民将其称之为大墓，所以姑且命名为大墓，或有椅子圈的墓，并在墓型分布图上标明。

（15）玉环“浮坟”（图BⅡ-15-1，BⅡ-15-2）

浙江台州玉环岛的“浮坟”分为个人用的“单圹”和夫妇用的“双圹”两种。石头围栏、水泥圹顶或围栏和圹全部用水泥砌成。根据老人们的回忆，这种墓葬至少已经存在了50年。由于防水功能强，“圹”内可以一直保持干燥，

图 BⅡ-13　南安龟墓

图 BⅡ-14　福建各地的“大墓”

图 BⅡ-15-1　玉环坎门镇“浮坟”

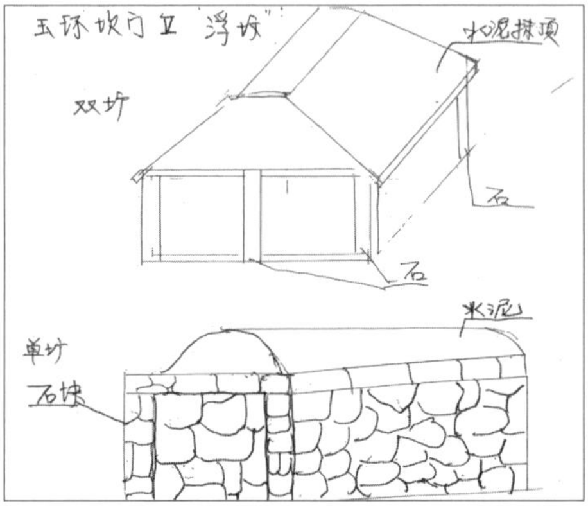

图 BⅡ-15-2　玉环坎门镇“浮坟”之二

图 BⅡ-16-1　小型龟墓

图 BⅡ-16-2　小型龟墓之二

所以90年代这种墓葬成为当地主要坟墓形式。人们说，这也是当地造价最高的坟墓类型。

（16）小型龟墓 （图BⅡ-16-1，BⅡ-16-2）

这是用来存放火葬后的遗骨的坟墓。厦门地区自古就有这种龟壳形状的墓，但笔者在泉州首次见到现代的城市陵园里大量建造这种形式的墓。

（三）C类以二次葬为前提的第一次葬墓

二次葬的流程，是棺柩数年间先在一地安置，捡骨后安置于另外择地而建的永久性坟墓。以二次葬为前提的第一次葬墓，也可以叫作改葬前的坟墓之特点，使用的建筑材料和施工都相对简单，不会专门做特殊的防潮处理，但要能够遮风挡雨。

1.缙云“土库”（图C1）

缙云地区在清代就有“土库”形状的墓，也叫“暂厝”。它和“塓”配套存在，是二次葬所需的先后两个收纳遗体或遗骨的坟墓之一，是处理遗骨之前的第一次葬的地表葬设施。

土库用砖块或木板围住棺柩，上面盖上瓦片。缙云后来大力发展石材产业，所以人们可以比较奢侈地使用石块、石条盖石制的土库。人们把遗体放在土库里，准确说是用建材围住棺柩，3年或5年后给逝者“转身”（即捡骨），让遗骨“归塓”（放进第二次埋葬之墓）。一个归塓用的“塓”里，可以容纳数个盛放遗骨的容器。一位88岁的女性老者讲述她曾经看到有人家竟一次把5个人的“转身”遗骨都放进一个塓里。

缙云石材产业发展起来之后，土库一般都用石块、石条或石板建造，十分坚固。村民说现在用这样坚固的土库放棺柩会保存得很好，不需要再为其“转身”。因此，90年代以后，石质的土库成为永久性的一次性埋葬坟墓形式之一。也因此减少了一部分人家的捡骨二次葬的行为。此为坟墓材质的变化，导致习俗发生变化之一例。

2. 坎门“棺寮”与“寄厝”（图 C2）

“棺寮”是50年前穷人没有财力修建其他形状的坟墓时建造的一种简易并且短时间内能够保护棺柩的形式。没有财力时，就造棺寮暂时安置棺柩，日后棺柩要移进大坟。也就是说，“棺寮”是捡骨二次葬时的第一次埋葬墓。

“寄厝”是将棺柩放在地面，用砖、石把棺柩完全围起来的小房子式的建筑物，同样也是以捡骨再葬为前提的第一次埋葬设施。

3. 永康“土库”1（图 C3）

用石灰或水泥覆盖棺柩的形态，以个人墓为多见，两孔式的夫妇土库很少见。

4. 永康“土库”2（图 C4）

又被称为“土顶土库”，用水泥或石灰包裹棺柩四周，上面堆土。

5. 永康“小八字”（图 C5）

用石条堆在棺柩四周，顶部堆土。坟头要制作坟面，还有给坟面加石柱修出小八字，把祭祀用的场地也修出来的一种坟墓形制。

6. 金华“土库”（图 C6）

土库因原来堆土掩埋棺柩而得名，是二次葬的第一次埋葬用的设施。后来土库的材料开始使用石灰，又进而使用石条、石板，但当地人仍然称呼它为“土库”。金华的土库也是二次葬的第一次埋葬用的设施。

7. 诸暨“浮丧”（图 C7）

在棺材下面放石头，垫起棺柩，使棺柩不直接着地。四周没有遮挡，棺柩顶部用稻草盖住，这种状态被叫作“浮丧”。诸暨地区有“浮丧”习俗，是将棺柩送到山上后垫起来、盖上稻草之后放置在山上。几年或更久的岁月之后，家里的几个“浮丧”一起“下葬”的情况很常见。

8. 安徽黄山“坟”（图 C8）

这种坟是短时间停放棺柩用的，一般停放几个月至一年。棺柩上面不修屋顶形状，而是用石灰涂抹得很平坦、光滑。使用两根小石柱做坟面。

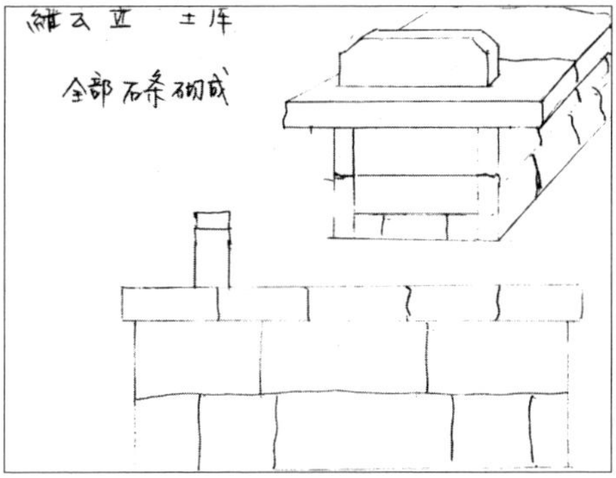

图 C1　缙云“土库”

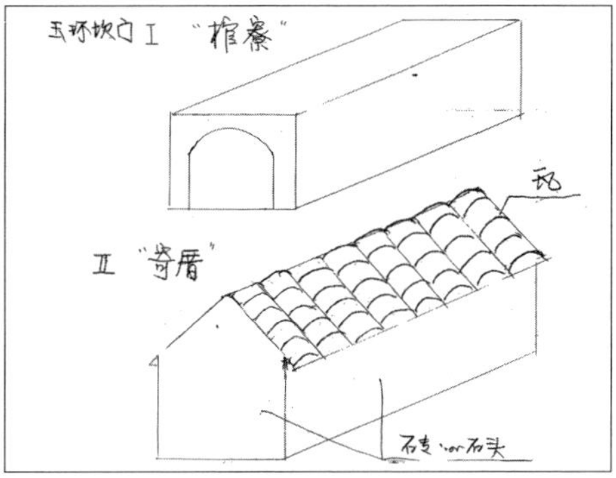

图 C2　坎门“棺寮”与“寄厝”

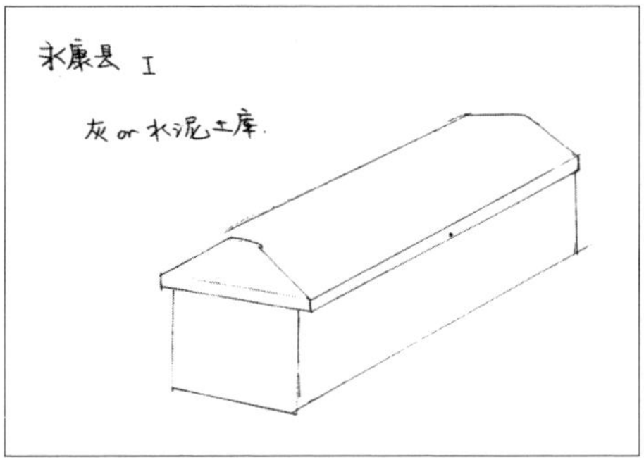

图 C3　永康“土库”1

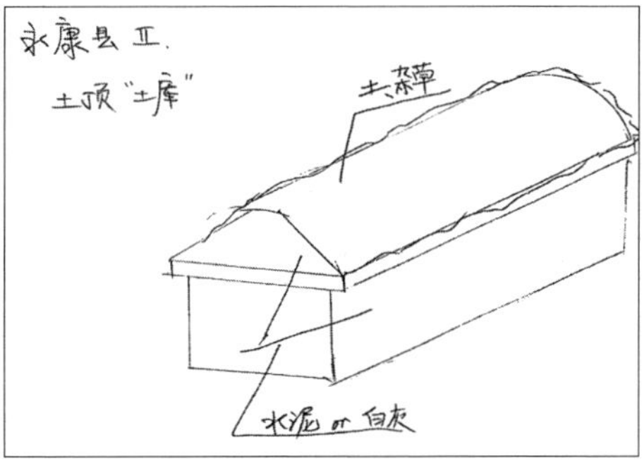

图 C4　永康“土库”2

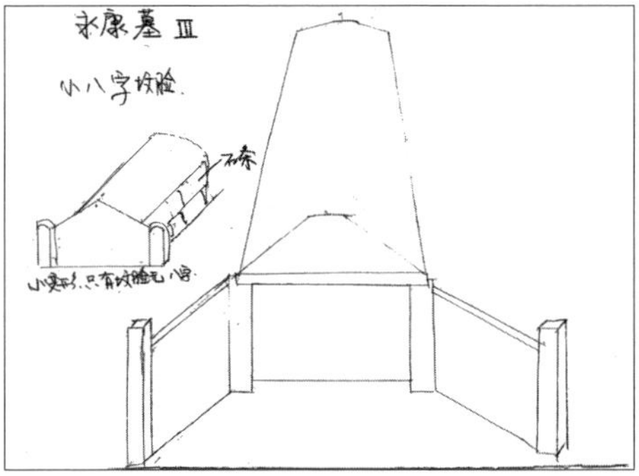

图 C5　永康“小八字”

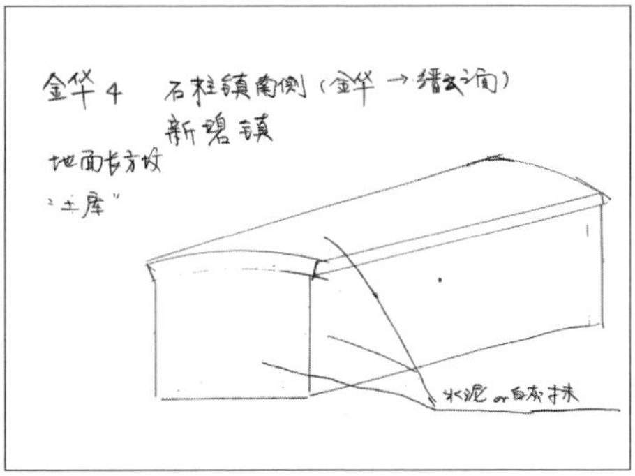

图 C6　金华“土库”

9. 安徽歙县的“坟”（图 C9）

人死后，先用此“坟”安置棺柩。三个月到一年以后，“大坟”修好，就迁到大坟。这是这个地区自古以来的习俗，瓦片和石灰水涂成白色的墙壁，几乎就是现世民居的缩小版。

10. 龙泉的“小生帽”（图 C10）

是从山坡的斜面或断面向里面横向挖洞，放置棺柩葬法的墓穴。数年之后取出棺柩，开棺捡骨，改葬他处。洞口封住后修一个小屋檐，挡住流下来的雨水以保护洞口。图 C10 是开棺捡骨后的状态，可以看到棺木还没有腐朽，从埋葬到捡骨的年头应该不太长。同时可以窥见“小生帽”墓穴的内部形状是向内伸展的长方形，洞深看不到底，应该比棺柩略长。由于是第一次葬时的墓室，内部没有砖砌的内室，是没有椁的墓室。听当地居民和村民讲述，“小生帽”的墓室通常底部会铺一层砖，然后推棺入墓室，但这次没看到墓室底部铺砖。

11. 坎门土坟（图 C11）

图 C11 右方的土堆即坎门镇的土坟。浅挖一个略大于棺柩的长方形墓穴，放入棺柩后上面用大瓦覆盖，再用土掩埋，堆起坟堆。

图 C11 中间及左上方的坟，是“浮坟”（参照图 BⅡ-15-1、BⅡ-15-2 玉环岛浮坟），是捡骨之后的第二次葬的坟墓形制。显然，它比土坟坚固、豪华。在一个画面里，同时看到二次葬法的第一次葬时的简单土坟和第二次葬时的永久使用的坚固浮坟，是葬法和墓制在现实世界中存在的形态，是当地人看惯了的平凡景象。但是当笔者看到这个景象时，说实话有点振奋。因为看到了一直以来只在文献上读到过的二次葬习俗在眼前展现出它的真实状态，感受到了当地传统的葬法葬制作为地方民间传统文化的重要一面默默地延续着、静静地存在着。这一景象在无言地向人们讲述地域文化的特性，提醒我们：走进田野，走近各地的社会生活，会学习到课本里讲不到、讲不清的历史和现实生活。

上面列举、陈述的 C 类墓葬，是以复葬葬法处理遗体时的第一次处置时的设施，用于短暂收容棺柩。为便于捡骨处置，大多采用便于再次挖掘和处理遗体的相对简易的形式和方法，棺柩置放在地面、用稻草覆盖或简单地用或木板

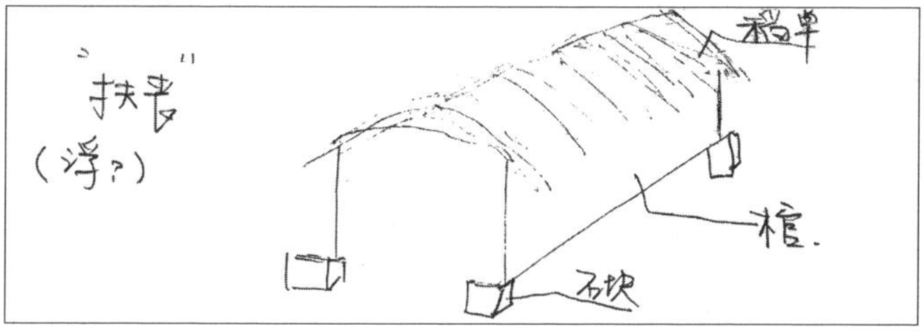

图 C7　浙江诸暨“浮丧”

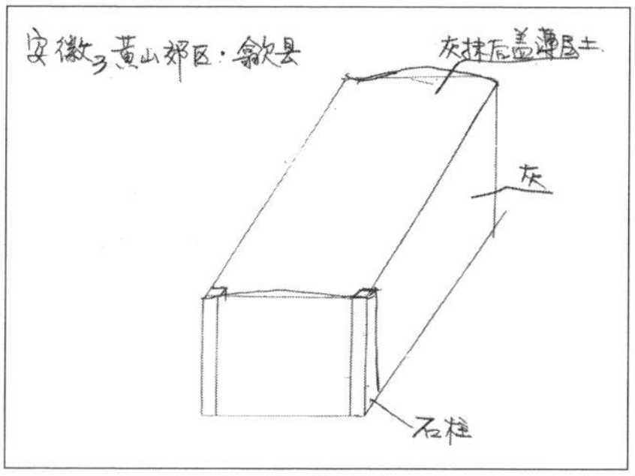

图 C8　安徽黄山的“坟”

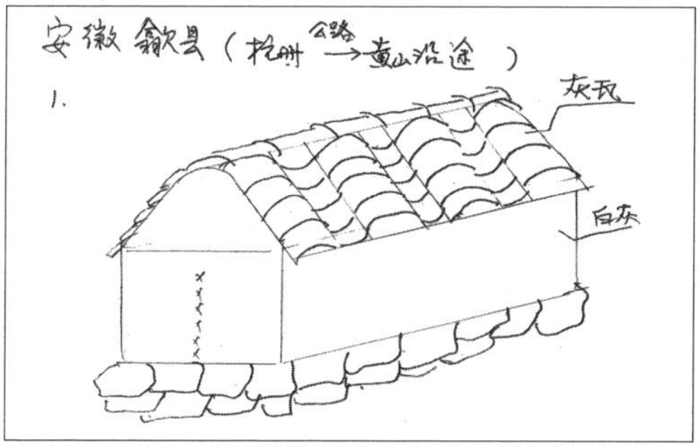

图 C9　安徽歙县的“坟”

图 C10　龙泉的“小生帽”捡骨

图 C11　坎门土坟（图片最右方）

或泥土薄墙包裹起来等。除去 C10 是横向打一个泥土洞、C11 是浅挖土掩埋之外，其他均是棺柩放在地面、周围覆盖起来或修造简易横穴式墓室，推棺柩入内的地表葬方式。因此可以说，根据调查案例数据获知，东南地区复葬习俗的第一次葬墓，即以改葬为前提的第一次葬法之墓式，是地面横穴墓或棺柩放置于地面简单遮盖保存棺柩的方式。

以上分类归纳了通过调查把握的墓地种类。从东南地区如何安放棺柩的角度出发，对通过调查掌握的这些案例做了 A、B（细分为 BⅠ、BⅡ）、C 三个分类。从案例可知，A 类的竖穴墓在东南地区相当少见。地理因素和历史传承交错影响，汉代以后，横穴式的墓葬在这个地区一直被延续下来。B 类里小分类的 BⅠ和 BⅡ都有很多案例，说明无论坟墓外观是豪华或简易，本质都是棺柩放置于地面、墓穴为横穴式的墓葬，这个由来已久的习俗有历史原因，也有自然环境原因。该地区的地理环境以石多土少的山地为主，无法深挖墓穴的地质地理因素，也是造成 A 类竖穴墓极少、B 类 C 类地表建墓且横穴墓室成风的重要原因。

A 类和 BⅠ类具有共同的外观特征，二者外形多是按照堆土后自然形成的形态稍加整理加工而成。虽然造型朴素，但部分建筑的覆盖物已由土或土＋白灰换成水泥，似乎也在坟墓外形上花钱做了修整。BⅡ类在这一点上更加明显。修造豪华外观的原材料昂贵、占地面积大、造型细致、十分讲究。在本调查开始实施的 90 年代中期，BⅠ类部分坟墓和 C 类部分坟墓已经改换使用抗风防雨的材料（水泥或石板）修建，棺柩可长期放置。很多人家把逝者的棺柩放进去常年不再移动，不再“转身”和“捡金”或“归埆”。第一次葬的设施在现代社会，由于建造材料的变化，改变了以二次葬为前提的临时性设施这一墓地和功能，从暂时保存的设施成为永久保存的设施，第一次葬的短期坟墓转换为永久保存棺柩的坟墓。20 世纪 90 年代，在二次葬习俗盛行的地区，建筑材料的改变，形成了新的无改葬前提的永久性一次葬行为，也因此诞生了新式永久性坟墓。

三、“椁”和“圹”

这里进一步考察“椁”和“圹”的民间概念和民间实践。

（一）椁

在古代中原，包围棺柩的木制方箱形的物体叫作“椁”。内棺外椁，椁为外棺，里面放置棺柩。椁是存在于坟墓和棺柩之间的葬具，木椁比棺柩大一圈，是棺柩外围的保护装置。“椁”内放置棺柩，因此又被叫作套棺。《说文解字》中解释，“椁”是“葬有木椁也”。段玉裁注：“木椁者，以木为之，周于棺，如城之有郭也”[1]，直接功能是保护棺柩不受潮气和地下水的浸润，最终目的是使遗体能够更长久地保存。

在古代，并非任何人都能自由地使用椁。要遵循礼制，按各自的阶层、身份使用礼制规定的木材种类。棺椁制度是周代丧葬礼制的重要构成部分。周代严格规定丧葬礼俗，限定身份与相应的死后棺椁的材质区别。《礼记》：“君松椁，大夫柏椁，士杂木椁。”礼法制度细致地管理着人死后的细节，放置棺柩的椁也要规定按身份使用不同的木材。唯有天子才能使用松树制作棺椁，大夫要使用柏木做椁，而士阶层不能使用松柏，只能使用杂木做棺椁。[2]

考古发掘报告书中也记载了在历代贵族的墓中发现其棺柩周围是用椁围护的。棺外有椁，不仅有保护棺柩长期保存的功能，它还有显示身份的文化功能。由于古代一直实行一次性土葬，所以用多重棺椁以图长久保护遗体。棺椁重数，考古学上又称棺椁层数。古代曾有七重棺椁、五重棺椁，四重、三重、二重和一重棺椁也都被考古学证实存在。考古学依据椁之大小、材质以及棺椁、椁室的数量，判定墓葬主人的身份或阶层。

从表 3-1-1 的文献记述可以看出，从东汉时期开始，椁的材质发生变化，

---

1 （汉）许慎撰，（清）段玉裁注：《说文解字注》，浙江古籍出版社，1998 年，第 270 页。

2 张文修编：《礼记・丧大记》，北京燕山出版社，1995 年，第 313 页。

砖椁、石椁开始替代传统的木椁，而后又出现了砖或石材的墓室。考古学上也有将其视为与砖椁、石椁具有相同功能的论述。[1]实地调查时听当地老人们讲述，当地的“椁”和“圹”是老百姓仿照过去有钱人家坟墓的棺椁形式建造的。浙江缙云、丽水几位八十多岁的老人说，将祖先的棺柩放入椁中，比起仅仅用稻草盖棺要好得多，是对逝者更恭敬的做法。浙江兰溪和缙云的老人还告诉笔者，百姓买不起木椁，所以用砖或石板做成“圹”，仿照有钱人家使用的木椁，埋葬自己家的逝者。在兰溪县调查时，笔者也曾听当地老人说棺柩横着进入的空间，就是古代贵族用的“椁”，虽然没有写在书上，但他们的长辈是这样讲给他们的。可知当地人代代口头传讲着民间丧葬习俗与传统礼俗间继承和影响的关系、民间葬俗和上层贵族葬俗的关联。

但是，正如前一节的分类所述，在调查地区，以“椁”命名的物体，并不是内棺外椁形式的、包裹和保护棺柩的器具，而是作为二次葬的第二次独立收纳遗骨的设施。举浙江缙云的案例，棺柩置于“土库”内三年，三年后，从土库取出棺柩、开棺捡骨后“归椁”，这时的椁，是作为第二次葬时的坟墓，是永久保存遗骨之处。从功能来看，在东南地区，用砖石修建的椁即墓室，是用来保护棺柩的，但这个“椁”并不是单纯将棺柩放入墓穴的中间存在物，而是作为收纳遗体、遗骨的设施。木质的“椁”，原本是为了保护棺柩而制作的，并依据木椁材质不同显示逝者所属阶层。随着使用砖石修建等材质变化，在习惯埋葬棺柩于地表的东南地区，椁的保护棺柩的坚固性和实用功能逐渐增强，具有与坟、墓相同的功能，转变为永久收藏棺柩之处的坟墓。

（二）圹

“圹”在古语中是墓穴之意。《说文解字》解释为“圹，堑穴也”，段玉裁注释为“谓堑地为穴也，墓穴也”[2]，“圹”指深挖的墓穴。但是，前面罗列的调

1 中国大百科全书总编辑委员会《考古学》编辑委员会中国大百科全书出版社编辑部编：《大百科全书·考古学》，中国大百科全书出版社，1986年，第667页。

2 （汉）许慎撰，（清）段玉裁注：《说文解字注》，浙江古籍出版社，1998年，第691页。

查案例表明，东南地区民间把修在地面上的横穴墓室称为“圹”。也就是说，这个词所指的空间是容纳棺柩的墓的内部空间，这一点古今相通。但是，东南地区现代的民间称作“圹”的墓穴并不是深挖于地下，而是建在地表。“圹”在历史上的含义和东南地区民间实际使用的含义有很大差异。

首先，“圹”原本的词义与东南地区现在使用的“圹”的区别，与“圹”的地理位置有关。墓穴是指坟墓的内部空间，明清时期的帝王和贵族基本生活在北方，无论是平民还是贵族，墓穴都是纵向的深挖在地下的。明十三陵和清代的帝王陵墓也是如此。但是在东南地区，地理因素和便于第二次葬的习俗因素等叠加重合的结果，就是本应建在地下的“坟墓内部空间”的“圹”修建在地表了。上文列举的BI类，将放置棺柩的空间修建在地面上，并作为一个独立的永久性的建筑物存在。BI类的名称有很多种，从它们的功能来看，实质是一样的，都具有“圹”的性质。

从表3–1–1所示的南方地区墓葬历史中，可以看到东南地区“圹”的起源和流变的过程。战国时期，地面上已出现大量“土墩墓”，可视为那时的地面葬已经开启了“圹”可以建在地表的传统，是民间在地面修圹之始。西汉时期出现横穴式墓葬，成为墓葬历史上的一个重大转折期，对民间葬俗产生影响。1910年出版的《中国风俗史》中，记述了到明代为止都有生前建墓的习惯，并且有把墓称作圹的习俗，“人未死前，则有生圹”[1]的记载，可知以圹指代墓的行为在明代就存在，已有数百年历史。

当地人常常解释坟墓修建得豪华与否，能否建造大型坟墓，是由那家人的经济能力决定的。前文记述的BI类和BⅡ类的共同点是都是横穴式墓穴，两者的区别在于，是否在横穴式墓穴“圹”等空间的外形上覆盖更多的土，并在坟头部分精心修造龟壳或椅子背，设置“坟手”和椅背形状的“椅圈”。如果外形变成龟壳或太师椅，就被称为坟或墓（椅子坟、龟壳墓）。而几乎不修整坟墓外观，直接以横穴形式修造在地表的设施就称为“圹”。圹实际上是该地区

1　张亮采：《中国风俗史》，上海文艺出版社，影印本，1988年。

坟或墓的简化形式。圹和椅子坟或龟壳墓类大型豪华坟墓相比，都是横穴式坟墓，收纳棺柩的基本功能相同。修整外观投入资金多与少，就会形成或是简易的圹或是大型豪华坟墓之别，的确与经济能力相关。

20世纪80年代以后，浙江和福建的集体经营和家族企业、个人企业等经营方式快速发展。经济上富裕起来的人们，采取的一个醒目的行为是大多数人家或宗族会优先去翻修祖坟、大规模举行祭祀仪式以感谢祖先。他们在重修祖墓或家族墓时不惜重金，使用坚固性强持久性高的建筑材料、追求豪华外观。过去作为二次葬之第一阶段简易设施的那些用简单的木板、石片或稻草覆盖的“圹”和“椁”，现在用石板、石条等坚固的石材和水泥修筑得十分坚固。而这些坚固的“圹”和“椁”并没有沿袭当地长久以来的习俗在两三年后转身、捡金之后被丢弃，而是改为长期放置棺柩的设施。当地人认识到，将棺木放入坚固的“圹”或“椁”里可以减少湿气，遗体和棺柩能够长久保存，就不需要实施捡金再葬程序了。因此，将棺柩放进“圹”或“椁”里，永久性地持续下去的家庭越来越多。过去单纯的简易棺柩保护设施，就这样增加了永久性坟墓的功能和要素，从简易的短期设施变成一种新的永久型坟墓形式。因此，应该将“圹”和“椁”归入墓类。东南地区的“圹”是墓之一种，用坚固材料制成的“椁”也是一种墓。

在东南地区的地下水水位高，山地土层薄、石头多的地理条件下，竖穴式坟墓的墓穴不能挖得太深。如表3–1–1所述，南方地区在战国时代就有在地表用泥土覆盖棺柩的土墩墓这种遗体存放方法。之后，在地面上建造横穴式坟墓的习俗一直存在于这个地区。在东南地区民间广泛存在着第一次相对简易地埋葬遗体，几年后捡骨放入陶罐，再重新安葬的迁葬、二次葬的习俗。而且，在地面上建造的并不是用泥土堆砌而成的，而是巨大的马蹄形或画有龟甲图案的建筑物。我们认识到，历史上的地表墓的习俗和殡、厝于“土库”的习俗元素层层叠加，当改为使用砖石在地表修建坚固的“圹”和“椁”时，便形成了可以长期存放棺柩的新的“地表墓”。

徐吉军指出，长江流域的墓葬分为土坑墓、岩坑墓、砖室墓、土椁墓、木板墓、石室墓、支石墓等。[1]其中，笔者所见的位于东南地区的现代墓葬有土坑墓、砖室墓、土椁墓和支石墓。

此外还发现了石椁墓，在龙泉还有土洞墓。横穴式“圹”除了把上面抹平形成“平坟”外，在外形上还可以加工成“交椅坟”“龟壳坟”“稻筒坟”“大墓”“长坟”“三角坟”等。

调查中掌握的墓穴种类虽然有限，但如果进行分类的话，可以有这样几种角度。

1. 地域角度，可分为南方的地表墓和北方的地下墓。

2. 墓穴方向角度，可分为竖穴式和横穴式。

3. 外形加工程度角度，可分为简易外形和豪华外形的墓。

4. 从功能和用途角度，可分为短暂性坟墓和长久性坟墓。

四、墓型之分布

上文多次提及坟墓的墓穴异同和外形特征，A、B、C 三大类共提及当地坟墓 50 个（A 类 10 个，BI 类 13 个，BII类 16 个，C 类 11 个），数据纷杂，不易记忆和区别，因此采用一种平面表示浓缩数据的地图标识手法表现。在写作第一篇博士论文时，也曾遇到同样情况的笔者根据当时的调查及问卷调查数据，绘制了一幅墓式分布略图（图 3–1–1）[2]。坟墓形制、坟墓外观的墓型分布图在中国迄今还没有人绘制，是一次尝试和创新。绘制民俗分布图是民俗志和区域民俗研究的一个有力手段，具体的数据绘制的标记方法、民俗事项数据的符号选择、标示方法以及民俗地图的运用方式等细节，今后还有探讨和修改的余地。通过浓缩在地图平面的数据标示，可以放宽事项的审视视角，便于较清晰地发现浙江地区和福建地区的墓葬特征和分布倾向的差异。

1　徐吉军:《长江流域的丧葬》，湖北教育出版社，2004 年，第 272 页。

2　参见何彬《江浙汉族丧葬文化》附录，中央民族大学出版社，1995 年。

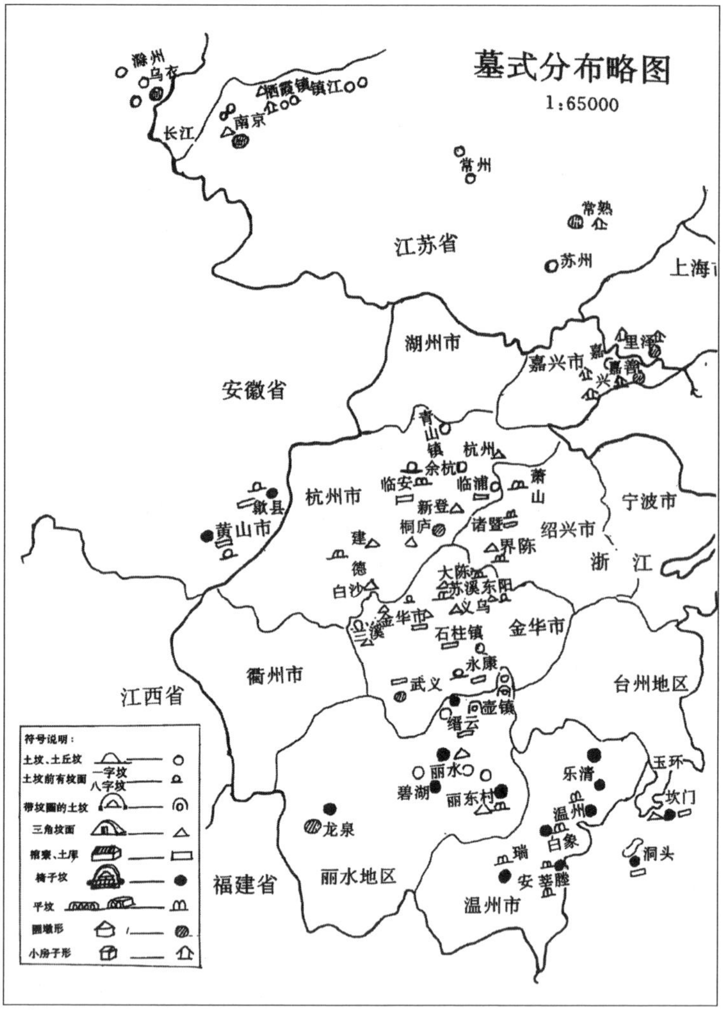

图 3–1–1　中国东南地区墓式分布略图

虽然江苏省在 20 世纪 60 年代就开始大规模推进火葬法，田间地头的土葬墓的整顿、搬迁年代较早，土葬的数据较少。借助历史文献，笔者掌握了江苏省土丘坟和圆墩坟等地下墓穴埋葬的形式较多的信息，调查时也看到在地表修盖的小小的房屋状坟墓，其下面埋葬了火化后的骨灰的情况。90 年代初调查时并没看到椅子式或龟壳式的地表横穴坟墓，访谈中也没有获得横穴式坟墓的信息。

（一）浙江省

1. 在浙江省北部，与江苏相似的墓葬很多见。

2. 从浙江省中部向南，横穴式和地表式墓葬逐渐增多。

3. 浙江省中部到南部、东南部的丽水地区和温州地区，可以看到很多修建在地表的太师椅形状的坟墓。

4. 浙江省内从北向南，显示出三角坟等表层为堆土而成的坟墓、以石材修建的土库等地表墓、大型坟墓逐渐增多的倾向。

5. 整体看，浙江省内从北向南，从个人墓、夫妇墓为主逐渐变为大型多人墓、家族墓为主。

（二）福建省

可以从分布图上看到有很多被称为“龟形”或“大墓”的坟墓，其形状与绘制龟壳图案的“龟壳墓”极为相似。

也有很多横穴式坟墓的形状与龟壳墓或椅子坟相似，但它既不称“龟”也不叫“椅子”，当地民间就叫作墓。

福建省横穴式坟墓居多，坟墓顶部描绘漂亮的乌龟壳图案的是闽南地区。在福建的西部和北部，也出现了很多形状和构造都非常相似于龟壳墓的坟墓，但是不叫椅子坟或龟壳墓。在福建东部有很多和龟壳墓一模一样的墓，也能看到酷似椅子坟的墓。这些被当地人称为“大墓”或“墓”的坟墓，与“椅子墓”或“龟壳墓”属于同一系统。

整体看图，坟墓形制的分布图显示了自浙江省中部开始，进入南部、东南部乃至福建地区之后，坟墓逐渐变成大型制式，地表制式。分布图明显体现出一个特点，从浙江南部的温州地区直到福建省内，具有家族墓地性质的大墓越来越多。不仅有个人墓、夫妻墓，还有父母和多个儿子儿媳甚至孙辈的墓穴修在一起的大型墓，堪称微型家族墓地。

第三节　墓地之形态

一、夫妻墓

汉族死后墓地的基本形式是夫妻墓。当然此外还有个人墓、家族墓地和宗族墓地。在大家族墓地和宗族墓地内，一般也是以夫妻墓为单位，按世代辈分顺序排列。国家承认以夫妻为单位埋葬和收纳遗骨。在现代陵园管理中，虽然禁止事先购买墓穴，但是为了将来夫妇同墓，一些殡葬管理条例规定在丈夫或妻子一方先死亡的情况下，健在的配偶在生前就可以购买双人墓穴。笔者推测这在全国应该都是一样的。

在东南地区，由于人死后要根据风水来选择其墓地的位置，一家或一族的祖先的墓地分散在村庄四面八方山里的情况很多见。如果是夫妻的墓地，则需要根据丈夫的生辰八字请专业从事风水的人，当地人称“风水师”的来选定墓地的位置。丈夫或妻子一方先去世，捡骨建墓时，会建造成夫妇双墓穴的坟墓。按当地习俗，用红砖挡住入口或写上红字的墓穴，是尚健在者之墓。

东南地区还有夫妻都健在的时候建造生前坟墓的习惯，这被称为建“生坟”或“寿域”等。20世纪90年代以后，随着经济上逐渐富裕起来，人们想尽早占据好的风水宝地的心理有了经济实力支撑。生前过了60岁之后，富裕人家就会委托人去寻找风水宝地；找到之后就在那里修建“生坟”“寿域”。以浙江省温州为例，为显示家族的财力，少数生坟也建造成椅子坟那样的外形醒目、豪华的坟墓。许多寿域是占住风水宝地后先建造平坟形状的墓穴，人去世后再修成大大的椅子坟外形。也有的案例是坟墓所有者若干年后年纪大了，就开始修筑椅子坟后面的椅背或绘制乌龟壳图案。

温州曾有过在一个椅子坟上建造两代或三代墓穴的案例，也有将两代或三代人的墓穴围在一个“椅子”的靠背里，形成一个大“椅子圈”的案例，但还是夫妻墓的数量最多。每代祖先的夫妇墓根据丈夫的生辰八字，选择吉祥的墓地修造地点。这样一来，子孙们每年清明和春节等时节要分别到各个祖先墓前举行定期祭祀就是很大的负担。

扫墓时，子孙们会带着美食供品，当地人认为这份酒菜是“送给住在墓里的人”的祭品，只能请那个坟墓的主人享用，不能一个墓祭完了，又带着这份祭品到别的墓去祭祀。给多个祖先扫墓时，就要准备相应份数的祭品，每个墓都要单独供奉从家里准备的美食。因为一次能带去的祭品数量有限，所以扫墓的时候，挑着担子带几份祭品上山，祭品都用完了就要回家再带着新的祭品再次上山扫墓。

人们相信风水，希望借助生前建筑房屋和死后修建坟墓的地点符合吉利的风水环境的举措，改善生活环境、进一步提升生活水平和增加拥有更多的财富和机会的可能性。表现在丧葬方面，丧礼的出殡、埋葬时间要请风水先生看定，修造坟墓的地点也要请人看风水之后选定。风水先生选定的时间或地点的基本依据，是逝者的生辰八字和死亡的时间等。每个逝者的生辰八字不同，选定的用于修坟的风水宝地都不同。于是每个逝去的老人墓就分散在村落周边的山上，不聚在一起。村民说每年都要走遍群山去扫墓虽然辛苦一些，但也不能轻易把祖先的坟擅自集中在一起，因为迁移坟墓，那个墓的风水就会改变，墓地的风水会影响子孙。

福建西部的永定县，是以圆形土楼密集分布而知名之地。土楼里居住的是同一个姓氏的祖父母或曾祖父母和他们的子辈、孙辈的各个家庭，是一种单姓宗族集中居住的建筑。当一家几个兄弟各自的孙辈也结婚成家，原有的居住空间不足以分配房间给他们时，在同一个楼里居住的祖父兄弟里会有一个或两个带着自己的直系子孙搬出土楼，另外修一座土楼开始繁衍自己的子孙大家族。土楼在内部中心部分有大厅，挂有祖先遗像，土楼外面有入闽大祖坟和每个土楼辈分最高的逝者的坟墓，其他同族、同一个楼里的逝者们的坟墓因看风水选墓址而分散埋葬在土楼附近的山上。居住在土楼里的同一血缘一族的坟墓，也是依据风水分别修建，子孙扫墓时会很辛苦，但是土楼居民说，因为风水原因选择的修墓地点，对祖先和子孙都是好的，所以他们一直坚持每个老人去世时要看风水选墓地。

人们笃信风水与墓地之间的关系，笃信好风水会影响自己和后代，不再拘泥于修建大家族的宗族墓地，而是优先依风水建墓。一部分风水宝地的坟墓地点，是根据最老一辈生辰八字和死去的时间等数据选择的。而后又增建了儿子辈或孙辈的墓穴，把一对夫妇的墓扩充为子孙三代共葬一处的墓地，夫妻墓变形扩展为现代小型家族墓。依然重视家族单位的血缘联结式坟墓，甚至把近祖的夫妻坟扩充为血缘三代集中埋葬的小型家族墓地，这是东南地区民间的坟墓形态以及祭扫坟墓情景一瞥。

上文提及了周代的邦墓，是平民百姓都可以使用的公共性墓地。但是邦墓可以申请单独划分出一片空地作为同一个宗族有血缘关系的人们死后可以集中埋葬的空间，单独使用。有血缘关系的大家族可以埋葬在一起的意识和行为，成为后世家族墓、宗族墓的萌芽，也形成后来的汉族追求有血缘关系者生前聚族而居，死后坟墓集中一地的状态。

二、家族墓

福建省东部有以家庭为单位的小型血缘式墓地，浙江省南部也看到一面山坡前后左右几座坟是一个姓的。但没有看到以宗族为单位的某一姓的大墓地或以某姓分支的一房为单位的一房大墓地。

血缘宗族的主要象征之一就是宗族墓地。东南地区是宗族形式的血缘集团存在最多的地区，大宗族都曾都拥有宗族墓地。笔者 20 世纪 90 年代调查时没有看到正在使用的宗族大墓地，但可以看到各个宗族的入闽始祖墓和数名宗族最有功劳、最有名的祖先之墓在一起的墓地。而这样的墓地，现在只是记录和展示一族之历史，大家族集合起来祭祀始祖、确认相互血缘关系和内部位置、上下辈分和远近亲疏的族内亲戚关系的空间，没有继续接纳宗族内部新死者遗体的功能。

生前与族人共同生活，死后由族人举办葬礼亲手送走逝者，逝者在另一个世界与过世的族人们共同生活的“同族墓地”，是在大家族生活的人们最理想的状态。20 世纪 50 年代以后，土地成为国家公有地，宗族不能任意扩大各自的墓地，旧有的墓地面积有限，无法持续使用。于是后来老人们过世后，根据风水选择修墓地点，修建夫妻双人墓的模式成为主流。

20 世纪 80 年代后半期，随着沿海地区经济的率先发展，宗族复兴引人注目。然而，即使在重建祠堂、重修族谱、恢复各种祭祀活动的情况下，宗族墓地也没有复兴。这主要是因为行政方面对以宗族为单位的墓地有严格的限制。北京市 1995 年发布的墓地管理条例中明确规定“公墓内不得修建宗族墓地”，这是最早出台的关于宗族墓地的官方规定。[1]1997 年 7 月，国务院民政部公布的《殡葬管理条例》第二章第九条明确规定：禁止建立或恢复宗族墓地。[2]此后，浙江省于 1998 年实施的《浙江省殡葬管理条例》第三章第二十九条明确规定：“禁止建设宗族墓地、家族墓地。”[3]2002 年 8 月公布的福建省政府令《福建省殡葬管理办法》中规定了有关土葬和土葬墓的内容，但没有禁止修建宗族墓地的内容。[4]在城市的公墓、陵园里，夫妻双人墓是被允许的。如果丈夫或妻子有一方先去世，可以购买双人墓穴，而一次性购买很多墓穴用于日后大家族可以葬在一起的行为是被禁止的。

1　北京市民政局：京民法字〔1996〕274 号，《关于〈北京市殡葬管理暂行条例〉实施中一些具体问题的执行办法》，北京市民政局官网，北京市民政信息网 http：//www.bjmzj.gov.cn，2009 年 8 月访问。

2 《殡葬管理条例》，国务院政令第 225 号，1997 年 7 月 21 日，中华人民共和国民政部网站，http：//www.mca.gov.cn/，2010 年 1 月访问。

3 《浙江省殡葬管理条例》，1998 年 1 月 1 日，浙江省人民政府网站，http://www. zj. gov. cn.，2010 年 1 月访问。

4 《福建省殡葬管理办法》，省政府令第 38 号，2008 年 8 月 12 日，福建省民政厅网站，http：//fujian.mca.gov.cn/，2010 年 1 月访问。

现在，在东南地区的城市，人们在死后将遗骨寄放在陵园时，坟墓是以个人或夫妻为单位的，但是，在农村地区，很多人家在山上购买土地，修建一个家族单位的墓地，而不是宗族墓地。曾经是宗族的主要象征的宗族墓地制度，基本上在50年代以后就终止了。宗族活动得到复兴的村庄，人们努力除了恢复祠堂功能、把历代祖先的牌位供奉在祠堂，还会修缮始祖或有名的远祖的坟墓，使之成为宗族的象征。祠堂、祖先牌位、族谱和始祖墓被称为20世纪90年代以后的宗族文化象征，而宗族墓地已经成为宗族历史上的文化象征物。

20世纪90年代以后，坟墓基本是夫妻二人墓。行政经营的公墓严格执行人死后才能购买墓穴（可以给已婚配偶预留位置）的规定，各地农村也大多是夫妻同一墓的形式。但在浙江、福建一带，可以看到一种变相的小型家庭墓地。人们相信如果墓地的风水好，祖先住得很舒服，子孙后代就会受惠、得到祖先庇佑。浙江中部、南部和福建大部分地区可以看到一种椅子坟或龟壳墓，修建为多孔横穴式墓穴。例如图3-1-2就是浙江省玉环县的一座修建了6个墓宅的大墓，是一个六孔椅子坟。但是附近村子的村民说这不是本村人的墓，他们不清楚这座墓六孔墓室为谁修建的。按他们的建墓习俗推测，有两个可能：第一，中间两孔是父母的夫妻二人墓室、左右两侧分别是长子和次子夫妇的墓室，是父亲加两个儿子，一家两代六人墓；第二，中间两孔是祖父祖母，正面看去的右侧是独生子夫妇，左侧是独生子孙辈夫妇的墓穴，从祖父到父亲，到儿子的三代六人墓。两种可能性都是每对夫妇葬在一起的家族式夫妻墓。图BI -4的排拱坟是诸暨某村ZH氏祖坟，并排6孔圹分别是太婆婆、祖父祖母、祖父兄弟夫妇即二爷爷、二姆姆的墓。排拱坟远远望去是墓穴一字齐平地排列在一起的，而当事人介绍说，修建时为了体现辈分不同，辈分低的墓圹门口要稍微往后退几公分，人们在不允许修建按照昭穆制平地前后左右分布式、以多层的椅子坟的上下层地表示辈分之区别时，会在墓穴入口上加以细致区别。笔者深深感受到民间的智慧和在坟墓的细节上严格承袭古代礼制规定的内核。近30年过去，排拱坟现在应该已经看不到了。当时笔者没有获得走近坟墓的许可，没有及时确认这一习俗的实际状态，至今都留有遗憾。

图 3–1–2　家族墓（浙江玉环）

图 3–1–3　家族墓（浙江温州）

图 3–1–3 是一座较大的椅子坟，上下两层共有 10 孔墓穴。前面垒起大石块，防止水土流失、墓基坍塌，左右和后面用双层椅子圈围起，既保护了墓穴又显得有气派，属于豪华墓。图 BⅡ –11 是浙江温州地区实际存在的一座大型椅子坟的绘图。上下共 3 层，最上面祖辈 2 圹、中间层父辈 4 圹、下面孙辈 6 圹。一位 79 岁的老人说他从小就看到这座坟墓，至少已经有 80 年左右的历史。这样的大墓，其功能和规模都超越了夫妻墓。按照汉族同宗同族血脉相连才葬在一起的习俗，可以视其为现代社会的家族墓。

还有些家庭会在祖父辈或父辈坟墓两侧或下方增加修建几孔横穴，用于等将来儿孙辈去世后埋在一起。这样就形成以祖父的生辰八字等数据选择风水宝地，祖父孙三代人葬在同一地的同一个坟墓，共享一份好风水的家族墓形态。

周代“邦墓”制度是指有血缘关系的人们在谁都可以使用的邦墓空间里划出一块空间，供自己一族人死后埋在一起，这是宗族墓地的萌芽。东汉时期，南方地区按身份埋葬的公墓制度解体，以宗族为单位的重视血缘关系的宗族墓地逐步定型。这种有血缘关系的逝者死后葬在一起、死后祭祀也集中举行的行为成为一种固定的模式和思维一直延续到 20 世纪。其间，宗族墓地逐步衰弱、减少，风水思维导致夫妻墓成为基本埋葬单位，自然坟墓单位也以双孔墓穴的夫妻墓为主了。但是，人们对宗族墓地、大家族墓地的憧憬之心，以及希望一家人生前死后能够聚在一起的血缘情感并没有消失。在可能的条件下，在夫妇墓的基础上增加墓穴数量就是一种东南地区民间的对传统墓地认知和继续追求、继承的结果。

当一座大墓容纳了一家两代或三代人，这个墓便有了一个家族死后葬在一处的家族墓地功能。图 3–1–2 等是历史上宗族墓地、大家族墓地传统和夫妻墓为主的时代加上风水意识、传统元素和几种思维叠加而成的产物，是东南地区，特别是浙南地区较多见的 50 年代以后的一种追求血缘墓地的新形态墓地。本书命名它为变相家族墓、新型家族墓。

宗族墓地为基本模式时代——血缘家族死后集中埋葬

↓

夫妇墓为主流的时代——夫妇双人墓，寻找好风水之地修建

↓

个人墓转化为家族墓地的时代——在祖辈好风水之地，加修后代的墓穴

截至20世纪初，是以宗族墓地为基本模式的时代；20世纪中期到21世纪，是以夫妇墓为主流的时代；20世纪七八十年代以后，一个坟圈或坟顶下修建两代或三代人的墓穴，夫妇墓转换为小型家族墓地。这是20世纪以来东南地区民间墓地之形态、模式的流变历程。

第二章　坟墓与“风水”

第一节　对“风水宝地”的执着

20世纪80年代后期至90年代中期，为了促进经济发展，中国各地开展了国道、省道、县道等公路建设。位于道路建设计划地区内的住宅和坟墓都要迁移。农民们和居民们拿到补偿后纷纷开始搬家，但迟迟不同意迁坟。理由是担心迁墓会惊动祖宗，祖宗生气会给子孙带来不好的影响。甚至有人家以破坏祖坟风水会给子孙带来负面影响为由，提出迁坟需要提供一系列保障，如家族中有人受伤或生病时的保障，经营的工厂、作坊或商店获得利益的保障，孩子升学就职的保障等一些听起来与迁坟毫无关联的事项。20世纪90年代初笔者在浙江东南部的金华地区、温州地区调查时，经常能听到居民或村民在谈论这样的事。如果没有这样的保证，就坚决不挪动坟墓，甚至发展到与行政部门持械对立的“事件”。

走在东南大地上，常常感觉到人们固执于房屋、店铺的选址和朝向，是一种对阳宅的风水的考虑，但更在意祖先和上一辈老人的坟墓的地点、朝向和周围的自然环境，即阴宅风水。在新建住宅、建坟墓、开设店铺时，要请专门的风水师占卜朝向和选址定点以及选择开张的日子。此外，认真去扫墓，在墓前供奉祭品、祭祀祖先，不让非血缘关系的外人进入墓地、触摸坟墓或墓碑，不让家畜进入墓地，不让树木和竹子的根长到墓地里，被风或雨破坏了的坟墓要立刻修缮，等等，所有这些行为的目的表面上是说要尊重祖先，保护他们的墓，实际上最终目的是在守护自己一家的健康和平安。村民们说，祖宗墓的好风水可以保佑子孙出人头地、生意兴隆等。也就是说，守住坟墓的风水，继续得到住在坟墓里的祖先的庇佑，是上述的人们固执于不迁坟的深层的思维意识原因。因为人们过于相信坟墓风水关系到整个家族的命运，所以就发生了多起拒绝迁坟的事件。

走访宗族的村落，会看到各家保存的族谱。在20世纪50年代之前制作的族谱上，基本上都有历代祖先的坟墓地点、坟墓形状、坟墓方位、周边地形的风水解说等的详细记载，还记录有祖坟地点朝向、地势的风水名称的图，让人感受到东南地区的人们对墓地风水的笃信和执着是有着悠久历史的。

前文谈及的荷兰学者高延，他在光绪三年（1877）年曾居住在厦门，目睹了厦门的葬礼，并借此考察了汉族社会和文化。光绪十二年（1886），他再度来华，走遍八闽大地采风，并于光绪十六年（1890）离华，就任莱顿大学人类学教授。随后于1892—1910年，高延陆续出版英文六卷本的《中国的宗教系统》，被认为是西方人研究中国社会和宗教问题的奠基之作。高延记述了140多年前福建地区的风水思想在人们生活方面的应用情况，他提出中国人普遍存在灵魂不死的意识，认为人死之后灵魂不死，灵魂是一种需要依附在某个物体作为存身之处的存在。高延研究了大量的中国古典文献之后，得出的结论是：中国人两千多年以来的基本宗教观念，皆可在《礼记》中找到源头，《礼记》规定的行为的礼制化一直延续到后世。《礼记》主张的所有行为都要纳入礼制系统，而礼制系统中，一部分是上层阶级的理想化制度的内容，一部分是中国社会的民间观念反映在生活里的各类行为上，而后被整理、调节为尽量合乎上层阶层要求的礼制规范的内容。民间习俗、社会惯行归纳和格式化调整的结果，则是现在的民间文化的状态。礼俗和民俗有相互制约和影响的关联，民俗是礼俗的原点。

高延这本书被国外的中国学研究者们视作了解古代中国民间坟墓与风水关系的珍贵资料。过去百年中，西方出版的很多有关中国宗教、宗族、文化、历史的著作，都会提及高延的著述，或援引他的著述内容，或批评他的论点。在距他所记述的时代已过百年的今日之福建省，这种有关风水的风俗习惯依然浓厚地存在于当地居民的生活中。另外，高延指出，风水的由来是“源于对死者的尊崇之念，这种尊崇之念在很久以前就已成为中国人固有的宗教”[1]。笔者在东南地区进行田野调查的时间距高延在厦门生活的时期，已经过去了130多年。本书试图用田野资料再次呈现并审视东南地区的民间信仰、灵魂观、风水等多个方面，阐释今日东南地区民间墓式最终成型为椅子或龟壳等大型地表坟墓的由来和演变，讨论当地人对死后灵魂的崇敬之心和由此产生并大大流行于民间生活里的风水术。

中国人把居所和坟墓都称为“宅”，把人居住的房屋称为“阳宅”，把祖先居住的坟墓称为“阴宅”。在中国最早的诗集《诗经》中，有关于住宅选址的中国最早的记录。在描写公元前11世纪周氏一族移居的《公刘》一诗中，在决定移居地点时，要观察那个地点的环境，“相其阴阳，观其流泉”[2]。从诗句中可以看出选择居住场所时非常重视居所的自然环境，这被认为是最早的选择风水之地的案例。[3]居所周围的自然环境的好坏，对居住在阳宅的人的健康和运势有很大的影响，这种想法渗透到社会的各个阶层，延续了两千多年。从宫殿、王陵到村落中百姓的房屋、坟墓的选址，都受到这种风水思想的影响。

前述因道路建设需要迁坟之事之所以比住宅迁移困难，是因为民间执着于他们对坟墓的风水认识观念，他们关注自家祖坟搬迁是否会带来对自己和子孙的负面影响。执着于坟墓、坟地的风水选择，它体现了汉族人关于祖先和子孙的关系的认知以及去世后灵魂去向的思维。中国南方的城市和农村至今仍然受到风水思想的显著影响，住所和墓地的风水意识已经成为地域文化的重要组成部分。

---

1 ［荷］高延：《中国的坟墓》，［日］西胁常记译，龙云舍，1976年，第76页。

2 吴树平等点校：《诗经·公刘》，《十三经（全文标点本）》，北京燕山出版社，1991年，第348页。

3 高友谦：《中国风水》，中国华侨出版公司，1992年，第46页。

本章在概述风水思想的产生、发展脉络和基本思想内容的基础上，深层解读中国东南地区的浙江省和福建省墓葬风水的实情。下面以这两个省为例，从墓地、坟墓角度讨论当地民间对祖先和人们去世后的去向有怎样的看法，以及对风水和坟墓关系的认知。

第二节　风水的基本概念与流派特征

一、基本概念

风水思想产生于先秦，定名于晋代，其理论发展起自隋唐，宋、明时期分为两大流派并兴盛于清代，之后流派差异在民间的实际实践时的区别日渐模糊，今日的风水呈流派混同状态。关于风水的书籍和解说书各种各样，简单地说，就是通过地表的形状来读取在土地中流动的自然界的力量“气”的运动，或者使用罗盘找出住宅最适合的位置和朝向、坟墓的位置和朝向中最符合自然界环境的最佳之处。按照死后灵魂仍然活着，死后的人们是到另一个空间去继续生活的观念，人们把人类居住的房屋称为“阳宅”，把去世的祖先居住的坟墓称为“阴宅”，依照风水选择最佳地点的操作也对应地分为阳宅风水和阴宅风水。阳宅风水以给房屋、村庄、城镇等建筑物的选址为主，阴宅风水以选择安置逝者的墓地为主，选择所谓理想的风水佳境，是指选择或调节周围环境，使住房或坟墓获得一个完整的美好环境。

“风水”的思想早在先秦时期就已经存在，当时称为“地理”“卜宅”“相宅”等。古人认为，如果周围的环境对居住和墓地造成不良影响，就会威胁到人们的健康和生活。自古以来就存在被称为“形法”和“堪舆”的选择地形和选址的方法，当时还没有“风水”一词。

晋代郭璞（276—324）所作的《葬书》，是最早明确记载“风水”一词的书籍，被认为是风水思想的经典。但是这本被称为《葬经》的风水专书的作者和刊行年代等，在宋代以后有各种各样的争论，未有定论。本文从讲述宋代风水的角度论述这本书，不过多讨论作者真伪问题。

《葬书》这样说明风水：“气乘风则散，界水则止。古人聚之使不散，行之使有止，故曰风水。”[1]一个好的风水环境的要点是能够“藏风得水”，这一点，《葬书》中是这样写的：“风水之法，得水为上，藏风次之。”[2]风水思想的核心是自然、建筑物、人三者之间的协调和顺应。风水理论在宋代以后分为根据地势判断“龙、穴、砂、水”的“江西派”（又称形势学派），以及运用罗盘解读八卦、干支、方位，辨明风水吉凶的“福建派”（又称理气学派）。形势学派的核心理论“龙、穴、砂、水”既可用于阴宅，也可用于阳宅。“卜”是选择、决定、占卜之意，如“卜宅”等词所示，“风水”的目的是踏查自然环境，找出地理上的好地形、好地势、好环境，以此确定修建“宅”的位置。用风水看地形时，重要的是把握“龙”“水”“砂”“穴”四个要素。以下，简单介绍风水理论中的这几个基本概念。

1. 龙

指地中流动的自然界的能量“生气”。生气流动的地方地面会隆起，形成山脉，因其形状被比喻为龙，所以又被称作“龙脉”。流动过来的生气称“来龙”，流过去的生气叫“去脉”或“去势”。阳宅（村落或房屋）的选址最好的是在生气流动之上，即乘来龙而朝向去脉之处。

2. 水

指流经地表的河流或溪流。生气具有遇水而止的特性，所以阳宅的选址最好面朝水。水流流入和流出的方位被称为“水口”，水口有时也只是指流出的方位，这是选址时的重点。实际上水的流出方位和气势尤为重要。在“藏风”

1　郭璞：古本《葬经》，顾颉主编《堪舆集成 第一册》，重庆出版社，1994年，第340页。

2　同上。

和“得水”的地形里，“得水”更重要。

3. 砂

龙脉周围的小山称为“砂”。是理想地形不可或缺的要素。“左砂”和“右砂”从左右两侧包围着背靠山、面朝水的立足点，起到蓄风的作用。左砂被称为“青龙”，右砂被称为“白虎”。另外，阳宅正面的山称为“案山”（近距离的小山）和“朝山”（远方相对的大山）。

4. 穴

指“生气”聚集的地点“穴”，这个字原本是传统中医学针灸治疗中对人体重要部位的称呼，但用在风水的比喻上，指的是风水上的关键之处。当地几名风水师告诉笔者，这个“穴”十分重要，不仅是找到它之后确定这里为好风水之地，修建过程中还要监督着它是否在盖阳宅时的中心位置，盖房屋时穴要放在房屋的大厅、正厅之下。如果是阴宅，棺柩推入墓室或埋葬逝者时，逝者的头部要对在这个“穴”的上方。[1]

“龙”“水”“砂”“穴”是风水理论之重点，但风水依据的更基本的理论是“五行”思想和“八卦”理论。

5. 五行

金、木、水、火、土五种，在中国古代哲学中，是构成天地万物、森罗万象的五个最基本的要素。五个要素之间有“相生、相克”的关系。即利于对方的“相生”关系和不利于对方的“相克”关系。例如，水促进木的成长，所以水能“生”木，金与水、水与木、木与火、火与土、土与金就成了相生关系。另一方面，金属类在高温下会熔化，所以火克金或胜金，金与木、木与土、土与水、水与火、火与金都是相克的关系。事物的形状、颜色、四季、方位、时间，人的出生年份月份，和时日等与五行的性质相对应，根据这些“相生、相

1　这些细节是笔者在田野调查时，跟随风水先生翻山越岭体验他们踏查风水过程中听到的，体会到一种被亲口传授的感觉。风水典籍中是否有记载，笔者尚未查到。记在这里，也许会补上一处风水学说的细节。

克”关系来判断事物的吉凶。

6.“八卦”

指阳爻“—”和阴爻“- -”的组合，阳爻和阴爻两个符号不重复地三个三个组合起来，就构成八个“卦象”，称为“八卦”。

乾卦（阳阳阳）、坤卦（阴阴阴）、震卦（阴阴阳）、巽卦（阳阳阴）。

坎卦（阴阳阴）、离卦（阳阴阳）、艮卦（阳阴阴）、兑卦（阴阳阳）

用上面八个卦象可以表示季节、方位、动物、人（男女老幼）及人体各部位等，进而赋予八卦以五行的性质，成为罗盘上表示时间和方位的要素。

二、流派和特征

（一）风水理论流派

风水理论流派形成于宋代，流传至明代、清代，主要分成“理法派”和“形法派”两大流派。两个流派各有自己的理论和方法。

“理法派”确立于福建省，别名为“理气派”“福建派”。理法派的特征是以阴阳、五行、八卦等相生相克学说为中心，使用罗盘精密测量周围环境，追求理想的方位和“穴”。朱熹晚年生活在闽北，当地人指出，理法派的形成是受到理学的影响。朱熹是代表宋明理学的哲学家、思想家，有“北有孔子，南有朱子”之说。他的墓地建在福建北部建阳县郊外的山坡上，相传朱熹精通风水，在生前亲自选定了自己的墓地（见图 3–2–1 和 3–2–2）。“理气派”“福建派”风水师的必需品是罗盘。罗盘上的圆盘画着很多层同心圆，每个同心圆上分别标写着十二干支、八卦、二十八星宿、二十四方位、六十甲子、六十四卦等，“理气派”“福建派”风水师通过计算它们的相互关系，测算、判断方位的好坏，将复杂的理论重叠在一起，最终判断地形地点风水之吉凶。罗盘操作方法复杂，拜师当学徒之后，出师并不容易。笔者在闽北的南平市郊区见到的风水先生说他的同门跟师父学习十年了，仍然还是跟着师父漫山遍野看地势找风水，还没有出师。可见理法派培养出一个能够熟练使用罗盘、并且会综合运

图 3-2-1　朱熹墓

图 3-2-2　朱熹墓正面望去的远近之风水环境

用各项风水知识的专门人员即“理气派”“福建派”的风水师很困难，这些风水师独立工作，接受民间探查风水的委托后，拿出判断好风水的结果也很花费时间。

“形法派”是凭借肉眼观察地形起伏，重视寻找“龙、穴、砂、水”等“朝向”要素的流派，又名“形势派”。另外，因为是在江西省确立的，所以也被称为“江西派”。用眼睛观察来判断地理状况，不需要复杂的道具和计算等，因此判断环境吉凶的一部分标准，如坐北朝南、依山面水、对面为凶、青龙白虎不能缺等，甚至成为生活知识在民间扎根。因其简明易懂、便于师承和实践，故形法派的弟子众多，此派的风水理论在全国范围内都产生影响，形法派的风水师也声名远扬。

东南地区广阔的群山地形，呈现出盆地空间和台地空间的多样面貌。正是这片地形多样的土地，给风水理论提供了绝佳的实践场所和发展机会。即使在今天，人们对风水的热情也有显著的南北差异，风水思想渗透到东南地区人们生活的各个角落，这与东南地区的自然环境和其作为风水流派的形成地有关。“理法派·福建派”和“形法派·江西派”这两个流派是对立的，江西派的影响和弟子的流传范围广泛，到了明清时期已经处于绝对优势地位。理法派只在发祥地福建省和邻接的浙江省发展，而形成于江西的“形法派”因为不使用工具，只凭借肉眼观察地形地势判断风水宝地，直观而又快捷，流传甚广。[1]学习较容易、出师快，让寻找风水师的委托人容易看得明白，还会得到几句关于这块风水宝地的地势名称、风水优点的赞美话语，从而备受欢迎。因此，20世纪90年代以后，阴宅阳宅风水又开始兴盛，除了福建北部几个县因崇拜朱熹，继续奉理法派风水为正宗，继续委托福建派风水师拿着罗盘寻找风水之外，民间开始倾向于委托江西形法派风水师寻找风水宝地。

在汉族地区，婚礼或寿宴的择期、出门远行、谈生意或店铺开张、葬礼的出殡、埋葬等日期和时间的选择，以及墓地和住宅的选址和朝向，人们都要

1 参见何晓昕编著：《风水探源》，东南大学出版社，1990年。

问风水师。在各地被称为“风水先生”“地理先生”的人在十几二十岁的时候，向自己的父母或其他的风水先生拜师学艺。经过几年至十几年的学习之后，自立门户，为普遍人提供风水方面的建议，成为解答世俗困厄的职业者。还有人自学成为风水师，在当地的知名度相当高（福建北部）。在福建省的东部、北部和西部，当地居民的生活中也依然存在有关风水的信仰和围绕这一思维的各种传说。笔者调查期间，经常会听村民说某某家有人生病久治不愈，修整了渗水的坟墓之后，病人就康复了；有人受伤、做生意突然出问题，按巫所说的去修理先人坟墓，排除了坟墓进水、树根长进坟域等问题之后，病人就会痊愈、生意就会兴旺的故事，都是有关风水的口头讲述。人们深信墓地要找好风水之地，并且要守好墓地的风水，如果不认真守护坟墓的风水，子孙就会受负面影响，其生活或事业会出问题。

20世纪50年代以后，风水被认为是迷信，被列为管制对象，风水师们开始在农村地区秘密活动，这一时期风水师的活动从外部无法窥知。进入20世纪80年代后，随着改革开放的浪潮，人们的生活发生巨变，活动范围和接触的事物可谓日新月异，人们在面临诸多可能性和多个选择时，会举棋不定或犹豫不决，他们希望得到神明或祖先或其他外力的指点和救助，问风水先生询问出门的时日或开张的吉时等也成为许多人的选项之一，风水活动又开始活跃并公开起来。20世纪90年代是东南地区宗族复兴时期，风水热再度兴起。高延记载的闽南地区约100年前就存在的依风水原因而迁葬祖先遗骨的行为，至今仍然存在并继续着。

（二）今日风水之特征

观察今日东南地区风水的现状，有几个特点。

1. 风水流派混同化

从目前活跃在民间的风水师们的风水选定工作情况来看，民间风水师们普遍追求现代风水术的实用性，混合使用两个流派的理论和操作方法。在选择周围环境时使用形法派的理论和方法，凭借肉眼的观察和推算，在建筑物方位的具体选定和房屋内部空间的器物配置和安放时，大多遵从理法派的方法，使用罗盘测量或计算。根据五行、八卦等来测算盖房子的动工和入住新居的时间，也运用理法派操作技术。为了提高效用性，不分流派，混用理法派和形法派两种理论和方法，这可以说是现代民间风水术实施的现状。今日的风水师有许多追求表面效果而放弃区别流派、理论之异同。曾经是理法派重要工具的罗盘，被民间广泛认知为是看风水必需的道具。于是出现许多形法派的风水师，不坚持自己是哪个流派，而人人手持罗盘的表象。罗盘从理法派专用工具转换成今日风水术的象征和各地风水师的必备道具。

2. 风水知识社会化

风水师判断山脉走向、住宅周围环境或墓地周围的地势和墓地朝向的基本风水要求时，多会伴随念念有词的仪式状态，而一些常常挂在风水师嘴边的对风水地形地势的解说，例如左青龙右白虎、背山面水、坐北朝南等术语，渐渐作为生活常识渗透到普通人的风水意识中，并在民间广为流传。

3. 风水追求世俗化

民间对风水的主要需求是希求一处好墓地，为了儿孙代代能科举及第，光宗耀祖；人死时的出殡、落葬时刻的选择，为的是一家老小没有灾祸。而今日民间请风水先生看风水的目的，逐渐变得具体化、细碎化。如一个铺面的朝向、某个人出门的吉时、孩子起名字或商店的名字、孩子考中学或考大学易于考中的方向或能考中的专业等。经济条件的改善，使人们有了找风水师或巫问事、求事后的支付能力，使得人们比过去更频繁地、事无巨细地去找风水师或巫解答日常疑问。另一方面，今日社会的各种功能发达，社会加速运转，人们的适应能力和应对能力跟不上时代，需要向神灵寻求解答，这是频繁向风水师或巫求解厄的又一个原因。

4. 风水师功能多样化

风水师、地理先生们曾经主要负责阳宅和阴宅的选址以及葬礼关联诸事宜。他们为客死在外地的族人做招魂仪式的能力，被民间理解为可以担当人魂交流的媒介，于是委托他们找人、判断事宜的人不断增加；可以看卦象回答未知之事，被认为具有预知未来的能力，于是求问过去未来诸事宜的人都来登门。而随着医疗卫生条件日益改善，在长寿者增加、儿童夭折率骤降的现代社会里，葬礼和寻风水宝地的委托很少了。出于生存需要和回应各种现代社会人们的需求，除了给阳宅阴宅做相关的选择和各种判断之外，治病、问未来，给出行或经商、求学人们的建议等也成为风水师的现代功能。这在下一节也会继续讲述。

第三节　风水与日常生活

一、融入生活细节的风水

这一部分透视民间生活里对风水的需求。

和上文总结的第四点风水师功能多样化相关联，实际观察东南地区村民和小城镇居民的生活，我们可以明显看到风水师的功能实际上的确适用于民间日常生活的方方面面。风水理论不仅仅局限于房屋选址，还涉及建造房屋全过程的许多细节上。“动土”“上梁”“安大门”“立灶”以及入住时刻，都要根据“五行生克”理论，用房主和家人的八字数据计算，确定各个工序的动工日期和时间，这被称为选择“良辰吉日”。农村建造房屋时，动土和上梁的吉日选择极为重要。上梁时，会在栋梁上装饰红布，并附上寓意丰收的五谷袋和象征五行的五色布片，在栋梁中央画上八卦图案，挂上辟邪道具（米筛、镜子、剪刀、尺子、符等），动土和上梁都要举行盛大的庄严肃穆的仪式。

人们不仅要让风水上的“穴”落在最重要的空间下方，还要以各种行为凸显“穴”的重要性。福建省南部民间动土时要在地基中心的“穴”的位置挖洞、埋下石头或各种特定的物品，浙江省南部、东南部会有在地下插辟邪树等

图 3-2-3　阳宅的穴位与“中堂符”

图 3-2-4　古民家的“中堂符”

特别的行动。在浙江省东部和南部，挖孔放入犁的碎片、雄黄、朱砂、盐等，然后埋入一根用桃木做成的长二尺四寸、宽二寸四分（鲁班尺刻度，一寸等于 2.8 厘米）的四方柱子“中堂符”（也叫“万年符”）。“中堂符”立于风水宝地中心的空间（房间），一般称为“中堂”“厅堂”“大厅”之处，大部分埋入地下，露出地面一段（见图 3-2-3、图 3-2-4）。在浙江省中部，只要在中心点挖一个“洞”，在里面放入小石头即可。另外，在福建省南部也有在“洞”里埋五彩线、五谷种子、铜币或放置石头的村庄。虽然行动细微处有不同，但无论哪里都十分重视风水上的“穴”。

像这样建在“穴”上的房间，一般是用来家族聚集的“祖屋”（家族里辈分最高的老人居住的房屋），或家族集会场所。在一个小家庭使用的个人住宅中，则是一家人生活、活动的中心空间，一般叫作“中堂屋”。祠堂里供奉着宗族或一个大家族的祖先，中堂屋里供奉着小家庭祖先的牌位。无论哪种空间，都显示着一种阴宅风水的思维，即深深藏于大自然地下的能量从“穴”中涌出，通过祖先（牌位）传递给子孙。阴宅风水所表现的基本思维，也同样适用于阳宅，并在东南地区的民间以这样的形式存在于人们的生活空间里。

在风水理论中，“气”是运势，“水”是财。水有止气的作用，为了把好的“气”储存在自己家里，保持财运，家门口有“水”是最理想的地形地势。在浙江省和福建省的农村，民间的房屋前面会挖一个池塘，或者在一个池塘周围会有几户人家或大宅院面向池塘环绕形排列。因空间有限，不能在门前建水池时，经常可以看到民间采用在院子里建水洼的方法补救。在福建省南部，有在天井内修建蓄水池的习惯。使用过的家庭废水在流到屋外之前，如果暂时停留在这个池子里，“财气”也会留在家里，所以这种水被称为“钱水”。闽东传统民居的内院里会放一个大水缸。据当地人说，大水缸蓄水可以用来灭火，但它同时是守财之水，平时不可使用。这些也是按照风水理论调节环境的案例。

在浙江省和福建省的房屋（包括普通住宅和祠堂）中，经常可以看到在门口外侧或内侧建有一面墙，称为“照壁”或“照墙”。这面墙实际上即风水理论上的案山、朝山。如果房子前面新建了别的建筑物或新修了道路，有直接朝向本住宅大门的“路冲”或“门冲”之忧时，人们会立刻修建一道照壁，以便调节风水环境，继续保持自家住宅的安全。建照壁挡“凶”，是当地人熟知的一个辟邪风水术。

再有，在福建省东部和南部的传统房屋中，进门约两米处面对大门建有一扇木制“插屏门”（又叫“观音门”）或由四扇门构成的“屏风门”。在这个地区，人们沿袭自古以来的习俗，插屏门只有在婚礼和葬礼的时候才打开使用。平时人们出入，要走这道门的两侧。插屏门不仅有遮蔽视线的功能，还有防止外来的“气”直接冲入家中，同时挡住家中的“气”直接外流的作用，这扇门相当于风水理论上的案山、朝山。这些案例说明，按照风水理论修造建筑等风水要素已经渗透进东南地区人们居住空间的很多角落。

结婚仪式上新娘子出门上轿、进夫家大门、拜天地等环节，也都要选择良辰吉日和吉时吉刻。另外，盖新房时炉灶的朝向也要根据风水决定，把旧屋的灶火火种搬入新居时也要看时辰。在人们的日常生活中随处可见到民间对风水的追求和讲究。

二、找风水和补风水

阳宅风水与阴宅风水最大的不同之处在于可以随时修正。人们认为如果阴宅风水不好，会体现在后代人生活中发生各种事件，不宜于健康或不利于事业发展。于是人们就会想到把先人的遗体挖出来，整理好遗骨再转移到新找到的好风水之地去，祈求家运转换、家人康健无灾。捡骨再葬是一项大工程，耗时耗人力耗钱财。与此相对，阳宅风水有微型调整手段，可以在阳宅周围的外部大环境突然发生变化时，尽量在不搬家不重建房屋的前提下采取一些风水手法，保护住宅的风水环境。

现在的城市和农村，道路建设，工厂、商业设施和住宅建设持续不断，在一个选好的阳宅地点盖房屋，也许几年后周围会增添新的建筑物或开拓新道路，该建筑重要的风水四要素里的“龙”“穴”“砂”“水”中的“龙”“水”“砂”都会发生变化，当然，房屋内的“穴”的能量也会受到影响，具备理想的阳宅风水条件的建筑会因此急速发生变化，居住在里面的人也会随之受到影响。曾经选好风水环境的住宅或公司等建筑物，由于周围的增建、改建等环境变化，风水环境发生变化的案例急速增多。城市规划的发展，增加了建筑物的高度和密度，使得理想的既有青龙白虎、又有靠山案山的空间很不容易找到；而且即使找到比较理想的环境，几年过后遇到周围大开发或城市建设，就会失去周围环境的平衡性。笔者通过和多位风水师的交谈以及在当地不断听到村民、居民讲述的风水故事，感到现在无论是城镇还是农村，在修建新宅、新墓时重视风水性选择之外，人们对调节周边环境，保护和维持好风水环境状态必要性的重视度和实际案例也都在增加。

调节住宅周边环境有两种方法：一种是补充不足之处，使之成为理想的风水地形的“补充法”，另一种是将风水上的凶相加以修改，使之转化为吉相的“转化法”。

所谓补充法，是人工补足一些要素，使其成为符合理想风水的地形和环境。主要方法是在建筑物周围种树、挖池塘、增建围墙等。在浙江省东南部，当自然地形的地基缺一部分，不能形成正方形或长方形等“吉相”时，人们经常使用添加树木的方法使地基整体形成理想形状。据风水师说，在温州地区的村子里，如果“左砂”和“右砂”不足，便左右各种一排树来代替。在福建省南部的泉州市，根据“青龙比白虎高为吉”的理论，在房屋（入口朝南）进行基础施工时，一般在房屋的东侧墙上多铺两三块石头，或加建“阁楼”使东侧增高。老人们说，这是当地大家都知道的，“是理所当然的”做法。

所谓转化法，是指根据周围地形、山的形状或方位，利用五行相生相克的性质重新调节环境、平衡风水要素的一种环境应对法。例如，地形或周围环境与五行中的“火”相冲时，根据“水克火”的五行理论，可以采取挖井或挖水池的方法，以转移日后发生火灾的危险，成就一块风水宝地。在煞气来的方位用种树来平衡环境、挡住煞气的方法，是福建省北部村庄的风水师教给笔者的。另外，由于新建筑物的出现，阳宅周边环境发生变化时，使用具有咒力的符纸或辟邪物，将凶相转变为吉相的“符镇法”也是一种将凶化吉的转化法，在现代城市很常见。进入20世纪80年代以后，房地产买卖得到认可，住宅建设蓬勃发展，对应急速发展的建筑潮，保障个人住宅或高层建筑里自家房屋周边环境的安全，转化法开始受到重视。把纸制的符，石制的“石敢当”，八卦镜或者木制、陶制的各种辟邪物放在阳宅受“冲”或面对“煞气”之处，通过祛除或避开恶气，将房屋的凶相转化为吉相，是一种简单的风水手段。城镇和乡村的路口处经常可以看到有人家门口上方悬挂着镜子、八卦图，就是用于抵御煞气、化凶保平安的器物。

上述转化法之一，是直接在面对煞气的玄关等处张挂辟邪的镜子等物品，而正对着辟邪物的家宅，担心煞气会被反射过来，于是也张挂避邪镜子或八卦图等物品。各地还有一些新的风水性质的饰品，如刀剪图、麒麟像等。对抗煞气的挂饰相互升级，甚至形成风水对立战的案例也偶有听闻，笔者也多次看到对面而开的两家的大门都张挂辟邪图案的镜子或其他图像的实际案例。

这样的补足法或转化法的案例，调查期间随处可见，在此再列举两三个实例。

在福建省南平地区的YJ村，因为河上新建了一座大桥，一栋在建桥之前盖的三层楼的民宅变成正对着桥头的建筑物，居民认为这是一种煞气很重的大凶。因此，这栋民宅在屋顶的前端、面向桥头方向安装了四个大的刀状金属物，刀尖朝向桥头。另外，在三楼的柱子上挂了三块写有“泰山石敢当”的木牌，每层的墙壁上各挂一面四方形的大镜子。如此精心地使用多重转化法的案例很少见。因为这样的多重对应，人们认为就能强力化解凶相，挡住煞气，民宅里的居民说这样就能安心地生活了。这些驱邪避凶的手法，是民间自我心理安慰的一种方式。

著名的福建土楼里也有实例。福建西部永定县一座靠山而建的三层圆形土楼。面对大门口远望后山，肉眼可看到后面的山顶有一处凹陷，按照风水上的说法，这栋楼会有“凶”。于是居民听从风水师的指点，在三层楼顶层的屋顶上方安放了一只白色的陶制公鸡。居民们说，用了这个方法，这座圆楼没有发生过什么不吉利的事。

20世纪90年代初，浙江省南部某个城市新开了一家百货商店，开张后不久即发生两名经营者连续死亡之事，在当地引起了很大的震动，没有人敢去那里买东西。人们传说原因是商店入口是笔直朝向宽阔道路的“路冲”，是风水上的坏朝向。事先曾有人告诉经营者大门朝向有凶，但是经营者不信，于是有了死亡事故。第二年笔者再去那里时，居民们告诉我，百货商店后来改变朝向，重新修了商店大门，人们就放心地去逛商店、买东西了。这个案例不是要宣传风水思想，而是从中看到的民间笃信“风水”这种说明地理环境和住宅、坟墓吉凶的思维的现象，在东南地区尤为显著。

对坚信阳宅的风水环境与一个人的人生和一个家族的发展密切相关的人们来说，好的风水环境的选择方法固然重要，但现代城市里环境变化快，重要的已经不是寻找风水宝地，而是随时应对周边环境变化、寻找改变住宅风水环境的补充法和转化法。在已经建好的房屋做些许改动，就能重新创建一个良好的风水环境的风水调节法被人们接受，其实是城市居民寻求能带来心灵的安定和生活中的安心感而已。

源自风水思想的众多实际生活里的或应对或补救或转化凶吉的案例，大多没有明文记载于家谱或地方文献里。但是它们常常引起乡村农民和城镇居民的关注，一直被人们口口相传。经过漫长岁月的沉淀，它已经融入百姓生活，成为当地的建筑习俗和常识，成为当地民间文化的一部分。

明清时期十分活跃的风水思想，在南方充实发展了相关理论，其传播和实际运用也以远离战乱的东南地区为中心。在福建省和浙江省随处可见浓厚的风水特征，如建造房屋的规矩、村落的地形和村内布局、使用各种具有风水意义的装饰品"避邪"等。在现代东南地区，风水与其说是某个的流派的"思想"，不如说是扎根于人们生活中的一个要素，也是构成汉民族文化、东南地域文化的要素之一。

第四节　风水与坟墓、祖先

一、墓地风水意识之形成

高延曾指出，风水思想的"最初胚胎，产生于对死者的尊崇之念，这种尊崇之念早在很久以前，就是中国人固有的宗教"[1]。恭敬地安葬祖先，作为单纯的"孝"的行为被长期进行并继承着。后来，只要把祖先安葬在良好的地形和自然环境中，子孙后代就能得到恩惠的传说逐渐增多，人们开始重视墓地的风水选址。从东汉开始，人们选择埋葬地点的意识逐渐增强。"人受体于父母，本骸得气，遗体受荫"[2]，讲的是子孙的身体来自父母，父母的遗体能接受好

1 ［荷］高延：《中国的风水思想——古代地相术叙事曲》，［日］牧尾良海译，第一书房，1992年，第76页。

2 郭璞：古本《葬经》，《堪舆集成 第一册》，重庆出版社，1994年，第340页。

“气”，子孙也会接受其荫庇。《葬书》明确指出，通过父母的遗骨，来自大地的能量会传给子孙，而实现这一目标的条件和工具就是建在风水宝地的坟墓。

“葬者，乘生气也。阴阳之气……行乎地中尔为生气。”[1]在这种认识的基础上，寻找有生气有水流的自然环境作为墓地的选址，这就是阴宅、墓地风水思想的根本。人们相信把祖先的遗体埋在风水好的坟墓里，后代就能得到幸运的眷顾，维持幸运的方法是守住祖先的坟墓和参拜祖先的坟墓。如此，对祖先和坟墓、祖先和子孙关系的认识随着风水思维和普及到民间，祭拜祖先坟墓、精心维护祖先坟墓的认识逐渐向祖先给子孙恩惠关系的方向发展。

在出现“风水”一词之前，历史文献上已经有了在好地方建造坟墓与子孙出人头地之关联性的记载和传说。汉代文献中就有“袁安葬父”“韩信葬母”等关于选择特殊地点埋葬父母的故事，都是子孙将祖先埋在吉地，从而得到了祖先的保佑而人生成功、家族繁盛的记载。“袁安葬父”出自《后汉书·袁安列传》：袁安听从一位书生的教诲，将父亲安葬在后人有望出人头地的地方。此后，袁安先后在汉明帝、汉和帝身边担任要职，其子孙世世代代担任高官，袁氏家族成为那个时代的名门望族。“韩信葬母”的故事记载于《史记·淮荫侯列传》。在汉朝，出身淮荫（今天的江苏省境内）的韩信因为家境贫寒，没能给母亲举行盛大的葬礼，但他把父母葬在了地势高、四周宽阔的地方，后来他成为刘邦的部下和汉代著名人物。平民们热衷于传讲这样的故事，是把自己的心愿也寄托在祖先墓地选择上，热衷寻找有好风水的墓地位置。

清代以后的地方志，特别是福建省等南部各省的地方志中，关于风水的记载和使用风水用语说明祖坟地理概况的记载越来越多。明清时期东南地区各地制作的宗族族谱中，也多有关于祖先墓地所在地的风水的说明。图 3-2-5 是闽北某氏族谱上记载的祖坟位置，根据风水用语的文字记载和祖墓周围的地势图，那个时代的坟墓形状及墓地周围的风水地形一目了然。图 3-2-6 是强调坟墓的风水位置的记载。图 3-2-7 是挂在浙南 YC 村 W 氏祠堂的一幅挂轴，描

1　郭璞：古本《葬经》，《堪舆集成 第一册》，重庆出版社，1994 年，第 340 页。

绘了宗族墓地所在及环抱整个墓地的群山形态。图 3–2–8 也是祠堂里的祖坟位置图。族谱在记述和强调祖坟所在地都是风水宝地的同时，还兼有显示祖坟所在地的详细地点、提醒后代子孙不要忘记前去扫墓并能使其准确找到祖坟的功能。

祖先和子孙通过“气”相连，子孙受惠于祖先带来的大地的能量。因此精心选择墓地的地点，后代子孙小心翼翼地守护墓地。家里有病人或有人受伤，或发生火灾、事故等意外时，人们首先会去拜访祖先的墓地，或者去通灵者那

图 3–2–5　福建某氏族谱上的祖坟之一

图 3–2–6　福建某氏族谱上的祖坟之二

图 3–2–7　祠堂所挂祖坟地形地势图

图 3–2–8　祠堂所挂祖坟地形地势图

里，通过巫与祖先对话，了解祖先居住的坟墓发生了什么、祖先有什么话想对子孙说等。然后按照祖先通过通灵者之口传达的心意去做，家里的状况就会变好。像这样的灵验故事、坟墓的风水和房子带来的运势变化故事，在调查地的很多地方都会听到人们讲述。在浙江和福建，通过选择好的墓地而发迹的故事在农村地区至今仍被人们津津有味地讲述，体现了人们对风水的热情。下面记述几个案例。

在福建北部ZH村，某氏长子天生双目失明，长女也患有脑病。周围的人一直说他们家祖先的坟墓是不是出了什么事。于是父母二人去问巫，巫回答说是祖先的坟墓一直漏雨，子孙已经很久都没有去扫墓，祖先对此感到不满。既不扫墓，也不修缮祖先的坟墓，所以这个家才会发生这么多不幸的事，村民们将这家的事作为不扫墓不祭祖而受到祖先惩罚的例子一直传讲。

闽北ZH村的Z女士是一位三十多岁的家庭主妇。她的孩子生病，一直治不好，便怀疑是祖先给家人的通知，就去找巫问祖先。一位能通下界的巫找到了Z女士的爷爷，向她反馈她爷爷说自己的坟墓有缝隙，风吹进来很冷，希望子孙给修补一下。Z女士等人到墓地一看，确实有一棵树的树根延伸到墓里，坟墓有裂口。Z女士一脸认真地给笔者讲述了自己的经历，说马上修补了坟墓，孩子的病很快就好了。

在浙南的一个村庄听到的，是一个因为风水好坏转换而使一族或繁盛或衰败、或者由盛转衰、或者由衰再转盛的情节稍微有些复杂的故事。Y村位于浙江省东南部，村庄被石墙包围，开有几个出入用的门，宛如一座城堡。现在“W”姓氏的宗族有千户以上共5000多人聚居在这里，是一个单姓宗族村，以下是具体故事。

最早来到这里的W氏的祖先是闽东人，因为字写得好，担任了大富翁Y家的“管家”。Y氏曾请风水先生为祖先的墓地选址，但是Y氏不喜欢风水先生选定的地点而最终没有采用，让风水先生另外再找。风水先生悄悄告诉W姓青年，让他把父亲的遗骨从老家取来埋在他选定的这个地点。后来W姓家族逐渐人口增多，兴盛起来，许多子孙在明代和清代都通过科举做了官，有人甚至成为高官。而Y姓一族由于没使用最好的风水宝地做祖坟，曾经繁盛一时的Y姓人口逐渐减少，最后在村里绝迹了。此外，自古以来就有关于风水师的传说：如果为别人选择了绝佳的风水地，风水师的眼睛就会失明。在告知W氏青年让他把自家祖先葬到风水宝地墓地之后，风水师的眼睛就失明了。W姓青年答应风水师让他晚年一直在这里生活，会给他养老送终。但过了十几二十年之后，W姓的孩子们不太知道这位风水师的来历，开始不尊敬这位风水师，吃饭也经常不叫他。于是风水师请人把自己选定的W氏祖坟前的两棵与风水相关的树砍掉一棵之后，他的一只眼睛复明，他悄悄地离开了W家。

据现在W姓的风水师说，在当时那个不考科举就无法出人头地的年代，族坟前面的两棵树，意味着自己所属的W氏家族中会出现一位文科状元、一位武科状元。据说因为被砍掉一棵祖坟的风水树，曾经在明代出了十一名进士，一名武科状元的W氏宗族，到清代只出了两名进士，直到科举制度结束，也没有人考中文科状元。W姓风水师解释说，因为树被砍了，祖坟的案山缺了一部分，无法阻挡好“气”从正面外流，风水外泄了，给子孙带来的好运势就变弱了。

笔者在1996年7月至8月间在W村调查时，曾多次从W氏的几位长老以及W姓风水先生那里直接听说过这个家族的兴衰与风水变化的传说。这个传说以W姓居住的城镇为中心流传，周围其他姓氏的人也都知道这个实际发生的故事，他们说W村的故事是当地有名的靠祖坟风水发迹的故事，也是因为祖坟风水败了家的例子。

科举考试在当时是唯一的出人头地的手段和途径，一旦科举考中，本人及亲属的生活将得到终身保障。一棵树能保障家族出一个状元，在当时该是多么重大的事情。W氏祖坟和祖坟风水树的故事，以传说的形式及家族真实的历史为实例（其实也可以认为是没有人考中状元、考中进士的人减少了，才会有人讲述失明风水师砍树的故事），向周围的人们诉说墓地风水环境的重要性。带笔者去参观传说里的W氏祖坟的W宗族的长老们指着池塘、大树的方向，用非常遗憾的语气给笔者讲述这个传说。长老们虽然遗憾，但还是带着骄傲的口吻讲述现在的W氏一族人口已达四万，并扩大到拥有二十四支房的规模。而最初放弃了风水宝地的Y氏不知何时已从这里消失了。

就这样，阴宅风水信仰因传说而传播开来，通过传说人们更相信阴宅风水。人们把某个人的成功或家族的发达与父母或祖先的墓地所在联系起来，相信选择墓地的风水效果的重要性。于是，为了令死去祖先能够庇佑自己和后代在阳世间有超越一般人的高质量的优越并富足的生活，人们更加认真地寻求用探查风水的方式来选择祖先的埋葬地。

当人们认为风水好的墓地被他人有意识地侵犯或破坏，从而妨碍了本族的发展和子孙们的升迁时，氏族之间、村落之间甚至会发生流血冲突，发展到械斗。在浙江省南部、东南部，时常会发生外姓人不小心走进其他姓氏的祖坟，或者把家畜放进去，或者小孩把那里的草、树枝割掉的事情，之后都要以酒、猪头等供在那家祖坟前“赔罪”之事。这是基于墓地环境的变化会立即给有血缘关系的子孙带来影响的认识广泛存在于当地民间社会而生发出的社会事件。

好的墓地风水，可以让祖先舒适地在阴间生活，还可以让子孙得到祖先的庇佑恩惠。因此，人们对墓地周围的环境比阳宅风水还要讲究，要更精心地去保护。“一块风水宝地造福万代子孙”，这是写在闽南一家墓地销售和陵园经营公司大门口的对联，是该公司对墓地产品的宣传语，同时也表达了东南地区民间的风水观念。当地民间的这种观念，成为阴宅风水格外得到重视和发展的思想土壤。下面，具体了解一下在这片土地上繁荣的阴宅风水的内涵。

二、阴宅风水的基本构造

在东南地区，找墓地叫“看风水”，造墓称为“造风水”，看房屋风水一般不使用“风水”一词而叫“看房子”。比起房屋人们更重视墓地，直接使用“风水”一词，显示了人们追求为子孙后代的幸福选好墓地之“风水宝地”的迫切愿望。现在东南地区民间对墓地的选择实际上是怎样的情形呢？笔者专门走访调查了这个问题。

在闽北南平地区ZH村遇到的当地人称为“地理老师”的A氏，是一位七十多岁的男性，他告诉我，“风水学中水很重要，有水则气生财来”。他跟随师父学习几年后开始独立看风水，他强调自己是按照理法派的理论看风水。向A氏询问决定墓地位置的要点时，他反复强调了“水口”的重要性。理法派风水师A氏的寻找墓地风水的流程如下。

要素——确定水口是最重要的要点。

观察来水——观察水流的方向。

穴的选定——穴是“生气”堆积的地方，也是“生气”不断涌出的地方，所以要测量后慎重选择。把罗盘放在装有米粒的竹笸箩上测量方位。确定了方位之后，就可以确定罗盘所在地点的后面就是穴。

确定坟墓朝向——通过计算逝者出生年份的干支来判断。

坟墓周围——坟墓的左右和后面种上树，称之为“风水树”，正面不种树。在乾的方位种树为吉，在坤的方位种树则女性长寿。松树、樟脑树等大乔木类要稍微远离墓穴种植。

观察四周——根据金、木、水、火、土五行来判断周围群山的形状，将墓穴所在的山的形状与周围群山五行上的“生、克”相结合。如果是五行相生的关系，则为吉之地，如果是五行上的相克关系，则为凶之地，需要进行五行上的调节。

决定墓的宽度——墓的尺寸是很严格的，专业语是“一步”，一步是四尺五寸，三步、五步、七步都很好，四步则不佳。福建北方多山区，坟墓多是在山坡上挖横穴，横穴要遵循横孔长度十二尺的规定。迁葬时，因为墓穴是放骨灰盒的，所以八尺深就可以。

福建南部泉州市的风水师B氏表示，自己先是自学了理法派理论，并跟随师父学习实际运用，最终成为风水师和占卜师。自己在墓地的风水选择上也会参考使用形法派理论。对于选择好风水墓地的要素，B氏列举了以下几点。

五要素——龙、穴、砂、水、朝向，综合观察五要素是关键。

选穴——根据五行和八卦等进行“合山”“合命”“合印”“合魂”之后再决定穴的位置。首先揣摩山的形状，然后把有动静的地方作为穴。把山比喻成动物的时候，穴的位置就选在它的触角和眼睛的部分。但是，如果是躺着的牛的形状，就应该选择牛的腰部。山的形状不同，穴位的深度也不同，因此墓穴的深度也不同。

周围的地形——坟墓所在的山，叫作“靠山”，对面要有“案山”“朝山”。“靠山”左右的“砂”也很重要，关乎于有无子孙后代，工作中有无部下。穴位左右的砂又称“左青龙、右白虎”，左高右低为好，反之则为凶。面对地形上的不足之处，只要人工用石头或泥土加以补充，就会成为风水宝地。

坟墓的五行——就坟墓整体形状的五行而言，中心部位如果是圆形，那就是“金”形。如果墓地周围的围墙是圆角的方形，那就是“土”的形状，从五行关系上来看，是“土克金”的关系，所以是吉的形状。将墓碑的上部变化成波形或弧形，分成金、木、水、火、土五种形状的“五形”，根据墓地的形状选择使用，就能形成五行平衡的墓地。

墓的周围——墓的周围不能种植大的乔木类和竹子。因为树根有可能会延伸到坟墓。此外，桐树是“鬼投石”之树，棕树是“鬼磨剑”之树，因此在修建墓地时禁止使用。

平地地形的墓地选择——在平地上选择坟墓的位置会变得困难，但只要发现地形的细微变化，就可以把它看作山和砂。把高出一寸的地方看作山，把低一寸的地形看作水。如果把平坦的土地上稍微隆起的地方看作龙头的话，就可以用形法派的方法判断是好的墓地位置。

福建北部的“地理老师”很重视使用罗盘、重视“水”，根据五行、逝者的生辰八字和八卦来综合选择阴宅的同时，也会运用江西派的说法来观察地形。福建北部是宋代理学的发源地，很多风水理法派的要素都被当地风水师继承了下来。福建南部的风水师则更注重观察周围的地形，显示江西派的特色，比起水口，他们更重视五行。

福建省从晋代开始，有大量的移民为了躲避战乱携家带口陆续进入这里。晋、梁、卫、楚是那个时代的国名，而东南地区的人们把它蹂进对墓地形状的称呼上，反映了入闽移民对家乡的记忆。福建南部把前低后高的墓地称为“晋土”，传说这是最好的墓地地形。平而后部稍高的地势称为“梁土”，这也是吉祥的墓地形状。周围高、中心低的地势被称作“卫土”，是会导致由富变贫的不吉利的地形，而墓地地形如果是前高后低的，则被称为“楚土”，是凶的地形。这不是风水师讲述的，而是东南各地普通老人讲述的。据说没有经济能力请风水师选墓地的人家，会根据这个墓地地形的传说，自己选择墓地，他们说总比没有经过任何挑选就随便找个地方修墓要好。这个墓地地形选择的民间口头传说，说明一些风水地形的选定技术，已经作为基本知识渗透到民间，成为民间墓地地形选择的常识而广泛流传。

浙江省民间传说选择墓地的基本条件是“背山面水”“坐北朝南”“向阳缓坡”等。这表明比起方位，人们更重视地形和山脉的走向。比起理法派的罗盘测量选定法，江西形法派根据地形变化凭肉眼观看来选定风水宝地的方法，在这一带民间流传得更广泛。

福建西部永定的风水师在决定墓穴的位置后，会以此为中心建造墓穴。而且在葬礼结束棺柩下葬时，还会指导子孙调节棺柩的位置，要把祖先的头部对准“穴”的位置。在福建省和浙江省的民间，找墓地叫“看风水”，造墓叫“造风水”，还有把墓地和墓地直接叫作“风水”的习惯，由此可以看出墓地风水比房屋的风水更受人们的重视。

进入 21 世纪后，行政层面对风水的限制有所缓和。从古代风水书的复刻版、风水解说书、实用书到研究书，有关风水的书籍陆续问世。人们在新建房子或建造坟墓时，也开始请风水师一同前往。据说在购买城市的陵园墓地时，也经常有人和拿着罗盘的人一起来买墓。

三、葬礼、迁葬与风水

阴宅是墓地的别称，但在民间社会，阴宅风水的内容并不仅仅是寻找好的墓地位置这一空间要素，还有与之相配的时间要素。计算一个人自离世到进入坟墓的一连串时间节点，即入殓时间、出殡日期和时间，还有下葬的时间等，都与风水有关。风水师根据逝者的生辰八字、死亡时间及其家人的生辰八字，配合五行和八卦等来决定各个日期和时间。

根据地区的不同，人们对风水师的依赖程度也不同。有只请风水师决定入殓和出殡时间的人家，也有葬礼的每个环节的时间都请风水师计算的人家。如果不请风水师，人们就会按照当地的一般习俗，在规定的时间段出殡。福建省东部出殡的时间大多是白天，而浙江东部和东南部以及福建省西部，出殡的时间大约都是在清晨五点左右。当地的人们都说，听到早上放鞭炮是送葬，傍晚放鞭炮是迎娶。按照当地人拥有的风水常识，即使找到了好墓地，如果在“凶”的日子和时间下葬，也不会有好结果。

检索《浙江风俗简志》，在将浙江省分为绍兴、杭州、金华、丽水等十个地区的民俗记录中，其中八个地区的人们都会委托“阴阳先生”“道士”“风水先生”选定葬礼的相关时间，人们习惯遵从这个算定的时间推进葬礼流程。1997 年夏天，笔者在福建省南部泉州地区的 XZ 村观察了一场葬礼的全过程。完成哭丧吊唁等流程之后，出殡的时间定在正午十二点，而下葬的时间是下午三点。从村庄出发到附近的山上，用时不到 1 个小时，棺柩被抬到墓地之后，一百多名送葬的人们分散在提前挖好的墓穴周围的树荫下，静静地等待着可以下葬的时刻到来（图 3-2-9）。逝者的长子多次与他人确认时间的行为，给笔者留下了深刻的印象。而且，如图 3-2-10 所示，在吉时将棺柩放入墓穴后，还要精密地测量朝向的角度，调整棺柩的方向等，表现出人们对风水的讲究是认真并彻底的。

风水与生辰八字相关，导致吉凶结果不同，这个时刻的相冲相克也被给予了充分的注意。在浙江省绍兴地区，把逝者的生辰八字、死亡日期和时间告诉

图 3-2-9　等待入土的吉时

图 3-2-10　仔细测量棺柩的方向

道士，然后把与道士算出来的逝者干支相冲的“凶”人的干支写在纸上，贴在大门上。提醒与逝者的生肖相冲克的人不能进入举行葬礼的人家。

在福建省和浙江省，复葬的习俗长期广泛存在，到20世纪90年代，还在相当大的范围内可见到。这个习俗也与阴宅风水密切相关。生前按照风水选好墓地建造坟墓的人家，大多直接将逝者放入坟墓之后一般不进行迁葬。但是经常发生意外的家庭会认为这是祖先发出的不好的信号，于是将祖先捡骨迁移到新的风水宝地的案例也常常听到。复葬习俗的形成有各种各样的原因。现代进行的迁葬的很大一部分是为了避免祖先对子孙的负面影响家人多病或发生火灾、交通事故或做生意非常不顺时，人们会先想到祖先坟墓的风水，考虑给先人捡骨转金、换一个风水宝地。如前文提到的浙江省东南部W氏家族的祖坟正面被砍去一棵树，导致宗族整体受影响的故事等，此类因墓地环境的变化而影响子孙后代的故事在东南地区数不胜数。

在迁葬祖坟时，不清洗遗骨，而是仔细擦拭后放入“金瓮”等容器中，这也是风水思维下的行为。祖先的遗骨只能捡拾后认真擦拭清理，而不能水洗，民间有“洗骨会毁掉风水”“洗骨会洗掉运气”等说法，所以“遗骨”不能洗而只能捡拾后再葬。

阴宅风水是由埋葬逝者的地点选择、葬礼日期和时间选择以及迁葬习俗等多元内容构成的。传统的民间丧葬习俗中融入了很多风水元素。风水因素的存在，可以说是东南地区汉族死亡文化、死亡习俗的重要特征之一。

第五节　扫墓与护墓的深层

一、风水与坟墓形状

如前所述，风水主张“生气”具有遇风而散、遇水而止的特性，所以古人把气不泄而聚、使气运行而止于必要之处的方法称为“风水”。埋葬逝者的地方，要有能充分聚集生气的“穴”和像风一样的“生气”，还有能阻止生气流泻的水，以及能使生气缓慢流动的周围环境，这些都是古往今来人们一直追求的“风水宝地”的基本要素。

在福建省和浙江省，有很多与北方汉族不同形状的坟墓。其中“椅子坟”和“龟壳墓”尤其与风水联系密切，在此，笔者试图探讨浙江南部的“椅子坟”和福建南部、北部和东部的“龟壳墓”与风水的关联。

1. 椅子坟

这种形状的坟墓的历史可以追溯到宋代。从侧面看后高前低的半圆形或称马蹄形的围墙，因酷似该地区常见的名为“交椅”的带椅子圈的太师椅而得名，被称为“交椅坟”。与其他墓形相比，椅子形墓在当地被认为是最能够“蓄风水”的墓形。在经济改革年代，风水师的活动逐渐复活。为了尽早占据风水宝地，富裕起来的人们争先恐后地寻找风水宝地，提前修造寿坟、生坟。于是，遍布各个向阳山坡的“椅子坟”如雨后春笋般冒了出来，一时成为报纸上的热门话题，“青山白化”成为指代这个现象的专用词。这种椅子坟大量分布在浙江省的中部、南部和东南部。

2. 龟壳墓

龟壳墓的特征是墓的中心部分绘有龟甲图案。主要分布在福建省南部、东部和北部。在福建北部和东部，即使没有彩色描绘或雕刻出的龟甲纹路，也有很多把中心部分称为“伏龟”的坟墓。在福建省北部，早在宋代和明代这里就有族谱上记载的这类坟墓。由于墓的外侧轮廓与“风”字的外框相似，在福建东部福州地区，这样的坟墓被称为“风字形墓”，在南部的厦门等地也被称为“风字壳墓”。

有大小、薄厚不等的围墙部分包裹和保护埋葬棺柩的坟堆部分，这是椅子坟和龟壳墓这两种墓与北方多见的土堆坟最大的不同。在降雨量多的山区斜坡面，为了保护坟墓中央的土堆（历史上土堆为多，后来很多变为三合土或石灰覆盖，甚至水泥覆盖）而修建的田埂状的围墙，是椅子坟最初形成的起点。[1]椅子坟和龟壳墓都是围绕中心部的坟堆，在周边建立围墙的形式，防水护坟是其实用之处和最初的修建的出发点，当地人说今天的椅子圈和龟壳边也还是有避水作用，豪华的外表掩盖了它的实用功能和存在的实际意义。坟墓的围墙从实用发展到豪华的原因有很多，本书想要指出的是，风水意识的作用也是其中一个原因。

当地人希望找到风水宝地为祖先建造墓地，但往往找不到多项风水要素均符合条件的理想地形。这时就会采用一些风水补救方法。福建北部的风水师说，地形不足的部分，可以通过人工补充成形。如填充石头或泥土，就会形成良好的地形。坟手就是左右两边的砂，椅子坟后半部的围墙“交椅圈”形的建筑，明代就有记载。福建南部和北部的风水师们说风水书中的“造峦头”的意思就是人工造山，而椅子圈就是坟的靠山。他们还对坟墓周围的围墙的风水功能进行了说明。按照这个解释，我们可以从风水的角度来观察这两种墓型。

首先看一下墓的形状。图 3–2–13 交椅坟和图 3–2–14 是龟形墓。交椅坟和被称为龟形的墓的共同点是，外侧的逐渐扩展性前伸的半圆形被称为“山”，

1　何彬:《江浙汉族丧葬文化》，中央民族大学出版社，1995 年，第 55—76 页。

如“外山”或“墓山”。向前方扩张伸展的部分被称为“八字”或“坟手”。被称为“龟背”的墓的中心部分是埋葬棺柩的地方，也是风水上选定的“穴”的地点。墓地的前半部分除了“拜堂”“祭堂”之外，也被称为“池”，在风水上对应前方的水。再从墓的侧面看，可以清楚地看到整个坟墓顺延山坡地势，呈现从后向前慢慢降低的形状。位于坟墓中心的穴被后墙的“山”围住，两侧的外壁即左右的砂，缓慢地一边向前伸展一边逐渐降低高度，半圆形的墓圈、墓墙紧紧地包围、护佑着中心的墓穴。

交椅坟和龟形墓、龟壳墓一样，从侧面看，前低后高的围墙是坟墓的“靠山”，两侧坟手由高向低缓慢降低高度并同时向两侧前方伸展的，是“左砂、

图3-2-11　椅子坟（古）

图3-2-12　椅子坟（新）图

图3-2-13　南安龟壳墓[1]

图3-2-14　龟壳墓

1　友人王燕荣摄影，在此再次致谢。

右砂”即“青龙白虎”，用来放入棺柩的中心部空间是正好压住这个墓地的“穴”，拜堂象征水池，并修有供水流动的水沟和水口，拜堂周围的矮墙意为案山。“靠山”和“左右砂”护着从“穴”涌流出的“生气”，使其流向前方。“池”和“案山”起着舒缓“生气”流动速度的作用。

古往今来人们不断追求的“风水宝地”的基本要素，是像风一样的“生气”、汇聚生气的“穴”、使“生气”放缓流动速度的八字形扩展式的周围环境以及能阻止“生气”的“水”。在寻找这样的理想中的风水宝地时，要根据周边的地形综合判断并选出“龙、穴、砂、水”这四个要素。但是，自然界中要找到同时满足这些条件的地形并非易事，翻山越岭踏查各处，是过去的风水师或地理先生们的做法。在开发山林、劈山修路等现代化建设日新月异地发展的现代社会，理想地形的发现更加困难。而仔细观看一下民间和风水师们对上述的交椅坟和龟壳墓的“墓山”“坟手”“祭堂 / 池”的功能的解释和外围各部分都是围绕“龟背”、围护中心的“穴”的设计，可以看出这类墓是把龙、水、砂、穴的基本好风水之要素，聚集并浓缩成坟墓的外形了。

修造一座椅子坟或龟壳墓，就是找到一个符合“风水宝地”条件的地点。也就是说，人们不是要到处寻找具备理想的“风水宝地”要素的自然环境，而是要在围绕坟墓的风水穴位的坟墓外部形状上建构风水要素，从而人为地构成风水宝地。椅子形、龟壳形类的坟墓，由于在中心的风水点的“穴”的周围人工建造了符合风水要素的外形，我们可以说“交椅坟”和“龟壳墓”的建筑结构是人工构成的风水宝地，或者称作人们历来追求的风水宝地的微型版、迷你版。近代著名翻译家、教育家、思想家严复与其妻子的墓，位于福建省福州市盖山镇阳岐村北鳌头山东麓。1984—1988 年，因得到福建省行政部门的拨款和严复孙女的捐款，严复墓得以修复。修复后的严复墓外观上是拥有二重墓围的大墓，侧面看墓围呈后高前低逐步向前降低的设计（图 3-2-15、图 3-2-16），也同样是后人为严复先生选择了人们认为最佳的墓型。也说明 20 世纪 80 年代，这类墓型在当地社会作为理想型、豪华型的坟墓型而被认可和接受。

图 3-2-15　福州郊外严复墓正面

图 3-2-16　福州郊外严复墓侧面

在东南地区，除了“交椅是祖先坐着舒服的形状”“龟是长寿、幸福的象征”等说法之外，民间还流传着制作这种有椅子圈或大龟壳形状坟墓的家族后代都陆续发迹的传说，如龙泉何氏椅子梢坟的传说，说明后世子孙的发迹直接与祖先的坟墓形状相关。如前文分析指出的，具有弥补地形上的不足之功能、人工制作出风水宝地特征的“椅子坟”或“乌龟壳”墓，即使不去过分寻求自然界里的风水宝地，也能实现聚齐风水理论上风水宝地基本四要素，同样可以达到让祖先舒适居住之目的。特别是平原地区，很难找到坟墓后面的“靠山”和两侧“砂”及前面“案山”同时存在并形状恰好的好风水的“穴”，待找好“穴”、确定坟墓朝向，然后人工修建椅子型或龟壳型的坟墓外形，一个可以圈住风水的坟墓就完成了。因此，即使是在平地也能不受周围地形的影响，创造出理想的“风水宝地”墓地。这样，在尽量找到具备理想“风水宝地”要素的自然环境里，用人工修建起具备理想风水要素的墓穴周边的形状，这样的风水宝地就是双重结构的理想之地，它的理想程度甚至要超过单纯踏查山地平原发现的自然界风水宝地。

交椅坟和龟壳墓，实际上是拥有被称为风水宝地全部要素的坟地，这类墓是理想的地理环境和地形的结合体，是人工打造的“风水宝地”，它符合民间社会流传的理想的风水好的祖坟的条件，又是依靠人工就能实现的伸手可及的理想之存在。笔者认为，正是这种凝聚了风水要素的特性，才使得这类形状的坟墓在东南地区大量出现、很有人气的深层原因。

画有龟壳纹样的墓，仅在福建能看到，福建南部最多。而类似形状的坟墓以椅子的称呼存在于浙江省。这需要结合福建当地有逢喜事制作“龟糕”的习俗来考虑，不同于北方或其他地区，当地有对于乌龟的特殊信仰，这是认识当地龟壳墓的一个重要角度。限于篇幅，本书在此不对龟信仰做过多论述和探讨。

二、祭墓扫墓之深层

葬礼后上坟、祭墓、扫墓，是子孙对逝者的纪念性行为，汉族认为这是孝顺的表现。第二编论述了东南地区的汉族与祖先交流有三种模式：①以祭祀礼仪为媒介；②以巫为媒介；③以扫墓祭墓为媒介。本节所论述的扫墓行为，属于第三种模式。

汉族人民向往并相信生命（灵魂）的永久性。他们将逝者送往另一个“生”的世界，相信逝者会在那个世界继续生活。逝去的祖先生活里需要金钱、住所和衣服，但他们却无法自己制作或在那个世界随意得到。子孙便有义务以“孝”的名义定期送金钱、住房、服装、生活用具等给有血缘关系的祖先。作为回报，人们相信祖先会保佑子孙身体健康、顺利成长、生活平安、事业有成、家业繁荣昌盛等。

在汉族的人死后有灵和人死后住在坟墓里的他界观念的延长线上，民间存在着认为坟墓周边环境即坟地有时比埋葬逝者的那个土堆具有更重要的意义的意识。民间认为在坟墓中“生活”的祖先会根据坟墓周围环境的好坏向子孙传递正面或负面信号。接收到正面信号的家族会人丁兴旺，子孙会出人头地，财运、健康状况都变好，接收到负面信号的子孙会生病、受伤、生活不顺心、不走运等。持有这种想法和认识的人们，深信要想得到好运，给祖先找个好风水的墓地位置非常重要。祖坟会影响代代子孙，根据风水选定祖先的墓地关系到家族长久的兴盛或衰败，这比选定一座风水好的阳宅更重要。这样的思维使人们更倾向修建带椅子圈或宽大边缘的龟壳型的墓。并且在家族顺利发展的时候，不愿意轻易移动祖先的坟墓，怕破坏了好风水会得罪祖先，子孙后代会接到祖先的负面信号，这是人们对墓地产生执念的原因。深层挖掘到这一层，就能理解本章最初提到的人们不肯迁坟的逸事了。

坟墓是为逝者和生者、祖先和子孙双方而存在的，汉族的祖先和子孙的关系是互惠的。子孙到祖先居住的墓地前，向祖先致意、祈祷和许愿。祖先被认真地祭祀和修缮所住的坟墓，作为受到子孙保护、不被他人闯入和破坏自己的住所的回报，就会帮助他们实现愿望，守护他们的安全、健康和家族繁盛。虽然这种回报是肉眼看不到的，也并非立竿见影的，但东南地区的人们相信，如果家庭安好、人丁兴旺、诸事顺遂，并且家里的人们逐一实现了愿望，这些便是祖先荫庇的结果，因此更要定期去祭拜祖先坟墓，保持逝者和血缘后代在坟墓前交流的方式。

时时祭拜那些葬着自家祖先的、凝聚着理想风水要素的坟墓的行为模式，潜藏着祖先与子孙的互惠关系，这是守护祖先坟墓、祭拜祖先坟墓的重要性和实用性。

第三章　墓地与死后他界

第一节　多种多样的他界认知

一、他界的对比

从灵魂意识的存在以及对灵魂进行分类处理的行为中，寻找死后灵魂的去处，可以看出一个民族的他界意识以及这个他界的结构。不同民族对死后的另一个世界有不同的认识，我国有多个民族存在多魂说，彝族、阿昌族、瑶族等认为人有三个灵魂。古文献中有“魂魄二元说”，是说人的身上有“魂”和“魄”，人死而魂和魄不死，“魂气归天，形魄归地”[1]，人死后魂和魄从遗体中脱离出来，分别去不同的地方。汉族民间社会中存在的灵魂观念和古代上层阶级和文人们所写的魂魄观念不同，民间对魂和魄的区分很模糊，“魂魄”常常作为一个指代灵魂的词被使用，在平时的生活中，对“魂魄”的认识也表现出模糊和矛盾性。笔者调查时听到当地人说“人有三魂六魄”，“小孩子经常会丢魂，生病就是丢了魂了”，“孩子外出丢了魂，回家会哭闹，需要出去找魂”，等等。但在死亡方面，汉族基本都是认为人死后只有一个魂，那个魂附在逝者遗体上，会跟随他一起去另一个世界。

1　“…… 魂气归于天，形魄归于地，祭求诸阴阳之义也。”见张文修编著《礼记·郊特牲第十一》，北京燕山出版社，1995 年，第 190 页。

在笔者曾经调查过的丽江纳西族中，存在着玉龙雪山是殉情者的死后世界所在地，祖先之地的故乡是一般逝者的魂归之地这一双重死后世界认识。[1]本节叙述丽江地区纳西族他界观念的结构和特征，作为汉族他界观之对比。

居住在丽江地区的纳西族，是唐代从四川木里地区南下迁徙至云南境内的，[2]1990年统计人口为27.8万人，其中云南省丽江纳西族自治县就有18.5万人。四川省木里藏族自治县、盐源县、盐边县一带还居住着1.2万多人。[3]

丽江纳西族相信人有灵魂，认为灵魂一般附在人身体上，也会暂时离开。人生病是灵魂一时离开人体所致，要为病人举行“叫魂”仪式病才会好。孩子睡觉时他的魂会出去游走，所以绝不能在孩子睡着的状态下把他抱走，这样他的魂回来时会找不到他。还认为人的魂白天离开本人，晚上回来住在他的指甲缝里，所以不能晚上剪指甲。这里的人年过50岁就被称为老人，老人行商或出远门死在外面，在当地就埋葬了。家人要请东巴来家里，先给他做招魂仪式，然后再举办葬礼。村民说人临死前他的魂会出走，当老人迟迟咽不下最后一口气时，要做一个叫魂仪式，把他的魂叫回来，他就能安详地走了，等等。

逝者灵魂的去处分为两处：一处是被称为“祖先之地”的纳西族祖先南下前的故乡四川省一带。另一处是位于丽江的大雪山——玉龙雪山，后来被一般称为“玉龙第三国”的地方，那里是非正常逝者，主要是殉情者死后去的世界。

纳西族的葬礼上有将逝者的灵魂引路带到祖先世界的“送魂”仪式，这种“送魂”仪式仅限于正常离世的老人在村内死亡时举行。主持葬礼的纳西族祭司“东巴”把一幅长长的神路图从棺柩前铺到大门外，然后为逝者诵读《东

---

1 1995年8月，笔者参加课题调研，到云南省丽江纳西族自治县时得到的田野资料，以及后来个人前往丽江东巴研究所请教，收获很大。感谢东巴文化研究所研究员习煜华老师的教示，缅怀习煜华老师。

2 《中国大百科全书》总编委会编：《中国大百科全书·民族》，中国大百科全书出版社，1986年，第345—348页。

3 郭大烈：《纳西文化史 》，见李德洙主编《中国少数民族文化史》，辽宁人民出版社，1994年。

巴经·指路经》。指路经的内容，就像旅行时会经过的中途站点一样，将丽江地域内的地名一一具体地念出来，给死者灵魂指明去北方寻找祖先居住之地的道路。路经的地名指引在进入四川省后，逐渐变得模糊，“向西北方向前进”，“不要去彝族的地方，也不要去普米族的地方，要去纳西族祖先的地方”，最终把逝者的灵魂引导到祖先们移居丽江之前居住的地方。

据说丽江纳西族年轻人历史上曾经有过一段非正统死亡较多的时期，其死亡原因大致如下：年轻男子为了逃避军队的强制服役，走投无路而自杀；年轻女性发现未婚怀孕而自杀；年轻男女对父母指定的婚姻不满，双双殉情；意外死亡。

受社会环境所限，历史上纳西族的年轻男女不能自由恋爱、自由结婚。因上述第二、第三个理由而自杀的例子曾经很多，非正统死亡的灵魂与正统死亡的灵魂的葬礼待遇和死后所去的世界都不同。年轻人因自然事故死亡时，需要举行“祭短鬼”仪式。殉情死的年轻男女则用“祭风”仪式代替葬礼。村民们说，殉情者的灵魂“不能去祖先的地方”，要送到与祖先原来居住地的四川省境内完全不同方向的玉龙雪山。

玉龙雪山是现在纳西族生活所在地的丽江的一座海拔5500多米的高山。山顶是冰山，冰川覆盖，氧气稀薄，无法正常生活。但是，纳西族口头传说和文学作品中都有很多歌颂殉情而死的年轻人的作品，其中有作品把他们死后要去的玉龙雪山称作“玉龙第三国”，作品中赞美玉龙雪山是可以过上理想生活的美丽的地方。该作品被改编成戏剧在舞台上演，因此丽江纳西族的人们把殉情死者的灵魂的去处改称“玉龙第三国”。[1]从此，非正统逝者（自杀死、殉情死）的灵魂不能去祖先的灵魂集合地，特别是殉情死的年轻人的灵魂要去“玉龙第三国”，便成为当地的普遍说法。笔者在调查时，只要问到灵魂去处的问题，就会听到“玉龙第三国”这个回答。对玉龙第三国景色的具体描写是，那

1 何彬：《纳西族的他界观——以丽江纳西族案例为主》，《纳西族·彝族民族文化及民族宗教的比较研究》，佐野贤治编，勉诚出版，2000年，第345—358页。

里的鹿可以代替牛种田，老虎可以像马一样骑；劳作一天，可以吃一年；做一件衣服，可以穿一辈子。没有苍蝇，年轻男女终日自由地歌唱玩耍，呈现出一个美丽的理想乐园景象。

死亡原因不同，灵魂的归宿也不同。丽江纳西族的死后世界有两个不同的空间，本书把祖先之地称为"第一他界"，将玉龙雪山（玉龙第三国）称为"第二他界"。根据调查资料，将纳西族的他界观念的构造用下表来归纳表述。

表3-3-1　纳西族双重他界观念的结构

名 称	第一他界（笔者命名） 当地村民："祖先那里。"	第二他界（笔者命名） 文学作品：《理想之国》《十二情死坡》《山国乐园》《情死大黑石》《玉龙第三国》等 当地村民：玉龙雪山、玉龙第三国
地点（方位）	四川省境内木里一带，纳西族的故乡	丽江玉龙雪山
前去的资格	五十岁以上的正常死亡 五十岁以下的疾病、事故死亡 婴儿、幼儿的死亡	殉情死 其他原因的自杀
特征	祖先们灵魂的集合地 历史上、地理上都是明确存在的空间	是信仰之山。美丽的形象，理想中的乐园。只说是那座山上，没有更具体、明确的地理地点、空间
具象	有四川省这个地名，但是没有更具体的地名，是一个祖先居住地、曾经的故乡的模糊形象	眼前可见的高耸的雪山，文学作品讴歌的理想的乐园风景

对一个有着漫长迁徙历史的民族来说，逝者灵魂不能随意寄托在迁徙途中的某个地方，最好的方法就是将逝者的灵魂寄托给祖先所在的故乡。丽江纳西族也是这样，长期的迁徙途中的逝者灵魂的处置方法，采用了请他们回到故乡的做法。这样的葬礼内容日后逐渐作为死后灵魂去向的理想模式固定下来，定居丽江后也没有改变，曾经的祖居地即逝者灵魂归属地这一他界观念一直保持到今天。

丽江纳西族对死后的灵魂进行分类，根据死亡原因、死亡方式的不同，分别举行把逝者灵魂送往祖先所在地和玉龙雪山的区别性处置。通过设定双重他界，就能对应不同情况的离世之魂。这是丽江纳西族灵魂观、他界观的最大特点。

还有一个对比案例，是笔者留日时做域外田野，在日本农村获得的数据和分析结果（详细内容请参照本书附录的文章）。

对日本人的灵魂观、他界观，民俗学科的基本认识是，日本人普遍认为人死后灵魂仍然活着，这个灵魂并不远走，而是停留在他生前生活过的那片土地的高山上，从高处守护家人的生活和子孙繁荣。传统观念下的日本人认为祖先死后依然存在于自己的生活空间附近，他们相信人可以与死去的祖先交流。死者的灵魂在每年固定时间点如自己的忌日、盂兰盆节、正月、彼岸节等日子里回到自己家，停留在祭坛上、牌位上，了解子孙们的生活，接受子孙们的祭祀。被奉为日本民俗学开山鼻祖的柳田国男，在他的《关于祖先》的论著里说，一般人会“感觉距离死后的世界很近，有亲近感。感觉会通过某些信息感受到他们的存在”，柳田指出这就是日本人的灵魂观和祖先观。[1]而在这段话里，距离死后的世界很近这句话，道出了日本对他界的普遍认知，是存在于阳间世界的某处的。

笔者在日本乡村调研盂兰盆节时，会遇到接祖先回家和节后并不送祖先回到墓地的看似矛盾的行为。有些地区会从墓地接来祖先，回去时却是将祭品放入水中请祖先顺水流走；有些地方在自家门口点燃一小堆木片，祖先就直接回到家里来了；也有从墓地接来，然后在门口点燃一束香送祖先回去。家里有什么大事、好事要向祖先们报告时，大多是面对家里的牌位，而不是像我国汉族大多数地区那样到墓前去报告。其原因是日本人死后土葬（现代社会火化后的骨灰放到地下式的纳骨塔内），但他们的灵体分离观念使人们认知的另一个世界“他界”，只是灵魂住在那里，埋葬遗骨的地方并不是祖先的灵魂久住之地。当地村民对祖先究竟住在哪里的提问，回答很不一致，也很模糊，普遍没有对

1 柳田国男：《关于祖先》，《柳田国男全集》第13卷，筑摩书房，1975年。

墓地的执着情感。尤其在笔者重点调查的两墓制地区，埋葬地会被很快地忘却这一点，令人印象深刻。

由于岛国四面环海，海边的人们则持有人死后灵魂飘往遥远的海对岸的思维，从而形成两种主要的人死后灵魂归处的观念，一是家乡附近高高的山上，一是遥远的海对岸，即山中他界观和海上他界观。[1]

二、丧葬习俗与他界

汉族自古就有“入土为安”“地下黄泉”等认识。说某件事很好，死去的祖先也会感到愉悦的时候，经常使用“如果某某人地下有知也会高兴的”“他会在九泉之下笑”这类的比喻。把土葬称为“入土”，表现了民间一般化的认知，逝者遗体埋入的地底下正是死后世界所在地，可以命名为“地下他界观”。根据地下他界观，汉族的人们认为人死后要去阴间，阴间的方位是与阳世相对的地底下，把遗体埋在土里是理所当然的，因此汉族民间一直坚持死后土葬的葬法。这一部分通过现在的民间送葬行为来观察汉族观念里的“阴间”结构。

浙江省的丽水、金华、宁波、台州等地和江苏省常熟、连云港地区的民间葬礼项目里的“暖圹”和“送火种”项目，都是以他界观为前提的行为。“圹”指的是安放棺柩的坟墓内部空间，通常是掘土而成的纵向的墓穴，浙江、福建等地的墓葬多为在地面用三合土、石块、石板、砖、水泥等筑成的隧道状横式墓穴，一般称作“圹”。并且在葬礼后棺柩放入墓穴之前，有“暖圹”“暖坑”的习俗。棺柩放入坟墓之前，在挖好的墓穴内放置一个装有点燃的木炭的“火盆”，意在驱赶墓穴内部的寒气、湿气，为要住进去的逝者“暖暖房子”。民众说，就像搬入新居前要先“暖新居”一样，逝者在阴间的房间也要先暖一下，然后再请他住进去。这种“暖圹”行为，是以逝者死后住在坟墓里、坟墓

1　福田亚细男等编，《日本民俗大辞典》（下），“他界观”条，吉川弘文馆，2000年，第28页。

就是逝者居住之处的观念为前提而产生的，这个行为不是严肃的仪式行为，是充满暖暖的亲情和人情味的行为，使死后的另一个世界变得清晰和具体。

民间葬礼的另一个“送火种”项目，也同样表现出汉族民间的他界意识、显现了民间认知的死后世界所在位置。浙江省金华地区有一种习俗，在葬礼结束的当天傍晚要给逝者“送火种”，具体操作是把一个装有碗筷的小竹笼送到墓前。浙江丽水地区民间，在葬礼当天、第二天、第三天连续三天“送火种”。葬礼结束后当天“送火种”到坟前，第二天“送火种”到上坟的途中，第三天的“送火种”就在逝者生前生活的自家门口，连续三天在这三个地点焚烧稻草和纸，就叫作“送火种”。浙江龙泉地区，在葬礼刚刚结束的一个墓前，有逝者家人放下的一个小竹筐和一小束柴火，当地人说这是“送火种”。此外，还在墓前放一把伞，这也许是降水多的地区才有的行为。图 3–3–1 是刚刚结束葬礼的墓地，墓门左侧放着送火种的物品。其放大图为图 3–3–2，是送火种到墓前的状态，墓门前放有一小束柴火、风炉和出门时用的伞。闽南泉州地区的送火种，是在墓前放置“风炉”（小型火盆）和“陶罐”（砂锅），当地人解释说，这是为了告诉逝者“今后自己在这里做饭”。

在江苏省南京、浙江省各地都有送葬后第三天到墓前哭泣的“复三”仪式，也叫“望三朝”。福建南部的福州也有在葬礼的第三天前往墓地，修整坟墓外形，祭奠亡者的习俗。前文送葬仪式案例 2 的浙江省缙云县 Z 村，在葬礼

图 3–3–1　葬礼后的“送火种”

图 3–3–2　葬礼后的“送火种”放大图

当天、第二天和第三天，连续三天都要给逝者“送火种、送火把”。具体内容是焚烧稻草一捆和黄纸若干。第一天在墓前，第二天在墓地回自家道路的中途，第三天在自家大门外。此外，死后的第21天被称为“三七”，在墓前焚化供奉在家里的以竹篾做骨架糊彩纸而成的“灵屋”及各种明器，做“除灵”的仪式。从当地的灵魂跟随遗体住在坟墓里的解释看，这场葬礼最后的项目，是请家里的灵在葬礼结束后移住到墓里，这样，在墓前烧掉灵屋的行为以及“除灵”的名称就解释得通了。

因为逝者要移居到另一个世界（本书称作“他界”）开始生活，所以葬礼最后的几个环节显示的是犹如人们搬家一般的行为，先给逝者烧去纸厝住房和住居里的一系列生活用具，还要先把屋子暖暖，住进去之后赶紧把重要的做饭不可缺的火种火炉送去。“暖圹”和“送火种”行为鲜明表现出民间对他界位置的认知——坟墓里的空间就是地下他界的具体所在。

为了让亡灵确实能够去往另一个世界，住在坟墓里，而不是跟随子孙立刻回到阳间的家里，很多地区都有在埋葬棺柩之后，“孝子”回家要走不同的道路的习俗。但是在浙江省台州和丽水地区、缙云县等地，葬礼后，作为丧主的长子则一定要沿着出殡时的路原路回家，其理由是，这样能让祖先的灵魂记住路线，在今后定期到子孙家接受祭祀时，就能知道回家的路。缙云案例中，送葬后“孝子”提着香碗、灯笼和逝者的牌位，按出丧时走过的路线原路回家，这样“亡者回家吃羹饭时不会走错路”。葬礼后改变回家的路和使用同一条路，这两种看似完全相反的行为，反映的都是灵魂与遗体一同被埋进坟墓、逝者和灵魂在葬礼之后就住在坟墓里的灵魂观念和死后他界观念。两个做法不同的葬礼习俗细节行为，在表现死后灵魂所在这一点上是一致的。

笔者多次进行调查的福建省各地以及浙江省的南部和东部的葬礼，都在暗示着死后世界的存在和民间对这个死后世界的地点和形态的想象。虽然因地区不同而多少有些差异，但在葬礼上都能看到人们为逝者准备的各种死后的生活用品。阴间用的住宅，基本是以竹篾为骨，用彩纸糊成的“灵屋”，根据当地民宅多为2层楼加一个小院子的格局，灵屋也多为2层楼建筑。有大厅、厨房、起居室和寝室。寝室的基本用具是床、被褥、桌椅和箱子、衣柜等的组合。起居室有桌椅、保温壶、录音机、电视、手机等。厨房里有煤气灶、冰箱，还有洗衣机（图 3–3–6、图 3–3–8）。葬礼出殡前一夜，也就是守夜的最后一晚（只进行一天葬礼的则是葬礼当晚），家人还要给祖先备好出行前往另一个世界需要的交通工具，按照社会的发展、人们的经济水平和生活水平提高之后的状态，20 世纪 90 年代后半期和 2000 年前后，乡村的人们也有很多购买了自家用的汽车，于是在另一个世界住宅的院子里给死去的亲人也备下一辆小轿车（图 3–3–7）。完全像现代社会里送家人出远门的送行或搬家一样。

从东南地区民间葬礼中可以看出，他们所认为的死后世界，是一个与人间世界非常相似的生活状态的空间，他们的想象中的他界的模式，是和自己生活的周围世界差不多的，是阳间世界生活的延伸和翻版。就像住在城市的孩子们会给乡下的父母送去新的电器产品一样，人们也会不断地把阳世间出现的新产品送给祖先（电视、电脑、洗衣机、手机、汽车等），也不管自家老人是否能自如地操作、使用它们。从这些为另一个世界准备的各种生活用品即现代明器的品种和样式中，可以很容易地想象出这个地区的人们在阳世间的物质生活水平和日常生活情景。曾经的民间社会在贺寿时用吃长寿面、寿桃馒头来表达祈愿的心情，祝愿老人健康、长寿。如今的社会，流行老年人保健品，于是福建、浙江的葬礼上可以看到子孙会给去那个世界的老人备上几盒营养保健品。这种保健品，有的葬礼上摆的是真正的产品，更多见的是请做纸厝的工匠糊几个营养品纸盒。

此外，扫墓时人们会在墓前送上装衣物的“衣服箱子”（图 3–3–3、3–3–4），请故人按季节更换衣服，每次扫墓都要焚烧阴间专用货币“纸钱”和摆放祭祀食物的行为；家里有什么好事或愿望时，会在墓前报告的行为；农历正月等时节到坟前燃香祭拜，请祖先回家的迎接祖先行为，等等，这些都是广泛存在于南北各地区的行为，这些行为说明人死后住在坟墓这一地下他界观，是汉族普遍的观念。

现代汉族民间社会的灵魂观念，与古代上层阶级和文人们所描述的魂魄观

图 3-3-3　送到故人“家”的“衣服箱子”

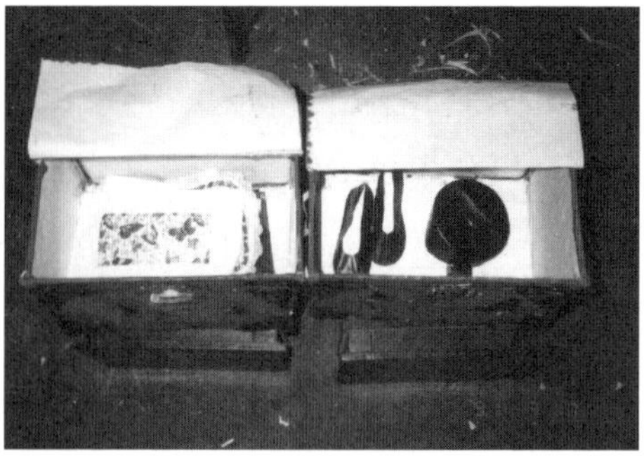

图 3-3-4　送到墓前的“鞋帽”“被褥”（浙江丽水）

图 3-3-5　有门的逝者的“家”（浙江丽水）

图 3-3-6　未完成的灵屋（浙江兰溪）

图 3-3-7　灵屋院子里有一辆汽车（福州 YX）

图 3-3-8　灵屋房间内部（XZ）

念有所不同，他们基本不认可魂和魄是分开的，“魂气归天，形魄归地”的魂魄二元说，似乎没有对东南地区的民间丧葬行为产生什么影响。这是由于岁月的流逝而逐渐淡化了，还是这个观念一开始就没有被民间接受、没有在东南地区的民间传承开来，尚无明确定论。在笔者调查过的南方和北方的村庄中，人们几乎都没有表现出清晰的魂魄分离的认知，也没有听到他们讲述关于魂和魄的传说，反之最常听到村民和城镇居民谈论的，是死去的那个人的灵魂会一直附在遗体上，死后的灵魂住在墓地之类的话题。一系列的民间死后葬礼、死后祭祀行为表现出的与灵魂相关的行为，也基本是以这种民间灵魂观念中的人只有一个灵魂的认知为前提的。

文献记述“中国人死者魂神归岱山”（《后汉书·乌醒传》），“泰山，天地孙也，主召人魂”（《孝经·援神契》），说的是人的灵魂死后会离去：或归天、或去泰山。还有受佛教思想影响的去极乐世界、去西方净土、升天，等等。而东南地区汉族的认知与古代文献记载并不相同。相对于人类生存的“阳间”，东南地区的民间普遍认为人死后灵魂的去向是“阴间”。这个阴间的具体称呼，根据地域和时代的不同有很多种，如阴曹地府、阴地、阴府、阴司、阴世、冥府、冥国、阴间、下界、黄泉等。阴阳相对的二元思维明显存在着。

对汉族民众来说，祖先的魂在中元节、春节等节日时，会接受子孙的邀请，回到子孙家里吃祭供。人们认知中的死后灵魂生活的世界离人间不远，祖先才可以很方便地来来往往，这个认识虽然并没有人明言，也没有书籍明确说明，但走进村庄之后你就可以发现，这个认识常常与实际存在着的坟墓相关联。前面提到的给墓穴取暖、在墓前送“火种”、到坟墓处迎接祖先等围绕坟墓的各种习俗，都告诉人们，逝者的灵魂住在埋葬遗体之处，坟墓是亡灵的栖身之地。另外，对于中元节和春节等定期回家“吃羹饭”、接收子孙祭拜款待的祖先的灵魂吃完饭后会回到哪里的提问，人们用非常理所当然的口气回答说“回到坟墓”，这是笔者走访江苏省、浙江省、福建省和河北省许多村庄得到的几乎一致的回答。

改葬行为盛行的东南地区，人们认为人死后灵魂跟着遗体住在坟墓里，那么捡骨再葬之后，灵魂就跟遗骨在一起也就成为理所当然的结论。浙江丽水地区捡骨装入陶制的“金罐”，捡骨顺序是先脚骨，最后头骨，要像一个人盘腿坐在里面一样摆放。金罐放在第二次修造的坟墓里，里面坐着的人要面对着金罐的正面，金罐在烧制时外表留出门（图 3–3–5），金罐的门要对着墓门，逝者的魂可以从门进出——完全是捡骨后的逝者依然活生生地“住”在金罐里、住在坟墓中的思维表现。缙云县“转身”（捡骨）之后，遗骨放在两块厚厚的石板凿出的浅浅的凹槽对扣而成的石制“骨槽”里，骨槽合并盖上时，两侧摆好一根红线（“金桥”），从里面伸出来，村民说这叫搭桥。村民说这样做是为了在每年的春节或中元节请去世的祖先回家受祭“吃羹饭”时，他们的灵魂能够跨过这座金桥回家。搭好桥的石骨盒放入墓中，但是因为有金桥在，祖先就可以自由出入了——依然是灵魂陪伴着遗骨住在坟墓里的灵魂观念之表象。

这种对待墓地和坟墓以及遗骨的态度，表明了民间存在着认为坟墓就是逝者之家的潜在意识，以及去世的祖先在坟墓中继续生活的意识。葬礼以及后来围绕坟墓的一系列祭祀行为，向我们展示了东南地区汉族所拥有的阴间的存在方位意识：死后世界即阴间在地下，而坟墓是通往阴间的入口。祖先生活在另一个世界，而这另一个世界的具象是坟墓。

为了防止祖先墓地环境的变化给子孙带来负面影响，人们在举行葬礼或定期扫墓时，会把纸制的生活用品或阴间专用的纸钱等用焚烧的方式送到他界，让逝者居住舒适，生活如意。并且要注意血缘逝者的墓不能让外人触碰，除迁葬之外，不管过多少年，已经埋过一个逝者的地点都不能挖掘，也不能在紧靠这个坟墓的地方建造新的坟墓。迁葬时，要举行各种仪式，小心地取出祖先的遗骨，慎重地重新安葬。重新安葬后的坟墓依然要小心翼翼地守护，小心翼翼地祭拜。过去曾有为了向敌对方复仇或报复，挖掘对方祖坟，挖出遗骨的行为，甚至会因此引起一个村庄或整个家族多人参与的械斗事件，这也是灵肉一体的灵魂观引发的事件。

以“灵肉一体、灵骨一体”的灵魂观为前提，再加上祖先能够庇护子孙的信仰以及地下他界观，人死后要入土的汉族的他界观呈纵向垂直关系，死后世界、另一个世界的方位在地下，墓地可以解读为是他界的具象。

三、十殿图显示的他界

“十殿王”是中国佛教中管理地狱的十个王。据《释门正统·利生志》记载，秦广王、楚江王、宋帝王、五官王、阎罗王、卞城王、泰山王、平等王、都市王、转轮王分别掌管着十座地狱大殿。后来也被道教吸收使用，分别为一殿秦广大王泰素妙广真君、二殿楚江大王阴德定庥真君、三殿宋帝大王洞明普静真君、四殿五官大王玄德五灵真君、五殿阎罗天子最胜曜灵真君、六殿卞城大王宝肃昭成真君、七殿泰山大王神变万灵真君、八殿平等大王无上正度真君，九殿都市大王飞魔演庆真君，十殿转轮大王武化威灵真君，出现在道教法事中。[1]根据唐代以后在民间广泛流传的《玉历宝钞》[2]和佛教道教的各种宣讲，人死后要接受十殿王的审判，被判定有罪的要受到各种惩罚。“见阎王爷”一词在民间甚至成为死的代名词，“阎王殿”“阎王”等词也成为汉族民间广泛使用的词语，孟婆汤、奈何桥成为民间众所周知的与死亡相关的词，做了坏事“阎王爷也不会饶了你”的口头语，是民间善恶有报的报应观念的表现。

今天在浙江省、福建省各地举行传统葬礼时，如第一编中葬礼的案例4所示，在“守夜”时，如果逝者是男性，就举行“破地狱”法事，如果逝者是女性，就举行“破血河”等法事。主持法事的道士会在法事仪式的空间悬挂“十殿阎罗图”（以下称“十殿图”）。笔者在福建西部和浙江东南部见到过把十殿地狱图画在一张图里的案例，在福建南部见到过只挂一幅地狱图的案例，也有不少做法事不挂十殿图的案例。

与北方葬礼相比，东南地区葬礼法事现场张挂“十殿图”的案例较多。并且，张挂的十殿图各式各样，多是道士手画的。在福建西部，2000年重修的

1　任继愈主编：《宗教大辞典》，上海辞书出版社，1998年，第271页。

2　民间流传的所谓劝善惩恶的小册子。宣讲佛教轮回思想，以图示详细讲述所犯诸多错事和罪行，死后要接受审判和惩罚。

城隍庙墙壁上是笔者见过的最大幅的十殿图。

案例一

兰溪道士手绘在布上的“十殿阎罗图”，每张图上写有各殿的名称和各殿的惩罚罪人的手段。

一殿秦广王　　判定死者去向

二殿楚江王　　被投入热水

三殿宋帝王　　屠割地狱

四殿五官王　　金刚地狱

一殿、二殿

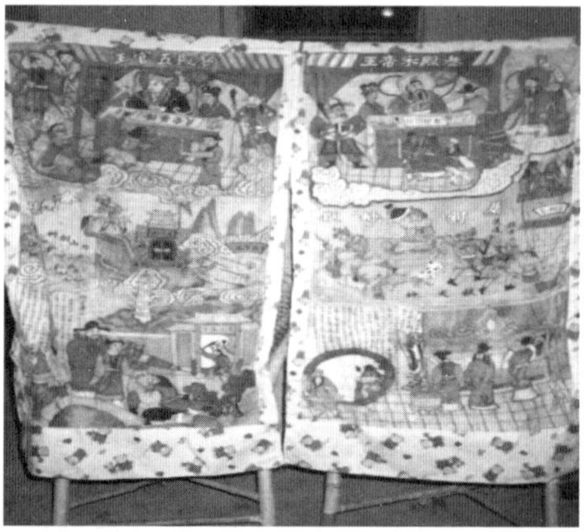

三殿、四殿

五殿、六殿

七殿、八殿

九殿、十殿

图 3-3-9　兰溪道士手绘《十殿图》

五殿阎罗王　　铜柱地狱

六殿卞城王　　血湖

七殿泰山王　　奈河桥、火翳地狱

八殿平等王　　溟冷地狱、金桥和银桥

九殿都市王　　普掠地狱

十殿转轮王　　孟婆亭和迷魂汤、来世成为富人或动物的轮回路

案例二

浙江丽水，1991 年，笔者调查了丽水地区葬礼时举行的法事，现场挂着“十殿阎罗图”。十幅画都是手绘的彩色挂轴，只有十殿的具体内容，并没有写明十殿的名称。

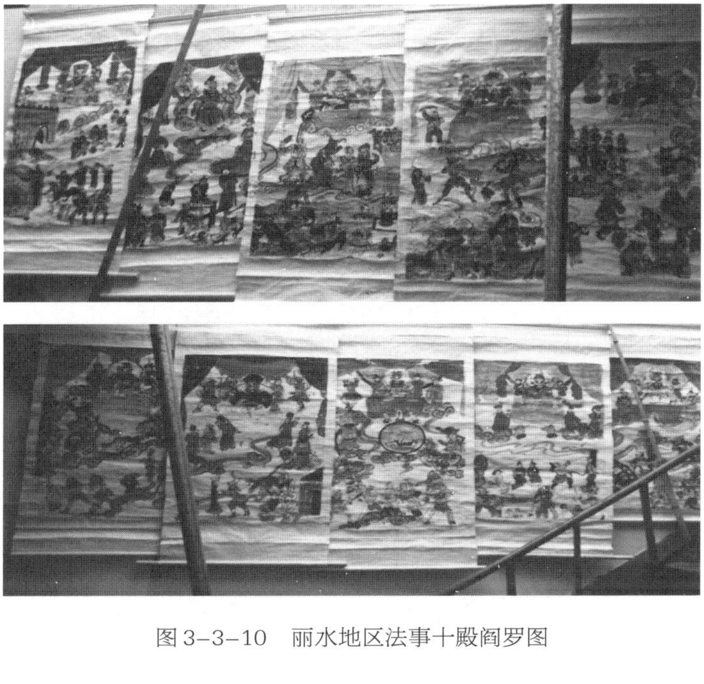

图 3-3-10　丽水地区法事十殿阎罗图

案例三

这幅是挂在本书第一编葬礼案例 7 的守夜法事上的画。由于空间狭小，只挂了三幅画分别是道教最高神明的画像、一幅描绘天堂的画和一幅描绘地狱的画。如图 3-3-11，根据在地狱受审判的传说，将各种处罚的场面压缩在了一张画里。东南地区的民间葬礼通常由道士主持，诵经的鼓乐队也是道士班子。法事道场要设在逝者家里，为了适应在狭窄的没有院子的民宅里举行的葬礼，道士便用一幅画压缩式收进十殿阎罗地狱的内容。这显示出在东南地区的民间，佛教和道教处于混淆状态。民间的人们不会仔细分辨谁是道教、谁是佛教，他们只要求葬礼办得体面、隆重、盛大而又相对经济些，不标新立异、不过分简易、不失身份面子而又不过于铺张，葬礼流程符合当地习俗，内容为人们的传统观念和一般习惯上接受即可。而这种世俗的要求是现实里无论是道教人员主持的葬礼，还是佛教人员主持的葬礼，都尽可能去迎合、去实现的目标。张挂十殿图与否，也成为葬礼规模的标志之一。不论空间大小，人们会尽量安排展示十殿图的空间。于是有了十幅图和一幅图之别。

图 3-3-11　阎罗图

案例四

福建西部长汀县城城隍庙院内两侧墙壁上有一殿至十殿各个王的审判场景壁画（院子还没有完全修好，壁画只在大型画板上完成了，斜放在院子周边）。十殿阎罗图的内容，表现人死后要接受审判，根据生前的各种善恶行为，分类成不同的罪行，受到相应的处罚。

这个案例的十殿图名称和图的内容如下：

一殿秦广王　审查死者生前的善恶

二殿楚江王　身体被矛刺穿

三殿宋帝王　手臂被切断

四殿五官王　生前有恶行的亡灵从奈河桥被投入血池

五殿森罗王（阎王）被扔到刀山（针山）上，好人则被允许去望乡台

六殿卞城王　身体被切断

七殿泰山王　下油锅，开腹

八殿都市王　锯断头部，开腹

九殿平等王　捆在滚烫的柱子上，手脚被砍断

十殿转轮王　喝孟婆汤，判定来世投生去向

很多人知道十殿阎罗这个名称，但不知道具体内容。挂在葬礼法事现场的“十殿图”，详细地呈现出死后人人都要经过十道审判和处罚的传说场景。生前做过坏事，进入死后世界时会受到审判和各种痛苦的惩罚；生前做善事的人则会被好好送到最后一殿，投生好人家。每个关卡每一殿的审判和处罚的场面都被描绘得生动、细致。

笔者参加过几场葬礼，观察到葬礼上张挂的十殿阎王图，并没有看到设专人用专门的时间讲解它。参加或围观守夜法事的村民似乎已经司空见这几幅图，并没有人特别驻足仔细观看。守夜法事中诵经时会有帮助逝者顺利通过十殿审判的内容，还有引领逝者顺利通过奈河桥的法事，事实上葬礼上的内容会时时扣住十殿图里面的内容。十殿图里描绘的奈河桥很难通过，一旦掉下去就

一殿

二殿

三殿

四殿

五殿

六殿

七殿

八殿

九殿

十殿

图 3-3-12　福建长汀十殿阎罗图

是血水滚滚的奈河，善人的灵魂可以走容易行走的“金桥”和“银桥”，平稳地走完死后受审判的过程。葬礼法事上，会由道士率领逝者家属举行“过桥仪式”，他们会从长条凳上排队跑过去，寓意走过了金桥、银桥。还有逝者子女参加的将女性亡灵从血池中解救出来的“破血湖”“破血河”法事等仪式，在道士的指示下，女儿跪着哭喊母亲的名字，把装满红色液体的饭碗敲破，寓意把母亲从血湖罪里救出来了。

张挂十殿图可以把死后有地狱和死后要受到审判的故事用图画的方式无言但又详细地传达给参加葬礼的逝者家属和来围观的村民，警示人们活在世上不能任意妄为，死后有严格的扬善惩恶的地方，训诫人们不能任意作恶，从而达到民间善恶有报思维的终极教育目的。葬礼守夜项目里的多项与这些内容关联的法事，则具有将人们对死后世界的认识从抽象转化为具象的作用。

汉族人相信，人们死后首先要接受判断生前行为善恶的审判，而生前做好事多的人不会受到任何处罚，可以顺利通过“十殿阎罗”的审判。上面四个案例中的“十殿图”，分别拍摄于福建西部的长汀和南部的泉州，以及浙江省东南部的兰溪和丽水。案例一是上了年纪的道士展示给笔者看的他自己手绘的图，案例二和案例三是在举行葬礼时的法事现场拍摄的，案例四是画在当地城隍庙后院两侧墙壁上的。比较一下的话，画的构图和具体内容有相当大的差异，十殿名称也不一致（名称的不一致可以视作民间传承、誊抄时的笔误）。但是人在生前的善恶行为死后要受到严格审判，善人有善报的教育功能基本一致。特别是案例四的十殿图是用彩色涂料画在当地城隍庙院内两侧墙壁上的，高度和长度都有1米多。这里的十殿图不受做葬礼法事与否的限制，常年向前来烧香求神的人们展示劝善惩恶思想和人死后有十殿审判、生死轮回、有孟婆汤会断绝今世记忆等内容，这些内容很多在今日的民间也经常会被提到，成为民间基本道德概念和生死问题比喻的象征性词语，如民间常说的做坏事死后要下油锅，生前不积德行善的话，下辈子就会做畜生；对积德行善之人，会说下辈子一定会托生到好人家大福大贵；对做坏事的人，会说等你死了阎王都饶不了你，等等。

2000年，笔者在福建长汀某个东岳庙室内，还看到一处非临时在葬仪场地张挂的十殿图案例（图3-3-13）。当时庙内没有人可问询，所以只是拍照留影，没有获取更详细的相关信息。从堆放的物品看，这间房屋看似近期没有用作祭拜场地和葬礼仪式场地，俨然成为堆放葬礼和祭祀仪式的相关物品的库房。笔者推测这里曾经是葬礼相关仪式场地，并且是仪式参加者、旁观者和香客们可以自由出入的空间，也有可能每逢仪式需要，就能铺开堆积的物品转换成可做仪式（有十殿图，应该是葬礼）的空间。看上去并不是很陈旧的、精心装在木框内的十殿图，按顺序挂起，并且位置较高，排列得很整齐。这套图或为仪式空间张挂的功能性图画，到场的人能在有意无意之间看到人死后受审判的全过程。它也是仪式之外的日常陈列图，发挥着讲述传统认知的教育功能，向不分年龄性别的人们讲述死后有审判、善恶终有报的传统思维。长汀两个庙宇空间的十殿图案例告诉我们，在当地民间，除了人死后灵魂去阴间生活这一基本概念之外，善恶有报的意识很强烈地存在着。

图3-3-13　长汀东岳庙内的十殿图

中国的道教追求长生不老，轮回、来生、下辈子的概念出于佛教。人做了坏事，死后要下地狱，受到惩罚；人死还有来生，这辈子行善就能让自己下辈子投生到好人家、有好命运，幸幸福福过一辈子，这些出自佛教的思维，已经成为民间思维的一部分。这种佛教对民间的影响，大多通过民众易于接受的口头说唱如说书、大鼓词、宝卷等通俗演唱方式产生，或者通过包括葬礼在内的各种法事场合的诵经唱经形式扩展开的。对于在很长的历史时期内都没有接受过文字教育的民众来说，生活里的仪式或法事场合的唱讲，包括仪式里带有佛教思想的表演、演唱，比较易于理解、易于接受，并逐渐把这些概念和思维带入自己的生活里，把演唱的词语变为日常的口头禅，佛教就一步步渗入民间了。死后世界的长生和死后轮回概念的混合存在以及流传久远的孟婆汤传说在民间意识里的定型，都是佛教思维对民间原有的地下他界观念、灵魂永远不死观念的重大影响。而死后审判说和具有直观教育意义的十殿图是一个很容易被各个年龄段的民众接受的影响途径。

在与葬礼相关的仪式中，东南地区民间葬礼经常在法事现场挂“十殿图”，这构成了东南地区死亡文化的特征之一，可能是当地道教、佛教较多参与葬礼所致，也与《玉历宝钞》在全国广泛流传有关。

《玉历宝钞》是民间广为流传的劝人积德行善的普及佛教的读物，里面记载了死后审判十殿的每个殿的名字和执掌该殿的大王的名字，还附有描绘十殿惩恶内容的图。观看以下的《玉历宝钞》中记载的《十殿阎罗图》[1]与上述法事实际使用的两个案例进行对照，可以看到其在民间的影响。

案例四的“十殿图”，是2000年拍摄的。可以看到，除了图里人物的服装改为当地的古风并采用彩色之外，构图与《玉历宝钞》的十殿图基本相同。案例一的图，可以推测是在《玉历宝钞·十殿图》的基础上加以改编绘制的。案例三的图是根据当地的居住情况，为了适应在狭小的空间也能举行葬礼法事并张挂十殿图，而精心地把十殿图和地狱内容浓缩在一幅图里。该道士经常主持不富裕的平常人家的葬礼，住处相对窄小，有二层楼但是没有宽大的庭院空间可以做法事，于是他自己绘制了这幅汇集十殿主要内容为一图的十殿图，并在实际做法事时反复使用。

十殿图所示的人死后，灵魂要接受审判，生前做过坏事的要受到各种很痛苦的对应的惩罚。第十殿是轮回，根据审判结果，灵魂进入下辈子投生之路，

1 《玉历宝钞》，弘法寺2002年印，(〇一)国宗发自五九号，第37—46页。

或成为富人生活无忧无虑，或沦为牲畜来世受苦。图 3-3-15 还特别描绘了死后灵魂们在审判结束后，在孟婆亭被灌下“迷魂汤”，忘却一切，各自进入转世轮回的情形。十殿图最后的结局是佛教轮回理念和善有善报恶有恶报的佛教报应之说的再现。人死后经过审判，灵魂们并没有抵达可以继续生活在那里“阴间”，这与前述灵体一致的灵魂观和地下他界观、灵魂不死的民间观念表现出矛盾性，显示了十殿图不是汉族民间固有的信仰。

笔者在调查中多次向村民、居民问到这个问题，东南地区的民间并不认为人死后会立刻变成神或其他人。如果死后不久就进入轮回投生为他人，便不再是某一家、某一族的祖先，就不能一直保护子孙，子孙们持续祭祀祖先也就失去了意义。从这个角度看，佛教的地狱说和轮回说，与包含道教元素更多的汉族民间死后世界的观念、阴间的概念之间存在偏差。

但现实社会里的人们普遍接受“十殿阎罗”存在之说，《十殿图》描绘的是佛教的死后轮回说，人生前所做的恶行死后要受到惩罚，这一说法与汉族民间的善有善报、恶有恶报的善恶观重合，于是人们愿意接受死后会受审判之说。民间重视实际的符合自己心理的说教，而不去深刻追究传说的细节。他们接受亡灵死后要受到审判，并祈望自己也可以轮回投生到一个更幸福美好的人生，而不会去深究葬礼后去坟墓祭祀与祖先的灵魂要轮回、要离开自己这一家，不再保佑子孙之间的不吻合性。后来，道教也吸收了十殿之说并在道士主持的葬礼上也张挂十殿图（2000 年前后还有葬礼上使用“十殿图”的案例），这表明东南地区乃至整个汉族都相信有死后世界，相信祖先一直存在于另一个世界，相信人死后灵魂会跟随着祖先，同时又希望好人死后进入轮回，然后投生到更好的人家去。在佛教影响进入民间社会之后，民间的死后世界信仰和各种相关的观念就具有了矛盾性和模糊性。民间社会不去明确分辨哪个说法是哪种宗教的教义，他们根据自己的好恶取舍着各种元素。于是，民间的死亡文化里既有佛教元素，也有道教元素。民间的灵魂信仰、死后世界信仰皆是如此。

佛教元素和道教元素混淆成一体，又和儒家思想的传统思维形成的民间社会的基础认知混在一起，就形成了东南地区乃至汉族整体的他界观特征，既有

一殿　二殿　三殿

四殿　五殿　六殿

七殿　八殿　九殿　十殿

图 3–3–14 《玉历宝钞》之《十殿阎罗图》

图3-3-15 《玉历宝钞》之《轮回之图》

比较清晰的基本结构，又有暧昧不清之处。灵体一致和灵魂投生，人死后在另一世界的永生和受审判之后的轮回，这些认识矛盾他并存着。人们希望善恶有报，十分赞同讲述人死之后十殿阎王要严厉审判并惩罚恶人的故事，他们也祈求有更好的命运、更好的生活，因此接受轮回投生之说。佛教的地狱说和轮回说的图像张挂在汉族民间的葬礼法事空间，但那家人仍然认真地用传统的葬礼形式送别老人，依旧准备大量的“物品”“钱财”焚烧后送给要去阴间生活的逝者，坟墓的修造和祭祀也一如既往，墓前送火种的行为也照常进行。十殿图宣讲佛教的轮回说，符合汉族固有劝善惩恶思想，为民间较为容易地被接受，但是民间固有的灵魂观念和他界观念仍然继续传承着，这是从田野角度发现的十殿图和汉族民间葬礼、民间各种死亡观念之间的关系。

四、巫讲述的他界

正如本书第一编所述，在现代社会中，巫作为传统信仰的承担者和传承者，承担着人与灵交流的中介作用。逝者死后，会继续在别的地方生活，那里的生活是这个世界生活的延续，那个世界一般是在地下。死去的祖先住在坟墓里，祖先的灵魂如果过得不好会给子孙带来负面影响，等等。民间的巫通过他们与逝者灵魂交流的案例，反复向民众传达关于那个世界的信息。另外，在与死后世界、逝者灵魂交涉的过程中，如第二编的案例那样，巫总是相当具体地向委托人口头描述阴间的具体形态。通过把家家户户的祖先从阴间请回来，让子孙与逝者的灵魂对话，助长、强化了民间对死亡后有他界存在之认识以及人死后有灵魂存在的意识。

当家里接连出现病人或受伤的人时，当地人会向巫询问原因。有去下界能力的巫会飞到另一个世界去见逝者，或者让亡灵附身，将其带回这个世界。祖先借巫之口向子孙诉说自己居住的墓地环境出了问题，人们实际去墓地查看，那个坟墓果然漏雨或长进了树根，或被人和动物碰坏了，等等。在许多地方都能听到这样的故事，并说修整了坟墓后，子孙的病就好了。随着当事人讲述经历和这类故事被人们津津有味地扩散，人们更加相信，如果住在阴间的祖先因墓地环境的变化而感到不舒服，子孙就会生病或有什么灾难，强化了人死后的灵魂和墓地有紧密联系的意识。从调查中可以看出，东南地区对逝者灵魂和他界的关心程度较高。家里发生什么事的时候，首先想到去问问巫。笔者通过田野调查发现，长江以北，委托巫询问去世祖先的情况、与祖先灵魂直接对话的行为有减少倾向。

在东南地区，祖灵每年都会在坟墓、孙家、祠堂等地定时往来，家里有什么事还会去问巫，临时请祖先回来和子孙对话，人与灵的交流颇为频繁。而笔者调查的长江以北的河南省、河北省和山西省，与祖灵对话的委托明显减少，职能上能与去世的亡魂交流的巫也很少。这些地方有的巫不是专门负责与灵魂沟通的，而是作为与各种神交涉中的“兼职”，与祖先的灵魂进行交流。在山西省，当地的人们虽然恭敬地祭拜亡魂，但一般不会让亡魂来到这个世上，也不直接和亡魂对话。人和亡魂没有直接的交流，阴阳两界之间存在着壁垒和界限，这种意识是明确存在的。这可能是由于地域不同导致的对他界信仰、祖灵信仰表现方式的差异。关于因地域差异而产生的离世观念差异的论述，笔者想留待其他机会。在此，笔者只想指出关于他界观的地域差异。

人们普遍认为，巫虽然生活在人间，但作为能够与神的世界和灵的世界交流的特别的联络人而存在。本书关注巫在民间他界观、灵魂观的确认过程中所起的作用，观察、调查了这些人的与神、与祖先对话的情形。本部分记述巫与他界的“交流”状态或将亡灵从他界带回来的附身仪式等，通过案例观察巫所描绘的他界诸相。

案例1　福建北部ZH镇，巫HC氏，女，年龄60多岁

仪式目的：委托人想问问去世的父亲的近况。

仪式：燃香，给自己泡茶喝几口，打了几个哈欠后，暂时闭上眼睛，突然开始说绕口令。

自始至终闭着眼睛，以一问一答的方式讲述委托人死去的父亲的情况：“他在另一个世界当官了。那边的世界里有平房和楼房，你父亲住在楼房里，衣服也是上等的。一切都很顺利，他说不用担心自己。”最后说“如果没有别的事，我就回去了”，然后上半身颤抖着向前深深弯曲，就在倒下之前，被旁边的丈夫用手挡住，HC氏清醒过来，恢复了正常的姿势和表情。

案例2　福建北部ZH镇，巫HY，男，年龄30多岁

据说，如果接到“找亡人”“叫亡灵”（亡灵降临）的委托，自己向神许愿，神就会把亡魂带来。HY家里供奉着118尊神，问他每次请哪位神，他回答说这是秘密。

有时HY氏会到委托人家举行“找亡人”仪式，把那户人家的某位祖先的魂请到他自己家，让他与子孙对话。HY氏说他自己一家刚搬到新房子不久，他害怕请来的亡魂会住在自己家里，所以其他的委托可以在自家做，但现在不接受“找亡人”委托。

案例3　福建北部ZH镇，巫C氏，女，年龄60多岁

C氏说自己身上没有附带幼女的灵，所以没有从阴间带回亡魂的能力。但是，自己的灵魂可以离开自己，飞到“下界”去。问及她去过的下界的情况时，她回答说：“那个地方在我们现在居住的地方附近，就在我们生活的这个地方的下面。那里草房多，楼房少。有汽车有电视。有钱人穿着好衣服，穷人

穿的是破衣服。”还说：“给阴间祖先烧钱就像去邮局汇款一样，烧纸钱的时候如果不写上祖先各自的名字，就无法送到本人手里”。

案例4　福建北部ZH镇，巫CH氏，女，年龄五六十岁

CH氏说自己有朱仙娘（一个13岁夭折的女孩，泉州人，特征是说话声音很大）附体，可以被带到下界去：“阴界是一个相当遥远的地方，有很多人来来往往，房屋也和这里不同。虽然也能看到喝酒的宴会，但即使被邀请参加宴会，也不会有吃东西的感觉。感觉是都朦朦胧胧的，看不清那个世界的一切。”

案例5　福建北部NP市姓氏不详，女，暂命名X1氏

她说去阴间要烧香请自己的守护神来，守护神带着自己飞到阴间。人很多，又很模糊，找人很不容易。

还说在阴间可以看到子孙来扫墓，摆的祭祀食物看上去很好吃，但是自己吃不到。阴间有种敬老院的感觉，扫墓就像子孙定期到敬老院探望老人一样，只要带些伴手礼和生活必需品就可以了。

案例6　福建西部YD县，巫L氏，女，年龄40多岁

仪式：插香，在神像前双手合十后，一边口说请神来，一边焚烧纸钱。这被称为“请神”。

不停地打嗝。坐在椅子上把头伏在桌子上哭起来。当地人说，身体颤抖着唱歌，代表神附体了。

L氏问委托人的住址、电话号码等向神报告。对委托人询问自己运气之事，传达神的讲述内容：“…… 神是这么说的，……”最后，委托人想知道去世父亲的情况，于是L氏询问委托人父亲的姓名、年龄和墓地所在地，向神报告后回复：“他在那边得生活很顺利，很舒适。你放心吧，他那边关注和照顾着你的家人和孙子。”当被问到死去的父亲在那个世界有没有什么必要的东西时，L氏回答说：“那边什么都有。你们在这里要小心坏人偷你们的东西。”

委托结束后，L氏同样唱歌为神送行，身体颤抖着，一边打嗝一边擦眼泪。过了一阵后，L氏意识恢复，“请神”仪式结束。

案例 7　福建西部 CT 县，姓氏不详，女，暂命名 X2 氏，年龄三四十岁

X2 氏可以承接请逝者灵魂来自己家，和逝者家人对话的委托业务。

请亡灵来的仪式：在大门外插香、燃香，口中说："门神门神，求求你，让他（逝者）的灵魂进入房间。"

对到来的灵魂说："请你到这边来，你的家人来了，她们有话想问你。"进入室内伏在桌子上几秒后哭着唱祈祷土地公的歌。歌词大致意思是"土地公啊，到阴间去找人，快把他（逝者）请到这边来，家里人有事找他"。向委托人询问逝者的名字，再次歌唱"土地公大人，请把某某某迎到阳间来，请转告他马上来""你的子孙来接你了，在等候你的到来。"反复唱几遍之后，用歌曲和灵魂对话："谁啊？快到前面来。"接着告诉委托人逝者灵魂已经来到大门口了，但是怎么也不进来。然后伏在桌子上哭起来。让逝者的灵魂附身到自己身上，开始与委托人直接对话："我在另一个世界守护着我的家人。我住在下面，没有电话，给我送一个手机。"子孙和亡灵的对话结束后，X2 氏继续伏在桌子上说："土地公大人，请把他送回阴间。"然后沉默地坐起来。之后 X2 氏站起来，仪式结束。

在 X2 氏正常状态下，笔者再次走访她时，她说自己完全不知道阴间是什么样子，亡灵们会把自己住的地方和样子告诉自己的家人。关于逝者灵魂附体说的话，她说"那时说话的不是我，我不知道"。

案例 8　上海市郊外 SZ 村，巫 W 氏，女，年龄 58 岁

问神仪式：询问委托人的姓名、出生年月日，并用毛笔写在红纸上。对着点燃的香火念诵，打着嗝唱起歌来（当地人小声告诉我，这说明送子观音附身了）。

W 氏用送子观音的口吻询问委托人家人生病的原因等，与委托人一问一答。大约过了十分钟，W 氏突然哭起来，说是委托人已故母亲的灵魂意外地来了。母亲的魂用方言对委托人的女儿说话。过了一会儿，委托人磕头并焚烧纸钱送亡母之灵回去。委托问事的仪式结束。

案例9　河南省GY市，巫LD氏，男，年龄40岁

LD氏说“太白金星”神一直附在自己身上。自己睡觉时会经常在“阴间”走动。

LD氏讲述的阴间：在那个世界，进去时有三道大院子门一样的关口，在第三道关口，有一位穿着淡蓝色上衣、腰系围裙、正在搅拌大锅的三十多岁的女性，锅里煮着“迷魂汤”。过了关口的门，道路漆黑一片。有桥，有直桥也有弯桥。过了桥就是阴界。阴界的人们穿的衣服很现代，街道上的风景就像这边的市场一样，布料和蔬菜在道路两旁出售。路边还摆放着葬礼时为逝者制作的纸制电视机和汽车等。

案例10　河北省SJ市巫Zh氏，女，年龄五六十岁

Zh氏解释说自己本身没有去阴间下界的本事，是因为被“老佛”神灵附体，自己才能在阳间和阴间来来去去。问及阴间是什么样子，Zh氏描述阴间有五重关口加五重锁，那里有人在推转碾臼，也有人在油锅里，很痛苦。在阴间，Zh氏找到委托人想要问话的家人，就把他带回阳间，让家人互相对话是自己的工作。去一次相当辛苦，不能说去就去，不轻易接受去阴间找人的委托。

案例11　河北省URI庄，本人不愿意说名字，女，暂定名X3氏，50多岁

X3氏讲授自己去“阴曹”的经过：点香，请神灵附体。委托人要想看望死去的老人，就要去阴曹。“阴曹”的事大多拜托阎王爷去做。虽然自己能去阴界，但是因为很辛苦，所以只有在委托人自己或家人的病无论如何都治不好的情况下才会去。

“我自己是走着去，但路很窄，有时还要通过下水道，很辛苦的。”“阴间的人的表情和这边不一样。穿的衣服像原始人一样，还系着围裙。”“到达那里后，找到被委托的老人，了解到老人在那里的生活情况后，自己再向委托人转达。”

上面11个案例（福建北部5例、福建西部2例、上海郊区1例、河南省1例、河北省2例），表明同一时期在东南地区之外的民间也有同样的思维和信

仰行为存在。

在第二编曾经提到，巫从过去社会地位较高的官巫沦为民间巫后，他们生活在民间，接受民间的各种委托，从事神 — 人 — 灵的沟通和交流活动，他们的活动便与民间信仰密切关联。巫的活动参与了民间灵魂观和他界观形成后的维持、传承和强化的过程。巫所说的阴间与阳间的距离，阴间的样子，在那里生活着的祖先的样子，每处的当地人传讲的通过与神和亡灵的交流，家人的疾病或烦恼等向好的方向转化的经历和传说等，对那个地区人们的他界意识和灵魂意识有很大的影响。

人死之后，他的灵魂长期和遗体或遗骨生活在同一个坟墓里，这是当地民间的基本认知。墓地环境变坏，居住在那里的祖先就会向子孙诉说，诉说的方式大多是阳间的家人生病、遇到灾祸或诸事不顺利等。这一各地民间流传的祖先灵魂的故事，暗示着逝者灵魂的居住地、存在地点就是坟墓。巫讲述的去阴间、他界要走过黑暗的道路，可以看出话语里隐喻着他界的方位是地下。另外，祖先在另一个世界生活需要房间和衣服，但是不能在那里随意购买到，只能靠后代送钱和物品来维持其在阴间他界的生活。通过子孙的汇款可以改善死后灵魂在他界的生活，这反映了这个世界的金钱观念，以及提高生活水平取决于金钱多寡的意识，也描绘出了希望通过子女提供的经济支持悠闲地享受晚年生活的阳间世界老人们晚年生活的理想和企盼。巫们讲述的阴间住宅既有平房也有楼房、也有身份不平等的景象，几乎就是阳间世界的完整写照。另外，祖先传达的信息还有，随着生活水平提高和生活用品新产品的不断出现，改善并丰富了阳间世界的生活，送新产品给阴间，也可以提高祖先在阴间世界的生活水平。这类信息说明祖先居住的他界与阳间世界有着密切的联系。

人们相信死后有灵魂存在，巫成为民间人们与祖先死后灵魂交流的中介。通过巫所说的他们能够上天入地、能够请来神灵、找来祖先灵魂的功能以及实施仪式时的言行，人们对死后灵魂和他界存在的意识也得到强化。如前所述，人们认为，祖先的灵魂平时住在坟墓里，大家族祭祖时灵魂会出现在祠堂，各家在家里定期举行祭祀时，灵魂会飞来停留在牌位上。与子孙对话时以巫为媒介，祖先的灵魂从阴间出来，与子孙交流结束后再回到阴间去。通过这些行为，人们对人有一魂之意识得到进一步强化。在汉族民间，由于这些巫的言行和“通灵”行为，人们对人死后灵魂虽然只有一个，但逝者的灵魂根据需要可以经常往来于阳间的多个地点，如祠堂、牌位、坟墓等认识越来越固定化。而民间这种对祖先灵魂的认知表现出灵活性和矛盾性，祖先的灵魂在人们的多种需求下呈现一种多元化的、有时是矛盾性的存在。

同时也可以看出，在阴间他界，非血缘关系的灵魂不会相互关联。以巫为媒介与子孙见面的魂通常是一个人，除上述案例8上海市郊区的例子里，出现送子观音附身后与委托人对话时，委托人的母亲的魂突然出现，与委托人对话场景，是仅有的一例之外，没有同时出现几个祖先灵魂的案例。在与逝者灵魂对话时，会提到已去世的其他同族人，但很少提到同族人以外的人和他界社会的具体样子。在死后他界当了官，手下有很多人，穿衣高级、住楼房之类的话虽然有巫的讲述，但是具体的他界“工作状态”和“工作单位”之类没有讲述，人们通过想象和借助巫的口述知道的死后世界，只是生活方面的一部分，衣着、住房、日常用具等，并没有完整的他界模式。

巫所说的阴曹地府、地下世界、阴间等名称的所在地，既不是泰山，也不是天上，而是位于距离阳间不远、在当地人们生活世界的附近。由于祖先时常通过巫之口或者借助巫的附体向子孙呼吁祭拜坟墓、诉说没有修缮坟墓之不满，人们会把他界和坟墓重叠起来考虑。巫用语言描绘出自己所见到的阴间状况，再加上呈现死后人人有善恶审判的十殿图，人们关于他界的信息层层叠加，坟墓与死后世界紧密联结在一起，逐渐形成了地下他界观位置的意识。

在本章中，我们从人们的葬仪行为中了解到，他们的阴间或死后他界意识大多与坟墓相关。通过对十殿图内容的分析，可发现东南地区乃至整个汉族社会对死后他界的认知是佛教和道教元素混合的产物。进一步分析葬礼以及葬礼之后的扫墓、祭墓行为，可以指出东南地区人们所持有的“阴间”的具象是阳间人们生活的写照和延续，在人们模糊的认知中，坟墓是阴间入口处和死后他界的具体地点。以下，进一步解析死后世界、他界观之结构。

第二节　他界结构解析

一、坟墓与他界

坟墓通过其最终的形状和使用的材料，向我们展示了制造和使用它的人们的精神世界。从墓地的使用方法、对墓地形状和构造的执着等，可以窥见墓主人和他的家人们的精神世界。人们的他界观、灵魂观、祖先观以及对亲属结构、宗族组织的认识等，都可以通过分析坟墓形状、墓地形态以及祭墓扫墓行为来获知。

在明确了东南地区民间的灵魂观是一魂说的基础上，本节试图通过对葬礼中各种行为的分析，明确逝者的墓地是模糊的他界在阳间世界的具象化。

汉族传统的葬法是土葬，葬制分为一次葬和拾骨再葬的二次葬。汉族民间普遍认为，无论使用哪种葬法，人死后灵魂都会永远附在遗体上，土葬时灵魂附在肉体上，火葬或复葬时灵魂附在遗骨或骨灰上。葬礼是以亡者灵魂继续存在为前提，为将逝者送到另一个世界的阴间做各种准备，葬礼的各个程序是在存在阴间的前提下的行动。人死后有另一个世界，灵魂会移居到那里，因此需要居住的房屋、在阴间使用的金钱、在阴间做饭用的火种、火炉以及餐具、衣服、寝具等。

人们把生前造棺称为造“大屋”或造“千年屋”“老屋”，把棺材视作逝者的房屋。从普通人的回答中得到的印象是，他们认为祖先或逝者在被埋葬的地方“居住”“生活”，逝者在阴间会继续与子孙交流。在调查过程中，发现人们认为祖先们死后住在阴间，但问及具体居住地点时，多数回答是墓地。大部分汉族所在地都是一次葬的土葬墓，是向下深挖墓穴埋入棺柩。这种地方的阴间方位基本是埋在土里的“地下”概念。而在浙江省和福建省等地，民间广泛存在着生前建造横穴式坟墓的习惯，被叫作“老屋”的坟墓是指把棺柩推入的那个横穴式的空间。这个空间就是给逝者建造的房屋，葬礼后推进逝者的棺柩，关上墓门，里面就是逝者居住的空间。让人感觉坟墓是祖先居住之处的行为，在东南地区葬礼前后极为多见。在浙江南部，埋葬棺柩前一天要用稻草给房间取暖的“暖墓”“暖圹”和埋葬后当日和之后三日连续“送火种”到墓门前的行为，虽然各地送的物品和具体行动有差异，但目的都是让“住”在墓里的故人在墓里自己做饭生活，这是各地区人们解释的相通点。

东南地区的汉族认为“他界”是现代社会的延续，这一点从葬礼前后的行为也可以看出这一点。人死后是要到“阴间”去的，为了能在那里继续生活，人们把纸制的房屋、家具和衣服等明器，也就是衣、食、住等一应生活用品，仿照世上现有物品做成模型。为了把这些东西送到另一个世界，很多地方是在葬礼之后将这些明器搬运到墓前烧掉，寓意送给刚刚“住进”这座坟墓的逝者，而这又是一个墓门对面即是另一个世界、是逝者生活的世界的寓意性行为。扫墓和对逝者的祭祀通常在墓前进行，除夕或七月半在家里祭祀祖先的时候，人们会到墓前“接送”祖先，家里有什么大好事，要先去墓前报告给另一个世界的祖先，分析这些行为，可以明显地看出，虽然没有明确的语言表示，但是，在人们潜意识里祖先的住处是坟墓，坟墓是通往他界入口，有时墓门就是阳间阴界之界线。

自古以来，汉族就把阴阳世界，即人的世界和逝者的世界严格分开。墓地和人类居住地之间，距离要有一定葬礼上频繁使用的伞，给逝者穿的衣服的数量，逝者沐浴用的水不能使用活人使用的水缸水、井水或自来水，而是要从自然界“买”水的行为等，是人们认为阴界和阳界是完全对立的两个世界的观念所致。举行葬礼的家里要搭棚、出殡和入殓时要用伞、近年来见过的几例出殡时棺材盖要覆盖棺罩的行为、土葬后过数年重新拾骨的“二次葬”时要在墓前搭棚或使用伞遮住的习俗等，都是去阴间人不能见太阳的阴阳有别观念的表现，是生死两世界是一对相互关联又互为对立的传统意识导致的行为。

在汉族人的心中，正因为认为人死后灵魂还会附在身上，所以才有逝者到另一个世界继续生活的思维。葬礼结束后，将“火种”及做饭用具和餐具象征性地送到墓地，如图3-3-2是葬礼结束后放置在坟墓前的做饭用具。家人还细心地为逝者准备了小束柴火、风炉和外出用的伞。图3-3-3是装着要焚烧给另一个世界的衣服和鞋的“箱子”，图3-3-4是箱子打开后可以看到的纸制的鞋帽和花被子等。这些都可以用来解释民间存在着逝者住在坟墓的观念。

作为汉族的习俗之一，7岁以下或不满11岁（因地域不同，年龄界限不同）的孩子死亡时，不举行葬礼，不入棺，不下葬，不入祖坟，旧时一般用包裹物卷起来放到村子后山的山洞里。这种行为不限于东南地区，而是在汉族地区广泛存在。当地人解释，人们不希望孩子在另一个世界永远生活着，而是希望孩子早日投生。这种思维和行为恰恰是因为人们持有把逝者放入坟墓、埋入地下之后，他们会在另一个世界永远生活的意识。墓地是阴间或他界这一抽象意识的具体形象。与坟墓和墓地密切相关的地下他界的观念，在汉族各地都根深蒂固地存在。

对于调查时的询问，人们口头回答阴间位于地下，但是村民或居民或巫们都没有说出明确的方位，阴间、他界、阴曹地府的存在相对于阳间而存在，这一点大家的回答都十分肯定，然而具体地点却都是十分含糊不清、暧昧的。仔细观察人们的言行，就会发现所谓阴间的方位、地点常常与埋葬逝者或收纳遗骨的坟墓相重叠。人们用行动向我们说明，坟墓是逝者的居所，坟墓是死后世界的具象地点。

古代中原地区有“泰山信仰”，从文献中可以窥见泰山为“冥界”，是死后灵魂的去处。但在江浙地区的民间调查中，民间基本认为人死之后会去地下阴间，几乎没有听到死后去泰山之说。与古代上层阶级所认为的魂魄分离和灵魂去泰山的观念不同，东南地区民间认为灵魂与遗体不分离，祖先带着自己的灵魂在地下阴间继续“生活”着，具体地点就是祖先“在坟墓里”居住着。由此可以阐明，东南地区民间所认为的死后世界，是与墓地相关联的概念。在东南汉族的一般认知里，地下他界的入口是人们埋葬逝者的横穴式坟墓。笔者经过分析后认为：东南地区人们观念上方位、具体地点模糊性存在的“他界”与阳世存在的有清晰具象的坟墓相连，这是汉族对墓地和他界关系的深层认识。

二、他界之结构

人死俗称逝世、去世、走了、过去了等，顾名思义，是说人的死亡，是离开这个世界去另一个世界，一般是指人在肉体死亡后灵魂所去的地方。“他界”不是当地人的语言，而是学术用语和哲学概念。他界一词相对于现实可见的“阳界”，是指不可见的人们想象中的死后世界。汉族把人死后的世界称为“阴间”，与现实世界的“阳间”相对，指的是人死后灵魂所在的世界。人死后的世界正如“入土为安”这句俗话所示，存在于埋葬棺柩的土堆之下，方位在地下。通过对葬礼及死后祭祀行为的分析，我们认识了墓地与他界的关系。在东南地区的汉族社会中，墓地是将死后他界这一不可视的空间表现为可视的、具象之场所。

“他界形象的存在，是对于无法解决的人之死亡这一问题，在想象力和文化的场合进行的一种尝试。”[1] 如其所说，他界是一般人看不见的观念上的空间，是生者永远不能前去之地。在已经解读死后灵魂观念的存在以及地下他界观、坟墓与他界之联动关系之后，这一部分进一步分析他界的方位和内部结构。

（一）他界的方位

根据民族的不同，亡者死后所在地的存在方位有天上、地下、山中、海上等各种各样。对具有土葬传统的汉族来说，祖祖辈辈的埋葬之地就是祖祖辈辈死后生活之地。广泛分布的汉族在习俗等方面也存在地域差异。祖先定期回到子孙家接受祭祀的时期，在北方主要是春节，而南方主要是中元节和春节。在河北、河南、山西、江苏、浙江和福建各地的调查资料显示，对于回家祭祀后

1　词条“他界”，见［日］内堀基光：《文化人类学事典》，弘文堂，1994年，第446页。

祖先们的归宿问题，绝大多数人回答是回到坟墓或墓地去了。换言之，汉族“具象性”的死后他界的方位是祖先与子孙有密切交流关系的墓地或坟墓。

从史料及古代的文学作品来看，人死有“入土”的描绘，死后的去向用“地府、九泉、黄泉”等词语表现。从葬礼及死后祭祀的种种行为来看，汉族的死后世界的方位是地下。在本章的最初，作为对比选取了丽江纳西族死后的两种灵魂去向。如果说，纳西族那种人死后灵魂回到祖先过去的居住地的思维是“远方他界观”或“故乡他界观”的话，汉族的死后去阴间的思维，则是近距离的“地下他界观”。

死后世界对现实生活的阳界来说，其方位有水平式和垂直式两种结构。汉族民间所想象的“他界”是垂直式的。前面提到的古代中原地区有“泰山信仰”，文献中有将泰山视为“冥界”的记载，是视高山为死后他界的。东南地区几乎没有发现民间有这种思维认知。东南地区的他界方位，与古代上层阶级认为的魂魄分离、魄到地下他界、魂到天上或泰山去的魂魄分离观念不同，在江浙地区平民阶层的观念中，死后世界的方位不在泰山，而在身边的地下。相对于活着的人的“阳世”，死后的世界被称为“阴间”，这个空间的具体地点在与阳世存在的地面相对立的“地下”。丽江纳西族的“第一他界”是祖先曾经的生活地，是丽江纳西族的故乡。丽江纳西族的他界与汉族的地下他界不同，是与人们生活着的现实世界呈水平位置关系的遥远的地上。

如果考虑人类生活的现世和死后灵魂所在的世界这两个空间的位置的横向或纵向的话，那么相对于现世和阳间，纳西族的他界可以说是水平式、横轴式的，汉族的他界则可以说是垂直式、纵轴式的。纳西族的第二他界位于高高的玉龙雪山之上，这里的“第二他界”可以说是垂直式、纵轴式的他界观的表现。

垂直式、纵轴式他界观还进一步划分出垂直Ⅰ型和垂直Ⅱ型。按照本书出现的先后顺序，纳西族殉情的年轻男女死后灵魂去雪山顶，位于人们生活世界的高处，这个模式称为垂直Ⅰ型他界观。汉族人生活的“阳间”在地面上，祖先们生活的“阴间”在地面之下，这个模式称为垂直Ⅱ型他界观。世界上有许多对死后世界方位的解说和想象，死后去西方世界、天堂、高山之类都是去往高于人们日常生活世界之处，归属于纵轴式的垂直Ⅰ型。人死后去遥远的祖先居住地、去遥远的海那边之类，是前往和阳间的人们生活世界同一水平的横向伸展之地，归属于水平横轴式他界观。另一个他界观参考值，是笔者的域外调查事例。

日本的他界观主要有两种，山中他界和海上他界。山中他界位于阳世的高处，和纳西族殉情死后去玉龙雪山一样，归类为垂直Ⅰ型。海上他界的方位在阳间世界的横向伸展方向，属于水平式、横轴式他界观。与其他民族和域外民族案例对比，汉族对地下他界的认知格外鲜明，是纵轴式垂直Ⅱ型。

（二）他界的内部构造

汉族民间都向往并相信永久的生命。在福建东部的村庄，按照习俗，农历七月十五日中元节这天要请祖先回家吃饭，并焚烧纸质的衣服和很多钱给他们。而人去世后的第一个中元节，要给他的灵魂先准备一幢纸制的住宅和一套四季的“西服”，烧给一年内新去世的家人。第二年的中元节就像对待其他祖先一样用美食和纸质衣服、金钱款待他，这种对刚刚去另一个世界的逝者的区别对待的行为，可以说是基于同样的死后灵魂要在那里开始新的生活的思维，同样是出于他界认知而生发出的十分具体的、有人情味的、就像照顾家人搬家一般的行为。

向另一个世界的祖先“汇款”时，从第一编第二章民间葬仪的案例7所示的那样，要手执菜刀保护钱财不被他人劫走的现场景象来看，是基于他界是阳间世界的翻版和延长，因此，他界也有夺走别人东西的坏人这类想法而采取的行动。在福建省北部，冬至和盂兰盆节时，把纸质衣服和叠成元宝形的钱装在大纸袋里，分别写上逝者的名字再一一烧掉。当地人解释这种行为是因为“和银行或邮局的汇款一样，需要收件人的地址”，他们把他界的生活想象得十分具体，汇款需要汇款手续和一笔一笔寄给每个人的思维指导下的送钱行为，具体可见地描绘出当地人对另一个世界的想象，是基于自己生活的现实世界的。

另外，为了给逝者补充成为祖先的资格而在一族内过继养子的救济行为，死后结婚（非冥婚）习俗的存在以及每年定期祭祀时的“汇款”行为等，综合考察出汉族的死后世界、另一个世界即“他界”具有如下特征。

1. 汉族人去世后，如果没有还在世的家人的帮助，在另一个世界里，他不能结婚、再婚，不能离婚，也不能生育孩子。

2. 灵魂可以在他界持续生活，但是另一个世界没有生产能力，不制作产品，也没有建筑业，所以需要子孙定期祭送物品，一个人去世后要先给他准备在那个世界居住的房屋和家具等。

3. 通过阳间子孙的“汇款”，祖先可以过上富裕的生活。那个世界也有银行和邮局，“汇款”时要注意细节，一一写明个人的名字再“汇款”才可以寄到本人手里。

4. 住在那边的家人们还需要寄送物品，除车、衣服、金钱之外，还可以收生前爱吃的东西、营养品、手机等。

5. 他界的灵魂可以与子孙沟通。虽然他们可以感知子孙，保护子孙，但是子孙不能直接感知和“见到”他们。想和祖先们交流时，需要巫做媒介，通过巫来交流。

6. 死后的灵魂作为个体就能去另一个世界，在那里以“个人”的状态生活。在给近祖汇款时要寄他们每个个人，需要一一写上辈分和生前的名字，但对于远祖，即使不再进行家庭的个性祭祀，也会作为“第某某代祖先”在宗族定期祭祀时受到祭拜，也会收到给集体性祖先供奉的祭品，收到祭祀集体性祖先时烧的钱。

7. 祖先之魂可以与这个世界交流，有单方面往来的特征。祖先可以来到这个世界，但是活着的人不能去那个世界。可以给阴间寄东西或寄生活费，但对方不能从阴间寄任何东西到阳间。但是，人们认为祖先之灵在保护子孙、保护家人，而给那个世界的祖先赠送礼物钱财是出于对他们的感谢。

8. 通过巫的语言可以看到或听到某个去世之人的生活状态或健康状况等，还可以了解那个世界大概的外观。但是没有阴间社会的全貌，生活在那里的祖先似乎与家族以外的灵魂没有什么横向关联。显示汉族对阴间世界即他界的想象，只是出于关心有血缘关系的逝者，或对血缘逝者有交流的需求，因此，阴间、他界只是一个具有人们关心的几个方面的非常不完整的景象。

表 3-3-2 汉族他界观结构阐述

项目	结构内容	补充内容
名称	阴间	
地点（方位）	地下	
去阴间的资格	除儿童以外的所有逝者 做了坏事的人“下地狱”，而不是正常地去阴间	●根据地区不同，7 岁或 11 岁以下夭折的被视为儿童，不举办葬礼。人们不希望儿童的灵魂长期住在阴间
特征	（1）形象地说，方位在阳间的正下方，垂直式Ⅱ型、纵轴式的他界观 （2）位于离这个世界很近的地方，墓地被认为是通往死亡世界的入口。也被认为是祖先灵魂居住的具体地点 （3）因为灵魂附着在那个人的遗体或遗骨上，所以永远以生前最后的姿态生活在他界 （4）保护子孙是死去祖先的义务，如果有不满时就降祸于子孙，让子孙知道 （5）看不到他界社会的整体，非血缘关系的灵魂之间在阴间没有关联	●为了不得罪祖先，也为了避免祖先生气后会降祸到子孙身上，于是要去扫墓、修墓 ●认为孩子生病、家里出事是祖先向子孙传递消息的手段，通常急于委托巫作为媒介与祖先灵交流、询问事由
具象	（1）他界没有生产活动。既不能建筑房屋，也不能生产物品。没有增加财富的方法，不能购买汽车和营养品、奢侈品。所以需要子孙定期寄钱（焚烧纸钱）。除了房屋、汽车、家具、衣服和金钱外，还可以送去逝者个人生前最爱吃的东西、营养品、手机等 （2）住在那里的祖先服装具有时代特性和地域特性，多数讲当地方言 （3）没有婚姻机构，逝者不能在那边结婚和离婚，冥婚后也不能生育孩子 （4）没有教育设施和教育功能。夭折的灵魂没有葬礼、也未被正式送到阴间，因此没有学校，也没有学习、学位之说 （5）有身份区分和贫富差别，靠子孙送钱可以过上比较富裕的生活 （6）有银行也有邮局，“汇款”必须写清楚祖先每个人的名字才能寄给特定的个人	●有单方面往来的特征：祖先可以到这个世界，但阳间的人不能到那个世界 ●祖先可以感知子孙，但子孙不能感知祖先，没有巫作为媒介，就无法与祖先对话和交流 ●被巫带来的祖先的灵魂，依然穿着在阳间生活时的服装，说当地的方言 ●进入那个世界的灵魂不再长大，也不会变老 ●依靠阳间家人的助力，死后也可以结婚

以上，通过分析葬礼、扫墓行为、巫的言行、葬礼上使用的十殿阎罗图等，解析了东南地区汉族的他界观结构和特征。除了十殿图之外，民间并没有用文字手段把这种他界观念明确记述下来传给下一代。葬礼的仪式行为和葬礼后的祭祀行为以及法事空间张挂的绘图等，民间用反复的行为（每一次葬礼，每一次死后祭祀）、反复出现的视觉性场景，把民间对死亡、他界、灵魂和死后审判善恶等的认知传承给下一代。如此，与文献的文字记述不一致的东南地区民间他界观、灵魂观、祖先观在民间被广泛传承。

地下他界是死后的祖先的灵魂生活的场所，祖先可以时时离开那里，回到阳间接受子孙们祭祀，但这种来来往往的交流只能是单方面的、逝者从阴间来阳间的方式。这就是人们根据自己和失去的家人情感交流需要而想象出的祖先灵魂生活的世界，之所以呈现不完整的社会，乃是因为其他方面是阳间家人和子孙不大关心也不需要关心的。不追求完美和完整，不强求具体细化的形象，听听逝者的近况，听听他们有什么生活用品方面的诉求，家中有大事时听听逝者的意见，报告家庭近况，请他们继续保佑一家人，人们就满足了。

小　结

一、解读墓的符号功能

坟墓不仅仅是埋葬逝者之处。每个地方的民间都会按照自己对死后世界、人死后去往何处等一系列问题的认识来处理逝者遗体。第三编以坟墓和墓地为中心展开了探讨。首先记述作为葬礼后遗体收纳空间的坟墓的历史和笔者观察到的东南地区坟墓的基本类型，并解析围绕坟墓的风水和坟墓所表现出的东南地区人们的死后他界观。

广泛分布在浙江南部、东南部以及福建省的横穴式墓葬，本书将其称为地表墓。这类墓最初的雏形是建在山坡上的墓的后半部用来避免雨水冲刷坟墓的土埂、石头埂。由于地理地质原因不能深挖墓穴，在地表放置棺柩并盛土掩埋的方法自古以来就存在。此外，由于过去作为保护棺柩设备使用的“椁”和“圹”在功能、材质上发生变化，增强了坚固性和防雨功能，从以单纯保护棺柩为目的的第一次葬用的临时性极高的短期设施，转化为延长使用期限的长久性放置棺柩的设施，形成了一种新的横穴式地表墓。加之地理地质原因形成的地表葬，捡骨二次葬习俗之第一次葬的部分墓葬转换为永久式墓葬，这是从古至今东南地域横穴式墓葬大量存在的重要原因。

从墓型分布图上看，各种墓型和分布区域特征一目了然。地理因素加上经济环境变化的因素，在风水思想形成和主要传播地的福建和浙江，很多富裕人家都希望能拥有一处风水宝地用来修建祖坟、庇佑代代子孙。伴随地区经济迅速发展，东南地区家庭收入增多，对自然山水之间的风水宝地的需求大大增加。在自然风水宝地不易寻求的状况下，浓缩着“风水宝地”基本要素的大型横穴式坟墓即椅子坟或龟壳墓受到关注。拥有保护坟堆的墓山，从背后半圆形伸向两边前方作为坟手，墓门前方的祭祀空间的池，前方低矮的围墙或小田埂，凑齐了“龙、水、砂、穴”的风水地形主要元素，甚至把案山也包括在建筑坟墓的元素里。这样的大型椅子坟、龟壳墓既可作为个人祖先的风水之墓，也可修成豪华外观的大型始祖墓，还可以修建成多孔横穴的一家两代人或三代人的小型家族墓地。现在的东南地区可以看到很多椅子坟和龟壳墓，除为数不多的几座古老的之外，20世纪八九十年代修建的很多，原因在此。

宋代以后，民间盛行讲究住房和坟墓的风水。阳世的人们对财富和权力的追求欲望永不会停止，人们对风水宝地的追求也世世代代都没有停止过。理想的风水宝地很难找到，人们便开始重视完善风水条件的补足手法，使选择墓地风水的视角和方法发生变化。风水书中所写的“造峦头”方法被用于坟墓选址以及墓地周边地形和坟墓本身的外形塑造。观察浙江省东部和东南部大量分布的交椅坟，福建省广泛分布的龟壳墓、龟形墓的构造，可以看出其外形已经具备风水宝地的基本要素。即使周围山势地形没有呈现良好的风水环境，其墓本身以墓山代表背后的靠山，前伸的左右坟手（左砂、右砂，左青龙、右白虎）环围住“穴”的墓穴、即棺柩所在的中心部位，坟墓正面有河水或水池，或直接修个半圆形祭堂为“池”，小围墙为案山，理想的风水环境就建成了。交椅坟和龟壳墓都是凝聚了风水要素的迷你风水宝地，可以说是风水环境的理想模型、人工造就的微缩版风水宝地。

坟墓外形可以包含理想的风水宝地要素，按照这个原理，即使是在平地修坟，也可以不为寻找合适的地形地势而奔波，不必忧虑周围地形，在建造坟墓的同时，修筑起坟墓周围部件，造就一个理想的风水宝地形状。“交椅坟”和“龟壳墓”这类大而形状特殊的坟墓，就是这样拥有理想风水宝地结构的坟墓，是风水良好的坟墓形状。向祖先祈愿子孙出人头地和幸运，把祖先居住的坟建造成子孙可以发达的风水上理想的形状。这就是椅子和乌龟形状的坟墓的象征意义，人们以制造风水宝地这一手法，使祖先居住舒适，实际上是在表达自己祈求更美好生活的心愿。

二、墓地的民俗功能

过去的宗族墓地现在很少能看到。入闽始祖的坟墓或者进入福建省和浙江省的最初几代祖先都埋葬在一处，被称为“祖墓”或“祖坟”，如今还可以见到。它作为大家族的象征而存在，被精心保护。没有宗族墓地的世代，一般以夫妻为单位，寻找好风水之地下葬。在风水好的山坡，家人或亲戚的坟墓相邻而建，形成小型家族墓地的情况也不少。

在东南地区，坟墓是逝者的家这个认知是普遍存在的。在人们的意识中，坟墓是进入死后世界的入口，墓地是死后世界在这个阳间世界上的可见性存在。每年的清明节、中元节、除夕日等扫墓活动都是从祖墓、祖坟开始。大家族的代表们（一般每家或每房有一名男子）在始祖的墓地前举行集体祭祀仪式。在祖坟前举行的祭祀是按照辈分从高到低的顺序进行。通过每年多次排列辈分的活动，每个人可以确认自己和自己家在大家族里的位置。人们也通过集体祭祖仪式，对大家族内部的相互辈分关联和亲疏关系等再次进行确认，人与人之间也再次见面。通过在墓地的定期集体祭祀，强化了人们对某一个大家族或姓氏的所属意识和长辈、同辈、后辈等亲族内部的认同感。

经常被当地的人们谈论的占地面积大、在风水好的地形地势建造的十分豪华的大墓，成为民间的话题和羡慕的对象。因此，建造或重建豪华的祖先墓，是向周围社会显示这个家族的繁盛和显示经济实力的机会。因此，在东南地区，一个家族在经济上富裕后，就会修缮祖坟所在的墓地，并投入重金打造更豪华的外形，这样的例子在东南地区多有见到。海外“宗亲”回乡时的一件大事，就是修缮祠堂和修建豪华的宗族墓地或祖坟，他们常常把在海外获得成功的原因，归在祖先的庇佑和祖坟的好风水上。

横式墓穴入口在生前做寿坟时可以一直敞开着，也有人家用红砖封口，不抹白灰或水泥，或者中间留出一个孔以区别是寿坟。墓穴一旦装进逝者棺柩就必须封上洞口、关上门让逝者安安静静地居住。封墓门，不使用“关门”这个词，而使用“封门”这个词。它的意思是封闭、隔绝，是完全断开逝者与阳间的联结之意。如果是一般所说的死后去阴间的人住在这里，那么坟墓中的空间就是与阴间相连的。墓地是拥有死去故人的具体形象的个人性空间，是他的家人、血缘相关的人们在这里与逝者相见、逝者在墓里接受阳间家人祭拜之地。一个墓门之隔，犹如两个世界的边境。因此，东南地区的人们不敢轻易打开住着逝者的墓，也不能轻易关闭尚未住进逝者的寿域、生坟的墓门。

根据以上观察得出结论，墓地不仅仅是埋葬逝者之地，更是反映一个地区文化特色之处，因此也是具有文化意义之地。可以指出坟墓、墓地的文化内涵有如下几点。

1. 墓地是具有血缘关系的人们的集结之地，也是通过墓前祭祀再次确认血缘关系的地方。葬礼和墓地祭祀成为重新确认家族血缘关系和同宗同族认同感的场所，因此至今仍在继续。通过在祖坟前举行的定期祭祀时的祭祀顺序等，不同世代的人们可以重新确认彼此在家族中的位置关系，加强家族间的意识。

2. 墓地是子孙与祖先交流的重要场所。虽然可以通过面对牌位完成对祖先的祭祀和提出愿望或报告大事等，因为人们有祖先长期“住”在墓里的观念，所以他们会认为在墓前报告、祈祷、许愿，更显得有礼貌，迎接祖先过年回家接受家庭祭祀之前，专程去坟墓前烧香迎接也显得更有诚意。

3. 墓地是家族财力和繁荣的象征。祖坟被认为是显示家族繁盛和经济强盛的象征物，所以人们不惜重金修建祖坟的案例，在东南地区和之外的广大地区，都时有见闻。在经济发达的东南地区，特别是浙江省的乡镇企业（个人或集体经营的企业）模式以及福建沿海地区跨海对国外经商的外向型企业的成功，使当地经济力量快速增长。商业、事业的成功，成为修建豪华祖坟的契机，兼有家族墓地功能的大型家族式椅子坟和龟壳墓在东南地区已成为较普遍的现象。

4. 墓地是他界的象征物，是不可见的死后他界在阳间的可见物和可见场所。墓地是阴、阳两个世界的交会点，是阴间和阳间交界的象征。人们把逝者放入坟墓，逝者在那里“居住”，在那里“生活”。灵魂虽然也会来到牌位或祠堂，但最长久停留之处是墓地。因为东南地区民间的人们有这样的认识，所以墓地要修建得让祖先居住得舒适才行，因此，坟墓选址要看风水。

但是，因为要修建的是死后世界，是逝者灵魂要居住的另一个世界，所以，几乎没有把建造墓地的地址选在过于接近村庄、城镇或人们具体的居住房屋附近的。尽管逝者是血缘相连的、生前十分亲密的家人，但也不能把墓地建在房屋旁边。因为墓地具有两个世界的分界线的意义，墓地象征的是死后的世界。

5. 墓地是人们风水意识之浓缩，也成为风水宝地的标志和符号。被认为具备理想风水诸要素的交椅坟、龟壳墓，不仅重视墓地位置周边的风水环境，也向世人展示了其本身造型就是微型的理想风水模型。同时还要指出的是，在福建省和江西省形成和发展起来的风水两大流派的影响，至今仍在东南地区浓厚地存在着。但是理气派和形势派的区别日渐微弱，昔日去江西省请先生或是去福建北部请先生都很有讲究，今日民间不再拘泥于一定要请某个派别的风水师寻找风水。而今一边手执罗盘，一边查看地形地势的风水师也日益多见起来，罗盘成为风水师的标配，混合型风水技术今日甚为流行，也颇有市场。

结　语

葬礼、葬法、坟墓的形态以及死后定期和不定期的祭祀等与死亡有关的一系列行为，是认识一个民族或国家文化的重要侧面。中国正史里关于丧礼葬法和坟墓的规定和限制极多，并且极为细致。但是，这并不等同于民间实际的状况。官方礼俗和民间习俗既有关联性，又有上层阶层的理想形式与民间思维、民众实际行为之间的差异性。汉族民间的祖先观念和灵魂观、他界观，是通过人们举行葬礼、祭扫坟墓、祭祀祖先和孤魂野鬼等一系列具体行为表现出来的。

民俗，是民众生活方方面面的习惯性行为。不用一一口头提示，不需要文字通知告知，在某个时间点或某个特定的空间，大家都会默默地做出相同的行动，如春节拜年、清明扫墓、中秋团圆、中元节和冬至祭奠先人、遵循出席婚礼或葬礼的穿着习惯和言行举止等。在民间，人们用可视性的行为和空间氛围（包括各种特定装饰物）传达民间的思维和认知，不用课堂传授、不用文字文本，而是以物示人、口头传达、行为传授，这就是民俗传承的特点之一，是传统的民俗教育和传承形式。民间丧葬习俗的传承也是如此。

在长久的历史年代里，民间的葬礼模式被基本不加变动地传承着。通过祖祖辈辈延续执行下来的葬礼流程的每个细节，人们形成了敬神明、尊祖先、畏鬼魂的思维，既留恋逝者，又积极为逝者准备房屋车辆、日用器具等明器和“金钱”，恭恭敬敬送他到另一个世界舒适地继续生活，以及为逝者构筑一个体面的、在此世可直观看到的彼世的居住空间——坟墓。这个居住空间既可以将棺柩一次性放置进去，也可以等到遗体化为遗骨后放入金罐、金瓮（骨瓮、骨盒）里再放进去。人死之后还有持续多年、每年数次的祭祀。葬礼和祭祀时的血缘亲疏关系的处理，个体家庭长辈故去的家庭祭祀和宗族、大家族增加一个祖先的祠堂的家族祭祀的区别性行为，都是出自一个文化系统里各种观念交织、相互作用的结果。丧葬是这个文化系统里含义颇多、意义颇大的侧面，因此海外学术界研究中国时，都十分关注丧葬行为系统的实践层面。

19 世纪 80 年代后期，荷兰学者高延看到厦门的葬礼以及停柩不葬的习俗，启发他结合着阅读中国古典文献，写出了《中国的宗教系统及其古代形式、变迁、历史及现状》（*The Religious System of China: Its Ancient Forms, Erolution, History and Present Aspect*）；英国著名人类学家弗里德曼（Maurice Freedman）的中国宗族研究提出了范式概念，他对中国民间宗教仪式的研究结论是对海外中国学界的学术贡献；美国学者华琛通过对晚清时期广东、香港等地的葬礼的分析认识中国文化，指出 9 个葬礼项目是中华大一统文化的基本结构，中华文化的葬礼具有高度一致性。他们的研究都成为海外研究中国文化，尤其是从丧葬角度认识中国文化的重要论说。

在日本，于 1988 年刊行的一套 35 卷本《世界大百科事典》里，有一个词条多达 3400 多字，占了三四个页面，详细讲述了中国的葬礼、葬法等。但是词条撰写者在词条最后写道，该词条内容的依据是《仪礼》《礼记》《周礼》等文献，是古代中国非庶民阶层的葬礼、葬法、坟墓等礼制规程的记述，这些规程一直继承至近代。由于相关研究阐述甚少，至今仍然很难真实地把握并讲述中国社会实际在实践着怎样的丧葬行为，过去和现在的墓制和葬法实态究竟如何。笔者在最初选择研究丧葬墓制课题时，翻到了这个词条，对最后的一段话语印象极深。虽然有高延、弗里德曼和华琛等人的重要研究论著存在，但是海外历史学家、中国学（汉学）研究者要依据的中国近现代社会的丧葬习俗数据仍然不足以作为研究的基本资料。

20 世纪后期和 21 世纪初期，中国学者陆续在各自的科研田野上，用亲自调查的中国传统文化和现实社会的丧葬案例撰写了与中国各地祭祖、丧葬相关的论文和著述（参照本书绪论部分中的“先行研究”）。本书的目的不是创造新理论，或是补充证实某一家的学说，而是想把走进乡村记录下来的丧葬类行为调查资料直观地呈现出来，用第一手的东南地区田野调查资料充实汉族近、现代民间丧葬风俗的数据库，通过重点考察东南地区的民间葬礼、丧俗、祭祖、扫墓和与之相关联的各种民间信仰行为，提取民间灵魂观、祖先观、他界观认知的信息。

本书分为三编，第一编主要解读葬礼和葬法，第二编关注死后祭祀和祖先的关系，第三编讨论坟墓蕴含的深层文化意义。在梳理了文献记载的葬礼基本元素的基础上，与20世纪初期出现的新事物，国葬、公葬以及20世纪40年代北京民间葬礼元素进行对比、审视，之后再与来自东南地区田野作业的民间葬礼的基本模式和基本元素进行比较研究。同时记述和描绘了葬礼、死后祭祀和坟墓的关联，坟墓制式的分布和变化，民间追求的人与死后祖先、与另一个世界的沟通、交流，探讨了民间的灵魂观念、祖先观念、死后世界的观念。基本阐述和具体分析、分类等都在各部的相关章节做了陈述。文中的图表里的数据以及手绘图、照片等记述的，基本是20世纪80年代、90年代以及21世纪最初10年的案例，映照出那些年的田野景色。

进入21世纪，中国的大中型城市除一些信仰上的特殊情况外，火葬已经普遍化。东南地区的大中型城市和城镇都在普及火葬。以土葬为前提的葬礼内容也逐渐发生变化，殡仪馆葬礼越来越多，火化后的遗骨寄放在纳骨堂或葬在公墓的比例越来越大，公墓里的墙壁式骨灰墓把墓地从地下搬到了空中。尽管如此，从清明节人们的祭扫行为看，人们对亡者（灵魂）也住在遗骨所在之地的想法依然如故。若有子女考上大学了、毕业了、结婚了、工作了等好消息，会写封短信贴在墓碑或壁龛墓的大理石板上，逢年过节扫墓时，多数是摆放鲜花，也有摆放糕点烟酒的。某一年的大年初一，笔者看到北京一处公墓的几个个人墓前摆着糕点、水果等祭品，还有一盘煮熟的饺子，这是在请逝者一起过年吃饺子。2004年的春节大年初一上午，笔者走进北京市某处的公墓。父母的上墙墓在院落的深处，要拐过几道墙才走到。一路穿行过去，看到公墓的墙式骨灰墓的大理石板“墓门”上依然是挂满鲜花的为多，还贴着用精美的纸片写给或祖父母或父或母的信。看来除夕或初一来看望逝者的人家颇为不少。墙式立体墓的最低那层接近地面，那些墓就享有有一块天然的祭祀台。同许多年前一样，又看到好几处“墓”前除了摆着鲜花、糕点祭品，还放着一盘煮熟的饺子，让笔者一下子就想起了东南地区的上坟光景。东南地区的人们逢年过节上坟，要挑着一份份食物上山。给每个墓前放一份祭品，请“住在”这里的祖先享用。而“住在这里”的曾经是祖先的遗骨，近年来有些是安置着火化后的骨灰盒，但人们依旧认为，先人们和骨灰也是一起“住在”坟墓里的。

逝者的灵魂过去依附在遗骨上，火葬普及后则是依附在火化后的骨灰上。北京的公墓和东南地区上山扫墓的景观，生动地演绎了收纳遗骨之处便是逝者居住之处、乃为其墓的认知。这个认知随着土葬转化为火葬的葬法流变，继续延续，并且土葬时的灵体一致成为火葬后的灵骨一体。因此笔者自觉关于汉族民间的灵骨一致灵魂观之认识，是正确的。

葬礼的现代型变化，导致了同族意识和祖先意识的淡薄。21世纪城市化进程中的东南地区乃至于全国，葬礼地点和规模以及主持者的变化、葬法的变化、坟墓的改变等，对本书阐述的基本观念会有怎样的影响，这是笔者感兴趣之处，也是今后的课题。

参考文献

中文著述（按作者姓氏拼音顺序排列）

［1］常人春:《老北京的风俗》，北京燕山出版社，1990年。

［2］常人春:《红白喜事——旧京婚丧礼俗》，北京燕山出版社，1993年。

［3］陈华文:《丧葬史》，上海文艺出版社，2007年。

［4］（清）陈盛韶:《问俗录》，书目文献出版社，1983年。

［5］陈戍国:《先秦礼制研究》，湖南教育出版社，1991年。

［6］丁世良、赵放主编:《中国地方志民俗资料汇编》（东北卷、华北卷），书目文献出版社，1989年。

［7］丁世良、赵放主编:《中国地方志民俗资料汇编》（西北卷），书目文献出版社，1989年。

［8］丁世良、赵放主编:《中国地方志民俗资料汇编》（西南卷），书目文献出版社，1991年。

［9］丁世良、赵放主编:《中国地方志民俗资料汇编》（中南卷），书目文献出版社，1991年。

［10］丁世良、赵放主编:《中国地方志民俗资料汇编》（华东卷），书目文献出版社，1995年。

［11］董新林:《墓葬：历代帝王及百姓死后的家》，五南出版社（台湾），2007年。

［12］福建省地方志编纂委员会编:《福建省志·民俗志》，方志出版社，

1997年。

[13] 罗开玉:《中国丧葬与文化》，海南人民出版社，1988年。

[14] 潘一钢、李岳松:《永昌堡民俗文化调查》，银河出版社（香港），2005年。

[15] 吴树平等点校:《十三经（全文标点本）》，北京燕山出版社，1991年。

[16] 吴刚戟主编《丽水风俗》编委会编:《丽水风俗》，浙江丽水地区文联，1995年。

[17] 王云五主编:《明会典》，台湾商务印书馆，1969年。

[18] 夏之乾:《中国少数民族的丧葬》，中国华侨出版社，1991年。

[19] 徐吉军:《中国丧葬史》，江西高校出版社，1998年。

[20] 徐吉军、贺云翱:《中国丧葬礼俗》，浙江人民出版社，1991年。

[21] 徐吉军:《长江流域的丧葬》，湖北教育出版社，2004年。

[22] 叶骁军:《中国墓葬发展史》，甘肃文化出版社，1994年。

[23] 浙江省民间文艺家协会选编:《浙江民俗大观》，当代中国出版社，1998年。

[24] 浙江民俗学会编:《浙江风俗简志》，浙江人民出版社，1986年。

[25] 周吉平:《北京殡葬史话》，北京燕山出版社，2002年。

[26] 张亮采:《中国风俗史》，上海文艺出版社，1988年。

日文著述（按五十音序排列）

[1] J.L.ワトソン／E.S.ロウスキ『中国の死の儀礼』，平凡社，1994年。

[2] M.フリートマン、末成道成等訳『東南中国の宗族組織』，弘文堂，1991年。

[3] 青木保『儀礼の象徴性』，岩波書店，1984年。

[4] 石川栄吉、岩田慶治、佐々木高明編『生と死の人類学』，講談社，1985年。

[5] 内堀基光、山下晋司『死の人類学』，講談社（復刻版）（1986 年 3 月弘文堂初版刊行），2006 年。

[6] 大形徹『魂のありか——中国古代の霊魂観』，角川書店，2000 年。

[7] 近藤功行・小松和彦編著『死の儀法：在宅死に見る葬の礼節・死生観』，ミネルヴァ書房，2008 年。

[8] 小島麗逸編著『アジア墳墓考』，勁草書房，1994 年。

[9] 斎藤忠『東アジア葬・墓制の研究』，第一書房，1987 年。

[10] 鈴木満男『環東シナ海の古代儀礼』，第一書房，1994 年。

[11] 銭丹霞『中国江南農村の神・鬼・祖先——浙江省尼寺の人類学的研究』，風響社，2007 年。

[12] 竹田晃『中国の幽霊』，東京大学出版会，1980 年。

[13] デ・ホロート著，西脇常記訳『中国の墓』，龍雲舎刊，1976 年 9 月。

[14]『東京大学公開講座 55　生と死』，東大出版社，1992 年。

[15] ピーター・メトカーフ、リチャド・ハンティントン著，池上良正、池上冨美子訳『死の儀礼——葬送習俗の人類学的研究 *CHLEBRATIONS OF DETAH: THE ANTHROPOLOGY OF MORTUARY RITUAL*』，未来社，1996 年。

[16] 波平恵美子『いのちの人類学』，新潮社，1996 年。

[17] 副田義也編『死の社会学』，岩波書店，2001 年。

[18] 潘宏立『現代東南中国の漢族社会——みん南農村の宗族組織とその変容』，風響社，2002 年。

附录

从墓制看日本人的他界观

——以两墓制事例为主

本稿调研写作时期在1988年、1990年代和2000年之后，以两墓制为题材的大部头论文和著述以及关联文献复刻版接连问世。而笔者的两墓制研究史记述的可以算是两墓制早期研究成果。

对两墓制课题，日本学者重点关注第二墓地即石质墓碑（石塔）之有无的景观、其与单墓制埋葬地景观的区别。而外国留学生关注的是无墓制、单墓制、两墓制以及火葬墓地的墓制，其各个的深层有一条相贯通的、相同的观念，导致形成埋葬地反复使用之行为的一致。本稿出于一个留学生受到文化冲击后做的异域文化调研，对两墓制埋葬地以及反复使用埋葬地的特点投入较多的关注和描写，显现了对异文化的惊讶之处和对发现异文化深层元素时的兴奋。需要指出，笔者无意对一个民族的葬俗进行或是或非的评论，也不是猎奇。民俗学、人类学研究的本意也不在此。本文力求从“局外人”的立场和角度探求其他民族文化的深层观念，深化对本民族文化的认识。

虽然设立此课题的第一目标，是在田野实践里学会民俗学的基本研究方法和田野作业法，学会解决课题的学术性作业方法，其次才是对这一课题的深层介入。作为一个硕士课程留学生，第二目标的完成度比较浅显，但是也一定程度实现了外国人看日本文化时的视角带来的锐利目光看到的文化异同。重新整理原稿，也发现有诸多不严谨之处。匆匆调研之后写就的文章，没有更多梳理理论和由理论引领记述，整体轮廓更近于调查报告。写作时援引的墓制资料的刊物编者或刊行年代、页数标志等未明细记载，而近百年前的资料多数已不易入手，部分文献信息补救检索后仍然不能完全补齐，在此致歉。想起留学期间只学会使用了日语打字机的罗马字输入键盘，我留学的历史民俗博物馆的研究部虽然是文部省设置的对海外的大学院（研究生院），似乎也还没有配备台式电脑。手绘地图或景观图，是留学时学到的一种实地调研的方法，那时没有录像录音机器，相机也是135胶卷式的。记得当时毕业回国时间在即，草草绘制景观或物品图之后，有一些竟然直接绘在要提交的稿纸上了——文末附图还带有方格稿纸痕迹，也是那个时代的痕迹。

希望这份论文尚可作为一份记录20世纪80年代末日本社会墓葬制状态和早期两墓制研究史文献，这次有机会把它整理后以附录形式呈现给国内的读者，幸甚。

序　章

一、死亡文化

人类的死亡不仅是自然界的生物学现象，更是文化现象和社会现象。死亡在不同社会中被赋予特定的文化意义，受到该社会生死观、他界观、灵魂观和祖先观等概念体系的支撑。现代人类社会中的殡葬和丧俗的意义已经超越了对死者遗体的处理或保存，它反映了一个社会的亲族组织特征、地缘组织形态、社会阶层分化等，体现出某个特定社会的文化基本元素。

中国北方的汉族长期实行土葬，他们相信人死后会像生前一样在另一个地方继续生活。人即使死亡，他的灵魂也会附着于遗体一起行动，因此人们极为注重遗体的保存。这反映了儒家思想中认为肉体与灵魂为一体，死者可能复活的观念。虽然佛教早在公元1世纪就已经从印度传入中国，但由于人死后火化遗体的行为与儒家伦理以及人们长久的土葬习惯相冲突，直至近代才逐渐被汉族民间接受。

传统的皇家陵园、贵族墓地遵循昭穆制建造坟墓，拥有大面积墓地的大家族也是如此。这反映了儒家文化强调等级、重视上下尊卑秩序的社会关系。不在同一墓地的埋葬地点再度挖掘、埋葬，既是出于传统理念，亦是人们认为这样才是基于孝道的行为，而“孝”被认为是儒家思想的核心之一。

研究死亡文化是研究民族文化、地域文化的重要方面，死亡文化体现着民族文化、地域文化的基本要素和特征。葬制和墓制作为死亡文化的重要内容，与其他生活侧面相比，它的变化相对缓慢，长期保留着一个地域的古老习俗及地域间的差异要素。

二、葬制、墓制

死亡文化的要素包括丧葬制度、坟墓制度、死后世界认知和灵魂观念等。人类对死亡的态度、对死后世界的理解、对灵魂与身体关系认知等观念，通过丧葬礼制和坟墓形式具体表达。

死亡文化的核心是如何处理死者遗体和如何祭祀死去之人，以及从这里生发出的一系列行为和行为之结果。世界各国、各地区处理遗体的方式多种多样，遗体处理手段可以分为：干葬（干燥处理）——包括火葬、风葬、树葬、悬棺葬、木乃伊葬；湿葬（不刻意使遗体避开高水分环境的处理方式）——主要有土葬（有利用高水分环境促使遗体分解的土葬，也有尽量在潮湿环境下保存遗体的多层墓室葬、多层椁室护棺柩的土葬）、水葬。

从对待遗体的态度、遗体留存性或破坏性处理的角度分类，则分为有完整弃置遗体的风葬、水葬、树葬，完整保存遗体的土葬、木乃伊葬以及分解遗体的鸟葬、火葬等。相对上述基本一次性完成的遗体处理方式的“一次葬”法，还有第一次遗体完整葬、第二次遗体（遗骨）分解葬的捡拾遗骨再次埋葬或收容保存遗骨的“复葬”“二次葬”方式。

坟墓，是指用于收纳死者遗体的地点，也是多数场合人们修建埋葬标志、祭祀死者之地。在日本社会，坟墓大致分为三类：土葬或火葬后在收纳遗骨处建立纪念物、祭祀标志的“单墓制”坟的墓；仅用于处理尸体，不建立醒目的埋葬标志、也不在此处或别处另外修建祭祀墓的“无墓制”坟的墓；还有把死者遗体葬于坟地，在另一处建立某种祀死者标志的“两墓制”坟的墓。

1.单墓制

顾名思义，单墓制指人死后只有一个墓。它是死者的埋葬地和祭祀死者的标志物设置同在一处的行为和景观。人们在死者的埋葬之处建立永久性祭祀用的木质墓标、石碑等，埋葬地的坟墓就是永久祭祀死者之处。乡村多见一人一墓式的单墓制，而都市则发展成一家一墓式的单墓制。

在日本都市，火葬单墓制是最常见的墓制。都市的火葬法已是定式，人们普遍采用一家一墓的都市墓地制：建造一座内空式石塔，四方石柱上刻有“某某家之墓”“某某家先祖代代之墓”，底下的石室内依次放入一代代逝去的先人火化骨灰坛。据说内部的设计会留出一定特殊空间，日后骨灰坛放满时，可以把年代最远的先人骨灰倒入内部特殊空间。这样，一座石塔墓就可以代代沿袭使用。笔者调查的福岛县表乡村番泽自然村，是实行土葬单墓制地区的一个普通村庄。村子的“共同墓地”集中在峰全院寺院的院子里，墓地建于明治15年（1883），墓地按户划分使用面积，各户有自己固定使用的区域。各户的墓地形状大致相同，为纵向长方形或横向长方形。在墓地的深处或一侧，立有一到两排墓碑，其余的面积布满了高不过尺许的小坟堆，每个坟堆下埋葬一个死者。小坟堆上或栽一一棵小树，或插着供放花束的细竹筒，新逝者的坟堆上则插着小木牌。

2. 无墓制

据日本史料记载以及墓制调查资料的记述，在日本民间，曾经在相当长的时期内存在埋葬死者之处不立任何标志物的做法。历史上无墓制形式的墓葬习俗在地理上分布广泛，并且存续时间较长。日本学者菊池武纪的研究表明，日本大宝元年（701）颁布的《大宝律令》及其他一些法令明文禁止庶民修建坟墓。因此，一般民众只得在农耕地之外，如山坡、河岸的荒芜地或海边石窟内埋葬死者而不建立标志物，基本上都处于无墓制状态。在日本现代社会，无墓制只存在于部分地区。

后文会详细记述笔者在当地调查时，曾经走访埼玉县高仓村一对年过70岁的老夫妇。据他们说，高仓村已有300多年历史，墓地也是早已有之。但过去人们生活贫苦，多数人家埋葬先人之后，无力兴建石质的墓碑，埋葬后什么标识都没有。为故人或代代先祖立石碑，是近几十年才有的事。说明该村落直至20世纪中期建立墓碑之前，墓地是可称作无墓制的。在笔者走访过的村落里，有极少数没有各家各户单独的坟墓，而是人们把故人的骨灰集中葬在一处，也不建立特殊的标志物，这是一种现代的特殊的无墓制。

三、两墓制

两墓制的事例报告在全球范围内极为少见，已知的都集中在日本的几个地区，因此被认为是日本独有的墓葬习俗和墓制，“两墓制”一词并非普通词汇，而是由日本民俗学者制造并流行于学术界的研究术语，而后逐渐扩展到社会层面，成为专门指称一种特殊墓葬习俗的用语，

“两墓制”一词，最早出现在大间知笃三的收录在1936年刊行的《山村生活调查第二期报告书》里的调查报告《两墓制资料》[1]一文中，是大间知笃三在大规模全国民俗调查中发现的特殊墓制习俗事例，并首次在调查报告中首次创用的这个词。所谓“两墓制”，是指埋葬地（日本学者称之为“埋墓””）与祭祀地（日本学者称之为“诣墓”）分别建立在两个地方，人们在不同场所掩埋故人和祭祀故人的习俗。根据埋葬地和祭祀地的空间位置远近不同，即从景观特征看，可分为“邻接式两墓制”“远隔式两墓制”等类型。各地对埋墓和诣墓的称呼因方言差异而有所不同，但其基本意义都是分区别指代埋葬空间和建有墓碑的祭祀空间。

20世纪30年代是日本民俗学科早期形成时期。从1934年开始，柳田国男率领民俗学人展开为期3年的日本民俗学史上著名的第一次大规模调查，调查选定全国山村、渔村、农村的50个地点展开普查式的民俗田野调查，学术史上简称为“山村调查”。在这个大调查的过程中发现、获得了诸多鲜为人知的民众生活习俗事例，也首次报告了日本社会有尚不为人知的特殊墓制。

1　大间知笃三：两墓制资料，《山村调查报告第2期》，1936年3月。比嘉春潮等编《山村海村民俗的研究》收录，名著出版，1984年12月。

大间知笃三撰写的调查报告和研究论文将这些埋葬遗体一定时间后，遗属们在另一处设立墓碑以长期祭祀死者的事例，归类并命名为“两墓制”。此后，“两墓制”一词和这类墓制及相关概念被学界认可，并一直沿用至今，成为指称此类墓制民俗的专业术语。

被称为“两墓制”的墓葬习俗具有以下特征：

1. 遗体的埋葬地和竖立墓碑的地点是分开的两个地点。

2. 当地人对埋葬死者之地和建立墓碑之地各有特定的叫法。

3. 埋葬地多为村落的公共墓地，墓地按照一定尺寸画出每个死者可以使用的埋葬空间，村民按照死者去世的顺序依次使用公共墓地空间。公共墓地有固定的面积，按照相关法律[1]，不能随意扩大墓地。因此，当公共墓地的埋葬空间都葬满棺柩时，人们便返回到最初的埋葬地点，葬下最新的死者。

也有村庄按户划分公共墓地的使用空间，每户分到的面积一般能并排埋葬两口躺棺（即今日一般的棺材）或4个坐棺（可装进屈膝坐姿形态遗体的立体长方形棺材）。家家户户就在这窄小的空间里埋葬自己家的代代祖先。公共埋葬墓地大多远离村庄，每个埋葬地点上都不建立永久性标志。

4. 葬礼结束后的一周或数周之后，人们就不再去埋葬死者之地，而是在特定的时间点（如春分、盂兰盆节、死者忌日等）去墓碑之处祭祖扫墓。竖立墓碑的祭拜地点通常位于村庄内某处或村内的寺庙院内。在实行两墓制的地区，祭祀用的墓碑多设在村内某地或村内寺院里。“祭墓”地密集地建有村里各户人家的“先祖代代之墓”的墓碑和铭刻着每个逝者生卒年月的石碑，但这里并没有逝者的遗骸或骨灰。在实行两墓制的地区，死者被葬于“埋墓”，而后在“诣墓”接受后人的祭祀。

1　日本历史上有过《薄墓令》：大化薄葬令（646），《大宝律令》中的《丧葬令》（701），《养老律令》中的《丧葬令》（718）和1948年实施《有关坟墓、埋葬的法律》，对坟墓规模、墓葬形式和葬法都有规制。本文后面的三个调查报告里，当地村民数次提到墓地法令影响到村民墓地使用方法。这里所指的是明治15年的墓地整治法令不明——本人硕士留学期间没有过多追究这一点，现在补充说明。

一个偶然的机会，笔者走进滋贺县甲贺郡水口町北内贵村，这是一个广泛存在两墓制习俗的村落。在这里第一次知道了“两墓制”这个词，并亲眼见到了作为两墓制习俗之标志的分开很远的埋葬地和竖立墓碑的祭祀地。在村内的寺院的院子里，笔者看到了密密麻麻排成一列列的石柱状的墓碑，当时并未在意，后来才知道这里是不埋葬死者但是专门祭祀祖先之地。看到当地的埋葬地的情形，令笔者感到意外，偶遇村民埋葬新逝者时，把挖出的以前的逝者“某某家的爷爷”的遗骸用包袱皮裹好一起埋葬，第一次体验了两墓制习俗的埋葬行为，也成为笔者日后一直追踪各地墓葬习俗的发端。

日语里的埋葬地叫作“sanmai”，那里没有土坟堆或石板、石柱形状的墓碑，只是一块平坦的一块地，被划分成供各家使用的埋葬区域，每个家庭都在属于自己家的那块墓地空间里斜向排列两口棺材，埋葬死去的家人。村民说棺木都是浅埋，这样就能快速腐烂。一户人家大约 20 多年 30 年左右才会出一代死者，而数年后棺木就会腐朽，几十年后如果有新的死者，就挖开旧地方重新埋葬新死者。两个棺木大小的空间轮流使用，基本可以满足一个家庭土葬的需求。而后，人们去另一处墓碑林立处，面对自家的先祖代代之墓祭祀死者。北内贵村的祭地“内墓”（wuqibaka）设在村内寺庙的院落中．祭地密密地排列着方柱形石碑。有人去世，就在石碑背面或侧面刻入其生卒年月。对故人的祭祀活动，除去必要在家里举行的以外，主要都在祭地举行。盂兰盆节前后的扫墓、祭拜祖先等活动也在到“内墓”这里进行来。

作为在北方汉族地域环境中长大的笔者，面对这种使用一个墓地空间反复埋葬死者并且之后并不在这里祭祀死者的习俗感到新奇和意外。

——为什么要在如此狭窄的地方一遍一遍地重复使用？

——为什么在埋葬了有血缘关系的亲人后，不再去坟墓看望他，而是在新的地方建立祭祀场所？

——两墓制是一种什么样的墓制，它说明什么文化现象？

作为硕士研究生，个人的知识很有限。就我所知，中国似乎没有两墓制这样的墓葬形式，国内关于日本两墓制的研究报道也很少。日本现代民俗学家关敬吾所著的《民俗学》是一本具有重要影响力的民俗学著作，该书于 1963 年由角川书店出版，是日本民俗学史上第一部民俗学教科书和概论性书籍。1986 年，这本书由王汝澜、龚益善翻译成中文。中译版《民俗学》[1]是直接把文中提到的日本“两墓制”3 个汉字直接写过来，这大概是第一次向给中文读者呈现的这种墓制的名称。截至 1987 年笔者赴日前后，没有检索到提及两墓制的书籍或论文。带着一连串的疑问，从调查这个特殊的民俗现象出发，笔者开始研究探讨两墓制。要认识两墓制，首先需要把握日本国内围绕两墓制的现有的调查、研究状况，本文首先从学术史的角度出发开始学习。

1 ［日］关敬吾:《民俗学》，王汝澜、龚益善译中国民间文艺出版社，1986 年。

第一章　两墓制研究小史

一、研究起步期

（一）特殊墓俗事例报告

在“两墓制”这一术语出现之前，就已经有关于此类风俗的事例报告和文章。它们散见于近世（16世纪到1868年明治维新的时间段）和中世（平安时代末期到战国时代，大约是12世纪末—16世纪末期）的文献里，有记载京都附近存在着叫做“sanmai”的特殊埋葬风俗。

两墓制的研究之起始时间并不那么久远，多数研究者认为柳田国男1929年6月发表的《葬制之沿革》是研究两墓制的起点，而早于柳田此文10年，《民族与历史》杂志（后改名为《社会史研究》）于1919年第2卷第3期上就有田野调查报告记述“对马木坂地区的产育小屋与轮墓”，《民族与历史》1920年第4卷1期中有《纪伊见闻七则》，同一刊物《民族与历史》1921年第5卷3期登载《卵塔婆之事》，《社会史研究》1923年11月（第10卷第3号）刊登了4例“在墓地以外埋葬尸体之风习”的调查报告。

1919年4月发表的武田胜藏的《对马木坂地区方的产育小屋与轮墓》一文，报告了长崎县对马岛有一种风俗，死者的棺柩要埋在翻过山丘之后的山谷里，村民将埋葬地点称为轮墓。村民在海岸沙地上埋葬死者，回来之后在寺院内立一块墓碑。村民们祭祀死者和扫墓时不去埋葬地点的轮墓，而是来寺院祭拜墓碑。这篇文章被认为是关于两墓制风俗的第一次实例报告。

森本樵作的《纪伊见闻七则》，报告了和歌山县纪州那贺郡有“设置双重墓地”之习俗。即除了埋葬地外，人们还在居住空间周围竖立祭祀用的墓碑的风俗，墓碑叫作“供养石塔”。这篇文章使用了“双重墓地”一词，并进一步指出埋葬地没有任何坟墓标志，“当地的墓地是指供养石塔建立之处”。此外，该调查报告描写没有埋葬故人遗体但却被当地人认为是墓地的地方的外观，是“狭窄的一块地里密集地建了很多石塔”，这正是今日学术界所说的“两墓制”的特征所在。

《卵塔婆之事》是田村吉永写的调研报告。田村出生在奈良县大和市，他介绍了在他的家乡，几户人家共用一个墓地，而供养死者的墓碑在死者去世后的第二年或第三年修建在村民所属的寺庙的院里，村民称那个地方为“lantouba”，汉字写作“卵塔婆”。这份调研报告描述了后来被命名为两墓制的“诣墓”，即祭拜用的墓地，在他家乡的村庄里具体在死者死后多久才建立，以及村民对祭拜地的称呼。

1923年发表的高桥桂香的《墓地以外埋葬遗体之风俗》一文，报告了德岛县小松岛地区有一种习俗，是将墓碑所在地和尸体埋葬地分开，文章还进一步探讨了形成这种习俗的原因。作者认为这样做是为了避免污秽。此外，这篇文章还指出，从明治初年开始，当地的这种风俗逐渐转变为在埋葬地竖立墓碑祭祀死者的单墓制。

以上4份特殊墓葬习俗的事例报告都写于20世纪20年代，那时日本学界还没有“两墓制”这个术语和概念。但是这种与现行一般墓葬习俗不同的特殊墓葬习俗的介绍所提到的特殊之处，正是今日被命名为“两墓制”的墓制习俗的主要特点。这些事例与一般的在埋葬死者或埋葬死者火葬骨灰之处设立墓碑、并在该地点一直祭祀死者的世俗习俗的单墓制有很大不同，引起了研究者们的兴趣。

这几篇报告被视作是最初引起人们关注两墓制风俗的田野调查报告，在讨论两墓制研究史之起源时，有学者将这些事例和文章其作为研究史的起点。虽然这些调查报告与日后特定两墓制主题的调查报告的主旨和着眼点都有所不同，只是报告了当地存在着不同于一般墓葬习俗的事例，但是在回顾两墓制研究历史开端时，有必要提及这些早期的特殊墓俗的报告。

（二）理论认识

上述发布于1919年、1920年、1921年和1923年的4份特殊墓制的报告，让民俗学界知晓日本社会还存在一种特殊的、尚未被认知的墓俗。1929年，柳田国男发表了全面介绍日本社会墓葬习俗的论著《葬制之沿革》。[1]它是首次全面讨论日本民族葬制、墓制及其变迁的著作，是柳田国男著述里极为重要的一部。

柳田国男在这部论著里讨论了土葬与火葬的关系、冲绳诸岛的洗骨改葬与日本古代葬法的关联以及对日本本土现今的墓制与两墓制本身的认知。指出日本民族视死亡为污秽的观念是特殊墓制（指两墓制，柳田在文章中并未使用“两墓制”这一术语，但在相当多的篇幅中讨论了有关两墓制习俗的内容）习俗存在之基础。被后来的学界评价为是用民俗学方法研究墓制文献中最重要的文献之一。柳田国男《葬制之沿革》的主要论点概括如下：

1. 日本的墓地有两种类型，有些村庄同时拥有这两种类型的墓地，而有些村庄只有其中一种。柳田以自己的家乡兵库县村庄为例，指出那里的村庄用于埋葬遗体的地点和用于祭祀死者的地点是分开的，并写道“如果需要以命名区分开两类墓地的名称，那么一个可以称为葬地，另一个可以称为祭地”[2]。“葬地”在远离村庄的原野上，被当地人称为“sanmai”（汉字写作三昧），那里仅仅是埋葬尸体的地方，人们并不把那里视作墓地。

2. 针对土葬是日本最古老的葬法这一普遍观点，柳田指出日本古代葬法中可能并不包括土葬。“哪怕是石器时代的人骨，只要去寻找，也会陆续被发现。

1 ［日］柳田国男：《葬制之沿革》，《人类学杂志》第44卷第6期，1929年6月。收录于《定本柳田国男集》第15卷，筑摩书房，1985年。

2 同上书，第501页。

可是无论哪个古老的村庄，都没有中世纪以前的墓地。与（自古至今）出生后又死去的庞大人数相比，现存的埋葬场所屈指可数，实在是太少。”考虑到这一不可思议的现象，柳田推测古代可能存在一种仅仅将尸体放置在某个地点而不是埋入土中的放置式的葬法。古代人将葬礼分为先后两次：第一次葬礼只是将遗体放置到变成白骨为止，第二次葬礼则是把白骨郑重地保存到另一处，并在那里长期祭祀。据柳田的说法，“第一次葬地”只是用来送走死者、分离他的灵魂和肉体之处，而“第二次葬地”才真正被人们视作墓地之处。[1]柳田认为现今的土葬和火葬是在古代葬法之后根据需要发展起来的葬法，而现今的单墓制，即每个死者都被单独埋葬并在埋葬之处竖立墓碑的葬制也不是自古就有的。

3. 关于古代葬法，柳田国男认为，“现在尚存的各地葬礼习俗中，或许可以窥见其部分信息”[2]。他提到各地的葬法事例，并指出“在冲绳诸岛，即使在现在的居民以土葬为主要葬法，而与日本中部相比，那里也遗留着更多的古代葬法痕迹”[3]。冲绳古老的葬法都伴随着改葬，待遗体放置数年变成白骨之后清洗干净精心保存。与本岛不同的是，这种葬法的葬地和祭地并不分开，而是“将两个葬地合并在一个墓穴中”[4]柳田认为，将骨头迁移并永久保存这一行为，在冲绳和在本岛都是一样的。而后，本岛的葬礼逐渐变化，不再进行改葬，人们开始在埋葬地竖立石碑，或在祭祀地点埋葬遗骨，“二次葬的痕迹变得微弱，以至于感觉南岛的习俗离自己很遥远”[5]。换句话说，柳田主张冲绳诸岛现行的葬法与日本本土的古代葬法相近，从中可以了解到古代葬法。

4. 柳田指出，古代人相信改葬后祭拜遗骨，就可以和祖先的灵魂交流。冲

---

1 ［日］柳田国男：《葬制之沿革》，《定本柳田国男集》第 15 卷，筑摩书房，1985 年，第 509 页。

2 同上书，第 501 页。

3 同上书，第 512 页。

4 冲绳地区的龟甲墓的内部空间分为前后两大部分，前面的平地放置死者的棺材，数年后打开洗骨。后面的高台用于放置历代洗净后装在骨瓮里的遗骨。

5 ［日］柳田国男：《葬制之沿革》，《定本柳田国男集》第 15 卷，筑摩书房，1985 年，第 517 页。

绳诸岛实行的“空葬”（即把棺柩放置在某个空间）后仔细洗骨后保存，并恭恭敬敬地祭拜遗骨的行为，典型地表现出古代葬法的思维。而日本本土伴随改葬的土葬（第一次埋葬在土中，经过一定年数后挖出遗骨，转移到祭地，埋葬并祭拜）以及火葬后收集骨灰长期保存并祭拜的做法，都是“自古以来的惯行”[1]。在这个意义上，土葬、火葬和洗骨改葬有着内在关联，祭祀地才是日本人观念中的墓地。

柳田这篇论文的结论，是日本民族重视祖先的灵魂并恭敬地祭拜，但日本民族并不是一个重视遗体的民族。“换句话说，我们不像古埃及人那样，为了死者的平安而认为有必要保存其遗体。”[2]然而，在柳田后来撰写的《明治大正史·世相篇》和《关于祖先》中，他并没有继续提及并强调洗骨改葬与灵魂祭祀之间的关系以及两墓制与冲绳诸岛的洗骨葬的关系，他的看法似乎有了变化。

柳田的论文讨论了之前未被重视的葬制和墓制问题，为日本民俗学开辟了新的研究领域。他在这篇论文里提出的观点对其后的日本他界观、葬制、墓制研究产生了重大影响，“柳田论文对后来的民俗学研究是具有重要意义的文献。之后日本民俗学（墓葬制习俗研究）朝着这个方向的进展是不言而喻的”[3]。

日本民族关注灵魂祭祀，但遗体的长期保存历来未受到重视，这一点得到了考古学和历史学研究的证实。但是，以这种灵魂观为前提，是否一定会产生冲绳诸岛那样的“空葬＋捡骨再葬”的方式呢？冲绳的洗骨改葬是两墓制的原始形态吗？柳田的论文发表近60年来，日本民俗学界围绕墓葬制进行了长期、广泛的调查和研究和讨论。

---

1 ［日］柳田国男：《葬制之沿革》，《定本柳田国男集》第15卷，筑摩书房，1985年，第517页。

2 同上书，第519页。

3 ［日］原田敏明：《两墓制的问题》，《社会与传承》第3卷第3号，1959年8月，第110页。

（三）初期的两墓制调查报告

柳田论文发表的第二年，即 1930 年 12 月，辻井浩太郎发表了题为《伊贺盆地的墓地地理考察》的两墓制调查报告。[1] 这份调查报告与之前的特殊葬俗报告不同，是关于两墓制习俗的专题调查报告。辻井走访了伊贺盆地的大部分村庄，观察两个墓地的位置和状况，从地理和农耕地使用的经济角度解释了当地存在人死后有两个墓的原因所在。

辻井的调查报告记述了伊贺盆地"墓地特点是大部分村落有两个墓地。一个是用来埋葬尸体的墓地，另一个是有祭祀灵魂的墓碑之处"[2]。埋葬遗体的地方没有划分是哪个家庭的专属地，"从相对较早埋葬的地方开始有序地再度挖掘埋葬"，埋葬地被称为"sanmai"，"很多都远离村落，有的甚至有距离一公里到两公里远"。"不埋葬遗骨，只建立墓碑的地方被称'hakaba · sekitouba'、墓场 · 石塔场。"[3] 建立墓碑之处以家庭为单位划出每家专用面积，通常位置在村里，一般设立在村里的寺院境内，即使设在村外，也不会离得太远。并且，"当地人视作墓地而怀有敬爱之情的是这个'hakaba · 墓场'"，对埋葬遗体的'sanmai'则相对情感淡薄"[4]。辻井的观察很好地把握了今日所说的两墓制葬俗中两个墓地的相互位置和关系，以及两墓制习俗地区的人们对待两个墓地的情感态度。

辻井从历史角度分析了两墓制形成的原因。他解释说，由于自古以来耕地有限和人们对死亡乃污秽的认识，村民们想远离尸体，就在远离村庄之处设立埋葬场地。由于不方便祭拜，于是人们在村落里或村庄近处的非农田之地竖一块墓碑祭奠，由此形成了死后拥有两个墓地的现象。

辻井走访了旧伊贺国内的所有村庄，并在地图上标示出每个两墓制墓地的相互位置、分布地点、地形关系等。作为初期两墓制专题调查报告，辻井的这

1 ［日］辻井浩太郎：《伊贺盆地的墓地地理考察》，《地球》第 14 卷第 6 号，1930 年 12 月。

2 同上书，第 109 页。

3 同上。

4 同上书，第 109—111 页。

篇调查报告很有特点、值得关注。

（四）“山村调查”

20世纪30年代中期的山村大调查，是发现日本社会尚存的特殊墓制习俗的契机，因为有这次普查式的全国乡村调查，才揭开了两墓制专题调查和研究的帷幕。因此，这里要特别书写一笔。

20世纪30年代是日本民俗学的确立期。柳田国男提出为了发展民俗学，建议组织团队、按事先制定好的计划和目标去做专门调查的设想。而后从1934年5月开始，用3年时间在全国范围内实施普查式民俗调查，即是日后日本民俗学史上有名的被简称为“山村大调查”的有组织的大规模调查。这次调查的正式名称为“日本僻地诸村乡党生活资料收集调查”，在全国各地50多个山乡农村实施调查。山村调查是事先制定具体、统一的调查计划和具体调查问项的大规模民俗调查，为了能够在50多个乡村展开统一性的调查，为进村的调查员们编制了《乡土生活研究采集手册》（以下简称“采集手册”）。手册设定100个问题，要求调查员们根据问题依次调查、提问、记录。大规模民俗调查收集到了各种实际生活事例资料，也陆续发现了之前未曾被注意到的民俗事项，其中之一就是两墓制习俗。

采集手册每年实施后及时修改、增减问题，前后有《昭和9年度（1934.4—1935.3）采集手册》《昭和10年度（1935.4—1936.3）采集手册》《昭和11年度（1936.4—1937.3）采集手册》共3个版本。由于没有预见到两墓制习俗的存在，事先设计并于第一年实际使用的100问采集手册中没有关于两墓制的提问。对照这3版采集手册，可以发现第3年的采集手册里就加进了有关两墓制的提问。第3年的采集手册提问项第66问与第1年和第2年采集手册第55问项相同，都是问询有关“盂兰盆节迎祖先”行为的，第3年版的这一问题写给调查员的注意事项是“要注意是否有不同的埋葬地和祭祀地。指代墓地的词语有无“sanmai”“lantouba”等，注意是埋葬地还是祭祀地”。这是第一次详细写出两墓制习俗特征的问项。

通过大规模民俗调查，发现了日本社会不为人知的两墓习俗存在于民间，这引起了民俗学者的关注。从那之后，这种墓葬习俗作为一个独立的民俗现象开始在民俗学科持续受到关注和研究。这一点，从对比 3 版采集手册的问项变化中也得到证实。

“山村调查”之后，汇集调查资料出版了两期调查报告书，《山村生活调查第一期报告书》和《山村生活调查第二期报告书》。第二期报告书于 1936 年 3 月 18 日发行，收录了第二年调查的 11 份调查报告。“由于有两年的实地调查结果和资料，每份报告在质量和数量上都很出色。”[1] 第二册里包括大间知笃三《两墓制的资料》一文，大间知笃三在执笔那份调查报告时已经收集到 13 个两墓制的实例。

（五）“两墓制”术语问世

大间知笃三参加了大规模全国民俗普查的山村调查，了解到人死后的遗体埋葬地和祭祀地分开习俗的存在并归纳、总结了这些实例。在第二年调查结束时编辑发行的《山村生活调查第二期报告书》中，大间知笃三发表了特殊墓制习俗的调查资料，具体报告了 13 个案例。他感到需要一个总括性的词语指称这种丧葬和墓葬习俗，首次构思了“两墓制”这个词。在调查报告中他第一次将这种葬地和祭地分开的墓制称为“两墓制”。

大间知笃三在第 3 年的调查中又收集到 18 个新案例，他将这些案例添加到之前的“两墓制资料”调查报告中，以《增补两墓制资料》为标题发表了新的调查报告，并在文中讲述了这个术语诞生的经过，“觉得有必要用一个名称总括性地指代这种习俗，于是想到‘两墓制’这个词，把第一次发表的这些事例的调查报告题目定为‘两墓制’资料了”[2]。20 世纪 30 年代，大间知笃三首创

1 ［日］福田亚细男：《解说“山村调查”和“海村调查”》，比嘉春潮等编《山村海村民俗研究》，名著出版，1984 年，第 1—26 页 。

2 ［日］大间知笃三：《增补两墓制的资料》，《大间知笃三著作集》第一卷，未来社，1975 年，第 179 页。

的“两墓制”这一术语作为指称这类墓制的专用词被民俗学界认可，并通用于相关学界，一直沿用至今。

20世纪30年代至40年代中期，是发现两墓制习俗存在、寻找具体案例和收集资料的时期，是积累研究资料的初始阶段，将这段时间划分为两墓制研究的起步时期。在这个时期，柳田国男的论文《关于葬制的沿革》提出了许多假设，对其后的墓葬制研究产生重大影响。大间知笃三将这类特殊墓葬习俗命名为“两墓制”，对形成两墓制专题研究分野产生了极大影响。

二、研究发展期

20世纪40年代中期以后，两墓制相关事例报告不断增多。研究者们在分析实例的基础上，围绕如何定义两墓制，如何确认两墓制的形成年代，两墓制与单墓制的关联以及两墓制与日本人死后他界观念的关系等，纷纷撰文展开讨论、提出各种假说。以下简述截至笔者执笔此论文的20世纪80年代中期为止的两墓制研究概况。

（一）日本人的灵魂观、他界观

1946年4月，柳田国男出版了《关于祖先》一书。阐明日本人死后观念的特征，是柳田国男写作此书的主要目的。该书讨论了祖先和死后世界即“他界”观念，并使用“两墓制”一词，提出两墓制习俗是基于日本人的灵魂观特征而形成之说。柳田写作此文是要阐释日本人如何看待祖先，如何看待构成祖先观念的灵魂观念。人死后灵魂仍然活着，这个灵魂并不远走，而是在他生前生活过的那片土地的山上，从高处守护家人的生活和子孙繁荣。并且，死者的灵魂在每年固定时间点的盂兰盆节、正月、彼岸节等日子里回到自己家，接受子孙们的祭祀。换言之，日本人认为祖先死后依然存在于自己生活空间附近，他们相信人可以与死去的祖先交流，“感觉距离死后的世界很近，有亲近感。

感觉会通过某些信息感受到他们的存在”[1]，柳田指出这就是日本人的灵魂观和祖先观。柳田举出以下4个特点，解说日本人的死亡观。

人们相信，即使在死后，死者的灵魂仍将留在这片土地上，不会远走。

幽界阴间和显界阳间之间频繁交流，每年春秋季有定期祭祀。子孙和祖先之间，若是某一方有意交流，其实现似乎并不很困难。

人们认为，一个人在临终时的夙愿，死后也会实现。

许多人认为，一个人死后也会多次重生，并继续做同样的工作。

柳田指出，出于这种祖先观、灵魂观，日本人一直有着灵魂和骨肉相分离的意识并重视祭祀死者的灵魂。在这种观念下产生的坟墓制度就是两墓制。“墓场即是祭祀场地”是柳田这本书第56小节的标题，在第56节中柳田写道：“墓所是另一处户外的祭祀场所……实际上，日本人一般所说的墓所不是埋葬地”[2]，他指出墓所是祭祀灵魂之处，葬地是埋葬遗体之处，人们并不把埋葬地视为墓地。柳田的这一结论在《明治大正史：世相篇》（1930）中有所提及，而1946年的《关于祖先》一文则全面展开阐述，是柳田关于两墓制认知的重要论述。

（二）20世纪50年代的动向

1951年1月，由柳田国男监修、民俗学研究所编辑、东京堂出版社出版的《民俗学辞典》中设有“两墓制”一词的词条，对两墓制的定义是：“……较早放弃埋葬地点，在别处另设祭祀之地，即拥有第一墓地和第二墓地的墓制，总称为两墓制。”[3]词条根据日本全国范围内发现的60处两墓制实例报告，记述了名称、第一墓地和第二墓地所在地、坟墓标志、第一墓地的祭祀期间、两个墓地的物质性关联、分布和事例的发展倾向等。柳田指出“推测可以从遥远的古

1 ［日］柳田国男：《关于祖先》，《柳田国男全集》第13卷，筑摩书房，1975年。

2 同上书，第104—106页。

3 ［日］柳田国男监修、民俗学研究所编辑：《民俗学辞典》，东京堂出版社，1976年，第673页。

代求得两墓制之解”[1]，冲绳地区今日尚存在着的洗骨改葬“似乎可以解释为是与风葬结合起来的一种两墓制”[2]，这本词典还有一幅图，用截止到昭和25年、西历1950年11月为止《民俗学辞典》编委会收到的70个事例绘制的标示70个事例所在地点的“两墓制分布图”，显示了民俗学界对这个课题关注度之高。

1951年10月，大间知笃三在《关于两墓制》论文里，以自己亲自调查收集到的两墓制资料，报告并分析约70个两墓制的实际案例，提出“可以想象，两墓制或可以称作是其原型的坟墓可能属于我们民族相当古老的传统类型”[3]的观点，认为平民在墓地建立石碑之举是近代的行为，并提出了新的思考课题：在出现石墓碑之前，第二次墓地是以什么形式存在的?

1952年，五来重的论文《两墓制与灵魂崇拜》刊登在《民间传承》16卷12号上，他将两墓制问题作为宗教现象来研究，并主张两墓制中的祭祀墓与日本普遍存在的灵场崇拜行为在宗教观念上完全一致，认为祭祀祖灵的场所——祭场是两墓制中祭祀墓“诣墓”的原始形态。

1955年12月和1956年12月，土井卓治先后发表《两墓制杂考》和《死亡污秽与墓制》，分析了祭祀墓地“诣墓”和石质墓碑“石塔”的多数建立在寺庙院里的情形，推测“两墓制不是我国原有的民俗，而是受到佛教影响后形成的”[4]，主张两墓制是由佛教传入日本而产生的习俗。他还解释说，所谓的古代文化中心地区两墓制的分布较为密集的现象，乃是因为“现在存有两墓制习俗之地，是很早以前就受到寺院影响，或者很早以前就受过佛教恩惠之地”，指出：“两墓制不是在山区偏僻地区，而是在中心城市周边地区的分布更为密集，这难道不是证据吗？”[5]这是极力主张两墓制是受佛教影响而产生的一种

1 ［日］柳田国男监修、民俗学研究所编辑：《民俗学辞典》，东京堂出版社，1976年，第674页。

2 同上书，第675页。

3 ［日］大间知笃三：关于两墓制，日本宗教学会编《宗教研究》第127号，1951年10月，第178页。

4 ［日］冈山民俗学会编：《冈山民俗》第18号，1955年，第212页。

5 同上书，第211页。

解说。

1956年2月，最上孝敬的《诣墓：两墓制之探究》[1]一书出版。他收集、分类并分析了之前自己撰写的《两墓制资料》一文。值得关注的是作为研究者之一，他亲自进行了调查，收集了日本全国47个县中的35个县的179个案例，并特别关注了人们前往埋葬墓地和祭祀墓地的期间，推进了围绕两墓制的讨论。

1958年5月，菊地武纪的论文《关于两墓制的考察》刊登在《民俗（相模）》第29期上。"选择不影响农耕的山上或河滩等荒芜之地，或者是海岸边的洞穴等埋葬死者"，并在埋葬地点种植树木或放置小石块，从而呈现"今日所谓的第一墓地的情景"。并分析说，为了祭奠和供养[2]死者而建立的卒塔婆发生变化，最终演变成今天的第二墓地的形式，并最终认为"我国的墓制自古是单墓制，而后随着卒塔婆的出现而发生变化，石碑用于坟墓并最终演变成两墓制的形态"[3]。他继土井卓治之后，再次提出两墓制不是古已有之的墓制。

1959年8月，原田敏明在《社会与传承》第3卷3期发表了他的著名论文《两墓制问题》。在这篇论文中，原田通过分析两墓制的分布和祭祀墓的墓碑"诣墓的石塔"，主张两墓制在历史上不是新现象，并严格规定了两墓制的范围，认为一个死者若不是同时拥有两个性质不同、功能不同的墓地，就不能称为两墓制。因此，即使一个村庄拥有两处墓地，也不能称作两墓制村庄。他认为从这个意义上说，冲绳岛的洗骨改葬和尸骨埋葬是在同一个空间，这与同时在另一处被祭祀的两墓制习俗无关，因为死者始终只拥有一个墓地。他提出了与柳田国男相反的观点，即两墓制与洗骨改葬无关联。原田的观点后来得到越来越多学者的支持，影响颇大。

20世纪50年代是近代以来两墓制研究的繁盛时期。在50年代这10年中

---

1 ［日］最上孝敬:《诣墓：两墓制之探究》，古今书院，1956年。

2 供养，用祭品、香烛、鲜花等定期祭祀死者，作法事、佛事祭祀祖先等行为。日语汉字也写作"供养"。

3 《民俗（相模）》第29期，第340页。

有大量研究论文问世，而且不乏对后世产生较大影响的高质量作品。其中，最上孝敬的《诣墓：两墓制之探究》被认为是开创性的研究，原田敏明的两墓制与洗骨葬无关论至今仍有影响。

（三）60年代的研究

20世纪60年代继续扩展50年代的研究成果，提出了新的论点。

1961年7月，《民俗学》5卷2号（日本民家聚落博物馆）专辑中，田冈香逸的论文指出，“火葬是与佛教一同传入的”“两墓制是随着佛教的平民化而形成的新葬制，其历史并不长久”[1]，两墓制是近世以后形成的，是檀家制度[2]的产物。而且，两墓制与某个时期的政治和信仰有关，因此，它不过是一种过渡性的葬制，“随着支持它的政治和信仰的减弱，它正逐渐走向消失的命运。”[3]然而，田冈氏的论说并没有引起很大的反响。

1963年3月，《民族学研究》27卷2号发表了考古学者国分直一的论文《日本及南岛的葬制诸问题》，提出了与4年前原田理论截然相反的观点。国分从埋葬墓向祭祀墓移葬遗骨的行为中捕捉到了两个墓地之间的物质性关联，认为今天在日本本土存在的不移葬任何物品的用于祭祀的诣墓，是省略了改葬遗骨这个过程的象征性地点。国分直一进一步强调了柳田之说，举出了许多时代的改葬、复葬事例，强烈主张从很久以前就有二次葬制，南岛的洗骨改葬与两墓制有着深层关联。

---

1 《民俗学》第5卷第2号，1961年7月，第9页。

2 日本的檀家制度：江户时代为防止基督教影响国民而推行的一项制度。具体将每个国民以家庭为单位归属于某个佛教寺院，成为该寺院的“檀家信徒”后，檀家们要参与寺院的活动、合伙出资维持寺院经营及寺院主持、僧人的生活。江户时代结束后檀家制度开始松弛，寺院和檀家仍然维持着丧葬和祭祀关系。这个制度在一定程度上影响了日本人的宗教信仰和生活习俗，如檀家的墓地多设在寺院管辖地之内，僧人负责檀家家人的葬礼、提供可以葬在寺院院内的权利、死亡后各种诵经祭奠、供养仪式。

3 《民俗学》第5卷第2号，1961年7月，第9页。

（四）新进展

从20世纪60年代后半期到70年代前半期，人们围绕两墓制各抒己见地展开讨论。其中伊藤米司和竹田听洲二人的研究论述引人注目，但总体上看，与50年代的研究相比，这个时间段里研究较为低潮，没有划时代的理论进展或新发现。

70年代后半期至80年代，年轻民俗研究者新谷尚纪在两墓制研究领域显得较为活跃。他连续发表了《关于两墓制的基础考察》《两墓制成立背景》《两墓制、单墓制与“埋葬墓地”的“共有”》《两墓制与改葬》等论文。[1]

新谷在《关于两墓制的基础考察》[2]一文中回顾了迄今为止的两墓制研究，针对两墓制的一般解说是一处是埋葬尸体的墓地，另一处是另设石塔永久祭祀死者灵魂的墓地的解释，以及两墓制的“葬地：第一墓地——埋墓、祭地，第二墓地——诣墓”几乎已经成为定论称呼之现状，提出了自己的观点：应该重新考虑两墓制的定义和重新审视两墓制资料。他还指出，“两墓制概念规定的不明确、不统一的原因是因为引入了‘祭祀地’这个过于宽泛的概念”，考虑“严格来说，两墓制概念规定得不明确”的当今研究状况，他提出了两墓制的名称、位置（所在地点、使用规模、位置关系）、状态（整体景观和个别构成）、祭祀方式（期间、时节、差异、意识）、物质关系等5项标准，自己走访调查了16县、1都（指东京都）、2府（指大阪府、京都府）的123个地点，将日本社会现有的土葬墓制分类为Ⅰ至Ⅳ四种类型，具体如下：

类型Ⅰ　在埋葬地点建立石塔类

类型Ⅱ　在埋葬地点旁边建立石塔类

类型Ⅲ　墓地整体被划分为两个区域，离开埋葬地点建立石塔类。

---

1 《日本民俗学》第105号，1976年5月《民俗与历史第7号》，1979年；《民俗与历史》第9号，1980年；《民俗与历史》第18号，1986年。

2 ［日］新谷尚纪：关于两墓制的基础考察，《日本民俗学》第105号，1976年5月，第41—50页。

类型Ⅳ　两个墓地点被完全分离开，在距离埋葬地点非常远的地方建立石塔类。[1]

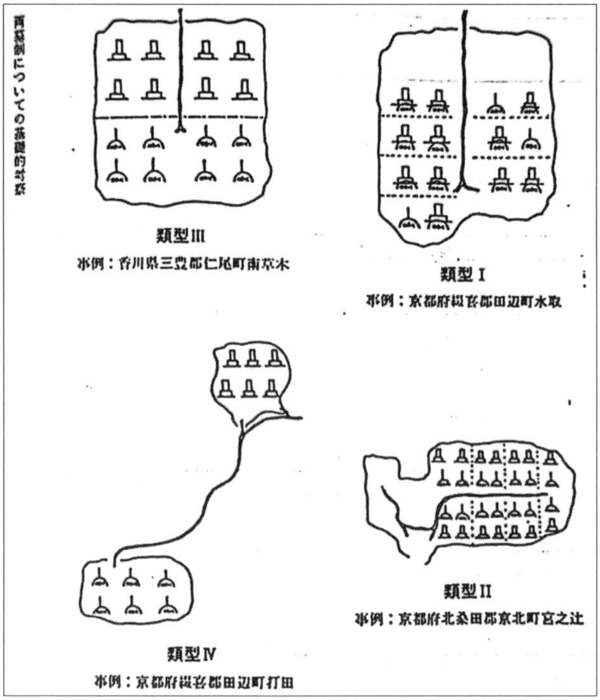

图 1　两墓制的类型

他还用绘图方式解说这四个类型（参照图 1），说明根据景观状态可以判别墓制类型。他指出类型Ⅲ是一般所说的邻接型两墓制，类型Ⅳ是一般所说的典型的远隔型两墓制。在分析资料的基础上，他指出："本国学人将土葬墓制大致分为Ⅰ至Ⅳ四种类型，这四种类型可以说是以埋葬墓地为共同的基础元素，根据石塔这一要素的附着方式而变化的形态。""关于两墓制……前者是遗体埋葬地点上有各种民俗装置，后者是为祭奠·供养死者而建立的各种佛教式石塔的集合地。"他认为，石塔即墓碑的出现及安置方式不同，才使单墓制

1 ［日］新谷尚纪：《关于两墓制的基础考察》，《日本民俗学》第 105 号，1976 年 5 月，第 45 页。

和两墓制得以区分，提出“在有石塔（墓碑）之前没有两墓制”的观点，他认为如果没有埋葬墓地和石塔墓地的任何一种集中形式的墓地形态，就不能称之为两墓制，主张应严格规定两墓制的形态。关于冲绳诸岛传承的洗骨改葬习俗与主要分布在近畿地区的两墓制习俗之间的关系，新谷氏明确表示否定，并提出自己的看法：“伴随改葬的两墓制是两墓制和改葬习俗在部分案例中的重合，改葬习俗并不是两墓制产生的前提…… 推测内地改葬习俗之分布，是在南岛地域之间受黑潮影响所致。”[1]

新谷氏自己走进田野做调查，在详细分析案例后提出了两墓制的概念定义、形成时期、与土葬单墓制之关系、与南岛洗骨改葬的关系等，试图全面把握和认识两墓制，他的研究颇受关注。

为了认识两墓制，笔者也走入两墓制地区的村庄进行了实地调查。在滋贺县伊香郡余吴町大字川并，我听说死者被埋葬（现在是火化后埋葬）后在地表竖一根木桩样的墓标，但不立石质墓碑。盂兰盆节村民们去寺庙祭拜家里的祖先，但不去“三昧”祭拜（这里人称葬地为“三昧”，是村庄的共有墓地）。随着木质墓标的自然腐朽，死者的埋葬地点变得含糊，如果村里再有死者，就挖开这里埋葬新的死者，这既是两墓制地区的习俗，也是被称作土葬无墓制习俗地区的埋葬地情形。

这样的案例引起研究者对两墓制在“石塔以前”年代之形态的关注。这种不立石塔、不设埋葬墓、也不在盂兰盆节和彼岸节前往祭拜墓地的“无墓制”与两墓制是怎样的关系？如何定义无墓制等相关问题，成为相关学界最近的讨论话题。

三、问题与课题

以上简要回顾了与两墓制相关的调查和研究。两墓制研究和议论今日仍在

1 《民俗与历史》第 18 号，第 14 页。

进行中，尚未得出最终结论，但我们可以在此归纳、指出两墓制研究的主要课题和问题所在。

（一）两墓制概念的界定

大间知笃三提出的“两墓制”一词作为学术用语，诞生以来被使用至今。围绕调查事例中提到的各种埋葬地和长期祭祀地的各种情况，人们反复讨论什么样状态的事例才可以被称为两墓制。

大间知笃三最初定义的两墓制是“埋葬死者之地，之后将其作为长期祭奠·供养之地，这是今天城乡普遍的习俗。与此相对，将‘葬地’与‘祭地’区分开的事例，即墓地分成第一和第二两种形态的事例”，才被承认是两墓制。[1]后来在昭和26年10月（1951年10月），他重新定义两墓制为“与一般墓地不同，被叫作两墓的墓制，是在较短时间之后就不再光顾葬有遗骸之地，之后在另一处建立坟墓以祭祀死者的墓制。”[2]

也有研究者用民族学、考古学的术语如二重葬、复葬来称呼这种墓制。也有学者虽然使用“两墓制”这一术语，但是对于埋葬地和祭祀地的相对位置、距离、两个墓地各自的集体性、特征等的限定含义，以及对这个术语的适用范围的理解与解释，也存在着与大间知不同的见解。可以说，两墓制定义的不严谨性，是推进研究进展的一个障碍。研究任何事物，都应该首先明确限定该研究对象。同样，要认识被称为“两墓制”的墓制之本质，需要对被称为两墓制的墓制形态进行严格的概念界定。

（二）历史定位

在日本墓葬史中，两墓制出现于哪个时代，这也是一个尚未得出定论的大问题。竹田听洲认为中世末到近世初期是两墓制的形成时期。稍晚于竹田之

1 ［日］大间知笃三:《两墓制资料》,《大间知笃三著作集》第3卷，未来社，1976年。

2 ［日］大间知笃三:《关于两墓制》,《宗教研究》第127号，1951年，第177页。

说，伊藤米司主张两墓制形成与近世村落的形成和檀家制度的成立时期相重叠。原田敏明、土井卓治、新谷尚纪等人认为两墓制并不是古老的习俗，而是一种新事项。也有研究者以墓碑石塔的出现为基准，判断两墓制产生的年代，还有受到柳田“自古就有”之说的影响，提出形成于“石塔之前”观点的研究者，如大间知笃三《关于两墓制》。国分直一运用考古学资料继承并发展了柳田的主张。两墓制的形成年代问题，现在是多种主张并存的状态。

（三）两墓制分布状态诠释

这也是两墓制研究中的一个焦点。两墓制事例特别集中在近畿地区，而向国土东西两端方向延伸时，事例变得越来越稀少，对此有多种解释，其中大间知笃三的解释比较具有代表性。大间知笃三认为两墓制是从改葬习俗发展而来的，因此事例分布集中于文化中心地的近畿地区，再逐渐向东西方延伸。然而，这一说法并不能解释所有的两墓制事例分布问题，许多研究者对他的阐释持怀疑态度。期待今后的研究能提出更有力、更确切的解释，以解决两墓制事例分布不平衡和东西传播不平衡的问题。

（四）与冲绳之关联

柳田主张，改葬习俗为先行习俗，之后再本土化为不伴随改葬的两墓制，而从冲绳诸岛至今仍然保留的洗骨改葬习俗中可以窥见两墓制的古老形态。但也有研究者认为，如果以死亡污秽概念作为两墓制形成的原因，那么基于尊重遗骨之风俗形成的洗骨改葬则与之完全不符。主张冲绳诸岛的洗骨改葬是不同于本土文化习俗的论文也逐渐增多。

此外，火葬法与两墓制的关系、土葬法的单墓制与两墓制的关系等也是尚未阐释的问题。要认知两墓制，解释这些问题是避不开的课题。

参考日本研究者们的理论和主张，笔者去走访、调查了一些村庄的墓地。接下来记述从一个外国人的视角出发，是如何看待和思考两墓制的。

第二章　三份田野调查报告

想要了解一个民俗现象，需要实际调查、分析获得资料并在此基础上归纳总结出结论，这是民俗学研究的基本方法。对于葬俗墓制的民俗研究也不例外。《民俗学辞典》的两墓制事例分布图标示了70个两墓制实例的分布，并设立了“两墓制”这一词条。《诣墓》的作者最上孝敬收集了35个县（日本共有47个县级行政单位，日本的县相当于中国的省）的179个实例，写下了著名的两墓制研究著作。新谷尚纪亲自走访了16个县、1个都（东京都）、2个府（大阪府、京都府）的123个地方进行调查。此外，土井、田冈、竹田、原田等人也是在实地调查两墓制事例之后提出了各自的学说。

为了理解这种让外国人感到好奇的墓制，笔者尝试在千叶县佐仓市坂户村落、福岛县西白河郡表乡村番泽村落，滋贺县伊香郡余吴町下丹生和川并村落，埼玉县入间郡鹤岛町的高仓、藤金以及新潟县山北町，福井县坂井郡春江町等地进行了墓制课题的田野调查。这里报告福岛、千叶、滋贺三地的调查事例。

田野调查报告之一　千叶县佐仓市坂户村落墓制调查

1988年5月—1988年12月调查

一、概观

（一）位置

坂户村落位于千叶县佐仓市南部，靠近千叶市边界的鹿岛川中游左岸。沿鹿岛川两岸分布着稻田，千叶县以出产花生闻名，道路旁可见花生田和蔬菜田。

坂户村落近世以来，作为经过岩富町通往千叶的重要道路的中间点而繁荣起来。在今天的交通条件下，公交车每小时只有一班，距离JR铁道线佐仓站和京成电车佐仓站都很远。如果没有私家车，外出行动将非常困难。沿途田地旁停放的摩托车也许就是交通不方便的证明。1988年6月至9月间，我多次访问这个村落，每次都住在村里的中村家，他们家人总是开车接我去，还要开车送我回来，给他们添了很多麻烦，衷心感谢这一家人。

交通不便可能是坂户村落没有被开发成现代住宅区的原因之一。这里的居民大多是土生土长的“原住民”，很少有新的外来者搬进来。因此，古老的生活方式和传统在这里仍然得到一定程度的保留。

（二）历史

坂户这个地名最早出现在日本战国时代的文献里。“本土寺过去账”项目里有“妙觉坂户铃木日向天正十七三月”的记载。坂户作为一个“村”，从江户时代（1603—1868）一直到明治22年（1889）存在，1889年与岩富町及岩富、七曲、西御门、宫内、饭冢、内田合并成弥富村，坂户成为其中的一个大型村落。昭和29年（1954年），弥富村划归成为佐仓市的一部分，坂户也随之成为佐仓市的一个大型村落。

（三）现状

明治24年（1891），坂户有106户，581人，但根据昭和49年（1974）的统计，有126户，562人。[1]图2的左下是千叶县佐仓市，上部中间是西福寺和寺院院里的墓地。

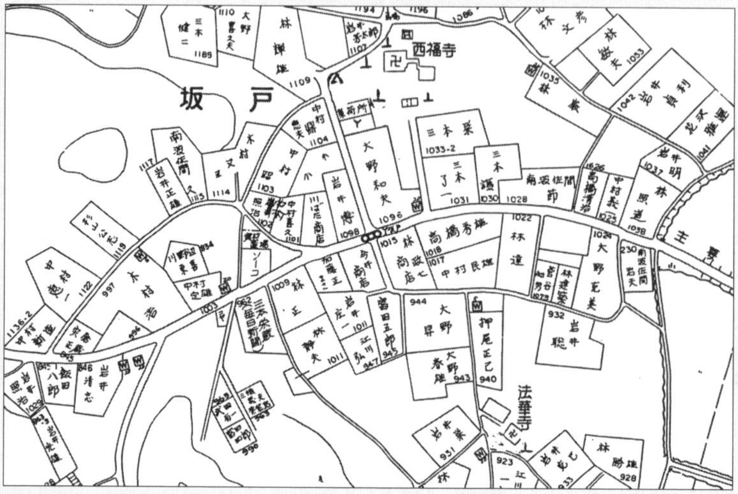

图2　坂户位置和坂户住户图

（本图左下方是佐仓市，正下方是尾牛部落和尾牛墓地）

坂户村落由坂户和尾牛两个小村落组成。尾牛位于坂户的南边，在图2的正下方，面向鹿岛川。尾牛现在只有9户人家，因为冬天温暖、夏天凉爽，且靠近水源（鹿岛川），被认为是坂户村落中最适宜居住的地方。据说坂户村落最初是从尾牛开始形成的。

农业种植以大米和蔬菜为主，兼职农户（即平日外出上班，周末和休假时间务农者）很多。尾牛的9户人家里只有一户是专业农户，但那家的儿子即将外出就职，所以很快这里就会没有纯粹农户了。

村落内有两座寺庙，分别是净土宗的西福寺和日莲宗的法华寺。大约有一半的坂户家庭分别是西福寺和法华寺的檀家。

1　引自《农业林业普查资料》，1980年。日本每5年实施一次农林业相关的全国普查，数据整理后公开发布。本文引用的是1980年的数据。

二、寺院和墓地

坂户村落内有两座寺院和三处墓地。两座寺庙都坐落在坂户，三处墓地分别位于西福寺、法华寺的院子里和尾牛的山腰处。

法华寺：是日莲宗的寺庙，目前没有僧侣住持。檀家大约有60户。面对本堂的右侧是墓地。埋葬地和石塔地是分开的，但种有树木的埋葬地似乎离寺庙本堂更近些。我此次的调查主要以尾牛和西福寺为主，法华寺调查只存留下疑问。

西福寺：是坂户村落里的大寺庙，檀家数量比法华寺多五六户。面积也比法华寺大得多。据说在1360年前后，良荣上人开创了西福寺，为了纪念他的遗德，每隔33年的3月6日，寺院会举行“念佛讲”（也称为“大十夜”）法事。这个“念佛讲”被认定为千叶县的无形文化遗产（非物质文化遗产）。西福寺的本堂建筑经过多次重建，最近一次是在1970年代后半期进行的改建。改建后的本堂规模比以前小了一半。

日本著名民俗学者、知名的墓制研究者最上孝敬先生曾经到这个村落调查过两墓制事例，在他的《诣墓》一书中提到了坂户的“两墓制的分布”：“印旛郡弥富村坂户，昭和28年（1953）1月调查，诣墓位于净土宗西福寺境内，本堂左手，称为“ishiranto”. 埋葬地简单地称为“ranto”，位于“ishiranto”的左侧，立有刻着死者实名的木制墓标。人死后埋葬于此，家人们百日之内祭拜埋葬地，周年忌、盂兰盆节和彼岸节也祭拜两处的墓。”[1] 最上先生在这里调查的35年后的1988年，我来西福寺调查时，被称作“ranto”的标志E之处，和标志为“ishiranto”依然如最上文章所写，存在如故。据村民讲述，这个地区自古以来就是土葬地区，但大约10年前火葬开始普及，现在人死了都是火葬。因此，这个寺庙院内既有土葬时代的埋葬地和立石塔之处，也有火葬特有的纳骨塔。随着火葬的普及，在本堂后方的“ranto”附近有人家修建了纳骨式的石

1 ［日］最上孝敬:《诣墓》，名著出版，1980年，第126页。

塔，这是时隔35年之后墓制的变化。

图3是西福寺境内的墓地分布状态图，是在西福寺檀家总代表中村温行先生帮助下制作的。（参照图3 坂户村西福寺院内墓地分布图）图3右下是西福寺院子的入口，站在院门口看到的院内墓地分作A-B-C-D-E共有5处（A—E是笔者标注）。一进门右手是墓所A，葬有西福寺历代住持们。面对西福寺正殿本堂建筑的左手里面的墓地就是最上孝敬1930年代调查过的、最上孝敬文章里记述的坂户简单埋葬之地的标志为E的“ranto”和标志为D的只有祭祀用石塔的“ishirant”。本报告下一节的葬制·葬礼·墓制部分将详细讲述西福寺每块墓地的历史、性质和特色。

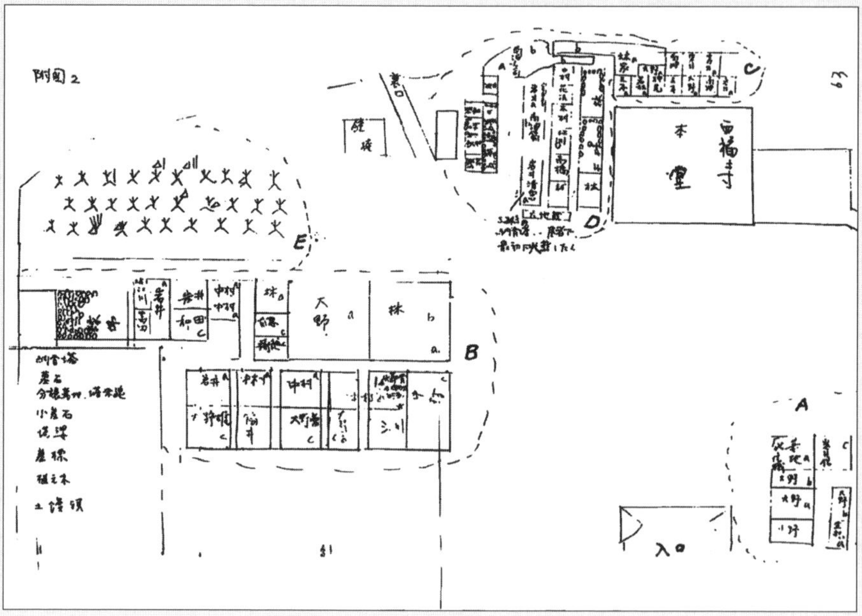

图3　坂户村西福寺院内目的分布图

另一处墓地位于尾牛（参见图4）。尾牛的9户中有4户人家的墓地在这里（中村W、中村ZH、中村ZHF、押尾W）。另外5户中，4户的墓地在法华寺（三须ZHY、三须XY、中村Q、渡边），1户的墓地在西福寺（岩井YY）。

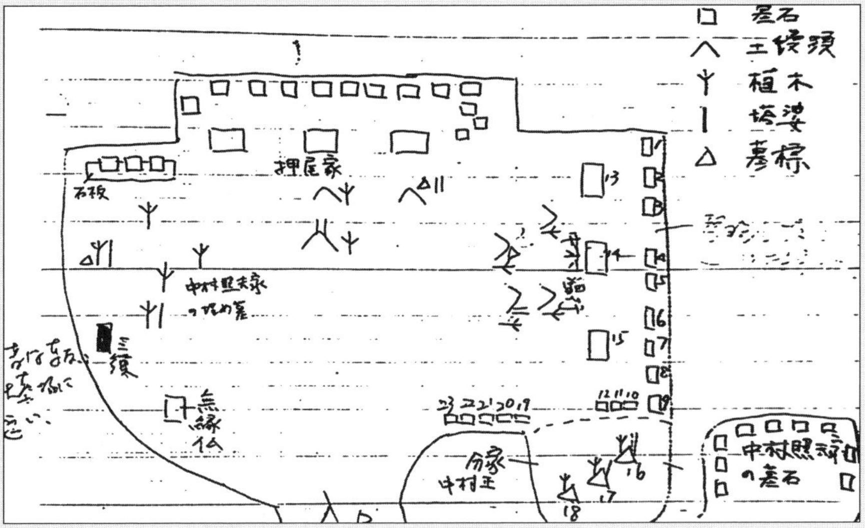

图 4　千叶县佐仓市坂户村落尾牛墓地（中村家）

虽然同属净土宗，但尾牛的墓地与法华寺和西福寺的墓地不同。尾牛的墓地位于山腰，是削平部分山体形成的一处墓地。墓地正面和右侧各有三四个栽种小树的土坟堆，也有木制墓标和塔婆。最里面立着一块大墓碑和一排小墓碑。每家的历代祖先都埋在墓碑前的狭窄空间里。据说当埋葬地埋满了，就会在最开始埋葬的地方重新挖坑、再次埋葬。这个狭窄的地方据说埋葬着几十人。中村 WX 家的牌位上有 19 个名字，墓碑上写着 36 个戒名和俗名，就是一个例子。

墓地左侧没有土坟堆，而是栽了 5 棵小树，旁边立着木制墓标和塔婆，那是中村 ZHF 家的“埋葬墓”。他家的墓碑都立得稍低稍小些，原因是墓地狭小，没有地方立石碑了。他们家两三年前建了一座纳骨塔，但还没有放入任何祖先的骨灰。图 4 上写着 1 到 23 的数字，那是作者为了抄写戒名等附加的。其中的 16 号到 18 号是次子以下分支家的墓地，只有土坟堆、木制墓标和塔婆，还没有石墓碑。

三、葬制·葬礼·墓制

（一）葬制

坂户自古以来就一直实行土葬。近年来，火葬逐渐普及，但行政上并未禁止土葬。然而，火葬不需要挖墓穴和抬棺的人手，使葬礼更加简单，因此许多人家开始接受火葬，修建纳骨塔并采用火葬的家庭越来越多。据村民讲，昭和59年（1984），岩井氏去世时，原本打算火葬，但由于身体庞大无法装上灵车，最终还是土葬了。他成为这里最后一个土葬的人，从那以后，所有的死者都是火葬。

由于这个地区不产石头，建造纳骨塔需要相当的费用，一般一个纳骨塔需要300万日元，最少也要150万日元。因此，有人去世时，有纳骨塔的家庭直接进行安放骨灰的纳骨仪式，而还没有修建纳骨塔的家庭无法立即修建，则暂时将骨灰坛浅埋在土中，并在上面栽种小树、立墓标。日后一旦纳骨塔建成，就会挖出骨灰坛，放入塔中。这种暂时埋在土中的做法，村民们没有用特别的名称称呼。火葬场位于佐仓市内，从坂户开车只需20分钟。火葬之所以普及得这么迅速，村民说是有了公路可以开汽车出入村落，出行变得更加便利的缘故。

由于行政禁止死后直接土葬，从土葬墓变为火葬纳骨塔时，人们需要对历代埋葬的祖先遗骨进行改葬。有家庭将“Ranto”埋葬的所有祖先的遗骨挖出，带到火葬场火化，然后把火葬后的骨灰放入纳骨塔。这是一项十分艰巨的工作，人们尽量避免触碰“Ranto”，让祖先的遗骨继续埋在在那里。

过去土葬时，要挖约1.6米深的墓穴，以安放棺柩。而埋葬火葬后的骨灰坛时，只需挖约50厘米深的土坑即可。

（二）葬礼

过去，人们会在家中等待最后的死亡。家人会通知亲戚邻里某某人“今天或明天就要走了”，大多数亲戚会在家“待命”。一旦人去世了，会立即通知亲戚朋友。现在多数人在医院死亡，家人会立即通知血缘最近的亲戚，由他们通知其他亲戚。当遗体从医院运到家时，亲戚们就已经集结在死者家中等候。

葬礼由血缘最近的亲戚担任主持，他会与其他亲戚商量决定从死者去世当晚开始的各项葬礼事务。亲戚们都会主动帮忙，遗属们不需要太过问。将葬礼事务参与者称为“Haya Zukai”，他们负责逐户通知亲戚和邻居们有关葬礼的事宜。“Haya Zukai”两人一组，一般由亲戚或邻居担当，过去需要好几组人分头通知。3到10公里左右的距离，他们会骑自行车或步行去传递消息，现在人们会开车去或打电话通知。

参加葬礼的人数会很多。最近的一例，住在尾牛的中村的母亲两年前去世，那时有100多人参加葬礼。除了家人和亲戚外，居住在尾牛的9户人家，除了一户是死者家，其他8户每户都有两人去葬礼帮忙，很多时候是夫妻一起参加。女性会帮忙做厨房里的事，男性会去当“Haya Zukai”。

过去，需要几组两人一组的“Haya Zukai”，还需要两名挖墓人和4名抬棺人。现在，打电话可以立即通知亲戚们，不再需要派人去通知。开车去火葬场，也不再需要抬棺的工作。葬礼不需要过多的人手就可以简单地完成。

通常在死者去世的当天夜晚举行守夜仪式。过去，只有血缘最近的亲戚参加，比较简单。村民说近几年公司同事和工作上有关的人也会来参加死者的守夜仪式，仪式内容变复杂了。

多数情况下，葬礼会在逝者死后第3天举办。但是，葬礼的日期会避开日历上的“友引日”[1]，如果那天恰逢友引日，则葬礼会推迟一天。

出殡时间通常是在中午时分。现在是火葬，所以早上先运送遗体去火葬场，取回骨灰回到家里，请僧侣念经、上香、然后捧着骨灰盒去墓地埋葬骨灰或纳骨于纳骨塔（葬礼时已经做过仪式，火化的骨灰放入纳骨塔时，就不再做

1　是中国历法上的标注文，后传入日本。日本版“六曜”（大安，友引，先胜，先负，佛灭，赤口）印在日历上，以六耀星标注该日的吉凶。日本社会认为大安日诸事吉利，友引日会接二连三发生同样的事；先胜日办事需要早起、争先为吉；先负日行动不能争先；佛灭日预示万事都会结束，不宜举办庆贺事宜；赤口日易发生口舌是非。

特别的仪式）。

葬礼参加者们在家里参加仪式之后会送死者的棺柩（骨灰）出大门，日语叫做“kadookuri”，少数人会送到墓地，日语叫作“nobeokuri”。

过去人去世时，会用萝卜、竹片和和纸做一个牌位，和纸夹在竹片上，写着死者的戒名。竹片插在纵向切成一半的白萝卜上。萝卜和纸容易腐烂，葬礼后这个萝卜牌位和死者一起埋进土里或者放在墓地，无论过去还是现在，都会给死者制作两个牌位。村民说人去世后要给他起一个“戒名”死后用，给他一个牌位，是要让死者知道自己的新名字。另一个用木板制作的牌位，据说是在死者去世后第一个盂兰盆节时制作。（参照图5：萝卜牌位）

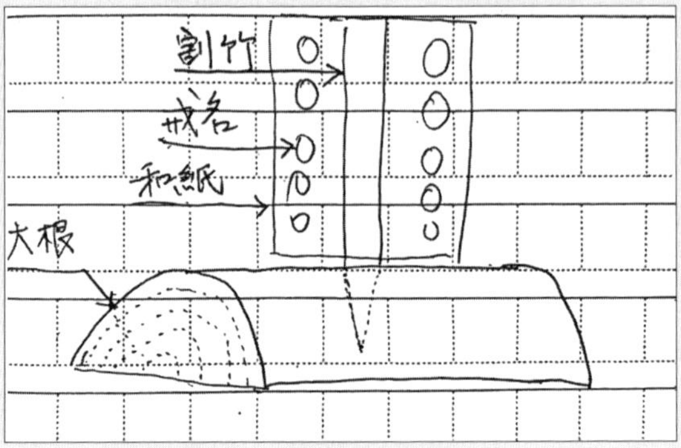

图5　坂户的萝卜牌位
（割竹指竹篾，大根指白萝卜）

送葬队列：

1. 鲜花：亲戚拿

2. 墓标：农协的人拿

3. 照片（遗像）：丧主的夫人或孩子拿

4. 牌位：与照片相同，由丧主的夫人或孩子拿

5. 骨灰：丧主拿

6. 供品若干

7. 灯笼：“友引日”时要用灯笼。用灯笼照明，表示变白天为黑夜——“现在已经不是友引日了”。人们尽量避开友引日办葬礼，通常非“友引日”

的送葬队列不使用灯笼。

直至笔者进行调查的 1988 年，村落的人们一直都是步行去墓地送葬。“念佛会”的老太太们会跟着到墓地，直到葬礼结束，她们会一直诵经。从墓地回来后，参加葬礼的人们会一起吃饭。过去是素食，现在也会有生鱼片等。

直到昭和 30 年代，即 20 世纪 50 年代，人死后用坐棺还是常见的。一户人家分到的埋葬地的一个单位空间可以埋下 4 个坐棺。由于交替使用 4 个埋葬位置，死者葬后有时间完全化为泥土，所以很少遇到挖出前面埋葬的死者遗骨之事。20 世纪 80 年代开始使用躺棺，即一般的棺材，棺柩尺寸变大，一户人家的葬地空间只能容得下挖两个躺棺的墓穴，埋下两个棺柩。村民说自从使用躺棺以来，葬地空间不够用，自己家的葬地埋不下新死者，于是“越境”埋葬到邻居家葬地之事常有发生。那时栽种小树就起到了显示各家墓地边界的作用。

挖掘墓穴的位置，由主持葬礼的人决定。如果是躺棺，需要挖一个长型墓穴，就会触到过去埋下的坐棺。所以无论在哪里开挖，都会挖出一些死者之物。那时，人们就会小心地把挖到的遗骨、衣服碎片等放入容器中，待墓穴放入新的棺材后，再从容器中取出，放在棺材旁边一起埋葬。因为挖墓穴总会挖出头发或者衣服碎片，挖墓穴是件很辛苦的事，大家都不愿意做。现在是把火化后的骨灰暂时埋葬，日后再放入建好的纳骨塔，墓穴都挖得很浅，所以很少挖到什么了。

香仪：葬礼时，由于家里安放着遗体，去那家吊唁时会带香仪送给死者，香仪袋上写“御灵前”。葬礼后的法事“初七日”和死后一个月的“立日”会带写着“御佛前”和“御香料”的香仪金钱袋。近亲以前会拿来 1 驮稻米（村民说 1 驮是 2 俵）[1] 作为香仪，后来大米少了，就开始根据大米价格支付相应的

---

1 日语的“da”马子旁一个太字，驮是过去一匹马能够驮得动的分量，翻译为驮。1 驮合 2 俵是调查当时村民告诉我之后记录下来的。现在检索网络，1 驮合现在的 135 公斤。而 1 俵合 60 公斤，2 俵为 120 公斤，与村民说的“1 驮为 2 俵”数字有出入，记录于此。

金额。因为大米价格每年都在变化，所以要根据当时的米市价格计算，金额会有变动。如果那一年1俵米值20000日元，那么香仪就是40000日元。普通朋友关系的人会支付1000日元、2000日元、3000日元不等。也有人的香仪会有10000円或20000円。

坟头：葬礼那天埋葬后的土坟堆比较粗糙，葬礼第二天，亲戚和近邻邻居会再次到埋葬地，精心修整坟堆。

初七日，村里的亲戚们会去墓地祭拜死者。

“立日”法事：死后一个月那天，家人请僧侣来家里，面对牌位念经。亲戚们会去墓地祭拜，然

后回到这家，在这里吃顿简单的饭。也有人家立日那天有其他事未能做法事的，会在“七七日”即死后第49日做法事。

（三）墓制

先简要描述一下西福寺院子内的墓地状况。正如本文附录图3所示，西福寺院子里有几种墓地，呈现复杂多样的情形。

西福寺院子里有一处仅仅排列着密密麻麻石碑的墓地，还有一大块地方可以看到木制墓标、栽着小树的坟堆，还有一块出售地盘供修建纳骨石塔的地块，有一些买了地并且已经建好的纳骨塔，还有已经买了地皮但还没有建造纳骨塔、只有木制墓标和塔婆的地方，住持说墓标下已经埋有骨灰坛，待日后修建好纳骨塔，再挖出骨灰坛放进纳骨塔。

进入西福寺后，面对本堂的左边和后面，两面和建筑物后面都能看到“墓”。为叙述方便，将西福寺境内的墓分为A到E5个区域，下面逐一描述。

A区——进入西福寺后右边有一片历代寺院住持的墓，是纳骨式的。此外，还有个人的小块墓碑排列，也有新建的纳骨塔。另外，在它的后面，有划分好的出售墓地，地里插着写有购买者名字的小木牌，但尚未修建纳骨塔。这个A区域，立有墓碑和纳骨塔，纳骨塔内安放火葬后的骨灰，但这里很明确地绝对没有埋葬死者遗体。

B 区——外观与 A 区相似，但比 A 区面积要大得多。只有林家和大野家两个家族是原有的墓地，其他都是后来各家购买的墓地。据说大约七八年前规划成出售式墓地空间之前，这一片都是西福寺拥有所有权的农田。

B 区多数是新搬来的家庭和没有从大家族分家出来、自己没有墓地的家庭购买的墓地。也有整理 D 区时迁移过来的墓地。墓地每个地块面积为 1.5 坪（约 4.5 平方米），价格在 15 万到 20 万日元之间。村民可以选择一块喜欢的空地，付款给寺院后，就可以建造纳骨塔。

B 区最左边密集排列小墓碑，是 D 区里没有亲人祭祀的“无缘佛”的墓碑，是在七八年前整顿墓地时迁移到这里的。

这块 B 区墓地，多处地块只是有人家付款购买了土地，地表尚未建造任何东西。其中“中村家”的墓地没有墓碑和纳骨塔，只是在稍微隆起的土丘上种植了一棵低矮的树木，并在前面立了一根木制墓标，墓标前供奉着鲜花和水果，后面还插了几根塔婆。这是因为中村先生的妻子突然去世，虽然中村家有计划建纳骨塔，但时间来不及，所以暂时在买好的地里浅埋了火化后的骨灰。中村家计划在修建好纳骨塔后，把骨灰坛挖出来放入塔中，因此骨灰埋得非常浅，深度只有 50—60 厘米。另外，据说埋葬时为了不让骨灰坛被泥土弄脏，是用塑料袋包裹着埋入的。包裹骨灰坛的包袱皮或木箱等，在埋葬骨灰坛后就焚烧了。

C 区——只排列着纳骨塔的地方。据说是纳骨塔中较早建成的一批。（石刻文字已经剥落，年代无法辨认）

D 区——排列着很多古老的墓碑。这里是最上孝敬先生论文里所说的被叫作“isiranto”的“诣墓”之地。过去，人们去世后会埋在下一个要讲述的 E 区，并在 E 区的埋葬地点立一根木制墓标，但是祭祀死者的墓碑会立在 D 区这里。七八年前，寺院整理了墓地，看上去比较整齐。

D 区墓地正面立有 6 尊地藏菩萨，其后排列着 3 排墓。沿着左侧的土丘排列着一两排。过去这里都是一般的墓碑，这个地区称之为“墓碑”，现在也可以看到可收纳骨灰的纳骨塔。纳骨塔建成后，内部空间可以放入骨灰，但村民们说绝不能直接在D区的土地上直接埋葬死者。询问其原因，回答说因为只有石头才能保存得长久。

从距离本堂附近的那列墓数起，第3排最靠近地藏菩萨像的清宫家的清宫××氏，据说是坂户村落第一个接受火葬的人。过去，每个人死去后都立一块墓碑，所以“isiranto”这里挤满了石塔和墓碑。再建立新的墓碑已经很困难，据说也曾经发生过因安放墓碑而产生争议之事。因此，寺院于七八年前开始整理西福寺院落里的墓地。首先，将无缘佛集中到B区的一角。人们经过协商，协调了各家的墓地。其中因为D区过于狭窄，有几人提出申请搬到了B区。据说从D区迁出的人，可以免费获得一份出售地B的地块。

E区——人们去世后遗体被埋在这里。这就是所谓的“埋葬地”。与上述A到D区的四个地方不同，这里看不到一块墓碑。大约一米高的小树种在土坟堆上，透过绿色树枝隐约可以看到后面的木制墓标和塔婆的上半部分。

这里被称为“ranto”，隆起的土堆是小坟头。每个家庭拥有大约可以放置两具躺式棺材的埋葬面积。栽种的树没有特别的名称，最初是为了区别自己家墓地和邻居家墓地的边界，但现在因为大家都很清楚各自的墓地范围，没有必要证明墓地边界了。现在，植树的目的已经转变为祭奠和供养死者，人们会栽种死者生前喜欢的树。此外，植树的数量也是标示这个家庭谁被埋在这里的标志。如果两个人被埋葬，就会种植两棵不同的小树。

笔者所看到的植树的种类有丁香、山茶花、杜鹃花、栀子树等五六种，但村民其实说没有特别禁忌不能种植的树。只是会优先选择不会长得太大、不易枯萎的树木。到了春天就剪下选定好的树木的枝条插在墓地上。村民说常常是代替花束插在墓地上的枝条，在那之后就生根、长成小树。

按照习俗，葬礼当日不在坟堆上插树枝，但也因家庭而异。通常在“七七”（49日）结束后插树枝。村民说木制的墓标和插树枝的具体位置，是埋下的棺材的头部位置。

以上是我调查时西福寺墓地的概况。与35年前被日本民俗学家最上孝敬作为“两墓制村庄”的事例收入他的调查报告时的坂户村落的墓地相比，可以看出35年之后这里的墓制出现了变化，较以前变得复杂了，举出以下几点佐证。

1.过去，西福寺有埋葬地“ranto”和单纯建立石碑的祭祀之地“ishiranto”，埋葬地点和建立石碑的地点明确地分开为两处。埋葬地“ranto”按家庭单位划分，每个家庭都在有限的面积里反复埋葬自己家的历代祖先。埋葬地“ranto”没有石头墓碑，祭祀地“ishiranto”没有埋葬遗体或遗骨。这是一个具有鲜明特征的两墓制墓地状态。现在，祭祀地“ishiranto”建立了纳骨塔，火化后的遗骨被安放在祭祀地纳骨塔里，“ishiranto”出现人体遗骨，虽然是火化后的骨灰。

2.“两墓制”习俗的家庭开始接受火葬，但由于并不是所有家庭都建了纳骨式的石塔，火化后的骨灰还是要埋在“ranto”，上面种植一棵树、立一根墓标。乍一看，外观上与过去的埋葬遗体习俗没有什么不同，但在本质上是不同的，前者是永久埋葬遗体，后者是暂时性地把骨灰埋在土里，总有一天会被挖出来放入纳骨塔。

3.有纳骨塔并已经放入骨灰的家庭，从葬俗角度说，已经完全转变为火葬单墓制。然而，石塔建成后，人们几乎都没有对过去的埋葬地进行深挖改葬，那里依旧埋葬着以前的祖先们。所以人们在盂兰盆节和彼岸节时，会同时祭祀纳骨塔和埋葬地。询问盂兰盆节傍晚来西福寺的村民，有人告诉我说，这是因为“ranto”里还埋葬着历代祖先，所以要祭祀两个地方。

4.尾牛的墓地没有被最上孝敬提及，不知他35年前来这里调查时，是否也看了尾牛的墓地。尾牛的墓地没有把埋葬地和立墓碑之地截然分开，也没有专用名称。没有明确的埋葬地和祭祀地的名称区别，但是墓碑之间的空间不埋葬死者。墓碑集中在墓地最后面，墓碑前面的空地用来反复埋葬一家的死者。尚无放有骨灰的纳骨塔（中村ZHF家有一个纳骨塔，但里面什么也没有放），即墓碑地仍然没有遗骨，但在新的土坟堆下埋有火化后的骨灰。

尾牛的墓地与西福寺一样，同属于净土宗，但却呈现出不大相同的墓地形态，与图1新谷的两墓制类型里的类型1极为相近，是每一个家庭区划里分作石碑和坟堆空间，但是没有两墓制分类的一个条件项，坟堆和墓碑两个空间并没有被赋予特殊的名称。

四、盂兰盆节 —— 过去的盂兰盆节与现在的盂兰盆节

盂兰盆节的活动大多与坟墓和死者相关。我想通过调查坂户村落的盂兰盆节进一步认识这里的坟墓，于是提前几天向村民问询过去盂兰盆节的内容，而后直接参与式调查了今年的盂兰盆节。

（一）过去的盂兰盆节（听村民讲述）

8月7日

打扫墓地。用新竹子做一个叫“bondana · 盆棚”的架子，在家里做好，拿到墓地去。在墓前摆好盆棚，更换竹制“花插”。“花插”是砍一节竹子，一头削尖，插在坟堆前面代替花瓶插放祭祀时供奉的鲜花。

8月12日

去年盆节之后有死者的“新盆之家”要第一次为死者制作盆节时摆放供品的竹制小供桌“盆棚”。坂户村落有称作一番组、二番组的协会组织，家里的亲戚和协会组织的人们来家里帮忙，用芒草把盆棚装饰得像过去一样。新盆用的灯笼也很漂亮。

8月13日　傍晚

普通人家制作盆棚。傍晚去墓前迎接祖先，在坟堆前点亮灯笼里的蜡烛。“请借助用这盏灯咱们回家吧。”说完，模仿背老人的动作，回家。

13日这天，各家人去两处墓地，不分先后，都祭拜。

8月14日

人们说要做“gozensandanagyo”“ogami”[1]要到来，大家都一早就去扫墓。

1　这两个词的意义未问明白，应该是祖先要回家之意。

在坟堆前敬上鲜花·香，把切成片的茄子、黄瓜放在芋头叶做的盘子里供在坟前。

8月15日

祖先们要回去的日子。下午再去扫墓一次，扫墓要带些纪念品，就是鲜花，还要燃香。晚上10点左右送祖先，一直送到墓地。

这一天，去西福寺送祖先的人只去一处，多数人家会送到“ranto”。因为人们认为“祖先是住在‘ranto’的”，所以虽然没有谁明确说，但多数人家会把祖先送到埋葬地。

8月16日

新盆的人家会在西福寺举办“施饿鬼”法事。限于新盆那家人和亲戚，以及和死者熟识的人参加法事。

（二）今年的盂兰盆节（中村WX家 参与观察）

1.今年盂兰盆节的流程

8月7日

8点到9点，（事先西福寺发通知）各家各户的人们一起去寺院里的墓地打扫。

8月13日

上午　清洁整理家里祭祀祖先的“佛坛”。将牌位和照片等擦拭干净，铺上席子，仔细摆放祭祀品。在佛坛下面的地面上放一张小桌，供奉无缘佛的供品放在小桌子上。

下午　捣年糕，具体捣年糕步骤：

（1）蒸糯米；

（2）把蒸好的糯米饭放进捣年糕机捣制；

（3）用手把年糕一个个捏成型。

下午4点左右，早早去坟墓迎接祖先。（今年中村家有和尚来念经做法事，所以比往年更早些去墓地接祖先）。回家等候和尚的到来。

傍晚 6点左右，和尚来家里念经，在供奉的水果和米饭上轻轻洒水。之后，全家人集聚在有佛坛的房间，“和祖先们一起吃饭”。

晚上 西福寺院子里晚上有集体跳盂兰盆舞的活动，持续两晚，自由参加。

8月14日

清早，拿着鲜花、香、大米、水去祭祀墓。人们从清早5点左右开始陆续前来西福寺祭拜祖先。去尾牛墓地扫墓，则6点左右才去墓地。西福寺那里的祭墓，有西福寺本堂前、“ishiranto”，六尊地藏菩萨前、“ranto”、无缘佛处共5个地方要祭拜。观察各家来到西福寺之后的行动路线，似乎没有固定的祭祀先后顺序和祭祀路线。另外，这5处不一定都必须要祭拜，也有人家不去祭拜无缘佛。

——问及祖先们已经被接回家，为什么14日一大早还去墓地祭祀，村民回答说“据说祖先们并不是全体都回家来的（还有留在墓地的）”。

2. 盆节期间的饭食，盆节的饭菜是有固定内容的，在盆节期间，每天要给祖先供奉3次饭菜，所以各家的女人们相当忙碌。

13日

捣年糕，做“ankoromoti”。

与制作大福饼相反，以年糕为芯，把豆沙裹在年糕外面。做好后供给祖先，13 日的晚餐全家人要在祖先牌位前面一起吃豆沙年糕。吃年糕的时间要在接祖先从坟墓回到家之后。

14日

早饭：吃米饭、茄子、豆角拌芝麻汁（豆角焯水，炒芝麻用研钵碾碎，加入大酱和砂糖，搅拌成酱汁浇在豆角上）。

午饭：吃乌冬面。

晚饭：据说这一天祖先要参加天竺的施饿鬼法事，所以要给祖先们做“便当”供奉。便当是在盘子里盛米饭，在上面插上芝麻秆当筷子，南瓜是便当的菜）。旧时人们传说，如果不早早做好，祖先就会比别人晚到，所以要早早起来做好便当供在祭坛上。

15 日

早餐：因为祖先去参加天竺的施饿鬼法事，家里（的祭坛上）没有祖先在，平常那种供茶水和饭就不需要了。

午餐：午饭时祖先从天竺回来了。要供奉“菜饭”（从前是菜拌饭，现在只是形式上取些叶子之类的用盐揉搓后放在白米饭上就可以）。

15 日这天因为祖先要回去，所以要做饭团，傍晚天还没黑的时候，吃晚餐前，拿着饭团、鲜花、香去墓地祭拜。先把饭团供奉在坟前，然后去墓碑那边祭祀。

16 日

一大早就把摆放祭品的盆棚拿到河边，让其顺水漂流走。现在河流净化不能这样放流，改为拿回家处理。

盆节期间的饭菜，自古以来都是固定的，回家的祖先和全家人吃一样的东西。忙得没有时间做饭，就会在店里买回饭团、豆沙年糕馅等供奉祖先。

五、调查小结

曾经的两墓制村落坂户，著名的日本民俗学者最上孝敬 20 世纪 50 年代在这里调查过，并作为事例写进著名的《两墓制资料》一文。35 年之后的今日（指 20 世纪 80 年代），这里的葬俗仍然保持着两墓制习俗，但这种习俗正在逐渐瓦解，或者说随着火葬的普及，这个习俗明显发生了变化，显示出了逐渐转变为单墓制的倾向，其原因有如下两点。

1. 随着火葬的普及，安放骨灰的纳骨石塔建造得越来越多，安放骨灰的场所和祭祀灵魂的场所逐渐合二为一。从景观上看，埋葬地和祭祀地之间渐渐难以区分。

2. 从盂兰盆节扫墓的具体行为来看，曾经实行两墓制习俗的人们也随着时代的变化，发生了观念上的变化，并体现在行动上。人们开始接受将安放骨灰的场所和祭祀祖先的场所合二为一的单墓制思维，村民们现在虽然会去墓地和祭祀地两处祭拜，但待将来修建好纳骨塔，或许就会在同一处安放骨灰并祭祀灵魂。

简言之，位于坂户村落的西福寺院内分成几处的不同性质的墓地，显示着它们正处于两墓制向火葬后的单墓制逐渐转变的墓制变化过程。

田野调查报告之二
滋贺县伊香郡余吴町大字下丹生墓制调查
1988年10月调查

一、村落概观

下丹生村落位于滋贺县东北部的丹生谷，面对高时川（在余吴町附近被称为丹生川）的缓坡，形成了一个由多户人家房屋聚集的村落。村落周围被海拔约500米的山脉环绕，日照时间短，气温较低，冬季有时会下两米深的积雪。距离村落约1公里的地方还有一个滑雪场。

根据丹生神社的文献记载，下丹生村落在中世纪就已经存在。明治22年（1889），下丹生与位于北部的针川、尾羽梨、鹫见、奥川并、田户、小原、菅并、上丹生合并成为丹生村，下丹生成为该村里的一个大型村落。1954年，丹生村与邻近的片冈村和余吴村合并成为余吴村，1971年实施町制，现在成为滋贺县伊香郡余吴町的一个村落。

下丹生目前有33户人家，全部是兼业农户。过去的传统产业是林业、养蚕和水稻种植。村落被山脉环绕，松树、杉树等木材资源丰富，烧炭和木材生产业非常繁荣。养蚕也是生活重要来源之一，过去桑田遍布，农家房屋里养着很多蚕。后来，木材和稻米价格下跌，无法仅靠这些为生，村民们便停止经营林业。养蚕相当辛苦，一旦蚕生病就非常麻烦，所以在昭和40年（1965）前后，人们砍伐桑树，辟为农田，现在，田地里种植着水稻和蔬菜。近些年来受猴子侵害，有时数十只猴子结群活动，人们种植任何作物都会被猴子吃掉。

这里过去几乎都是专业农户，从昭和30年代（1955—1965）开始，人们开始外出工作，现在的年轻人也都外出工作。大多数人从事的是可以当天回家的工作，如当地的公司、工厂、政府机关等。在村落北边的山脚下，丹生神社和西莲寺相邻而建。属于曹洞宗的西莲寺目前没有住持。

在下丹生，直到明治中期，所有家庭都是位于菅并的曹洞宗洞寿院的檀家。村内的西莲寺是洞寿院管辖下的小寺，洞寿院住持兼任西莲寺住持。从明治25年（1892）左右开始，天理教传入这里，之后天理教信徒逐渐增加，现在的33户中，有10户是天理教信徒，剩下的23户全部是洞寿院的檀家。天理教会和下丹生公会堂位于村落中心。

二、墓地与墓制

（一）墓地

与近畿地区的大多数村落一样，一个村落中有两个墓地。一个是埋葬死者（现在几乎都是埋葬火葬后的遗骨灰）的地方，另一个是立墓碑的地方。前者在下丹生被称为“sanmai”（日语汉字写作“三昧”）、“tuka”（日语汉字写作“冢”）、“boti”（日语汉字写作“墓地”），并且因为它设置在河边，紧邻ayato川，所以村民又称这里为“ayato”。后者则被称为“hakaba“或“hakadoko.sanmai”，位于村落入口外面，过了ayato小河就是。一条公路正好经过那里伸展过来，穿过村落的中心。图6照片右上是下丹生村落，照片左上的白色箭头所指是村外的埋葬地“sanmai”，白色三角标志的是村子入口（图6）。

图6　滋贺县下丹生村口和村外的埋葬地位置

“Sanmai”入口有6尊地藏菩萨石像，葬礼时停放棺材和摆放祭品使用的“ninote”、石台，埋葬地中心位置还立有刻着“南无阿弥陀佛”字样的石碑。在“sanmai”深处野草丛生，可以看到一些开始腐烂或已经腐坏的木制墓标。在靠近入口处，看到有两三处用“inukaki”（一种用树枝围成的围栏）围起来的新墓标，标志着那是新近埋葬的死者。

这里是整个村落的公共埋葬地，没有划分分属各家。每次葬礼后，人们就选择空地挖墓坑。由于这里自古以来就一直是埋葬地，而且墓地狭小，所以没有墓标或者墓标已经消失的地方都可以挖开使用。也就是说，这块地方是反复用于埋葬的。村民说挖墓穴时，经常会挖出骨头等。

这个地方每年被打扫两次，分别是春天的彼岸节（4月7日）和盂兰盆节（8月7日）。过去，村里的老年男性会组成“sanmai”清扫伙伴，仅限于老年男性参加，一同打扫埋葬地。现在是“老年俱乐部的爷爷奶奶一起去”，取消了性别限制。据说“sanmai”没有特别的禁忌。人死后埋在这里，如果有人想要来祭拜，随时都可以来，但是一般一年后人们就不再来这里了。

立有墓碑的“hakadoko”墓所坐落在村落西侧的山坡上。自古以来就有各家的划分区域，每家都拥有大约两平方米的面积，家家户户在这里建立墓碑、祭祀死者。由于这是自古以来的划分，具体的划分标准和顺序已经无人清楚记得了。村民们说似乎是从村落入口处的人家开始排序的。

“hakadoko”不在寺庙的院内，它属于全村。所以有兄弟分家后要新建墓地时，只需向村长申请就可以免费获得一块祭祀地。分家和“本家”（长子家）通常位置相连，即在本家区划的旁边或后面。直至大约60到65年前，这里为了纪念死去的个人，有着在他的某个年忌时做一块墓碑的习惯。但现在大多数家庭有一块祖先代代之墓的墓碑，墓碑两侧排列着旧时的五轮塔或小墓碑，基本不再为个人做单独的墓碑（图7、图8）。

图7 滋贺县下丹生的埋葬地 sanmai 景观

图8 滋贺县下丹生墓所 hakadoko

"hakadoko"即使从土葬变为火葬，也是将火葬后的骨灰埋在埋葬地的"sanmai"，然后从死后一周开始在这里立塔婆祭祀死者。据说最近这里也修建了纳骨式的石塔（因为下雨，未能到现场确认，这是一个遗憾），也就是说祭祀地开始保存遗骨（骨灰）了。

"hakadoko"的清扫每年只进行一次，在盆节前，即8月7日。"sanmai"的清扫是集体进行的，而"hakadoko"则是由各家分别打扫。过去是家家户户读小学或中学的孩子们负责，现在是由成年人来做。

（二）墓制

作为近畿地区的一个村落，下丹生村与邻近的村落一样，实行"两墓制"。有人去世后，他们会先被埋葬在位于村落外侧被称为"sanmai"和"ayato"的地方。之后，经过一段时间，人们会在"hakadoko"竖一块墓碑或者在已有的墓碑上刻上这个死者的名字。之后的所有永久性祭祀活动都在"hakadoko"举行。一年后，人们基本都不再去埋葬地"sanmai"。

在大约十四五年前，町里建立了火葬场，实施火葬。人们仍然按照一直传下来的传统做法，把火化后的骨灰埋在"sanmai"，再去"hakadoko"祭祀死者，墓制角度的习俗和土葬时期没有什么变化。

村民说"hakadoko"新建了一座纳骨塔，那是搬离村子的人家修建的。而一直住在村里的人们近期还没有修建纳骨塔的打算。也就是说，这个地域虽然已经开始实施火葬，但这个村的人们仍然继续着过去的墓制习俗。

三、葬法·葬礼·供养

（一）葬法

这里过去一直实行土葬法，直接把棺材埋入地下。十四五年前，余吴町建立了火葬场，距离下丹生村仅有开车10分钟的路程，从那时起火葬法开始普及。由于行政上并没有禁止土葬，所以在火葬开始普及时，如果有老年人留下遗言要求土葬，就会按照遗言实施土葬。7 年前还有 1 例按照遗言土葬的人家，但从那之后，所有逝者都是火葬。

在下丹生村，土葬时使用的是立棺，也被称为“坐棺”，是用木板自制的坐式棺材。通常由亲戚帮忙制作。立棺的高度约为 3 尺，宽度约为 2 尺，是刚好够 1 个人坐下的空间。实施火葬时，由于灵车配有的是寝棺，所以葬礼的棺材也就换成了寝棺，即躺式棺材。村民说如果不火葬而是直接土葬，他们仍然会按照习惯使用立棺，7 年前那例最后的土葬使用的也是立棺（坐棺）。

下丹生村是一个有两墓制习俗的村落，人们死后被埋葬在“sanmai”，而在“hakadoko”接受后人的祭祀。在祭祀地点“hakadoko”修建的家家户户“先祖代代”的墓碑上不仅要刻上死者的戒名，而且常常也会记录在家中的记事本——“过去帐”上。

火葬普及后，人们通常将骨灰纳入所属佛教宗派的本山寺庙。火葬场火化后的遗骨被分为“本骨”和“分骨”，“本骨”被埋葬在村子的埋葬地“sanmai”，而装在袋子里的“分骨”则暂时放置在家里的佛坛上，过了 49 日后，根据家庭的情况，会在死后的 3 年或 5 年时将其纳入本山的永平寺，也有家庭一直将“分骨”供在家里佛坛上。

（二）葬礼

在进村调查时，访问了今年 9 月 1 日女主人去世的 Y 氏的家，Y 氏克制着悲痛心情，详细讲述了他们家举办的葬礼情况（衷心感谢）。以下是 Y 氏妻子葬礼的基本内容：

1. 人在医院去世后，医院方面会进行消毒处理。过去人们通常在家中等待死亡，但现在大多数人是在医院去世。

2. 用町（镇）管理的灵车将死者送回家。

3. 请僧人念诵“枕头经”。

4. 汤灌：“yamasi”（与死者血缘关系近的三位男性，葬礼的主要承担人）。Y 氏家的葬礼的“yamasi”是两位外甥和二儿子。“yamasi”给死者擦洗

“汤灌”，过去是用热水洗，现在只用消毒液擦拭一下。

5.“汤灌”后，为死者穿上生前喜欢的衣服，再穿上从寺庙购买的“白衣”。让死者双手合十，大拇指间夹上念珠。

6.死者去世当晚举行守夜“通夜”。请僧人念诵“saikoku观音经”全33章，大约需要一个小时，参与者守夜的仅限家人和亲戚。非亲戚的村民们会带着香仪前来，说几句节哀顺变的话语就告辞，此时前来的村民不烧香。

过去的香仪是大米，现在更多的是现金。近亲会出50000日元，村民则出1000、2000、3000日元不等。亲戚们还会带来水果、莲花灯（一对，纸罩子，带电灯泡）和灯笼（一对）。Y氏从女儿那里收到了一对灯笼，从弟弟那里收到了一对莲花灯。莲花灯在“七七”（49日）的丧仪法事完结后焚烧。灯笼在死者去世后直到49日之前都放在佛坛前，之后则收起来留到明年死者的第一个盆节“新盆”时使用。

7.守夜后，请所有参与者一起吃夜宵。有寿司、酒、啤酒、“hatimon”等。

为了慰问守夜者，亲戚会带来酒、水果、点心等。

8.告别仪式从第二天上午11点开始。请6位僧人念经，大约持续一个小时。之后每个参加者依次烧香，然后列队送葬。

下丹生的葬礼以家庭和亲戚为单位进行，全村没有葬礼互助会这样的组织，但村民会自动来参加葬礼和送葬。

9.只有“yamasi”三人不能抬棺，所以请三位近亲的男性帮忙抬棺。

送葬队伍的顺序是：

（1）松明——“yamasi”中的一人手持

（2）旗幡2支——30cm×1m的纸贴在竹枝上，让参加葬礼的人手持

（3）棺材

（4）僧人队伍

（5）牌位——用木板制作，由丧主（此次是死者的长子）手持

（6）照片——由丧主的长孙手拿

（7）“便当”——由丧主的儿媳手拿

（8）手杖 —— 由一位女性手拿

（我在调查后去埋葬地确认了放在“sanmai”的手杖，看起来像是死者生前使用过的。是否在普通葬礼中必须持有手杖，这一点没有听清楚）

（9）提灯 —— 由一位女性手提

（10）伞 —— 由一位女性手持

（11）方丈 —— 是兼任“西莲寺”和“洞寿院”住持的人

（12）朱伞 —— 由一名亲戚为方丈撑朱伞

（13）参加送葬的人们

10. 过去送葬会送到埋葬地，实施火葬后人们陪同棺柩走到灵车停车处。灵车一般会在离死者家稍远的地方或村口停下。在那里，丧主面对大家，做葬礼最后的感谢致辞。

11. 大约中午 12 点，灵车驶往火葬场，只有“yamasi”3 人和死者家属陪同前往。参加葬礼和送葬的人们解散后各自回家，侣僧和从村外赶来的亲戚回到西莲寺用餐。关系较远的亲戚回丧主家用餐。

12. 前往火葬场的人们会用私家车将骨灰盒带回家，然后“yamasi”三人拿着挖墓穴的工具立即前往埋葬地，死者的配偶和几名亲戚也去。

过去埋立棺时要挖深坑，上午“yamasi”们就要去挖好墓穴，现在是遗体火化后再去挖墓穴。过去埋立棺时，棺材上覆土大约 1.5 尺，加上立棺的高度，墓穴需要挖得很深。埋葬火化后的骨灰，只需挖够放入骨灰盒的深度就可以。

“yamasi”三人在埋葬地找一块没有墓标的地方，决定位置后开始挖坑。这个村子没有埋葬后堆土成坟堆的习惯，只在周围插上一圈竹片围成的大约不到一米高的四方形围栏

图 9　下丹生埋墓一例 埋葬地 sanmai 一例埋葬不久的葬地状态

"inukaki"。埋好骨灰盒后在上面插一根木制墓标，将送葬时的纸旗和手杖、牌位放入围栏"inukaki"中，牌位前面供奉食物和水果等（图9是一例埋葬不久的埋墓的样态）。

13. 从"sanmai"回来后，请"yamasi"三人洗澡，再请他们去寺庙用餐。

——当日葬礼到此结束。

按照这里的习俗，一个人去世时，首先家庭成员或亲戚要亲手制作牌位。他们会请僧侣将写好死者戒名的纸贴在一块无色木板上，葬礼结束后将其放置在埋葬地。除了放在埋葬地的牌位，还会从寺庙里多拿几张写有戒名的纸，一张放在西莲寺的牌位堂，一张放在洞寿院的牌位堂，家里的佛坛上也会在新的牌位做好之前放一张。正式的牌位可以在葬礼后随时制作，没有明确的规定。

埋葬地有一个用石头做的"ninote"和一个石台"kyokuroku"。这是以前土葬时，送葬到这里，然后举行最后的仪式之处。葬礼后的送葬队列抵达这里之后，棺材绕"ninote"三圈后放在其上。坐棺的正面即死者的脸要朝着祭祀台。也因为是立棺，死者是端坐姿态，所以才会有关注死者脸朝向的细节民俗。

祭品台是石制的桌子形状，在埋葬时，牌位和供品放在上面，烧香仪式也在这里举行。葬礼时，方丈会坐在石台之上，周围的僧侣们站着诵经。

（三）祭奠·供养

葬礼的第2天开始的一周内，家人们每天早上去墓地祭祀。早上8点过后，吃完早饭，家人和亲戚去埋葬地"sanmai"，燃香，摆放鲜花、饮用水和水果，念诵佛号后回家。葬礼后的第一周每天去埋葬地祭拜，一方面是为了悼念逝者，另一方面也是为了防止尸体被狸或狗等动物吃掉，所以每天都要去守护。"二七"（两周）后，有些家庭不再去埋葬处，只在家里的佛坛祭拜，也有些家庭则会在第49天、百日、一周年忌日等日子再去埋葬地祭拜一下。一般过了一周年忌日之后，人们会说"灵魂已经去了墓场hakaba"，然后就不再去埋葬地，只去墓场“hakaba”祭拜。

死后祭奠·供养法事在头七、二七、三七、四七、满月忌（死后一个月的日子）、七七四十九日、百日的这些日子请僧侣来家里诵经，进行四十九日的完结法事时还会请亲戚参加。之后一般的一周年忌、三周年忌，一直到五十年忌，都有祭奠·供养法事。

在这个村子里，彼岸节没有特殊的活动，人们也不去墓地祭祀。村民们说，因为死者之灵总是在佛坛上，主要祭拜家里的佛坛就好。

四、盂兰盆节

下丹生的盂兰盆节是在8月13、14、15日这3天，而在节日之前还有为了迎接盂兰盆节祖灵回家的清扫墓地的活动。

8月7日 被称为“七日盆”，是扫墓的日子。在这一天，家家户户都会去自己家“hakaba”清洁墓碑，除掉周围的杂草，然后不摆放祭品就回家。

以前，各家上小学或中学的孩子们负责扫墓，但现在变成了大人来做。另外，由于在上班工作，有些人不能在7日那天清扫自家墓地，他们会选择在7日至12日之间的周末或有空的日子清扫。一般来说只要在13日之前完成清扫就可以。埋葬地“sanmai”的清扫也在这一天进行，由老年俱乐部的老人们清扫。

（一）盂兰盆节流程

8月12日 被称为“Segaki”，要祭奠·供养塔婆。

8月13日 傍晚，大约6点左右，进行“迎精灵”（Oshouraigomukae）仪式，全家人都去“hakaba”祭祀。

1. 手持提灯和两根蜡烛去“hakaba”。

2. 摆放祭品，燃香，点燃一根蜡烛，供放在墓前。

3. 诵经，拜祭后，用一根蜡烛的火点燃另一根蜡烛放进纸提灯，然后手持

提灯回家 。

4.回家后，从提灯中取出燃着状态的蜡烛，移放在佛坛上。

佛坛的供品如下：

团子/点心，以前是用米磨成粉后蒸熟的，现在是买来现成的点心供奉。

蔬菜，将黄瓜和茄子切片，放在黄瓜叶上供奉

盆花（Bonbana），以前是野生的小花，现在不多见了，所以现在供奉各种美丽的鲜花。

另外，“新佛”（Shinbutoke，去年盆节之后死去的人）的家庭会在家门口装饰提灯，以确保“新佛”不会迷路，能顺利找到自己的家。以前，提灯会整夜点明挂在门口，但因为发生多次提灯的烛火引发的火灾，现在早早就熄灭烛火。

祭扫“hakadoko”时，人们也会顺便祭扫旁边亲戚家的墓。

8月14日 上午8点半到11点左右，洞寿院的方丈会挨家挨户地上门诵经“Tanakyou”。

近亲会来家里祭拜佛坛。以前亲戚会带素面（细挂面）作为礼物，但现在会带各种东西，包括糕点等。

8月15日 “送灵”（Oshouraigusuri）。

下午5点左右，全家人吃完素面后，家主会带着香和佛坛供奉过的蔬菜、盆花到高时川“漂送精灵（Shourainagashi）”，把这些物品放进河里顺水漂走。老人们解释说，供奉给祖先灵魂的饭、蔬菜和花等不能在家里随意处理，要放到河里流走。

（二）盆节的餐食

以前盂兰盆节不能吃肉和鱼，也不供奉给祖先们。在“盆期间”避免肉食，可以吃鱼，一般是吃年糕和素面。

五、下丹生墓制的特点

整体印象上，下丹生是日本近畿地区常见的两墓制村庄之一。埋葬墓地面积狭小，重复使用。

这里没有永久纪念或祭祀死者的标志。相比之下，在修建墓碑的祭祀地，虽然没有埋葬死者遗骸等，但从死者去世一周年忌之后，人们就一直到这里祭祀死者。

这个村庄直到我调查时的15年前还是完全的土葬村，即使当地开始推行火葬后，他们也继续保持两墓制式的做法，把葬地和祭地分开对待。村民们将火化后的骨灰埋在葬地“sanmai”，过一段时间后就到墓地“hakadoko”祭祀死者。换句话说，即使导入了火葬法，这个村庄仍然保持着两墓制的做法。但是，随着火葬的普及，纳骨式的石塔也开始出现在祭祀地“hakaba”，虽然调查时只修建了一个，未来祭祀地点纳骨塔增多，死者的骨灰会出现在祭祀地。那时，这种两墓制的传统也许会逐渐瓦解。

田野调查报告之三　福岛县西白河郡表乡村墓制调查

1988 年 7 月—8 月调查

一、概述

福岛县西白河郡表乡村位于福岛县东南部，1955 年 2 月 1 日由古关、金山、社 3 个村庄合并而成。它起源于江户时代，该地区处于会津藩表乡代官统制之下，在乡村合并时得此名。面积 66.35 平方公里，人口 7115 人。东面与表乡盆地中心的棚仓町社川地区接壤，西面和北面隔着关山和社丘陵与白河市的东村相对，南面隔着八沟山地与栃木县的那须町和东白河郡棚仓町相接。中心地区地势平坦，社川横流东西。主要农业为水稻种植、蚕桑养殖、烟叶种植。

表乡村目前分为 15 个大字[1]，包括川户田、金山、小松、下羽原、高木、内松、中寺、中野、番泽、深渡户、堀之内、三森、社田、梁森和八幡。这次墓葬调查主要是在大字番泽进行。

大字番泽位于表乡村西部，由 4 个村落组成：上羽乡、上宿、下宿和上额。江户时代它已经作为番泽村存在。这是一个以水稻种植为主要产业的农业村，但也有一些养蚕业。沿着社川河岸一片稻田，其间散落着桑田和烟叶地，展现出一幅农家风光。番泽有镇守神社羽黑神社、爱宕神社、稻荷神社、琴平神社和曹洞宗的峰全院。

根据最新《世界农林普查农业集落数据》，上羽乡、上宿和下宿的户数数据如下：

1　日本行政区划的细分单位，老式行政区划里的村为大字、字，隶属于市町村之下。

表 1　上羽乡、上宿、下宿居民统计

	上羽乡			上宿			下宿			上额
	1970	1975	1980	1970	1975	1980	1970	1975	1980	
总户数	39		37	65		59	42		37	
农户总数	34	34	34	47	49	40	36	36	36	
专职农业户数	1	2	3	1	0	6	0	1	0	
第一类兼职	26	16	18	32	19	23	31	21	6	
第二类兼职	7	16	13	14	30	11	5	14	30	

从数据可以得知，每个村落都有已经不再是纯粹的专业农户耕作和生活的农村，兼职农家几乎占总户数的90%以上。在观察墓葬习俗时，纯农户农村已经变为兼职农户为主的乡村这一点应该纳入视野。

二、峰全院和峰全院的墓地

（一）峰全院

曹洞宗峰全院是番泽唯一的寺庙，位于上羽乡。据说自开山以来已有大约600年历史。檀家（施主）过去只有150家，现在已超过400家。寺内藏有被认定为福島县重要文化财产的铜制云板，成为当地人的骄傲。

墓地　峰全院管辖境内有三处墓地（图10是峰全院管辖的三处墓地分布图）：

①位于本堂后方高台上的历代住持的墓地

②本堂右侧沿山腰分三段设立的旧墓地

③位于本堂对面、隔着水池参道旁的今日公共墓地

古“lantou”被称为“furutanntou · kyubosyo”，意为古老的墓碑地。那里

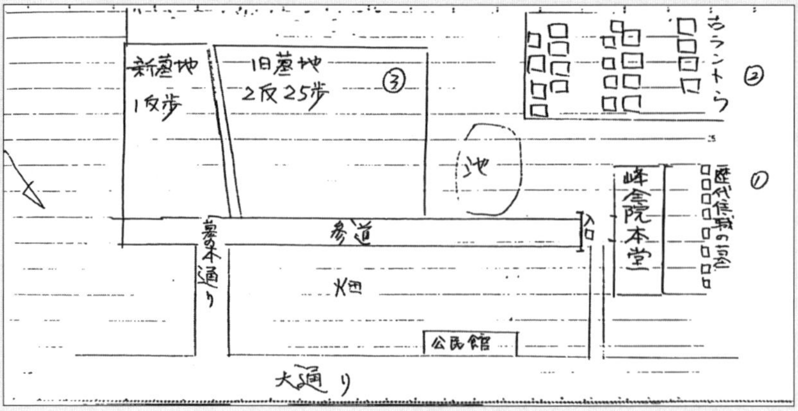

图 10　峰全院的墓地分布图

只有 6 户人家的墓碑，分别是穗积家、菊池家、甲贺家、薄井家、根本家、近藤家。根据峰全院的现住持，73 岁的铃木秀雄先生所说，这里是日本战国时代武将的墓地，现在虽然不再使用，但子孙们依然会来祭拜。那些子孙们即各家族的后人的本家有几家寺院还知道。虽然和本课题关联不大，但作为一项资料，把住持讲述的旧墓地埋葬的日本战国时代武将和后代内容具体记述如下：

战国武将家	后代	住址
穗积家	穗积喜市	大字番泽字砚石三十
菊池家	菊池武雄	大字中野
甲贺家	不明	旗宿
根本家	根本武夫	大字番泽字里见九
近藤家	近藤茂吉	大字番泽字日向十
薄井家	不明	大字番泽下宿

“furutanntou · kyubosyo”是沿着斜坡削平的三段平面，狭窄的地方密集排列着大型墓碑。尽管福岛县这里自古以来是土葬习俗地区，但墓地已经没有足够的空间埋葬棺柩。按照当地习惯，在埋葬死者的地方会堆起一个小坟堆作为

标志，但在这里并没有看到任何土堆。

明治15年（1882）之前，这里还曾经被用于埋葬死者，但根据墓地整理法[1]，土葬被禁止之后，这些家族的子孙每年依然会来祭祀。本次调查是在7月26日至31日进行的，比8月13日开始的盂兰盆节早了两周，因此无法观察到是否有人前往旧墓地祭拜。在进行调查的7月底这个时间点，②这里还没有看到最近被祭拜过的痕迹。

（二）公共墓地

上面的③旧墓地的公共墓地是区别于②而平时被称为“墓地”之处，也是番泽现在可以使用的唯一的墓地。过去，这个地区的人们在自家附近都有墓地，但明治时期实施的墓地法禁止个人在自家建墓埋葬死者，所有墓地都被集中到了峰全院。

这个公共墓地③又被细分为新墓地和旧墓地。旧墓地从明治时期开始设立，随着可使用空间逐渐变小，新的分家户无法获得墓地时，就会获得一块新墓地。

1. 墓地景观

这一带自古以来一直实行土葬。大约10年前开始实行火葬，因此，比较新的纳骨塔和非纳骨式的墓碑混在一起。然而细细观察，可以看到非纳骨式的墓碑占大多数。一眼望去，可以看到墓碑、土坟堆、纳骨塔，没有看到木制的墓标。

在番泽，一个大家族里的各家会在同一个区划内相邻建墓。分家后，新的家庭会从家族墓地中获得一块土地。最近，有些家庭因为不喜欢在拥挤的地方建墓，开始在新墓地建立单独的墓碑。新墓地的区划由寺院划分，通常一个

1　日本历史上有过《薄墓令》：大化薄葬令（646年），《大宝律令》中的《丧葬令》（701年），《养老律令》中的《丧葬令》（718年）和1948年实施《有关坟墓、埋葬的法律》，对坟墓规模、墓葬形式和葬法都有规制。这里所指的明治15年的墓地整治法令不明——本人硕士论文执笔时没有过多追究这一点，现在补充说明。

区划面积大约是两坪左右（1坪约3.3平方米）。没有特定顺序，只要向寺院支付租赁费，就可以选择一块自己喜欢的地方。新墓地全部是纳骨式的石塔式的墓，调查时看到有些区划只写了人名表示已经购入，但还没有建立任何坟墓标志。

明治时代设立的公共墓地最初没有设置区划。当时户数较少，墓地空间较大，所以可以自由埋葬。随着分家户数增加，原本分散的家族墓地逐渐相互邻近，于是村民通过相互协商确定了现在各家的使用空间。各家的墓地入口前会有几处小土堆，是埋葬死者的标志。小土堆上面或栽种一棵小树或插着一个塑料花插，还会立根塔婆。各家“先祖代代之墓”的墓碑安放在最里面，很显眼。墓碑数量远少于土坟堆。此地的人们将墓地整体称为“haka”（日语汉字“墓”），土坟堆叫做“boti”（日语汉字“墓地”），或“tsuka”（日语汉字“冢”），墓碑称做“sekihi”（日语汉字“石碑”）。

2. 坟堆与栽树

根据古老的习俗，人们会在埋葬死者的地方堆起一个小坟堆，称其为墓地“boti”。每年的忌日祭奠·供养等活动都在这个“boti”地点举行。人们说死者被埋葬的地方要永远被祭拜，因此要堆起坟头。随着时间的流逝，坟堆会逐渐平坦下去，于是人们在盆节和彼岸节扫墓时，会重新添土，恢复坟堆形状。为了防止坟堆消失，以及防止死者的埋葬地点移动，会栽种一棵小树作为标记。

栽种的树木种类似乎没有特别的规定，通常种植“tukibi”“siba”“tamakaki”和南天竹等。树木长大时人们会剪枝，以防止它们长得过大。土坟堆在人们的观念中，是祖先所在的地方，因此死者第一次盆节的新盆供品、年忌的塔婆、忌日和盆节、彼岸节的鲜花和香也供奉在这里。

看到一个坟堆“tuka”前面的花插里插着粉色和黄色的花，那是春日的彼岸日祭扫墓时供奉的绢花（非开花季节时的扫墓、祭墓，会以绢花代替鲜花）。还有坟堆上插着细细的树枝和竹竿，那是新盆法事时坟堆上插立新盆灯笼用的。

3. 墓碑

墓碑被叫作“石碑 sekihi”，通常是在人去世后三年忌或七年忌时为死者立的墓碑。由于墓地空间变小，于是从以前为每个死者立墓碑变为在已有的墓碑上刻上新死者的名字，甚至最近有人家在埋葬地点旁立一块叫做“墓志”的石板。石板上依次刻上去世人的姓名、戒名和生卒年月日。只要有这块“墓志”，即使不建纳骨塔，一个家庭也可以不立新墓碑而持续刻写上死者的信息。这样做既有空间上的好处——免去没有更多地方可以立碑的困惑，也有经济上的好处——不需要花太多钱，据说建一个纳骨塔要花费 150 万日元，而立一块石板则很经济和便利。

4. 墓地一例

据说这里的习俗是在人去世后的一周年忌、三周年忌、五周年忌时，一定要在墓碑刻上他的戒名。为了证实这一点，获得允许后我去调查了根本 LF 先生家的墓地。

图 11 是笔者绘制的根本 LF 家的墓地图。长方形的这块墓地里看上去满满都是坟堆，也可以看到塔婆和栽种的树木，最里面是墓碑。墓碑正面和两侧刻有多人的戒名、俗名、死亡年月日等。5 块墓碑里 4 块分别刻有多人的戒名，另一块墓碑较小，从正面的字可以看出是为一个女孩立的墓碑。

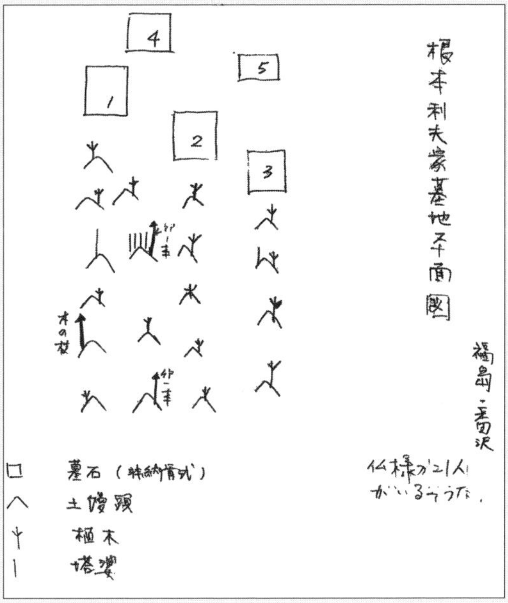

图 11 福岛县番泽的根本家墓地

根本 LF 先生介绍，那块墓地里埋有 21 位先人。自己的母亲火化后埋葬，其他 20 人都是直接土葬的。由于栽种的树长得相当茂盛，很难确认坟堆数量，只数出 19 处。

获得允许后，我仔细数了墓碑上的人名信息：

数字编号为笔者编号，1号墓碑上有5名，2号墓碑上有两名，3号墓碑上有4名，4号墓碑上有4名，5号墓碑上有1名，总共有16人的戒名或俗名被刻在墓碑上。这里埋葬有21人，就是说还有5人的名字没有被刻上。询问后得知他的父母、哥哥、姐姐和妹妹5人的名字还没有刻在墓碑上。他说计划两三年后，为这5人再单独立一块墓碑。这样，刻了名字和没刻名字的死者共21名，与根本LF先生所说的“家里有21尊佛”（日语称死后的人为“hotoke”，汉字写作“佛”）相一致。说明这里的习俗，是人死后埋葬数年之后，要给他立墓碑、刻写名字或戒名。现在习俗发生变化，死者的名字或戒名等会集中性地刻在一块家族墓碑上或者一块石板上。

根本家现在计划建一个纳骨式的石塔，但只是计划在石塔上刻上根本先生的父母、哥哥、姐姐和妹妹5尊佛的名字，不打算从土葬地里挖出先人们的遗骨一起改葬放入纳骨塔。根本家的纳骨塔计划是今后如果有新佛出现，就火化后再把骨灰放进纳骨塔里。“这次轮到我了，我死后就放进去。”LF先生如是说。

三、葬法

番泽地区过去只有土葬法，现在是土葬法和火葬法并存。尽管行政上没有禁止土葬，但大约10年前火葬开始普及，60岁以上的老年人仍有人对火葬持抵触情绪，他们认为火葬“太热”或“被烧会很痛”，更倾向于传统的土葬，而年轻一代因疾病和交通事故去世的人很自然地选择火葬。10年后的现在，选择火葬并建立纳骨塔的人家越来越多。据峰全院的住持所述，今年（1988年）只有一家选择直接土葬，这反映了葬法习俗正在发生变化。

（一）土葬

这个地区存在着3种土葬形式：传统的直接土葬、火葬后埋葬骨灰的土葬、在建立纳骨塔之前短时间埋葬骨灰的临时土葬“仮土葬”。

直接土葬是埋在自家墓地里，挖一个大约6尺深的坑，放入棺材。这个深度被称为“六尺”。通常，家族成员和葬礼互助会的“挖墓人”一起去墓地，在他们认为合适的地点挖墓坑，挖坑的位置由家人决定，葬礼互助会的人负责挖墓坑和回填土等工作。在埋葬死者的地方一定会制作一个坟堆“tuka”作为标记，日后的祭奠·供养活动也面对坟堆举行。

如果家族中有新的逝者，则会尽量避开已有的小坟堆挖墓穴。如果墓地面积有限且已经遍布“tuka”，根据家族的传统和上次埋葬以来的时间长短，决定是否进行“hokkesi”（方言“重复挖”之意），即挖开旧的埋葬地点埋入新的死者。即使经过很长时间，理论上一切都应已经腐化为土，但有时也会挖出遗骸。这时，人们会将遗骸捡出放在墓碑上，放进新逝者的棺材后，再将遗骸重新放回墓坑中填土埋葬。在反复开挖的地点埋入新的死者，再为新逝者制作新坟堆，原有的坟堆便会自然消失了。村民们认为，老的死者早已成神，没有坟堆也无妨了。

（二）火葬

火葬从10年前开始普及，但这个地区很久以前就有“hitoyakiba”（烧人场），用于焚烧因疫病死去的人。这个火葬场被附近居民嫌恶，在昭和元年（1926）前后被废止使用。现在的火葬场位于白河市。火葬后的骨灰有的被纳入纳骨塔，有的则像历代祖先一样被埋入自家埋葬地。埋葬火葬骨灰时，墓穴深度为4尺，填土之后上面也会制作小坟堆“tuka”。

近年来，随着火葬的普及，修建纳骨塔的人家增多，但纳骨式石塔比单人墓碑体积大，修建纳骨塔无法完全避开占用埋葬的地方。因此，人们会在埋葬历代祖先的地方加固地表，在上面修建纳骨塔。并且，即使修建纳骨塔，多数人家也不改葬过去埋葬的先人。有些人家会取一把最近去世的祖先坟堆上的土，放进纳骨塔中。

一个实例：上羽郷近藤HY家的纳骨塔建于1975年，纳骨塔建成后，在1965年和1970年去世并“直接埋葬”的HY氏的父母的坟堆上各自取了一把土放进纳骨塔，而没有挖掘遗骸。

还有一例：番泽字里见109号根本HYL家的例子。根本家的纳骨塔建于两年前，那年也是他父亲七周年忌。他父亲去世时，家里计划建纳骨塔，所以父亲是火化的。火化后的骨灰连同骨灰坛一起浅埋在“tuka”，7年后纳骨塔建成，挖出骨灰坛放进纳骨塔。去年，根本的母亲去世，火葬后没有再暂时性土葬，而是直接将骨灰放进了纳骨塔。

（三）临时性土葬

人们采用临时性土葬的原因有两个：一是自家的纳骨塔尚未建成，二是相比于把遗骨存放在寺院，浅埋在自家墓地里更经济、便利。

死者火葬后的骨灰通常会放入纳骨塔，但在葬法过渡时期，很多人家火化死者遗体，但是放骨灰的纳骨塔还尚未建好。这时的骨灰坛会临时存放在寺院或临时性地浅埋在自家墓地。这种土葬被称为“仮土葬”（临时土葬），骨灰坛埋得比较浅。一旦纳骨塔建成，就会挖出浅埋的骨灰坛移入纳骨塔中。

四、葬礼

（一）葬礼的称呼

当一个家庭有人去世时，会说“××家有了不幸”。遭遇“不幸”的家庭会在一星期左右的时间里在大门口挂上“忌中”的牌子，告诉周围人家，自己家在做丧事。屋内还要用纸遮盖住神龛。

（二）葬礼互助会

番泽地区有葬礼互助会，称为“锹柄组合”。据说这个名字来源于葬礼时人们认为不应该把挖墓穴、埋葬棺材的铁锹带回家，于是将锹柄插在墓地上。另一种说法是，葬礼时将锹柄拔出并插在墓地上，意味着这个人死去了，他的工作就像被拔出的铁锹柄一样，已经结束了（近藤亥一讲述）。在上羽乡，除了住宅区外，40户人家被分成3个班，每个班都有1个班长。如果某个家庭发生了“不幸”，那个家庭所属的班将承担葬礼主要事务性工作，另外两个班的班长即使不是自己班的轮值也会来帮忙。轮值到的那个班的每户要有一男一女参加帮忙办理丧事。

（三）葬礼工作分担

“rokusyaku”（6尺）：挖墓穴或埋棺材的工作由两个人负责，称为“6尺”，因为墓穴要深挖6尺而得名，这是一个轮流担当的工作。

“sirakawadukai”（白河跑腿），负责购买丧事用品和食物的人，因为要到白河市去购买，所以被称为白河跑差的。

“hikiyaku”（ 报信的），负责通报丧事消息的人。葬礼前一天晚上，两人一组带着两个饭团出发去亲戚家。

“teradukai”（寺院差事），负责迎接僧侣，给僧侣拿物品的人。

人去世后，死者的孩子和兄弟姐妹会清洁遗体，换上浴衣，并在遗体上放置扫帚和刀具。刀具的刀尖要朝南放置，以防止猫狗跳过遗体，也为了防止周围的人被死者附身。另外，清洗遗体的热水不能倒在厕所或外面，否则会遭到惩罚。而且，早上也不能把水倒在阳光直射的地方。

（四）送葬队列

1. 牌位　施主手捧

2. 遗像　不明

3. 灵膳“reizen”　油炸食品、一碗米饭（白饭堆高插上筷子）和汤

4. 桌子　用来放置灵膳

5. 香炉“kouro”　木制的方形香炉

6. 烛台“syokkudai”　两个

7. 火把“taimatu”　两个（红纸条捆为一束的稻草为一个）

8. 六合“rokugou”　两个，用来盛放团子（每个六合上面堆放6个团子）

9. 供果“morikasi” 两块普通点心

10. 天茶 故人的茶杯

11. 天汤 水

12. 香 两个（3束合为1个）

13. 纸花 所有送葬的亲戚都手持纸花

14. 手杖 孙子们持有

15. 六尺 葬礼互助会来的4人，他们负责将灵柩车拉到寺庙，并挖掘墓穴（灵柩车平时存放在寺庙）

16. 天盖“tengai” 如果本家的人去世，分家人手持，反之则本家人手持（天盖平时存放在寺庙）

17. 提灯 葬礼互助会的人手提。[1]

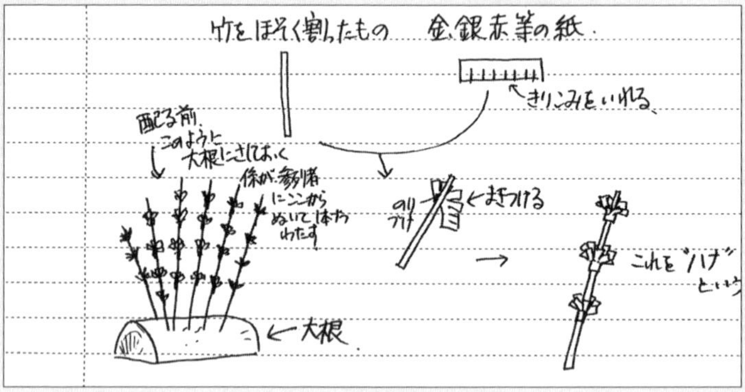

图12 葬礼纸花的素描

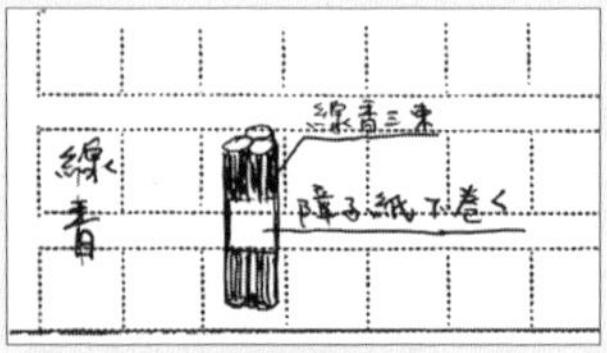

图13 焚香的素描

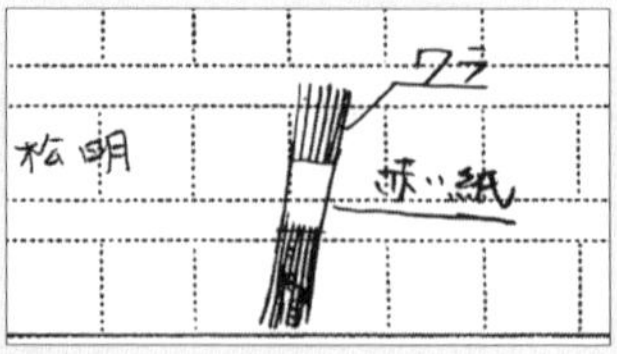

图14 六合的素描

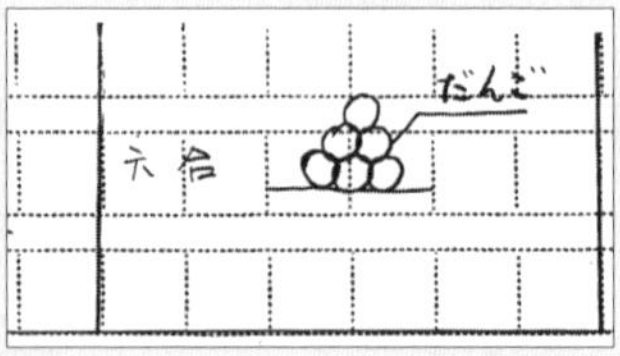

图15 火把的素描

1 以上送葬队列的顺序，是听几名村民讲述后整理的，因讲述者不同二队列顺序有出入。

（五）其他

1. 过去使用立棺土葬。立棺高约三尺五寸，宽一尺八寸。后来使用卧棺，长度变为六尺。出棺时，从房檐走廊里将棺材搬出，不走屋门，棺柩放入传统的灵柩车，用人力拉到寺院。

2. 葬礼结束后回家时，每个人在大门外要做一个给自己全身上下撒盐的"kiyome"（洁身）仪式，然后用旁边放着的水盆洗手。

3. 葬礼服装，施主穿"kamisimo"，现在不怎么穿了。亲戚穿丧服，帮忙的人不穿丧服。

4. 葬礼忌讳：死者家中的有工作的人要休假一周，忌期为21天，这个忌讳期间没有特定的如丧假等名称。如果家里有人去世，这家人一年里不能参加村里的公事会议或活动。

5. 牌位：人去世后，家属会请寺庙的和尚写两份内容相同的牌位。一份放在佛坛上，另一份在葬礼时带到墓地，放在棺材上一起埋葬。番泽的人们解释说，因为死者不知道自己的新名字的话，去那个世界会有麻烦，所以需要带个牌位埋葬。也有的家庭在火葬后将牌位和骨灰一起放入纳骨塔。另外，据说在49天时会重新制作一个牌位。因为49天内死者的灵魂不会离开家，49天后死者真正成了"佛"，所以要重新做一个牌位。

五、供养

葬礼后的祭墓：葬礼当天、次日、头七、35日、49日都去祭墓，一年忌、三年忌、七年忌、十三年忌也都要办法事。除此之外，根据居民根本HYL妻子asako女士的讲述，盆节和彼岸节也会去祭墓，而居民近藤MZH则说，他家会在头七日、二七日、三十五日、四十九日、百日、一年忌、三年忌、七年忌、十三年忌、十七年忌、二十三年忌、三十三年忌都去祭墓，供养死者。

在上述这些供养的日子里，这家人会去寺庙领取和尚书写好的塔婆立在坟堆后面，为坟堆添土，并在坟堆前焚香和供奉鲜花。即使过了三十三年忌，为了不忘记死者，永远守护那个坟堆，每年在盆节和彼岸节也仍然会在坟堆前焚香和供奉鲜花。据这个地区的村民说，他们这里没有明确的结束供养的“tomoraiake”（祭祀终了）之说和做法[1]。根据上宿的根本LF的说法，葬礼后，再忌日、盂兰盆节、彼岸节他家都会去祭墓。在死者的忌日做法事，在那位死者的坟堆前焚香和供奉鲜花。在盆节和彼岸节，除了鲜花和焚香，还会给每个坟堆都供奉团子。盂兰盆节时对“新盆的人”（新逝去的死者）特别供上豪华美食“gotiso”，具体物品是水果、红豆饭和团子。

祭墓时，虽然没有固定的顺序，但是有习惯性顺序，一般是先祭拜坟堆，从墓地入口开始，在每个坟堆前供奉团子、鲜花和焚香，如果死者生前喜欢喝酒，也会在他的坟堆前供酒，最后祭拜位于最里面的石碑。

六、盂兰盆节

（一）流程

在这个地区，每年8月13日至16日是盂兰盆节。

8月13日

盆棚：在佛坛两侧竖起两根细竹，佛坛铺上蒲草席，摆上供品的蔬菜（切碎的黄瓜、茄子）和团子等。新盆的家庭，通常会单独摆一张桌子作为盆棚。

迎接火“mukaebi”：过去用松木碎片在大门两侧堆两小堆点燃，死去的人看到这火堆就可以回到自己家。现在不特别讲究使用哪种木材。

拜墓：携带一个灯笼和供品（年糕、团子、鲜花、水、酒等），去墓地祭拜。去的时候不点燃灯笼里的蜡烛，灯笼放在墓地后就回家。有些人家会将灯笼绑在插在坟堆上的树枝或竹枝上。

盂兰盆舞：过去有集体跳盆舞活动，现在不举行了。

1　日本一般在人死后33年结束对死者个人的祭祀，认为死者已经脱去个人身份，成为整体祖先概念里的一人。

8月14、15日

捣制年糕，吃素面。制作团子或吃乌冬面。在这一天，会将年糕裹上紫苏叶烤着吃，也会给盆佛们（回来的祖先灵魂）供上。

8月16日

送盆日“okuribon”：人们说送盆越早越好，于是从凌晨开始（有人从凌晨3点就出门）去社川流放盂兰盆期间的供品。用蒲草包裹住供品（蔬菜、年糕等），传说是为了“佛们要带礼物回去，给留在从墓地没回家的佛”，拿着香去河边。在岸边插上香，一边口里念唱“盆佛啊盆佛、流走吧，过些日子的彼岸节请再来”，一边把蒲团放入河中。

这种在河边送盆的行为一直持续到10年前，后来由于卫生原因被行政方面禁止了。现在，盂兰盆祭祀后的供品，或者在各自的庭院里埋掉，或者作为垃圾处理掉。

（二）新盆“ninbon”

在前一年盂兰盆节之后去世的人，今年盂兰盆是他过的第一个盂兰盆节，被称作“新盆”，有新盆死者的家庭也被叫作有新盆的人家。新盆的家庭比一般家庭要提前开始盂兰盆接灵魂回家的仪式，从8月7日左右开始摆放桌子，铺上“盆草席”，放牌位，供奉花、水果、点心等。另外，将绘有家纹的灯笼放在佛坛旁边，盂兰盆节期间，每天晚上挂在走廊上。8月14日做新盆供养仪式。死者家的近亲们会带着高提灯和现金香火钱来家里参与在家里举行祭祀新盆的法事，然后（通常是上午11点左右）一起去墓地，请僧侣在坟前念经、人们轮流上香，然后回到新盆的家，这家设饭食招待法事参与者。

七、印象与思索

番泽被认为是这个地区的土葬单墓制村，但从墓地使用和面积狭窄的状况看，我总觉得它和两墓制有些相似之处。

（一）现在使用的峰全院公共墓地，是根据明治15年（1882）的墓地条例，将各家房屋、田地里的墓集中起来而形成的，这里看不到五轮塔等古老的墓碑，推测在房屋或田地里埋葬祖先时可能没有立墓碑。从这个地区的人们自古至今的习惯来看，过去并不一定要通过修建石墓碑来永久纪念死者。即使在同一块墓地，埋葬死者的地方会堆一个“tuka”，认真祭祀它，也用它来永远纪念死者，这种行为和思维可能是不立墓碑时代的遗风。

（二）公共墓地各家几乎都是从入口开始就排满了坟堆“tuka”，坟堆上面插着花插、塔婆等，也有家庭在“tuka”上栽种小树，在众多坟堆的后面排列墓碑。换句话说，各家的墓地里埋葬死者之处和立墓碑之处被明确区分开。墓碑和墓碑之间的空地里也没有坟堆，说明人们意识里对墓碑空间和埋葬空间是有区别使用意识的。

祭拜墓地时，人们先从坟堆开始上香，新盆的墓地祭拜也在新死者的坟堆前摆供祭品，感觉这与两墓制村落的在一定期间内祭拜埋葬墓地没有太大区别，也许番泽的墓地可以称为是一种紧密连接型的两墓制。

（三）在墓碑前面是一片排满了埋葬死者的小土堆的埋葬地，这个空间是可以多次挖开、反复埋葬使用之地。两墓制地区的埋葬地也是反复使用，两墓制的埋葬地如果挖出前人的遗骸也不认为是不仁不孝之举，会平静地处理，埋在新死者棺材旁，这个行为和这里土葬单墓制的做法、想法非常相似。

究竟应该如何理解和区分两墓制和单墓制，不同墓制深层的思维有什么不同？在调查福岛县表乡村的土葬单墓制村落之后，我有了新的感受以及有需要重新思考的问题。

第三章 解析两墓制

以上两章回顾了“两墓制”研究之起始、展开及进展，记述了笔者在日本的近畿、关东、东北地区实地田野调查的收获。在这一章，尝试通过审视调查资料，认知被称作“两墓制”的墓制之产生、分布、特征和意义。

在论述“两墓制”之前，需要对“两墓制”这一用语的含义进行界定。如前文所述，关于“两墓制”这一学术用语的适用范围，即呈现怎样的样态的墓地可以被称作“两墓制”，至今尚没有严格的、被普遍认可的定义。在这里，先借助前一章引用的新谷尚纪的分类里第 Ⅲ、Ⅳ 类型，也就是“墓域整体被划分成两个区域，在距离遗体埋葬地点相当远的地方建造石塔的类型”以及“两个墓域完全隔绝，在距离遗体埋葬地点非常远的地方建造石塔的类型”属于两墓制，“埋葬墓地和石塔都呈现出集合性墓地样态的，可被称作两墓制”。按照这个定义，本文前面提到调查事例的滋贺县下丹生和千叶县坂户西福寺这两个例子是明确属于两墓制的事例。而福岛县番泽的墓地和千叶县坂户尾牛墓地，则是可归于图 1 的类型Ⅱ所说的土葬单墓制在埋葬地点旁建有石质墓碑的事例。

一、日本社会墓制的共性

（一）人魂交流

在日本社会，一般认为即便人去世了，他的灵魂依然活着。而且，死者的灵魂不会远走，会前往家乡的高山之上，在那里俯视、守护子孙们的生活。还会在盂兰盆节、彼岸节时回到家中，接受家人的款待，和家人一起享受欢乐时光。无论是葬礼仪式还是日后的祭祀、供养行为，都能感受到人们相信祖先的灵魂不死，死者的灵魂能够与在世的家人和他的子孙们频繁而持续地交流的观念。

因此，日本人会在死者的忌日和正月、盂兰盆节等特定的时日或特定的季节里恭恭敬敬地祭祀死者。平日里也会在设于家中的祭坛，日本叫作“佛坛”的地方每日供奉饭菜或茶水。这样的景象在前去调查的各个村落都能看到。另外，在盂兰盆节时，家人在迎接和送别回家的死者灵魂时，会对他们念念有词地说些什么，这样的习俗或许是这种灵魂观念的体现。

8 月 13 日，千叶县坂户村落的人们前往墓地去“迎接祖先”，在墓前点燃带去的灯笼里的蜡烛，并说道：“请跟着这灯光回来吧。”村民告诉我，过去人们还会双手背在后面，做出背人的样子，意思是把祖先背在背上接回家。埼玉县入间郡鹤岛町藤金的人们说，盂兰盆节去墓地迎接祖先时，人数越多越好，尤其是大多家庭会带上家里的孩子们一同前往墓地迎接祖先，有的人家会把孩子们带到墓前，向祖先汇报子孙的近况，比如会说“孩子们都长这么大了”“孩子们都很健康呢”之类的话语。在盂兰盆节的“送盆”日，在福岛县的番泽，人们会口里念叨着“祖先、祖先，顺流而下吧，下次彼岸节时请再来啊”，然后把供品投入河中，让其顺水漂流而去。这些事例地区的人们，是把去世之人的灵魂当作活着的祖先一样对待。

在日本社会，人一旦去世，“去往另一个世界”时，与在世时不同，他会有一个新的名字，叫作戒名或法名，用这个新名字“在那个世界生活”。多数情况下，人死后，家人会前往寺庙，请求僧侣给死者取一个戒名。为了告知死者他自己有个新名字，在葬礼结束后为他送葬时，一定要把将写有戒名的牌位带到墓地去。那种牌位有的是在一块未涂任何颜色的木板上贴着写有戒名的纸，有的像千叶县坂户村落那样，是把贴着写有戒名的纸夹在竹片上再插在萝卜上。土葬时，会把那个戒名牌位放在棺材上一起掩埋（千叶县坂户、福岛县番泽过去也都是如此），或者把牌位放在掩埋之处的土地表面（埼玉县高仓、滋贺县下丹生的做法，以及千叶县坂户村落现在的做法均如此）。据说火葬时，有的地方（如笔者调查地之一的福井县坂井郡春江町的针原村落）也会把牌位一起烧掉。

（二）埋葬地的使用

除了火葬之外，无论是单墓制还是两墓制，实际葬法都是土葬法，埋葬地是共同的不可或缺的要素。在调查埋葬地使用的过程中，笔者发现了一个有意思的问题。首先列举几处事例及其主要元素。

福岛县西白河郡表乡村番泽的墓地是按户划分区域使用的。一户的墓地空间里相当大的部分都用于埋葬，从墓地入口开始便是用于埋葬的空间，在墓地最里面，密密麻麻地林立着石塔。番泽地区的人们去世后不火葬而是土葬，作为埋葬的标志，家人会在埋葬地点堆起一堆土，做成坟堆，当地方言叫作“tuka”。当笔者询问在面积不大的区域里堆满了坟堆时该怎么办，回答是寻找那些被判断为埋葬后已经经过较长年头之处，在那里重新挖掘。人们告诉我，在重新挖开的墓穴里埋下新的“佛”，然后在上面再堆起一个坟堆，不过这个坟堆是新死者的标志，原来的埋葬标志就永远消失了。挖墓穴的时候，如果挖出了前面死者的部分遗骸，就会放在“新佛”旁边一起再埋回去。

千叶县佐仓市坂户村落的西福寺境内有一处埋葬地叫“ranto”，按户划分使用面积。每户分到的埋葬地面积可以放置四口坐棺（昭和 30 年即 1955 年前后开始使用卧棺，埋葬地面积就只能够并列埋下两口卧棺）。家家户户要在这块极为有限的埋葬地里埋葬下自己家历代去世的祖先，又有墓地管理法规定的不能随意扩大墓地的法律，人们就和上面提到的福岛县番泽事例一样，反复使用同一处埋葬地点。

在千叶县坂户村落里，还有一处尾牛墓地，外观景象与番泽的墓地很接近，同样是把石头墓碑排列在最里面，墓碑前面排列着很多坟堆（参照图4）。对于尾牛这块最里面是石塔、墓碑，前面都是埋葬地点的墓地情景，当地人这样解释：因为这里不像西福寺院内那样有足够的空间，没有很大的墓地面积，因此不能像西福寺那样分开设置埋葬地区域和墓碑区域。不过，虽然不像西福寺那样能够清晰地划分开埋葬地“rantou”和立墓碑的“isirantou”，但在尾牛墓地，人们也是按照和西福寺的埋葬地“ranto”同样的方式来区别死者的埋葬地点和祭祀地点的。埋葬死者之处堆起土堆，竖塔婆和木质墓标。然后，和西福寺里面的埋葬地一样，在非常狭小的面积里反复地、交替着挖掘，以埋葬历代去世的先人。

埼玉县入间郡鹤岛町藤金的公共墓地是按户划分使用的。一位老人告诉我说：“因为埋葬了历代祖先，墓地（可使用的）面积变得越来越小了，所以就从最开始的地方重新挖掘，然后再次埋葬（死者）。”

滋贺县伊香郡余吴町下丹生的埋葬地“sanmai”是以整个村落为使用单位的，没有按户划分小区域。历史上一直是全村按照死者去世时间的先后顺序在空地方挖墓穴埋葬死者。据说这里每个地方下面都是埋葬过死者的，村民说即使地面上的木质墓标等完全腐朽看不到了，也有人家在挖墓穴时挖出过骨骸。

同样在滋贺县余吴町川并村落的埋葬地也被称作“sanmai”，是整个村落共有的，各户没有单独使用的面积。任何人家都不能独占某块区域，全村按照死者去世的先后顺序使用埋葬地。墓地使用年代久远，空地面积很少，据说挖墓穴的时候，会挑选没有木质墓标的地方。（实际是木质墓标已经腐朽看不到了，说明这块地方埋葬的历史比较久远）

滋贺县水口町北内贵村落，是笔者最初遇到到两墓制事例之地，第一次遇到这类事例时，觉得很惊讶。这里的埋葬地“sanmai”是按户划分区域来使用的，每户分到的面积大概能放置两口卧棺，每户人家在这块狭窄的埋葬面积里反复使用，埋葬时选择地点挖掘墓穴之情形也和前面的事例是一样的。

以上是笔者调查过的7个村落的墓地情形。其中既有一般被称作单墓制村落的事例，也有被称作两墓制习俗村落的事例。这7处埋葬地或是按户划分了单独使用区域，或是全村共同使用公共墓地空间，无论哪种墓地，它们有一个共同的特征，都是在有限的面积里，重复使用这块土地埋葬死者。

在走访各个村落调查墓制时，笔者留意到这一点，并且尝试确认这种对一个在汉族文化里长大的人来说的不可理解之处。出于墓地管理法的制约和各地人们长久的习俗行为影响，各个村落的人们很自然地这样做，一直延续到现在。这4个县7个村落的埋葬地是如此，那么在日本全国范围内又是如何的呢？如果在实行土葬的地区，在埋葬地反复埋葬是极为常见的行为，那么能否说这是日本墓葬制方面的共性之一呢？

此外，火葬时人们会把骨灰装入骨灰坛，然后放进自家的纳骨塔中。笔者调查过修造纳骨塔的工地现场，看到动工不久的纳骨塔的底座，看到纳骨塔里面的纳骨空间的“纳骨室”底部一半是用混凝土做成的台子，另一半保持着泥土的原样。施工人员说纳骨时把骨灰罐摆放在台上，等到放满了的时候或者当一个死者的骨灰祭祀满33年之后，就可以把骨灰罐里的骨灰倒在纳骨塔内有泥土的那部分地方，也就是所谓的“回归大地”的做法（在埼玉县入间郡鹤岛町高仓村落、千叶县的太田村落等地都能看到这样的实例）（图16）。

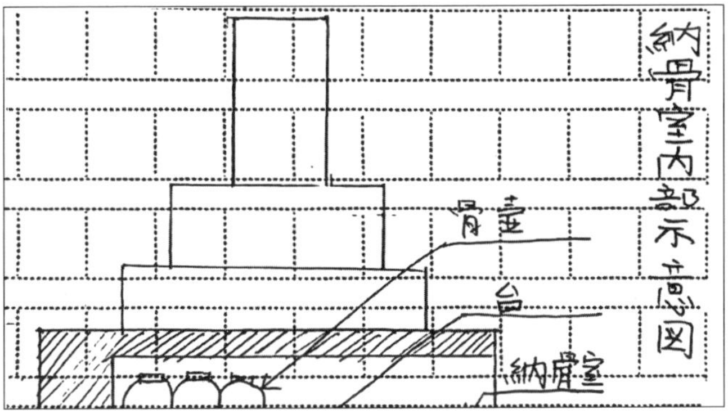

图16　纳骨塔内部示意图

这个火葬后纳骨的事例看似和埋葬地没有关系，但是在纳骨塔内倒出骨灰的行为以及纳骨塔内部设计成可反复多次存放遗骨的场所，这与埋葬地反复使用行为出于同一种思维，因此把纳骨塔事例资料也放在这一节。

二、从墓葬制看灵魂观

（一）墓与灵魂

柳田国男在《先祖的故事》中论述，日本人对于“死亡”的看法是，即便人去世了，他的灵魂依然继续活着，不会远离故乡，还在守护子孙们的生活。日本人认为人死后灵魂会脱离肉体，生活在某个地方。本文试图探讨遗体的处理方式——或土葬、或火葬或改葬——与灵魂之间是怎样的关联，脱离肉体的灵魂又具体存在于何处。

田野调查正逢暑假期间，是各地的祭祀灵魂的盂兰盆节时期，笔者得到机会调查了几个村落迎接和送别祖先灵魂的盂兰盆节的行为。

1. 福岛县番泽之例

盂兰盆节的“接盆”，人们会提着灯笼、带着供品前往墓地，而“送盆”时，旧时是把盂兰盆节期间的供品放到河里漂走，现在出于卫生方面的原因已经不能这样做，于是人们把供品埋在院子里或者当作垃圾扔掉。人们从墓地迎接祖先的灵魂回家，但不会再送祖先们回墓地。“迎盆”去墓地祭拜的顺序是先坟堆、后墓碑或纳骨塔。首先会在每个土堆前点上香、献花、摆上年糕，还会在前一年新故去的人的坟堆前供奉些“特殊菜肴”，如赤豆饭、水果、团子等。这些做完之后，再去墓碑那里祭拜。

2. 千叶县坂户西福寺之例

“迎盆”要去墓地，会去埋葬地“ranto”和祭祀地“isiranto”两处地方，人们似乎并不分祭拜的先后顺序。“送盆”时也要去墓地，不过送祖先回墓地时人们习惯只送到一处。据笔者于“送盆”时间段在西福寺观察记录的结果，多数家庭是只送到埋葬地点。人们点着灯笼从家里出发，在埋葬地“ranto”前把灯笼里的蜡烛的火熄灭后就回家了。只有那些建有纳骨塔并且已经将骨灰安放在纳骨塔里的家庭，才会去自家的纳骨塔祭拜，然后在石塔前把灯笼的火熄灭。询问了几家来西福寺“送盆”的人家为什么要送到埋葬地，人们的回答是“祖先”是住在埋葬地“ranto”这里的。从这里可以看出，人们是把祖先的灵魂与祖先埋葬之地点或者存放骨灰的地方紧密联系在一起的。

3. 滋贺县下丹生之例

除了埋葬死者的地方之外，每个家庭还有用于永久祭祀死者之地“hakadoko”。迎盆时人们会前往只建有墓碑的“hakadoko”，送盆日和送盆行为被当地人称作“送精灵”“漂流精灵”，具体做法是去河边，把供品等放到河里漂走。当问到盂兰盆节时回家来的祖先们的灵魂在盆节之后会去往哪里时，并没有得到祖先们的灵魂在墓地的明确回答，有对老年夫妇说灵魂在家里的佛坛那里。虽然人们认为灵魂一定存在，但灵魂具体存在于哪里，人们的认识不是很明确。

4. 新潟县山北町[1]之例

这里是土葬单墓制地区。8 月 7 日，盂兰盆节时的早晨，人们会把用“sitisiba”做成的两匹迎接马放到河里漂走，说这是派马匹去接祖先们，人们说 8 月 13 日祖先会骑着这匹马回家来。8 月 16 日被称作是送祖灵回去的日子，一般做法是制作团子，然后和盆节供的鲜花、用黄瓜做成的马等一起放到河里漂走。

《新潟县史》列举了 7 个盆节送祖灵的例子，在这 7 个例子当中，大部分都是把祭供品放到大海或者河里漂走的做法，只有一处是前往墓地送别祖灵的。[2] 8 月 13 日的迎盆，也有先到河边诵念迎接祖灵的话语，然后再去墓地接祖灵的例子。人们会在墓前插竹枝，装饰上灯笼果，有的地方还会在坟前供奉用黄瓜和茄子做的马。山北町的人们认为平时祖灵在佛坛，从 8 月 13 日开始，

1　山北町，在笔者调查时是新潟县岩船郡下的一个町，2008 年并入村上市。

2　新潟县的送盆，参见《新潟县史 资料编（民俗编 1）》，第 719 页。

祖灵会从"天竺"或者从佛坛移到盆棚上，16日又会回到佛坛去。[1]人们虽然有这样的观念，但有些村子（如山北町、越泽）8月13日晚上和14日清早还是会去墓地给祖灵摆放饭食，13日开始在墓地放一个木制灯笼，盆节那几天每天傍晚都去墓地点燃灯笼。[2]同为山北町的村庄，祭拜墓的方式也不尽相同。有只去墓地祭拜一次（14日）的村子，去墓地祭拜两次（14日、15日早上，本家、分家都会去祖灵墓地祭拜）的村子，还有去3次（13日傍晚和14日早上、傍晚）的村子。除了去自家墓地祭拜外，还会去亲戚的墓地祭拜，以及14日、15日、16日早上给各个墓都摆放供品的村子等，盂兰盆节祭祀墓地与否，以及祭祀方式，不同村子的事例各式各样。

5. 迎送祖灵的地点

8月7日漂流一匹马去迎接祖灵，13日请祖灵骑着马回家，16日祖灵又骑着马顺沿着河流回到自己居住的地方，从这样的行为看，祖灵平日似乎住得比较遥远，并且来去的通道都是通过河流，不是村落附近的墓地。而且，虽说祖灵在盂兰盆节期间回到家中，可是人们还要每天去墓地祭拜以及去墓地点亮灯笼又是为了什么？询问村里人平日祖灵住在哪里，有的老人会说也住在自己家，也住在墓地，还有的老人告诉笔者祖灵住在佛坛、墓地、天竺3个地方。

如果说祖灵在盆节期间会回到家中，具体停留在家里的佛坛或者盆棚上，那么，为什么盆节期间要去没有祖灵的墓地祭拜？在墓前供奉祭品、给灯笼点火照明又是为了什么？如果是认为祖灵住在墓地的话，似乎还能解释得通，可是迎接祖灵的"迎马"是放在河里而不是放在墓地上的做法就解释不通了。而且在送盆的时候，不把祖灵送回墓地，也是放在河里顺水漂走，感觉上祖灵们漂流得离墓地越来越远。这样的行为似乎也是一种矛盾的做法。

在盂兰盆节时，祖先的灵魂会骑着马回到家中，然后又漂到河流下游去，

1 ［日］山北町教育委员会：《山北町的民俗 1》，筑波大学研究会编，山北町教育委员会出版发行，1985年3月。

2 同上。

这个说法和人们实际的到墓地接送的行为有些不符，让人觉得在盂兰盆节这个祭祀祖先灵魂的时节与墓地的关联显得有些薄弱。让人不禁想到墓碑是为了什么而建，又有着怎样的含义。埋葬地作为处理和存放遗体的场所，其存在是理所当然的，但是如果用于永久纪念而后供养死者的墓碑处既没有遗骸也没有死者的灵魂的话，那墓碑的存在是否就变得没有意义了呢。滋贺县下丹生的"hakadoko"远离埋葬地，那里只有墓碑，看上去像是祭祀灵魂的专门场所，人们在"迎盆"时会去这里祭拜，而"送盆"时，却会到河边把祖灵送到河流下游，感觉祖灵就这样远远离开祭祀地点"hakadoko"了，而且在盆节结束之后也完全看不到人们请祖灵回到祭祀地"hakadoko"的安排。

6. 墓碑

修建墓碑乃是为了永远祭祀死者的灵魂，这是一种常见的解释。但从调查事例看，日本普通村落的人们似乎有着灵魂并非固定地存在于某个地方、并不定居在墓地的意识。而且，像福岛县番泽，人们先是祭拜埋葬死者之地，每个坟堆都逐个供奉祭品、上香、摆放鲜花，还会在当年新故之人的坟前供奉特别的供品，最后才去祭拜墓碑。墓碑似乎是处于次要地位之存在，像是用来书写戒名之类的地方。千叶县坂户西福寺里既有埋葬地点，又有用于祭祀的竖立墓碑的地点。而大多数家庭的"送盆"，只把祖灵送到埋葬地点，不去祭祀地点。从这两个事例能够看出，普通民众似乎认为祖灵住在墓地，具体来说是居住在埋葬地。

这些盆节事例里的人们在盂兰盆节接送祖灵时，在地点上有所不同，人们对祖先死后之灵的所在之处、盂兰盆节回家和离开时的去向的认识和迎送行为呈现多样性、多方向性。现代日本农村的人们对人死后灵魂在何处这一问题的回答，虽然各不一样，有的认为在牌位上，有的认为在天上，有的说在家乡的山上，或者认为灵魂游离不定，有时在家、有时在墓地、有时在"石塔"等等，但有一点很相同，就是人们并不认为石碑与灵魂、墓地与灵魂有不可分离的关系。人们对遗体埋葬地点与祭祀死者的顺序有某种优先和偏重，也表现出人们祭祀祖灵行为和没有遗体遗骨的墓碑之地并非百分之百相关联。墓碑存在的必要性和普通人对于灵魂的认识具有矛盾性。

人死后的灵魂会生活在自己家附近，会在家乡的某处高山上守护子孙，这个思维是日本自古以来的灵魂观念，笔者调查过的村落的人们似乎都在无意识地遵循着这一观念。而这种观念里，死者的灵魂是没有定居地点的，没有明确灵魂是不是在墓地，而建立墓碑是为了长久祭祀和供养死者的意识，在人们的脑海中似乎有些薄弱。

（二）基层信仰与佛教

在讨论日本墓葬制深层的灵魂观念之前，作为认知日本墓葬习俗的“对照组”，以下先简单陈述中国（主要是北方汉族）墓葬习俗以及从文献获知的朝鲜墓葬制。

1.中国的墓葬制、灵魂观

在此只简单记述以北方汉族为主的基本状况。

汉族自古以来的观念受儒家伦理思想影响较大，将墓视作人往生后的居住地，生前居处称阳宅，死后墓地称作阴宅。自古以来土葬法占绝对主流，把遗体保存在墓里，认为墓是死者和他的灵魂的栖息之所。从考古发掘报告可以得知，古代贵族的墓室中放置了大量与生前所用相同的器具、乐器、食品等，可见在古代汉族的观念里，人们认为人死后也会在另一个世界继续生活，过着和生前一样的生活，而墓就是继续生活的场所。因此，人们努力完整地保存遗体，存放遗体的棺木外面加三重、四重之多的椁，还要涂上多层漆，以期长久保存遗体。

在葬礼以及之后的清明节扫墓时，还有烧纸钱的习俗，目的是给“另一个世界”送钱。人们认为去世的人在那个世界生活和在现世一样需要金钱花销，这从一个侧面体现了汉族的他界观。这种习惯至今在很多地区依然持续着，1987 年春节，笔者亲眼看到北京郊外的某个山村有迎接祖先回家一起过春节，然后送祖先离开时烧纸钱的行为。

佛教在一世纪就已经传入中国，但是作为佛教徒习俗的火葬，长期未被汉族百姓接受。因为人们相信灵魂附着在肉体上，人死后会在另一个世界继续生活，遗体保护是汉族灵体观念的具体体现。

汉族的埋葬场所一般以家为单位，世世代代埋葬在家族墓地。墓地面积宽阔的大家族或富裕人家的墓地按昭穆制排列埋葬，经济力量不足的家庭，按照死亡时间依次埋葬。还有人家没有家族墓地，而是在村庄周围的山里请当地的风水先生按风水原则选择埋葬地点，然后以夫妇为单位修墓埋葬。不管哪种形式的墓，都是一旦建成、埋入死者之后就要年年祭墓、扫墓，既要祭祀埋在里面的死者，又要维护坟墓本体的坚固，还要时时照看，不允许动物或外人进入墓地范围、不许他人随意触碰坟墓，及时修理雨水、大风对坟墓造成的破坏。

按照昭穆制埋葬死者，埋葬地点是顺序排列的，按照风水选择的坟墓，是漫山遍野寻找和死者八字相符的风水宝地作为埋葬地点，如此，在已经埋葬过的地方重新挖掘修墓的事例几乎没有机会发生。据相关报告称，南方汉族也有埋葬之后数年再改葬的习俗，本文对此不深入探讨。[1]

朝鲜和日本在墓葬制与灵魂观方面存在诸多差异，以下简要介绍。

2. 朝鲜的墓葬制与灵魂观

笔者没有去过朝鲜和韩国做墓葬习俗的田野调查，这里根据文字资料做一个粗略了解。朝鲜过去实行土葬，墓地一般建在山上，被称为山所或阴宅。通常一人一墓，也有夫妻合葬于同一墓的情况。朝鲜的灵魂观和中国汉族的灵魂观很近似，人们认为人死后灵魂和肉体还在一起，遗体埋在墓地，就在那里“继续生活”。

家人们会在每年特定的时期或日子对五代以上的祖先依次祭祀、扫墓。祭墓要从始祖墓开始，一座墓一座墓地依次祭拜。因此，每个死者的墓都会一直被保护得很好，不在同一地点重复埋葬。

3. 日本的墓葬制与灵魂观

柳田国男在《先祖的故事》中说，日本人对死者之灵怀有亲近感，人的死

1　博士论文题目却与南方改葬相关联了，这是执笔硕士论文时没有想到的。

后灵魂会变成精灵，它们接受供养、得到净化后则失去个性成为祖灵，进而成为“神”，成为守护人们的神灵。另一方面，从《先祖的故事》中能看出这样的观点，即日本人的人死灵魂不死的灵魂观在佛教传入之前就已经存在，盂兰盆节的相关活动也并非是受了佛教影响之后才产生的。

这里暂且把日本人自古以来的这种思维称作基层信仰，这种基层信仰最初似乎是忌讳死亡的。在《古事记》《日本书记》中记载的死后世界是黄泉国、常暗国、底根国、根国等，无一例外都是黑暗的世界，是污秽之地，可知基层信仰是将死亡视为污秽之物而有所忌讳的。时至今日，日本社会通行葬礼之后的“kiyome”洁身驱邪行为，具体是参加葬礼之后每个人会领到一小包细盐，各自回到家门口时把细盐撒遍全身上下。“kiyomi”是清洁之意，参加葬礼后需要清洁全身，是死亡污秽观念在今日社会尚存的体现。

奈良时代（710—784年）以后，为死者举行葬礼之事逐渐转由佛教寺院承办，一直延续至今。不可否认，日本社会的葬礼、墓制方面受佛教影响较大。据《世界大百科事典》介绍，佛教于6世纪中叶从朝鲜半岛传入日本。在佛教传入日本社会之前，人们基于基层信仰影响，对死亡怀有恐惧感，普通百姓的遗体往往被放置在河滩或者海边。平安中期（平安时代：794—1185年）以后，开始出现认为遗骸具有人格的倾向，对遗骨、遗体逐渐形成尊重意识，开始为了祭祀死者建造石质卒塔婆。[1]佛教思想从贵族阶层逐渐扩展到普通百姓阶层，佛教深度参与直至乡村平民的个人丧仪葬礼，今天日本社会的丧葬仪式以及死后的供养法事很多仍然在寺院由和尚操持举办，能明显看到佛教色彩。

井之口章次指出，奈良时代以后的僧侣们将佛教的净土来世观移植到日本社会，把佛教的来世观套到传统的死后他界观上。因此，日本人的他界观具有双重结构。也就是说，日本人的基层信仰与后来传入的佛教观念重合，如今的葬制、墓制中体现的是这种混合在一起的观念。

---

1 ［日］平凡社：《世界大百科事典》卷16，中国的丧葬制度条，平凡社，1988年，第289—291页。

日本的葬法墓制概况是遗体处理方式有土葬和火葬两种，坟墓形制有单墓制和两墓制，还有之前提到的埋葬之后不建立任何标志的无墓制，现代社会以火葬法、单墓制为主流。日本墓葬习俗研究者指出，古代受死亡污秽观念影响，曾经在人死后弃置遗体，随着时代变迁，死亡污秽观念变得淡薄，人们的观念逐渐转变为尊重遗骨、持续祭祀灵魂。于是，在城市普遍实行火葬后，人们将骨灰放进纳骨塔或火葬墓地，并每年定期祭祀，土葬地区在埋葬地点上面建墓碑祭祀逝者，这样的行为一直延续到今日。从死亡污秽观念逐步转化为尊重遗骨，从而形成在埋葬地点或者收纳火化骨灰之处长久祭祀死者的行为，这是我读到的日本学界的一般解释。然而，笔者不完全认同这样的诠释。

福岛县番泽，千叶县的坂户、尾牛、埼玉县的藤金，滋贺县的川并、下丹生、北内贵等村落的墓地事例，体现的是无论单墓制还是两墓制，埋葬地都是反复使用的。埋葬地直接埋葬遗体，纳骨塔收纳火化后的遗体（骨灰），看似不相同，但是如果把纳骨塔内部的纳骨室看作埋葬遗体、遗骨之处，参照纳骨塔内部设计的倒出骨灰的思维，那么从上述这些事例看，可以指出埋葬或者存放遗骨之处可以反复使用这一点是相通的。不管是历史上的或是现在的墓葬制行为，从一个外国人的视角看，日本的葬制和墓制（土葬、火葬任何一种葬法，单墓、两墓、无墓的任何一种墓制）都存在着一种共同的观念，即基层信仰、灵魂不死、灵肉分离观念。遵从部分学者指出的受佛教思想的影响，才有了建造用于供养死者的石质墓碑的观点。日本社会虽然推广火葬，将土葬法逐步改为火葬法，但深层的观念、固有的基层信仰似乎没有根本性改变。

日本人虽然对死亡有恐惧感和忌讳，但对有血缘、亲缘关系的死者也有眷恋之情。人们在亲人死后，将肉体和灵魂分开考虑的同时，对遗体（遗骨）又有感情上的纠结和不舍。根据考古发掘报告称，在弥生时代（前300—前250），改葬在相当广泛的地区都实行过。另外，从本文实地调查结果看，现在的人们很重视死者埋葬之地，即使年代久远已经化为白骨。如千叶县坂户村落，人们认为“祖先就住在那里”，这个“那里”即指埋葬地点。滋贺县的番泽和千叶的坂户的人们在扫墓时，虽然也去墓碑前祭拜，但行动显示出人们更偏重或优先进行埋葬地的祭扫。这些事例说明，日本民众的灵魂观可以认知为是肉体和灵魂分离式的，偏重祭祀灵魂，并且认为死后的灵魂不一定固定地住在坟墓里。这个特点和中国汉族、朝鲜是形成对照的。接下来，具体探讨两墓制。

三、认知两墓制

（一）墓碑的“年龄”

两墓制的第一个特点是埋葬地点和祭祀地点不在同一处，实行两墓制村落的人们在和埋葬地有一定距离的地方修建只有墓碑没有死者遗骨的祭祀墓地，并且祭祀墓地是集中性的。辨认祭祀地墓碑的刻字，可确定墓碑建造的年代，但是部分年代久远的墓碑上的碑文难以辨认，于是依据墓碑研究者的成果从墓碑形状判断、推测这些墓碑的年代，结果如下：

笔者在福岛番泽单墓制村落和千叶坂户两墓制村落的墓地抄写了墓志铭，以期确认墓碑修建的年代。笔者发现的最古老墓碑是千叶县坂户尾牛村落中村温行家的写着宽文 3 年（1663）的两块墓碑，千叶先坂户西福寺院子里的石碑林“isirando”的石柱墓碑都是宽文年代之后的，墓碑的历史不过 300 多年，只能追溯到江户时期（1603—1867）。福岛县番泽的根本 LF 家的墓碑是嘉永 3 年（1850）的。著名日本民俗学者竹田听洲对京都府京北町山国的旧山国庄比贺江村的诣墓石碑群做了详细调查，发现那里最古老的墓碑是永正五年（1508）的宝箧印塔[1]，把最古老的墓碑修建的年代上溯到室町时代（1336—1573）后半期。还有资料显示，平安时代中期的 12 世纪就出现了以祭祀为目的的石质卒塔婆，但是那时仅限于贵族才可以修建。进入江户时代逐渐形成修建石墓碑之风，然而明治时期之后才能看到全国都有石墓碑的情景。[2]

1 ［日］竹田听洲：《两墓制村落诣墓的年轮》，《佛教大学研究纪要》第 49 卷，佛教大学出版，1966 年 3 月。

2 ［日］平凡社：《世界大百科事典》卷 11，丧葬条，平凡社，1972 年，第 967 页。

民俗学者竹田听洲在京都发现的最古老的石墓碑建于1508年，距笔者调查的20世纪80年代不到500年。民众阶层开始修建石墓碑、墓碑大量出现在全国各地乃是明治时期。根据笔者的调查和民俗学前辈的调查数据得知，无论是单墓制还是两墓制，石墓碑开始修建的年代、换言之石墓碑的“年龄”，最古老的是480年前，结论是石墓碑的“年龄”都不算太大，历史不算太久远。

（二）两墓制的形成

被称为两墓制的墓制是什么时代出现的，日本学者对此有两种对立性的说法：一种认为其产生于相当古老的时代，另一种则认为是后世受佛教等的影响而产生的新事物，这在本文最初的部分“两墓制研究小史”中已有所提及。这里想先探讨一下，将遗体埋入土葬墓，待一定的污秽期过后，在新设立的祭祀之地郑重地祭祀净化后的死者灵魂，这是不是日本自古以来的埋葬死者、祭祀死者的做法。

日本的普通民众曾经对死亡的秽物感和恐惧心十分强烈，甚至试图远离并忘却埋葬死者之地。那时没有在埋葬地设立祭祀、供养的设施或标识的习惯。据埼玉县高仓村落的小林老夫妇讲述，过去家庭生活贫困，大多数人家即便将死者埋入墓地，也无经济力量修建墓碑。福岛县番泽峰全院的墓地建于明治年间，在此之前，各家都是将历代祖先埋在自家的宅邸或田地里。但是调查时没有在如今的公共墓地以及各家宅邸见到年代久远的墓碑，问起其原因，据说过去只是直接将人埋葬，上面什么标识都不设立，即那时是没有墓碑的。滋贺县川并村落的做法是将遗体埋入“sanmai”之地后，在埋葬地点立上一根木制的墓标，之后的两三年或10年左右的时间里家人们会去这里祭拜，但是不另外修建墓碑或石塔，10年之后就不再来祭祀，任埋葬地点自然消失，这种做法一直延续至今。

菊池武纪的研究指出，大宝元年（701）完成的《大宝律令》等法令从法律上禁止普通百姓自由建造坟墓。因此，在石塔（石头墓碑）出现之前，普通百姓的葬法，是只能选择对农耕地没有经济影响的山上、河边荒地、海边的洞窟等地点埋葬遗体，而做埋葬遗体的标记，也只能是放一块小石头或种植树木。

以上这些调查和研究资料表明，过去民间普遍只有土葬墓，即人死后只拥有一个墓地，并且是没有特殊标识的墓地。一定时期过后，这个墓地便自然消失，属于该个人的标识就永久消失。据此推测，两墓制在墓碑出现之前的形态，或许就是这种一定时期后便不再来祭祀的埋葬地，即一定时间过后变为“无墓制”式的状态。

在人们修建石头墓碑之前，没有专门在埋葬地之外的供永久祭祀之地，也就不存在两墓制的形式。人们虽对死亡怀有忌讳与恐惧感，但同时也对逝者怀有眷恋之情。这种眷恋之情以及基于基层信仰的灵魂祭祀，为佛教的死者供养思想及供养墓地的石塔建造奠定了基础，这是诣墓或单墓制的墓碑得以确立的先决条件。

两墓制习俗分布图显示出两墓制在全国范围内的分布极不均衡，并不是死秽观念和佛教的死者供养思想相结合就一定会形成这种墓制，其理由成为研究关注的焦点之一。关于其原因，本文想从最初形成两墓制的近畿地区村落的社会背景进行探寻。

近畿地区位于日本国土的中央，曾经是文化的中心，以集村形态而闻名。从景观上看，这里的集村形态与关东地区大不相同，显示出密集式的聚落状态。埋葬地是村落的公共墓地，也是一种密集式的景观。佛教思想传入日本社会时，首先影响的是其政权和文化中心地区，贵族们采用佛教方式为死者祈求冥福而建造石墓碑供养死者。后来，死者供养的思想逐渐从贵族阶层扩散、传播到普通民众之间，作为一种习俗，在经济较为发达的文化中央地带的村落形成了祭祀灵魂的集合式石碑之地，诣墓则是在这样的历史背景下形成的。日本三大古都京都、奈良、镰仓中的前两个位于关西，这也许是京都周边、近畿地区多见两墓制的缘由之一。

各种资料证实，“埋葬墓”是基于固有的基层信仰形成的，很古的时代就已存在，而祭祀用的“诣墓”出现得相当晚。基于实地调查事例数据呈现的日本农村墓制习俗实况，笔者赞同两墓制是与佛教思想在日本普及以及日本社会普遍修建墓碑之现象密切相关的观点，赞同其他学者指出墓碑始于江户时代初期的说法。

（三）两墓制之分布

两墓制是日本民族认为死亡为秽物的观念与佛教的死者供养思想相结合而形成的祭祀行为和墓地景观。但是，这种习俗在日本国内也不是随处可见的。在狭长的日本国土上，根据截至80年代中期的统计，两墓制现象主要集中分布在日本本岛的中心地区，在日本列岛南北两端，两墓制的分布几近于无。从地理上看，位于日本本岛中心的“近畿地区”(滋贺县、京都府、大阪府、奈良县、兵库县、和歌山县、三重县)是日本古代文化的中心地区，经济也比较发达。在景观上，这个地区的村落呈密集形态，各户人家房屋紧密相连，被称为“集村”。

而在日本古代中心向东的关东地区（茨城县、枥木县、东京都、神奈川县、千叶县、埼玉县、群马县）和更为远离中心的东北地区（青森县、秋田县、岩手县、山形县、福岛县），村落的形态是分散式的，户与户相距较远，被称为“散村”。“集村”式的共同体，使得近畿地区的村落墓地几乎都是村落公有的集中式“共同墓地”，这有利于形成集中式埋墓和诣墓，也就是两墓制。更为主要的是，这个地区是日本古代文化的中心，佛教传入日本，这一地区首先受到佛教思想影响。这一点是强调两墓制习俗恰恰是在佛教思想影响之下形成之说的学者们的注目之处。

两墓习俗从文化中心向日本国土的南北两端呈散射性传播，越往两端影响力越弱，此外，两端地区经济力量远不如中心地区，并且村落又是散村式的，房屋呈现分散性，墓地也多为各家分别设立，不大利于两墓习俗的出现。这些是两墓习俗集中表现在中心地区的原因。按埋葬地与祭祀地之间的相对距离分类，两墓制有“相距极远型”和“邻接型”两类。中心地区的滋贺县下丹生村、北内贵村的两墓制的埋墓和诣墓，是“相距极远”类型，关东地区的千叶县坂户村西福寺的两墓制墓地则属于“邻接型”。再往东的福岛县的墓地则呈现为各家墓地里石碑和埋葬地虽然理念上是分开的，但是村落整体呈现出墓碑和埋葬地交错存在的景观。

佛教思想从文化中心地逐渐向国土两端扩散性传播过程中，影响力逐渐减弱。从关西地区传播到关东、东北地区时，由于当地散村式的景观加之经济实力不足，不能像集合村落那样有严密的村庄组织和严格规制，两墓制影响不能全面地渗透到每个村庄。于是，接受两墓制习俗的村庄呈现零散分布状态。另外，在近畿地区，埋葬墓和祭祀墓两地大多都相距甚远，但越是远离文化中心地区，埋葬墓和祭祀墓两块墓地之间的距离就越短，埋葬用墓和祭祀用墓就越没有距离感和清晰的分界线，甚至成为邻接的两块墓地，如千叶县的坂户西福寺的埋葬墓地和祭祀地就只相隔一条寺院里的小路。

避开被视为恐怖不洁的埋葬地，另选一处净地设置祭祀地的习俗，正是基于这种传统信仰而产生的。同时也要看到，佛教思想的影响是最终导致两墓习俗形成的原因。人死后，佛教要诵经拜佛超度亡灵，日本上层贵族首先接受了这种思想的影响，仿照佛教仪礼，立石塔祭奠亡者，祈祷逝者冥福。这种做法逐渐扩展到一般庶民阶层. 人们改变了传统的做法，由单纯躲避死者污秽、远离葬地，改为另立石碑祭祀亡魂，遂成风习。于是，在当时经济较为发达的文化中心地带的农村，在村落共有的集体埋葬地之处. 出现了以村为单位的祭祀地“诣墓”。这种祭祀专用墓地，恰恰是死亡污秽观念和追思先人、祭拜逝者的思想融合、折中的产物。迄今为止所发现的两墓制，都集中在近畿地区，从另一个侧面证明了这种推断。了解两墓习俗形成的原因，也就可以理解“葬在墓地、祭在石塔”这种表面看来颇难理解的文化现象了。

前面提到的笔者调查的各地墓地事例里，虽然没有被归类为两墓制，但是除却两个空间没有单独的特殊名称加以区别之外，景观上和实际空间的区别运用上都与图 1 两墓制类型图的类型Ⅰ、类型Ⅱ非常相似，千叶坂户的尾牛墓地、福岛县番泽村落峰全院的墓地 E 和根本家墓地、埼玉县高仓、藤金的公共墓地。如果用景观形态作为分类标准，借用新谷尚纪的两墓制类型图（参照图

1），如果近畿地区的滋贺县下丹生村落的两墓制形态属于埋墓和诣墓相距极远的Ⅳ型，那么关东地区千叶县坂户的两墓制形态则是Ⅲ型（西福寺）和Ⅱ型（尾牛）同时并存，而东北地区的福岛县番泽村落，虽说在习俗分类上划归为修建了石碑的单墓制地区，但比起墓碑，人们更重视保护和祭祀埋葬地里的小坟堆，呈现出与Ⅱ型两墓制极为相似的特征，即埋葬地和祭祀地融为一体的景观。

仔细观察两墓制土葬埋葬地和单墓制土葬埋葬地的使用及祭祀、扫墓方式，就会发现这些地域的人们的深层的祖先观念、灵魂观念是相通的。表面上看两墓制的分布极为不均衡，而实际上各地的人们在相同的灵魂观支配下，埋葬地的使用方式相同，对墓碑和埋葬地区别意识也相近。由于各地区社会的、历史的诸原因的作用，墓地的呈现形态和景观显示有所不同，不符合学者制定的两墓制判断标准。

同样观念下的埋葬墓地虽然景观有不同，但其深层的观念意识相同。若从埋葬地使用法角度分类，都应属于同类墓。从历史和社会诸原因来看，近畿地区的墓是死秽观念很强的前提下最早接受佛教影响的地区，极力避讳死亡污秽但又要长久祭祀祖先这两种观念冲突与融合的结果，是每个死者会有“两个墓”，并且这两个墓分别代表死亡污秽和灵魂祭祀、供养祖先之地，要相距甚远才好。从这样的角度认识笔者在近畿地区遇到的两墓制，也就不会感到过分惊讶了。

（四）洗骨葬与两墓制

冲绳诸岛的葬法曾经主要是洗骨改葬法。洗骨葬是指死者去世数年后把他的遗骨从棺内取出，按照一定程序清洗后装入专用容器再次安放、永久祭祀的习俗。这种习俗广泛分布在环太平洋沿岸地区的东南亚各国。在中国南方，也有大量拾骨再葬习俗至今仍存在（中国南方的习俗在“洗”骨这一细节问题上具体做法有不同，但是它们都应同属于二次葬类）。在日本，它主要盛行于日本南端的冲绳县诸岛，至今仍有保留。

冲绳地区把洗骨后的先人骨骸装入专用的陶制容器骨瓮"zisigame"里，放在空室型坟墓里。以"门中"组织为使用单位的大型坟墓，往往是连续使用数百年的，最有名的是"龟甲墓"。具体操作是将死者遗体放在棺中，传统做法是把棺柩放置于"龟甲墓"内部靠前的空间里，若干年后取出骨头洗净后，放在骨瓮里，再次放入龟甲墓内部靠后的空间祭台上，长期保存并永久祭祀。

柳田国男曾经认为冲绳葬法与两墓制有渊源关系，作为一个短期留学的外国学生，留学期间笔者还没有直接接触过冲绳的洗骨改葬，这里暂且参考书面资料做简单的思维陈述。

柳田国男在《葬制之沿革》一文中阐释了他的思考。柳田认为，"与日本中部地区相比，可以看到（冲绳的葬法）似乎保留了更多古代葬法的痕迹"，并认为日本本土实行的没有改葬的两墓制，"虽然感觉与南方诸岛的习俗差异颇大，实际'本质上是一致的'"。[1]柳田认为冲绳的这种葬法保留了较多古代葬法元素，且与本土的两墓制有某种联系。国分直一则进一步提出洗骨葬与两墓制有谱系上的关联，两墓制起源于洗骨、复葬，是洗骨改葬在内地发展过程中，改葬过程逐渐被简化，从而形成现在的这种两墓制形态的结果。南岛的洗骨改葬是两墓制的原始形态，两墓制"起源于洗骨、二次葬，随着时间推移，改葬过程逐渐简化了而已"[2]。

日本学者以及外国学者们的研究表明，洗骨改葬法并非仅限于冲绳，中非及南非、印度尼西亚、菲律宾、越南，还有中南美、北美和西印度群岛，中国的东南地区、西南地区等广泛地域的众多国家、民族之间都有这种丧葬习俗。凌纯声指出，捡骨再葬和洗骨改葬法是东南亚的古老文化特质和最原始的葬法，冲绳是其中洗骨改葬盛行之地。[3]

1 ［日］柳田国男：《葬制之沿革》，《定本柳田国男集》卷13，筑摩书房，1985年，第512页。

2 ［日］国分直一：《日本及南岛在葬制上的诸问题》，《民族学研究》，1963年3月，第443页。

3 凌纯声：《东南亚的洗骨葬及其环太平洋的分布》，《中国民族学报》1955年第1期，第50页。

20世纪50年代，中国展开了“中国少数民族社会历史调查”[1]，记录了大量迄今为止鲜为人知的当地风俗。有调查报告称浙江省丽水地区的畲族以及贵州省从江县加勉乡的苗族存在风葬后再次捡骨放入瓮中的“拾骨再葬”习俗，以及取出遗骨用火焚烧后再次掩埋的“迁葬”习俗。[2]还有资料记录在上海市崇明岛及周边岛屿上，至20世纪50年代为止，仍然保留着风葬后将骨头洗净放入瓮中，再埋葬或安放在某处的习俗。洗骨时会用布单等将四周围起来，并且在上面也要蒙布单，洗骨作业的人看不到天空，这让人想到冲绳洗骨时一定要打伞的做法。

学者们指出，形成洗骨葬习俗的观念是“尊崇祖先遗骨”和“祭祀祖先”“供养祖先”。根据大林大良、金关丈夫以及凌纯声的研究，洗骨二次葬的习俗广泛存在于中国、东南亚、环太平洋地区。但是，像日本两墓制的诣墓（祭祀墓）那样，在埋葬地之外再专门建造石塔来供养、祭祀灵魂的状况并不常见。从研究及调查资料可知，冲绳的洗骨葬也并非冲绳独特的葬法，而是属于东南亚地域文化、环太平洋文化的一种。如果说两墓制是基于日本固有的基层信仰、灵魂观而产生的墓葬制度，那么，属于东南亚地域文化、环太平洋文化体系的冲绳洗骨葬，是否可以视其为日本自古以来墓葬制度形态，让人产生疑问。

由于各种历史原因，冲绳文化呈现出多层文化交织沉淀的复合文化形态。笔者留学期间主要精力集中于调查日本本岛的墓制，因此本文在思考日本的两墓制时，暂且不讨论冲绳的墓制。

1　1956年4月19日，全国人大民委制定了《关于在少数民族地区进行各民族社会历史情况的调查研究工作的初步规划》，1956年组织了内蒙古、新疆、西藏、云南、贵州、四川、广西、广东8个调查组，抽调民族学家、社会学家、历史学家、经济学家以及社会科学研究人员、民族工作干部、大专院校师生200多人参加，至1964年调查任务基本结束。据不完全统计，写出调查资料340多种，计2900多万字。

2　参见国家民委民族问题五种丛书之一，中国少数民族社会历史调查资料丛刊《畲族社会历史调查》，第283页，《苗族社会历史调查二》，第134页。

（五）两墓制之我见

不同民族对于遗体或遗骨的态度各有不同。认识人们对待死亡的态度、对待逝去者的遗体和灵魂的态度，能够知晓该民族对死亡、对灵魂、对死后世界的信仰观念，从而了解一个民族的基本文化结构。日本普通民众长久以来受基层信仰影响，视死亡为污秽、恐怖之物，尊重遗体遗骨的观念较为淡薄。另一方面，他们又认为死者的灵魂在人死亡后依然存续，家人们要继续祭祀、供养死者灵魂、使其净化、升华为祖灵集团的一分子。并且，这种灵魂的存续与作为放置遗体的场所（墓地）无关，灵魂存在于死者生活过的空间以及他的家人们的附近，这种观念也是日本民众基层信仰的一部分。正是基于这样的观念，日本人才持有并且一直保持着不过分追求祖先的灵魂与墓地的关联，不追求死者遗体遗骨的永久保存，但是每年在固定的日期，如忌日、盂兰盆节，都要迎接祖灵回家并恭敬地祭祀祖灵们的习俗。与中国和朝鲜截然不同的关于尸骨与灵魂是否为一体的认识，是催生出虽然有埋葬地而在别处另外设立墓碑、祭祀死者灵魂的所谓两墓制习俗的意识基础。

日本古代曾经有限制建立豪华坟墓、不准随意建墓的法令，第一部墓地法律近代才出现，昭和23年（1948年）5月31日颁布的法律第48号是《关于墓地、埋葬等的法律》，这部专门法严格规定不得任意扩大土葬或者火葬墓地，强化对墓地设置申请的审查、监督制度。墓地专门法限制任意扩展墓地规模以及在墓地之外有土葬或火葬死者的行为。因为有观念上灵魂与遗体可以分开的认识，以此为前提，便有了在有限的墓地面积里利用二三十年或更长的时间间隔，再次使用同一块埋葬地的行为。受佛教的供养思想影响，民众从不设置标示遗体、遗骨埋葬地点的无墓制，转变为设立祭祀用墓碑的诣墓，在墓碑前供养死者，其原因也是出自同一个对灵魂与肉体的认识。明晰中国汉族与日本国民灵魂观的异同之处，笔者最初在滋贺县遇到两墓制时感产生的疑惑也就自然可以解开了。

包括丧礼、葬法、葬制和死后一系列祭祀行为及其观念在内的死亡文化，是一个民族文化中变化比较缓慢的部分，是能够从中探寻该文化古代元素的重要层面。然而两墓制这种墓制，自古以来就存在于日本社会的文献依据和实物（如墓碑）证据很少。在日本民俗学界发现两墓制习俗、诸多学者集中研究两墓制的这 50 多年，两墓制本身却在显现出它正处于不断瓦解、逐步走向消亡的过程。

笔者调查时记录的几十年前的习俗变迁，可以看到两墓制地区的乡村呈现出从土葬向火葬、从两墓制向单墓制（纳骨塔将埋墓和诣墓一体化）转变的趋势，仅仅几十年时间，两墓制这一丧葬行为和习俗便发生了变化，正在被纳骨塔式的一体收容式墓替代，从日本农村逐渐消失。

今日，典型的实行两墓制地区的番泽村落的家家户户，都在理所当然地修建纳骨塔，纳骨塔陆续出现在两墓制地区的村庄。千叶的坂户村落，是日本著名学者最上孝敬把事例收入他的两墓制资料集里从而引起研究者关注之地，也是相距最上孝敬的调查 30 多年之久，笔者又再次为了调查两墓制而走进的村庄。在 20 世纪 80 年代以后，这里也逐渐接受了火葬方式，随之，安置容纳骨灰的纳骨塔也悄然矗立在那座一个院落里既有埋葬墓地又有祭祀的墓碑墓地而有名的西福寺院子里。滋贺县虽是两墓制村落大量存在的地区，但在下丹生的埋葬地“hakadoko”里也新近修建了一座纳骨塔。

形成两墓制这一形态的原因，以及相对密集性地存在于近畿地区，是基层信仰加佛教供养思想的影响到文化中心地的集村地区之结果。可以用这样的公式表现：

基层信仰（灵魂观）+ 佛教供养思想 + 集村制度 = 两墓制

上述的研究和笔者调查的资料表明，诣墓是受佛教思想影响并融汇了日本的基层信仰观念而产生的，它并非日本的固有文化，在现代社会里随着时代和社会环境的变化又发生新的变化也就不足为奇。

日本学者们关注的是探求两墓制形成时期，这个墓葬习俗是古老还是新近。而作为一个外国留学生，笔者更关注两墓制、单墓制和无墓制之间的关联和深层意识。在笔者看来，日本社会的墓葬制，无论是两墓制还是单墓制，虽然地表建筑的坟墓标志不同，建立的地点（遗体遗骨埋葬地点/单纯的祭祀地点）不同，但深层的观念在日本全国范围内基本是一致的。

按一般分类，两墓制与单墓制的不同，在于两墓制的埋葬地与祭祀地分别设在两处。单墓制的墓地则既是埋葬之地又是祭祀之处。历史上的两墓制和单墓制都是土葬，埋葬地是二者都不可缺少的。千叶县坂户村的埋葬地位于村内西福寺院内。50年代中期，这里改用卧式棺，各家的葬地仅仅可以并列放置两具卧棺。在这狭窄的地块里埋葬历代先人，不循环使用是不行的。滋贺县下丹生村埋葬地是村落公共墓地，村民死后埋入“sanmai”，只在埋葬处立一个木桩“墓标”。年代久远墓标朽坏，此处又可以重新使用。福岛县番泽村的是共同墓地，在每户的小区域里. 石碑集中在墓地最里面或者一侧。石碑前面排满小土堆，每个小土堆下面都葬有一个死者。当小土堆排满时，则要挖开埋葬年代最久的土堆，重新埋葬“新佛”（当地人对新逝者的称呼）。

上面三例中，前两例是两墓制的埋葬地，后一例是单墓制的埋葬地。我们可以很明显地看出，在循环使用埋葬地这一问题上，二者是相同的。其他调查实例，如滋贺县北内贵村（两墓制）、同县川并村（单墓制）、埼玉县藤金村（单墓制）、千叶县坂户村西福寺墓地（两墓制）、同村尾牛台墓地（单墓制）等在埋葬地的使用上，也呈现出相似倾向。因此，埋葬地面积有限，但又不能随意扩大。人们在有限的面积里埋葬代代死者，一旦空地用尽无处可葬时，就在埋葬年代最久远处埋葬新的死者，如此循环使用。这是两墓制与单墓制两种墓制的一个共通点。

经过前面的反复论述，可以比较容易地看出两墓制与单墓制这两个墓制的共通点：不过度关心埋葬地，或者说是不太重视对先人遗体的“管理”。其原因就在于人们不认为祭祀祖先、与祖先的灵魂交流和埋葬先人尸骨的场所有关联。所以，可以在埋葬地点不设特殊的永久的标记，并且一定时间之后，可以放弃埋葬之地供他人使用。单墓制的埋葬地虽然是以一家一户为单位的，但是，在是同一家族的逝者这一前提下，经过一定年限的埋葬地也可以再次使用。两墓制或者单墓制村落的埋葬地和祭祀地，有界限清晰、距离较远状态和两种墓地极为接近的一体式状态，在景观上显示出的差异较大，这可以理解为属于地域性差异。

综上所述，笔者归纳各种论述之后，对自己的调查事例加以分析，得出对两墓制的认知是：两墓制和单墓制没有根本性的区别，二者都体现了日本的死亡文化、死亡观念的特征。日本的墓制，尤其是两墓制和单墓制，景观、形态各不相同。但是，从埋葬地的使用来看，两者的深层观念是一致的，他们共同体现了日本民族对死亡、祭祀与灵魂的认识，反映了民族灵魂观。二者在景观上的不同，是地域性社会环境差别在墓葬习俗上的反映。

南岛的洗骨改葬是一种遗骨尊重观念的反映，是基于与日本岛的遗体遗骨观念完全不同的观念支配下形成的葬法。环太平洋地区有关洗骨葬的报告也表明，冲绳的洗骨葬属于不同于日本的文化体系。如果说阐释两墓制是把握日本民族的灵魂观、信仰、死亡文化以及文化特征的一个关键，那么应该区别对待属于异质文化的冲绳诸岛的洗骨葬。鉴于中国也有诸多洗骨葬、改葬的例子在相关资料里被提及，今后笔者想学习冲绳与中国的“死亡文化”，把洗骨改葬作为今后的研究课题。

参考文献

（按作者姓名拼音排序）

［日］比嘉春潮等编：《山村海村民俗调查》，名著出版社，1984年。

［日］大林太良：《葬制的起源》（初版），角川书店，1965年。

［日］大间知笃三：《增补 两墓制的资料》，《大间知笃三著作集》第一卷，未来社，1975年。

《墓制备忘录》，《大间知笃三著作集》第四卷，未来社，1975年。

福建省编辑组编：《畲族社会历史调查》（《中国少数民族社会历史调查资料丛刊》），民族出版社，2009年。

［日］藤井正雄监修：《葬仪大辞典》，镰仓新书，1980年。

［日］国分直一：《日本和南岛的丧葬制度诸问题》，《民族学研究》27-2，1963年3月。

［日］井之口章次：《佛教之前》，古今书院，1954年。

［日］堀一郎：《民间信仰》岩波全书（5），岩波书店，1951年。

［日］柳田国男：《葬制的沿革·葬制沿革史料》，《柳田国男全集》第12卷，筑摩书房，1990年。

《先祖之话》，《柳田国男全集》第13卷，筑摩书房，1990年。

［日］蒲池势至：《“无墓制”与真宗的墓制》。

［日］坪井洋文：《日本双重墓制研究的前景》，《神道宗教》第34期，1964年。

［日］平凡社：《世界大百科事典》（1988年版，全35卷）第11、31卷，平凡社，1988年。

《平凡社大百科事典》（1988年版，全16卷），第8、11、16卷，1988年。

［日］上野和男、高桑守史、野村纯一、福田亚细男、宫田登编：《新版 民俗调查手册》（初版），吉川弘文馆，1987年。

《民俗研究手册》（初版），吉川弘文馆，1978年。

［日］辻井浩太郎：《伊贺盆地墓地的地理考察》，《地球》第14卷第6号，1930年12月。

［日］土井卓治：《埋葬以前》，《日本民俗学会报》第55号，1968年2月。

［日］关敬吾编：《民俗学》，王汝澜、龚益善译，中国民间文艺出版社，1986年。

[日] 文部省宗教局编:《宗教制度调查资料》第二卷，1978年。
[日] 新谷尚纪:《两墓制的基础性考察》,《日本民俗学》第105期，1976年5月。
《为了研究两墓制》,《民俗与历史》第2号，1976年。
《两墓制成立的背景》,《民俗与历史》第7号，1979年。
《两墓制、单墓制和埋葬墓地的“共享”问题》,《民俗与历史》第9期，1980年。
《两墓制与改葬》,《民俗与历史》第18号，1986年。
[日] 雄山阁:《历史公论 特辑：日本的民俗与佛教》，雄山阁，1980年。
[日] 伊藤米司:《两墓制的问题点》,《日本民俗社会史研究》，1969年。
[日] 伊东宏:《两墓制习俗的思想契机》,《Bizo 通信》No.31，1974年7月。
[日] 竹田听洲:《两墓制村落的诣墓年轮》,(一)《佛教大学研究纪要》49卷，1966年。
《两墓制村落埋墓景观的变迁》,《文化学年报》第15号，同志社大学文化学会编，1966年。
[日] 最上孝敬:《关于两墓制》，日本民俗学会刊《民俗学研究》第二辑，1951年。
《诣墓：探求两墓制》，古今书院，1956年。
《墓的习俗》,《葬送墓制研究集成》第4卷，名著出版，1988年。

后 记

感谢你读完前面冗长的内容，翻到这一页。

纸质书稿整理到这一页时，我掩卷闭目了许久，有点思绪万千。

这本书问世很不容易，因为多种原因，书稿多年没有落地。结缘学苑出版社，才有了今日这本书。而一旦有机会可以发出这部稿子时，遇到一个意外（对我来说，是不可抗力），需要超速完成此书，才能确保手头这一堆近现代乡村社会事例的卡片可以变成铅字问世。在学苑出版社编辑的大力帮助下，奔跑般地将书稿完成、付梓。

——向读者表达一个歉意：原本的设想是把三十几年积累的调研笔记、卡片、绘图和照片做一个大整理，汇总成厚厚的一册的，因时间所限制未能如愿，内心颇有遗憾。

——好在此书的基本内容未违背学术初心，也初步达到写作大纲。虽然语言表述和深度挖掘、数据梳理等方面都有不足之憾，但还是把有关东南地方丧葬、祭祀和墓葬的具体事例、相关图像和手绘墓型图数据的“我的白菜园”存货（后面详述）的主要内容呈现出来了，算是了却一个心愿。

我与此题目之缘分

本书的课题，是我硕士期间开始关注的。入学不久，初知浙江省温州地区有高高修筑在地表的“椅子坟”，还有拾骨改葬习俗，作为一个北方生北方长的人对此感到惊异。方知虽然同为汉族，在不同地域生活还会有各异的习俗，随之有了一丝探知其中奥秘的好奇心。

20世纪80年代末，公派留学日本，我领到的学习课题是日本民俗学学术史和方法论（包括田野调查法）。留学期间，在滋贺县一个乡村遇到一起村人在公共墓地埋葬去世老人，挖出另外一家早年埋下的老人棺木之事。赶到现场观看埋葬的具体操作和对待两位逝者尸骨的过程，村人们挖出前一位逝者的遗骨，用包袱皮裹好，放在清理好的墓坑里刚刚放进的棺木侧边，新逝者家属和前一位逝者的家属默默站在墓坑两边，看着挖掘墓穴的进展和整理遗骨情形，待到棺柩和那个遗骨包裹被土覆盖好，人们双手合十告别逝者，埋葬仪式就此结束，人们分头回家。这情景引出我一系列的疑问："为什么同一个墓穴埋葬两家无血缘关系的老人？""自己家老人被挖出来，两家会不会起争执？""为什么遗骨用包袱包一下就入土？""自己家老人坟被挖，不会担心有风水影响吗？"

而我得到的淡定回答是：

——"村子公共墓地空间有限，四五十年就埋满了，就会从头开挖使用。"

——"时时会有挖到以前埋的老人的事，为什么要争执呢？"

——"为什么不可以包裹起来放在旁边？棺木也很快会腐坏的啊！"

——"风水会有什么影响吗？"……

从此我知道有一种葬墓习俗叫两墓制，两墓制地区对待遗体、祭祀祖先和对逝者的情感和行为都有特殊性。这次经历使我对不同国家、民族，不同地区的丧葬习俗之多样性有了新感知。因留学期间必须在日本做一项作业方能完成田野课程，于是调研日本的两墓制就成为我的田野作业题目。

走近他者文化之后，我越发感到对本土文化的理解不足。单单凭借对本土文化的感性认知，不足以对比观察、深度研究他者文化。于是我一边继续做两墓制的村落调查，一边开始学习中国墓葬相关习俗，查阅文献和阅读相关书籍。翻阅到平凡社刊行的大型百科全书《世界大百科事典》（35卷本），里面有一条中国葬礼、葬法的词条，洋洋洒洒约3400字左右，印象很深。词条根据《仪礼》《礼记》《周礼》的内容，记述中国古人从初死、招魂、报丧、吊唁、小殓、大殓、殡，以及殡期、葬、既夕礼、虞祭、祔祭之后的小祥、大祥、禫的葬礼流程，并说明这些环节是古代中国非庶民阶层的葬礼规程，一直继承至近代。在中国的葬法即尸体处置方法部分，词条依照古籍记载，讲解棺椁的天子四重、诸侯三重、士人只一重的制度。关于墓制，则引用《周礼》春官·冢人的内容，记述坟冢位置按昭穆制排列。

这项关于中国的葬礼和葬法、墓制的长词条最后，有一段引起我注意并深深触动我的话：“（这项词条）仅仅是根据古文献的记述。实际上（中国）曾经有过什么样的墓制、现在又是怎样的墓制，相关研究甚少，谈论‘中国的墓制’十分困难。”这套大型百科事典成书于20世纪80年代，中国这方面的诸多研究成果尚不为海外学界所知。通过检索获知，近现代中国社会的实况记录也的确大大少于古文献的记载，更鲜为传播到海外。关于中国的葬礼和葬法、墓制的题目需要有人去做，需要从丧葬礼俗和民间社会习俗行为的角度研究中国近现代葬法、墓制及其与之相关的祭祖、祭墓习俗，并向海外传递已有的和最新的研究成果。这是学术需要，也是认知本土文化的需要、传播民族文化的需要。因此，我选择硕士留学结束后回国读博，并继续硕士论文的方向，研究汉族丧葬文化。本书中数次提及这套百科事典里的中国丧葬礼制的记述词条，是因为当年读到时受到极大冲击，印象极深，对我日后的课题方向影响很大。这是笔者一直研究祖先、葬礼、坟墓相关课题的一个起因。

深入一个专题研究后，更知每一个研究课题其深度和广度都不是某个个体可以轻易探知到尽头的。除去感性认知，全面、理性地诠释汉族文化并非易事。于是，我把田野的范围基本限定在江浙地区。对一个北方人来说，看到南方丧俗葬制和自己生长的北方环境如此不同，震撼程度不比高延小到哪里。它吸引了我，引起我的好奇，努力思索为什么南北方汉族会有如此不同。写完博士论文，发现围绕这个课题，还有许多新问题需要继续认识、继续解析。便再度回到田野，走进村庄，以补充和深化对调研对象之认知。在这样的反复之中，便一次次地推迟全面写作的开始。科研无止境，学问无终点，一旦走入一个题目，最终结题和尽头似乎就可见不可及。就职后，我跟着几个课题组走进东南地区主要是福建的村落，诸多特色事例让视野更为开阔，便又开始一轮探寻之旅。如此断断续续地在福建、浙江等省份的乡村一次次调查，过后整理看到的、听到的、经历过的近现代汉族丧葬、祭祖事例，一步步深化并修正自己的初始认知，在时隔 19 年的 2011 年，我在日本东京完成又一部博士学位申请论文，取得日本的民俗学博士学位。论文有幸在日本侨报社出版，并被授予第 16 届“华人学术奖”。时光荏苒，14 年后的 2025 年，汇集自 1991 年以来行走在东南大地村庄、城镇一路走来的调查笔记，写下这本书，作为我和这个课题缘分的一份小结。

感谢一路遇到的人

一般的后记，谢词是写在最后的。这个课题几十年能够做下来，是因为有一路走过来遇到的给予我指导、扶持、助力的很多很多人。没有他们，我一个人不可能走到今天。因此，先表述一下感谢之情。

感谢调查地的人们：首先感谢 1991 年以来，抱着博士论文课题，带着在国外没有得到解答的疑问，走入江苏、浙江、福建各地的城镇和村落时遇到的帮助过我的每一位人士。地况不熟、方言不通的我，遇到的各地村镇的村长、妇女会会长和妇女会的成员们、宗族的老族长、新任宗族理事会的年轻理事长和每一位村民，还有镇文化站的大叔和小妹，以及收留我住宿的村里的阿姨，感谢你们理解我的目的和需求后（虽然很多村民不十分理解为什么一个北京来的研究生一定要看别人家的坟墓，一定要参加别人家的葬礼和祭祀仪式），都耐心地尽量用普通话给我讲述当地的各种习俗，带我漫山遍野去看古坟、祖墓和家族墓地，允许我参加他们家人的葬礼、允许我观看扫墓仪式并允许我拍照。感谢你们的宽容和热心讲述，让我很快进入观察、记录和理解地方习俗的状态。在浙江温州、金华和龙泉地区，在福建省的南平市、永定县、福州市、泉州地区得到当地多位人士的帮助，一直心存感激。如果逐一写出名字，大约不下几百人，原谅我不在这里一一列出你们的名字。

感谢我的老师们：张紫晨先生是我的直接指导老师，在我博士二年级时去世，张先生名下的研究生归到钟敬文先生名下，而后刘魁立先生作为北师大聘请的外部教授，指导我到毕业。留学时的海外导师和几位教授，在我工作之后也一直邀我参加他们的科研课题组并在课题组里负责葬墓分课题，持续支持我的这个课题研究。与导师们的相遇是学术缘分，也是人生的缘分。

张紫晨先生是中日文皆通的智慧又有幽默感的先生。硕士入学后要求我们阅读古今中外书籍，参与那时的中国现代民俗学的活动以及对外学术交流和几本辞典的写作和编撰。硕士期间我被公派去日本留学，向张先生书面报告留学的感受和做当地墓制田野调查的事，先生很感兴趣并支持我做下去。1989 年，张紫晨先生作为中方团长，和日方福田团长一起带领“中日联合江南地区民俗调查”课题组前往江苏、浙江乡村开展团队式乡村调研。身为博士研究生的我跟着先生第一次参加团队式乡村调研，第一次见到南方建于地表的大型坟墓并且调查了江苏省常熟市和浙江省丽水地区的葬礼和坟墓，这是我第一次在江浙大地上围绕丧葬文化做田野。

张先生支持每个学生自己选择课题，博士课程入学后带着日本乡村调研基制时的未解疑问，我便继续做丧葬方向课题。每次调研归来，先生都会点燃一支烟，听我讲述田野的收获、感想，讨论后续的田野和学位论文构思。先生去世前不久，还接到先生的电话，讨论我因为身体问题休学之事，关心我健康和学业的话语犹在耳旁。遗憾先生走得太早，没有看到这个改革开放后第一个大型中日合作学术团队的调研持续了 20 年之久，6 册调查报告集于 2024 年初在中国出版，没有看到我博士毕业，也不知道我钻进丧葬和墓地的题目一直 30 多年……与先生生前讨论拟定的中日民俗学比较研究方向，是我持续至今的课题和主要研究视角，本书也导入了以域外和他民族丧葬习俗对比后反观本土文化的对比视角。

第一任导师去世后，我接受了钟敬文先生的直接指导。除了不定期地和钟先生谈论博士论文计划和田野调查，有更多机会可以在和先生聊天谈话时听他讲做人、做学术以及他对民俗学的思考。做好学问之前先要做好“人”，要扎扎实实做学术，要厚积薄发，不要为自己做学问，民俗学人要心想大局、心想国家和民族，这是钟先生对学生们的希望和要求。硕士期间公派留学赴日本之前，先生就曾多次约谈我，陪着先生在北师大校园和临近的公园里一边散步一边听先生讲话。那个阶段，时有人公派外出后一去不返的传闻，先生语重心长地反复叮嘱：民俗学不能为自己学，做学问要有大格局，学问要为祖国服务，要学成按时回国。有幸得到先生这几锤重敲，留学和日后工作时始终不敢忘记这番叮嘱。

钟先生关注学生们走进田野实际调查民俗，并严格要求田野调研的质量。进入博士课程后，我有15个月左右在江浙乡村调研。返校后没有完全消化田野资料、没有读透文献，就急急赶时间执笔论文构思。钟先生指出田野调研资料整理尚不足、建立在田野数据上的理论思维模糊，建议延长论文写作时间。多年后我在海外高校做老师后才知道很多社会科学专业（包括人类学、民俗学专业）的博士生休学一两年去田野调查，回来后再用一年或两年时间消化和思考之后完成博士论文的事很常见。不过那时还是倍感有压力，在想是不是做田野时间过长了。现在回头看，真心感谢先生学术上的严格要求，让我体会到民俗学研究既需要田野调查，书斋作业也不可缺，让我认识到作为民俗研究者具备“走得出去、坐得下来”双重能力的重要性。推迟答辩的经历成就了后来的我，延期后有了较为宽裕的精神上和时间上的学术准备余裕，一步一步地整理调研数据、绘制资料图、重读古籍文献、梳理论文思路，然后执笔论文。由于踏上民俗学研究之路的第一步比较扎实，这为我日后继续深钻这个课题打下了厚实的基础，也塑造了认真做田野、踏实做科研的基本态度。

20世纪80年代末90年代初期，民俗学科和这个学科需要做田野调查的特性尚不广为人知。村民会问民俗学专业是干什么的，学生为什么要到这么远的村里来“写作业”（那时遇到太多提问，为了便于村民理解，就一律回答学校要我“写作业”，作业题目就是这里的葬礼和坟墓。衷心感谢村民们热心地帮我收集“写作业”的素材）。村人们很不解他们自己感觉那么普通、平淡无奇、一年到头的生活和他们的墓地、葬礼为什么也是北京来的大学生写作业的对象。当时现代中国民俗学（以1983年中国民俗学会成立为标志点）才成立10多年，中文系的研究生不在图书馆精读古籍，却外出长期跑农村，人们不理解也在情理之中。这种不理解在当时的高校也存在。在提交博士论文时，发生了一个小插曲，有老师提出论文引用古籍太少，文献论述不足，通篇只是村民如何说和乡村的田野调查事例，这样的论文是否能达到中文系博士论文标准，审读出现异议。作为民俗学人的钟先生当然了解民俗学专业学生做田野调查的重要性，民俗学科的论文以田野数据为主也不足为怪，但钟先生未直接发表意见，而是给我留学时的日方导师发去论文，请他给出评价意见。一星期后福田先生发过来传真稿（几年后见到福田先生，才听他说起此事，他是在学过中文的夫人帮助下，没日没夜急急忙忙地读完我的博士论文中文稿的，真辛苦福田导师和夫人了！），肯定了民俗学专业依据田野调查数据写作学位论文的科研形式和学术价值，并对这篇论文的内容也给予正面评价。之后，我收到了博士论文答辩通知，才终于博士毕业。

翻开六七年后出版的钟先生的《建立中国民俗学派》（黑龙江教育出版社，1999）一书，看到他对民俗学田野作业定位的思考和评价："民俗是一种民众文化事象，对它的研究，不仅是理论考察，它的资料本身也是有价值的。""民俗学的理论，是从实际中来的。这里所说的实际，不外两个方面：一是民俗学者从事田野作业，直接获得有关民众的知识；一是学者通过他人记录的民俗志来间接地认识研究对象。"（第45—46页）为直接获得民众的知识而扎扎实实做田野、认真消化田野数据、后期要有充裕的时间以便理性分析事例和数据，才能确保田野作业不走形式，真正记录和叙述一个乡村或一个地区的民俗生活面貌。

刘魁立先生曾任北师大兼职教授（准确名称记不清了），博士论文答辩时刘先生作为指导教师站在我身边，因此我一直把刘先生认作第三任导师。印象里每次论文指导，刘先生总是笑眯眯地听我讲述自己对论文的想法或困惑，静思片刻之后回答我的提问，提出他的看法。刘先生思维敏捷，话语精炼，往往是几句话、几个词就将我啰啰唆唆阐述半天或费力堆砌词语写出的内容归纳得条理分明。刘先生简明而又精辟的分析总让我敬佩不已，但是这本领乃天赋，自然不是能学到的。多次接受这样的指导，后来执笔论文时，会时时意识到这点，却只是学得一点皮毛。本书多处使用的以公式归纳现象的表述方式，算是窃得皮毛的现象（笑）。

在硕士留学期间，我在日本历史民俗博物馆见到访日的刘先生并陪同先生参观日本民俗陈列。在丧俗墓制陈列部分，还讲了我和两墓制的相遇以及正在两墓制习俗村落做田野。记得先生很感兴趣地听我讲述，鼓励我做好海外民俗调查，接着语重心长地说，学好外国民俗学，目的是为自己国家民族的文化服务，也要研究我们自己文化里的墓葬习俗。虽然原话记不太清了，但这份叮嘱一直响在我的心间。记起留学出发前钟敬文先生的那几次散步约谈，两位先生的话语定位了我日后民俗学研究基本立足点是中日两国民俗文化，重点是更深入、更全面地认识中国文化。多年来关注中国民俗学和传统文化，参与国内田野调查和各种活动，是在用行动向先生们证明我一直未敢忘记这番嘱咐。

陶立璠先生，是一位对待后学和蔼慈祥的先生。考入硕士课程、入了民俗学门，就经常在学会等场合见到陶先生，又同在中日联合农耕文化调查团队和中日彝族纳西族调查团队一起调研，受到很多学术教诲。工作后也曾接到陶先生邀请，多次参加民俗学国际交流会议，都是愉快的学术交流回忆。1992 年上半年，不到一个月时间里第一导师去世、父亲接着又病逝的双重冲击，一时间无法静下心执笔博士论文，陶先生对深陷在悲戚之中、恍惚度日的我及时伸出援助之手，一面安慰一面帮助我整理思绪，梳理写作构思。先生耐心地有时甚至是一句一句帮我梳理文字表述，订立框架结构。第一部博士论文在艰难时期里完成书写，要感谢刘魁立先生和陶立璠先生的极大助力，论文里有很多先生们的心血。

留学时期的导师福田亚细男教授是日本民俗会原会长，著名民俗学者，也是认真调研中国文化的一位日本民俗学家。他多次受邀来华讲学，他的民俗学学科史研究、柳田国男研究著述也有多部被译介，这里不再赘言，只记一些小事。跟着福田先生不单单是按照公派留学要求学习专业知识，他对民俗学的执着、对学生传授专业知识的认真和细致、重视田野调查的学术精神，都是我获益之点。跟随他带领的某女子大学民俗调查队到日本乡村调查，又参加张紫晨先生为中方团长、福田先生为日方团长的“中日联合江南地区民俗调查”课题组到江浙地区调研，这些实践经历深化我对田野作业的理解、训练了田野调查的实际技能。

留学的学习任务之一是民俗学田野调查法，学完田野调查法课程后，导师要求我在日本当地选一个课题自己进村调查，实践学习到的田野调查方法、交出调研报告方能算完成课程学习。我那时选择了去滋贺县两墓制村庄调查。福田先生检查我按照教材内容做的进村前的每一道准备程序，同意我第一次单独走进日本村落做民俗调查。记得当我一切就绪要出发时，福田先生也跟我一起出发，我以为先生也有事情要进村，而先生跟着我进村、看我跟村里交涉、联络并确认我住宿地点后，留下一张无记名的返回东京的单程新干线车票就离开了村子。那时的个人调查没有科研费支持，都要自费完成。对留学生来说，远距离交通费的确是一笔蛮巨大的支出。看着桌上那张车票，真的很感动。

20 世纪 90 年代初的中日江南村落联合考察活动，是我留学回国后参与的团队式集体调研项目，知名的民俗学者们在科研调查的同时，不忘自己的教育职责，随时向年轻一代传授民俗学科的知识和田野调查的技巧。在村里，调查团队分成 2、3 人一组调查，我作为专业翻译跟随福田和小熊二位老师那组的时日比较多。小组每日走进不同人家做入户访谈调查，我参加的那组时时会有一点剩余时间，老师们便让我问些自己想调研的问题。起初我满心欢喜地抓紧时间发问几个博士论文相关问题，反复多次之后，才发觉这是老师们有意给我留出的时间……老师们还观察我的询问姿态和提问内容等，事后告诉我，如：提问不要语气太急促，不要连续提问，要留出受访者思考的时间，等等。还提示我如何捕捉一些词语，去把握被访者的深层思虑等。所有这些跟随导师调研、现场接受指导以及在国内外调研的经历，对形成个人田野调查模式和日后自己对学生讲田野调查课程都有很大影响。汇集这一调研成果的《中日联合江南地区民俗调查报告辑》，已由学苑出版社出版。

小熊诚教授，现任神奈川大学校长，日本民俗学会前会长。会讲一口流利的中文，也是一位喜爱中国文化、认真研究中国文化的民俗学和人类学专业教授。中日江南村落联合考察时，听他谈如何一边捕捉、记录各种民俗现象，一边训练学术思维，如表象如何分类、定义或者如何用实例纠正固有认知或词语表述等。还记得有几次我们走在进村的山路上对椅子坟、对地表墓名称和定义的小讨论。这让初进田野的我又悟到一点：调查民俗和研究民俗并不界限分明的前后阶段，而是可以并行或交错进行的。学术意识可以随时碰撞社会现实，带着问题走进田野，在田野里要随时思考和修正问题。

小熊教授曾经数次申请日本文部省国家课题，邀请在日本的年轻中国学者携手调查研究福建省区域文化以及福建和冲绳的比较研究。有机会数次受邀参加他的科研课题组，一次课题基本实施三年，我主要分担墓葬、祭祖习俗等课题。参与小熊课题组，在福建多个地区调研，并走进冲绳多个岛屿深度调查，开拓了比较研究的视野。调研积累下的福建调查事例数据，对我最终选定东南地区为自己的重点研究地区有较大影响。

还想特别提及一个课题调研团队，即渡边欣熊教授（队长）和队员麻国庆教授、梁景之研究员加上我的一个 4 人调研团队。这个小队连续数年于暑假期间在福建泉州、永定和南平等地调查。团队成员协助其他成员的调查、支持各自的学术思维的氛围令人怀念。每次调查后都拿出个人调查笔记和资料，在团队内部共享，这也是很可贵之处。共享多角度的调查资料，补足了我个人调查的弱点、丰富了调查事例。感谢这个团队，感谢队长和每位团队成员。

在各地调研时还得到多位国内民俗学教员、民俗学先学的指导和帮助，一直心存感谢，各位心领神会，在此拱手谢过。

漫谈几点

具体的内容，请慢慢读、慢慢品，不准备写很多导读。只是有几点关联的想法。

1.“白菜园”

曾经察觉自己理论性阐述能力较弱，不擅长用简洁的语句精准表达想法，所以对文科研究性工作缺乏信心。福田导师正面肯定了我的田野调查做得很细致周密，指出在田野收获大量实际数据，用分析数据、提取归纳理论的方法，“扬长避短”地做有个性的民俗研究，也是一种科研方式。之后我的个人研究，也基本走的是这个路子。

后来我做了大学教员，在讲授田野调查课程时，经常和学生说提倡一种模式，构筑个人“白菜园”——民俗学研究要立足于先做好民俗调查，然后尽自己的能力分析、提取隐藏在民俗表象深处的特征和规律，以认知民俗文化。民俗学研究者首先努力做好民俗田野调查者，田野调查做得准确、细致，调查资料就成为具有科学性的调查数据，调查资料的生命力会长久持续。个人的理论认知和哲理性阐述能力有强弱高低之别，不要去强撑着做不擅长之事。即使你自己的分析和认知力度不到位，日后会有他人继续分析、认知这些田野数据表述的文化表象或体现的理论意义，或许有后来人凭借你的这些数据构建出精辟的理论，其前提是有你做出的合格的田野作业和梳理到位的具有科学性的田野数据。翔实的事例数据之于科研，犹如做饭时的良好的食材，同一种食材用不同的加工方法可以做出多种多样的菜品。食材好，哪样菜品都会可口。如果将调查事例的数据比喻为食材的白菜，你的能力是用它做馅、包饺子，其他有不同能力的人可以拿来炒菜、煮汤、炖菜甚至凉拌出一道名菜，或者可以包出其他味道的饺子。这一系列美味菜品的大前提，是有你种出的优质白菜。调查、整理科学性的事例数据，恰如精心种好一块茂盛的白菜地。如果做不到每个人都去开创新理论（美味的菜品），至少每个人可以努力地在田野里精密地记录下现实社会里的民俗，便给学术世界提供了一份好食材，学了民俗学，不要想一步就成为大学问家、知名学者，建议先开辟一块白菜园，种好基本食材。这便是我的“白菜园”说（又是啰唆了一堆话），也算是对自己不擅长展开哲理性研究不擅长精准表述的开脱之辞。

这本书里罗列了30多年来在各地见到的葬礼、死后祭墓的仪式行为和各地坟墓形状的具体事例，坟墓手绘图记下了的墓型有的今日不再能看到，图片收录了当时多见、今日已消失的丧礼情景。虽然是不得不提前成书，本来就不足的阐释也不能再度斟酌，但还是尽力把我的白菜园大部分呈现出来了。这本书也算是白菜园思维的一个结果，期待日后有人走进白菜园，进一步精加工这些食材，相信一定做得和我不一样，一定更精炼、更“美味”。

2. 逆向流程：从有形物体到无形观念

民俗学研究多是透过民俗现象、民俗行为去认知其深层的民俗观念。本书的研究角度有些特殊，是从认知民众生活里的可视性器物入手，逐步进入认知不可视的民众观念层次。

各种生活行为和礼仪行为，都是民俗观念的表象。观念本身是看不见的，无形的民俗观念会依托各种行为显现，也会依托器物显示。物体是观念的产物，有什么样的观念，就会有显示那种观念的器物，衣食住行的各种物体都如此。本书的研究流程是从观察、认识有形器物入手，从器物研究推进到认识行为、再进一步把握观念的顺序展开。

从物质文化角度分析墓葬、认知墓葬，透过坟墓形制解读古代人的生活、解读一个时代的民风民俗，这些几乎都被囊括在考古学范畴内。有关棺与椁、墓制与墓的研究，都是以考古学而非民俗学为中心进行的。本书尝试跨运用学科的广角视野研究丧葬习俗，将考古学成果和视点导入民俗学的坟墓、丧葬研究之中。从民俗学的角度关注有形的民俗器物——在本书中具体指坟墓、棺、椁——尝试找出其中蕴含的民俗文化元素和民俗文化意义，以及使用这些民俗器物的人们的民俗意识。

先着眼物体，再观察具体可见的行为，从物体和行为中提炼出深层观念并加以阐释。本书的这种研究流程，用公式可以如下表述：

着眼器物 → 认知行为 → 把握观念

本书引用了许多考古学文献和以生活里的器物为研究对象的民具学资料，以认知民俗器物为开端，分析与器物相关的民俗行为，进一步从中找出并认知民俗观念，这个研究过程和研究视野展开的顺序，用一个公式可以如下表述：

有形民俗器物 → 可视的民俗行为 → 无形的民俗观念

本书具体的调查、研究的着眼点，是先对作为研究对象的坟墓和墓地以及葬礼、祭祀仪式展开实地调查，通过事例分析、解读研究对象，最终目的是深层认知、重新构筑汉族关于死亡的认识系统。如前所述，本书导入考古学视角和有形物质研究的民具学视线，研究的流程先后顺序和着眼点有些特殊，也用一个公式表述如下：

坟墓 → 他界观·祖先观·灵魂观 → 汉民族对死亡的认识

本书的研究流程是逆向的，证明民俗学对研究角度、研究流程和跨学科方式有宽容性、民俗研究有多方向可实施性，还是那句话，只要你的“白菜园”经营得好，都是可行的。

3. 田野调查悖论

从1990年到第二部博士论文提交的2010年之间，笔者有明确记录的停留两三周或以上的田野调查，有14次，但是最长一次也不过是15个月，其他基本是利用寒暑假时间外出的短期调研。如果对照人类学长期推崇的马林诺夫斯基式的长久居住型田野工作要求，我会是时间长度项上很不及格的田野工作者，自己也觉得未能有机会长期住下来调查，一直很遗憾。现代社会的一分子，要按时上班下班，要完成工作量。作为教员，要完成教学课时，然后才是学术调查和研究。工作性质不允许一个人突然跑到村庄住下，过一两年再回来上班。只能是年复一年地以短期调查形式，或进入一个新的村庄，更多是连续2年或3年走访同一个村，或者隔1年、2年再访同一个村庄。

带着不能长期住下来专心调研的遗憾，走在多次走过的乡村路上时，忽地想到，这样的短期加反复多次的调查，或许是21世纪的专属于某个学校或科研机构的民俗学者、人类学者的新型社会科学调查模式，是忙碌的现代人做长期田野调查的一个有效方式？对同一村落或地区在不同时间段进行调研，或时隔1年或数年回访、再访，记录下的是一个村落社会生活断断续续的写照。然而数年间断断续续的记录，可以连接成俯瞰村落生活变迁过程的链条，形成从时间轴维度审视村落生活持续性的图景。这种做法虽然有悖于历来田野作业教程和社会科学对长期、定点田野调查的推崇，但是这种“断断续续的连续性”模式可能更适宜于21世纪的社会情势——提出一个悖论，也算是为自己不能长期久住在调查地的开脱。

最后还要感谢我的家人们：父母习惯了我进入博士课程学习后，经常背个背包就出门一段时间，回家后二老很喜欢听我讲述遥远的南方乡村的生活情景。父亲重病时，也还一直支持我去做调研。父亲走后，每到寒假暑假，母亲承担了帮我看娃的重任，让我可以一身轻地去调研。我的个人家庭是跨国的，我和先生走到一起的原因，是都喜欢中国悠久的文化。外出旅游途中，我们会一起爬山去拍摄少见的坟墓或厝棺处，因此每每的旅游都会变成我发现线索，顺便做点调研之行，家人们却也乐在其中地随我奔波。家人无怨地容忍了埋头于坟墓的我，容忍了每到寒暑假就外出调研的我，容忍了周末都去单位看书看电脑的我，几十年如此。除了感谢，没有其他语言，谢谢我的家人！

何　彬

2024年11月于南京